領導與管理

高永光 著

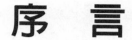

序 言

　　剛開始有念頭要寫這本書的時候，我其實已經同時在進行兩本書——「高階文官制度」和「年金改革」的資料蒐集、閱讀，以及做一些摘要和整理的工作。當時正是2014年8月底，我的考試委員任期屆滿，9月1日起擔任考試院副院長的時候。因為考試院副院長最主要的工作是主持全院審查會，只要是重大的案子，特別是牽涉到法令規章的修正，都會經考試院院會決議，送全院審查會審查。全院審查會是除院長外，19位考試委員、考試院所屬部會首長及重要幕僚主管都參加的會議。要能有效完成審查，又維持每次會議的和諧秩序，是一項不容易的工作。雖然我曾做過政治大學社會科學學院院長，院務會議也是二十多位博士教授系所主管參加，由院長主持；也擔任過行政院公民投票審議委員會第一屆主任委員，審議委員由各政黨推薦，都是能言善道的菁英，也處理了當時最具爭議的「反貪腐」、「討黨產」、「入聯」及「返聯」四大公投案。但考試院全院審查會在性質上有所不同：

　　第一：全院審查會的每一個案子，是高度專業，而且與考選銓敍及保障培訓有關任何的修正，都會影響數十萬公務人員的公務行為，進而影響整個國家社會。

　　第二：考試院自2008年以來，全院審查會從未因意見分歧，而動用表決決定被審查的案子是否通過。換句話說，溝通、說服與妥協是常態，而部會、院組及考委意見不一致，也是常態，19個考委可能有38個不同意見。

　　在這樣的合議制中領導是相當困難的。影響力（influence）的作用應大於權力（power）的運用。這種情形讓我有動機去重新檢視政治學中有關領導統御的理論與實務，也決定暫時停下高階文官和年金改革兩本書的撰寫。

　　與此同時，台灣在二十世紀的最後一個十年，以及二十一世紀的第一個十年，雖然完成了民主化及自由化，也經歷了兩次和平的政黨輪替，但國家的領導似乎備受批評與懷疑，這種情形也再次刺激了我想用領導統御，去檢視國家領導人的行為，於是開始蒐集整理有關領導統御的文獻。

　　在閱讀有關領導統御的書籍及文章中，對照台灣的時事發展，我發覺似乎領導和管理嚴重的脫節，是造成台灣過去二十多年來政治及經濟大倒退的主因：總統、行政院長、部會首長、不斷提出願景（visions），但並沒有能力去管理達到願景的決策、組織與計畫，連帶地，文官的管理能力也不斷地下滑。瑞士洛桑管理學院評估台灣競爭力的各項指標，每年政府能力的世界排名，都遠遠落後其他指標，這使得我把閱讀的焦點，轉移一部分到商業管理上，這才發現商學上早已討論了很多領導統御的文獻。但很明顯地，商學在探討領導時，是把管理看成領導能否成功地主要因素。政治卻常以為國家遇到五百年才出一位的聖王，就會「一人有慶，兆民賴之」，好的領導就是國泰民安充分必然的因素，因而忽略了，有效管理才是領導奏效的重要元素。於是我決定把領導和管理放在一起討論，初步先把決策計畫和組織，當作觀察領導和管理異同的變數，而高階文官部分，恰好可以拿來對照觀察，對他們施做領導和管理課程訓練的結果。比較遺憾的是，因為時間的關係，領導管理和溝通這部分沒有納入，只能等往後再處理。

　　這本書在選擇內容時，以介紹基本的理論和提供一些個案，供讀者思考如何更能瞭解領導與管理的意義與彼此的關聯性，只能算是給有心做好領導及管理的人一本入門的參考書。領導及管理都是極其神妙的知識與經驗的累積，必須不斷地去探討，才能成為成功的領導及管理精英。

在書寫的過程中，過去及現在的一些領導人或經理人，常重複出現在我的腦海中。時空與際遇不同，我沒把握他們一定是我們可以學習或複製的模式，但領導與管理的知識，卻一定是把事情做好及做對的基礎。

本書的完成，得力於我在考試院擔任考試委員及副院長任內，辦公室所有同仁的協助。尤其許家文秘書鍵出所有初稿，劉佩怡教授整理所有註解及參考書單，徐惠執行長仔細校對及做出索引。沒有他們的協助，此書不可能出版。當然五南圖書出版股份有限公司楊榮川董事長慨然應允出版，特此致謝。

最後要謝謝我的老師，前考試院長關中，他的領導統御給我了最好的啟示！

高永光

2016年12月11日

「知人者智，自知者明。勝人者有力，自勝者強。知足者富。強行者有志。不失其所者久。死而不亡者壽。」

——老子《道德經，第33章》

C O N T E N T S

目　錄

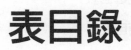
表目錄

圖目錄

緒　論

第一節　領導的故事

假定領導統御是能夠被學習的，那麼閱讀有關領導的故事，也許是一個比較好的方法。在本書中討論了不少領導的理論、研究途徑，以及提供了一些個案。但其實在人類的社會、歷史中，好多好多的故事都在告訴我們，「領導是什麼？」（What is Leadership?）尤其這些故事，仔細聽起來，都可以發覺領導應該有的特質（essence）。美國哈佛大學教育研究院的心理發展專家 Howard Gardner 曾說：「用說故事的方式是領導的工具箱中，最有力量的一種方式。」（Story telling is the single most powerful tool in a leader's toolkit.）[1]

以下幾篇關於領導的小故事，其中透露出了一些領導的本質，閱讀這些故事時是要去「體會」這些本質。原則說來，這種領悟不是課堂上可以「教」出來的。

領導者看事情常用異於常人的角度去詮釋（Seeing Things Differently）

有兩個故事是關於小托馬斯沃森（Tom Watson Jr.）和愛迪生（Thomas

1　Howard Gardner於1983年提出多元智能理論，他從研究腦部受創傷人的學習能力，發現每個人都擁有獨特的一套智力組合體系。每個人可能在某項智能上擁有較佳的學習能力，要引導學生運用其強項學習，而不是處罰學習不好的學生。他認為至少有八種智能：語文智能、邏輯數學智能、空間智能、肢體動覺智能、音樂智能、人際智能、內省智能、自然觀察智能。當然，還有其他更獨特類型的智能。可進一步參考：H. Gardner, Frames of Mind, New York: Basis Books Inc, 1983; H. Gardner, The Unschooled Mind: How Children Think and How Schools Should Teach, New York: Basic Books Inc., 1991.

Edison）的。他們兩個人對於要命的錯誤，都用不同於常人的方式去看待。[2]

1956 年到 1971 年沃森擔任 IBM 的 CEO，沃森事實上領導 IBM 對人類世界推動資訊革命（information revolution）。在他擔任 IBM 的 CEO 時，有個年輕的工作同仁犯了嚴重的錯誤，使 IBM 損失了數百萬美金。沃森請他到辦公室，這位年輕的幕僚先開口說：「我想您叫我來，是要告訴我，我被解聘了。」沃森說：「哪有這回事，我們才剛在你身上投資數百萬美金，讓你學到了一些經驗與教訓，豈會輕易的讓你離開？」[3] 其實，沃森的這句話，也是我們常說的，敗而不餒；同時，又能從失敗中學習。

愛迪生的故事更令人有所啓發，當面臨失敗或逆境時，愛迪生曾留下一句名言，他說：「我從來沒有失敗過，我只是成功地試驗了一千種不成功的方法而已」。

發生在愛迪生身上最令人動容的故事是，有一次他的實驗室工廠遭到火吻，所有的實驗物品及初步成果付之一炬。但愛迪生很樂觀地說：「這個災難帶給我莫大的價值，那就是：我犯下的所有錯誤都被火燒光了，感謝主！讓我有機會重新開始。」[4]

提供有價值的觀念（Valuing Ideas）

領導本身就應該要塑造有價值的文化，所謂有價值的文化就是正面的、正向的文化（positive culture），永遠不可低估正向文化所帶來的超凡力量。並且，要讓員工或所屬部門幕僚有時間去培養創造力；幫助員工建構他們自己的力量或

---

2 沃森（Thomas J. Watson Jr.）是IBM國際商用機器公司的開拓者，畢業於長春藤名校之一Brown University。畢業後服務於航空界，二次世界大戰時服役於美國空軍，1946年進入IBM，1952年便擔任IBM的總裁，1956年擔任IBM的董事長。1971年辭去董事長一職，後來出任美國駐前蘇聯大使，曾被財星雜誌稱爲「美國有史以來最偉大的資本家」。愛迪生（Thomas Alva Edison）是世界上偉大的發明家，而他也是美國很重要的一位商人，擁有眾多的發明專利，他利用大量生產原則和其工業研究試驗來進行發明創造。研究愛迪生的書和文章很多，例如：D. P. Sengupta, "Thomas Alva Edison: His Contributions to Lighting and Generation," Resonance, January 2000, 5 (1): 60-70.

3 沃森的這個故事出現在Edgar H. Schein所撰寫的Organizational Culture and Leadership乙書中，該書第四版出版者爲Jossey-Bass, A Wiley Imprint S. F, CA, 2010.

4 the-happy-manager.com/articles/characteristic-uf-leadership/，檢索時間：2016年4月28日。

能量；信賴他們彼此相互影響，遞送此種力量。

　　Henry Ford 被認為是最擅長幫助員工，願意給予員工時間和空間去重視創造力的培養或養成的老闆。除此之外，Henry Ford 也被認為是一位最會區別效率（efficiency）和效能（effectiveness）的領導人物。

　　Henry Ford 一度常常要求員工列出他們的績效，特別是效率專長，然後逐一用他們所列出來的表格去檢視他們。不過，有一位特別的員工對他的做法不以為然。這個人的辦公室就位在走廊的盡頭，Henry Ford 回憶說：「每次我去看他的辦公室，他就是把腳翹在桌子上，你會覺得他是在浪費你的錢。」但是，Henry 有著另外一個想法，他忖度這個人也許有一天，會有一個創新的點子提出來，這個點子可能會幫公司賺進幾百萬美金；所以，他深信這個人的腳是翹在正確的位置上。

　　Henry Ford，我們都知道，他的名字在中文裡被譯成亨利福特，而當非美國人提到福特時，第一時間點最容易想到的，就是美國的福特汽車。

　　沒錯，福特是美國福特汽車公司的建立者，他不僅是汽車工程師，也是企業家，出生於 1863 年 7 月 30 日，卒於 1947 年 4 月 7 日，享年 83 歲。福特是世界上第一位將裝配線概念，實際應用在工廠，並大量生產而獲得巨大成功的人。當然，福特並非是汽車或是裝配線的發明者，但他讓汽車在美國真正普及化；這種新的生產方式使汽車成為一種大眾產品。它不但革命了工業生產方式，也對現代化社會和美國文化產生鉅大的影響。福特式的管理相當特別，他給予工人較高額的工資，用系統化方式生產來降低生產成本。

　　福特的大規模生產標誌著發達資本主義的特性，以致有所謂的福特主義（Fordism），但隨著資訊科技以及電子計算機帶來的新技術的革命，使國家與企業、企業與勞工的關係在 1970 年代之後產生更大的變化。對國際經濟學、產業經濟學、管理經濟學以及政治經濟學等，都有重大影響。學界及實務界又有所謂的「新福特主義」（Neo-Fordism）和「後福特主義」（Post-Fordism）。「新福特主義」主張減低工資，強調市場機制；而「後福特主義」則主張彈性專業分工、技術創新，重視消費者之需要。由此可以看出 Henry Ford 對工業資本主義

社會及後工業資本主義社會的影響。[5]

風雨如晦，雞鳴不已（Mantain One's Integrity）

　　意氣風發時，看不出一個人真正的立場，只有在困難挑戰和爭議時刻，才能看出一個人的立場。（The ultimate measure of a man is not where he stands in moments of comfort, but where he stands at times of challenge and controversy.）在華人社會中有所謂「風雨如晦，雞鳴不已」，形容一個人在黑暗社會中，不失其為君子或有識之士的風範。做為一個領導人物，也常常是在困難和危難來臨時，展現出領導統御的特質。

　　美國的 U2 合唱團是全球聞名的樂團，該團主唱 Bono 相當支持保守主義的老布希總統（George Bush）。[6]本名為 Paul David Hewson，他是原屬愛爾蘭搖滾樂團 U2 的主唱兼旋律吉他手，樂團大部分的歌詞皆出自其手。Bono 曾經遊說西方各國減免對非洲國家的債務，並為了解決愛滋病，遊說西方各國及教廷。曾被時代雜誌選為當代風雲人物，亦獲得諾貝爾和平獎的提名。Bono 的歌詞常表達其對政治時局及社會的看法。[7]

　　照理說這樣的一個搖滾樂者，又是一個人道主義積極分子，應該不會支持保守主義的老布希總統。Bono 被詢及此問題時，他給了答案，主要是受了 U2 的另一個歌手 Harry Belafonte 的影響。

　　Belafonte 告訴 Bono，有一次他參加美國非常有名的黑人人權運動者馬丁路德金恩（Martin Luther King, Jr.）的一個聚會。人們告訴馬丁路德人權運動似乎碰到一個很大的障礙，那就是羅伯甘迺迪（Robert Kennedy）被任命為美國聯邦總檢察長。羅伯甘迺迪對黑人民權運動並不支持，此舉令很多追隨馬丁路德的人感到氣餒。在那個聚會中，聽完了所有的人垂頭喪氣的抱怨後，馬丁路德揮揮手，請大家安靜下來，他平靜地問大家：「這裡有誰願意說說羅伯甘迺迪當上這

5　Bob Jessop, "The Regulation Approach and Post-Fordism: Alternative Perspectives on Economic and Political Change?" Economy and Society, 1995, 24 (3): 307-333.

6　Bono 出生於1960年5月10日。

7　可參考Gavin J. Andrews, Robin A. Kearns, Paul Kingsbury and Edward R. Carr, "Cool Aid? Health, Wellbeing and Place in the Work of Bono and U2," Health and Place, 2011, 17: 185-194.

個職務，對我們的民權運動有任何的幫助？」當然，在場沒有任何一個人回應。馬丁路德接著說：「既然如此，我們今天的集會就到這裡結束。我們將等到有任何一個人，能夠說出羅伯甘迺迪可以對我們的民權運動有任何一點幫助的竅門時，我們再重新集會。我的朋友們！因為，到那時就是我們民權運動開啓往前邁進之門的時刻！」[8]

　　讀者可以用心去體會馬丁路德是如此一個正向型的領袖，對於抱怨、失望、喟嘆的話，他不是不聽，但這些話對推動黑人人權運動何益？他的正面呼籲乃是鼓勵大家，想想辦法去影響羅伯甘迺迪，使羅伯參議員對民權運動的負面取向，能夠被轉變成正面取向。「翻轉情勢」、「讓危機變轉機」、「把弱勢變成強勢」，不正是領袖應該要做的事嗎？

　　馬丁路德的支持者後來發覺羅伯甘迺迪和主教過從甚密，而主教本人對黑人民權運動的支持，使羅伯參議員的態度開始轉變。Belafonte 告訴 Bono，當羅伯甘迺迪在洛杉磯遇刺、倒臥在人行道上而逝世時，當時的美國再也找不到任何一個比羅伯更支持黑人民權運動的人了。

　　Bono 對這些對話下了結論，他說：「無論 Belafonte 是否誇大了馬丁路德的偉大，但金恩博士的話，其實是告訴我們，不要因為某人被定型化了；也許被說成是左派或右派，進步主義分子，甚至是反動派，不可因此輕信傳言，驟下定論。永遠不要相信傳言，儘量從這些人身上找到光明的一面，因為那就是點燃我們『志業的火種』。」[9]馬丁路德金恩生於 1929 年 1 月 15 日，卒於 1968 年 4 月 4 日，是舉世聞名的美國非裔美國人民權運動領袖。1964 年他獲得諾貝爾和平獎。一般都簡稱他為金恩博士，他的博士學位是在波士頓大學拿到的。金恩博士是一位浸信會的牧師，他所率領的美國黑人民權運動是以非和平方式來爭取，但在 1960 年代卻得到美國警方粗暴的對待。1963 年，他在華盛頓特區林肯紀念堂發表的「我有一個夢想」演說，成為美國歷史上最負盛名的演說之一。1968 年 4 月 4 日，他被刺殺身亡。1977 年他獲得福特總統追贈「總統自由勳章」，2004

8　the-happy-manager.com/tips/famous-leadership-quote/，檢索時間：2016年4月29日。
9　同前註。

年美國國會追贈他「國會金質獎章」，1986 年，聯邦政府將每年 1 月的第三個星期一，定為「馬丁路德金恩紀念日」，成為聯邦假日之一。[10]

小事情大啓發（It's the Little Things that Count）

當我們請教專家：領導該做什麼？專家們一定會告訴你，領導是有遠見的，永遠看到宏大的藍圖，持續學習和所有人溝通，並且鼓舞大家。但有些時候，領導能力的培養與學習，卻常常是從小事情，得到大啓發。那些愈會從微小事情得到大啓示的人，後來愈可能成為具有領導統御能力的人。

前南非開普敦大主教 Desmond Tutu，他是非常著名的「反種族隔離」的運動家，他就是一個擅長從小事件去獲得大啓發的人。

Tutu 大主教回憶他一生中，受到最大影響的事件是，在他 9 歲時，看到較早的反種族隔離運動家 Trevor Huddleston。當時，他才 9 歲，所以他根本不知道 Huddleston 的事蹟。Huddleston 是個高大的白人，穿著黑色的神父教袍，以及戴著黑色的帽子。但當 Huddleston 走到 Tutu 母親面前時，Huddleston 脫帽向 Tutu 的母親致意。Tutu 的母親不過是個普通的黑人工人。

面對這樣一件小事，9 歲的 Tutu 心中卻受到了相當大的啓示，他突然悟出了一個道理，從主的恩典來看，每一個人的意義都是一樣的；每一個人都是依著主的型態被造出來，降臨到世間，每個人的價值都是一定的，不應該因膚色而有差異。從此之後，在 Tutu 的心中，確立了他「反種族隔離」的信念，而且產生了一股熱情，他將反對任何不正義的事物。Huddleston 成為他要模仿的對象。

人在一生中多多少少會遇到一或二件大事，很多人常以為自己是受到這一或二件「大事」的影響，而決定他人生的主要行徑。其實，心理學教授 Frank Furedi 指出，有時反而是別的一或二件「小事」，決定了一個人的一生。這些細小的事情，像「種子」一樣，開始在一個人的心田著床的時候，第一及第二天，似乎這個人沒什麼變化；但是經過一星期，或者二星期後，他自己本人忽然覺得

---

10 有關金恩博士的言論，可參考資深編輯Clayborne Carson，以及其編輯群Susan Carson, Susan Englander, Troy Jackson, Gerald I. Smith等人所編纂的The Papers of Martin Luther King, Jr. Vol. VI, University of California Press, 2007.

自己好像變成了另外一個人。人生的改變，於焉開始！

　　Tutu 全名是 Desmond Mpilo Tutu，生於 1931 年，曾任南非開普敦聖公會前任大主教，也是南非聖公會首位非裔大主教，於 1984 年獲諾貝爾和平獎。他從 1980 年代開始致力於廢除種族隔離政策；並且，在 1995 年開始領導南非的「真相與和解委員會」（Truth and Reconciliation Commission），促成南非的轉型正義。[11]

　　Trevor Huddleston（1913-1998），更是一位偉大的領袖人物，他生前被英國教會任命為印度省的大主教。1943 年他被派到南非的 Sophiatown，他建立了三所教堂、七間學校、三間護士學校，照顧 6000 位以上的兒童。他在 Sophiatown 待了十三年以上，挑戰當地的種族隔離政策，他也因此獲得南非黑人領袖曼德拉的授權，成為反種族感隔離政策的領袖，南非很有名的爵士樂團就是用 Huddleston 為名，叫做「Huddleston Jazz Band」。[12]

從悲慘挫敗中看到成功的機遇（Seeing Triumph in Tragedy）

　　前面提到愛迪生喜歡從正面或正向價值去看事情，或解釋事件。但是，愛迪生所展現出的領袖氣質，最令人印象深刻的是，他可以從悲慘的遭遇中，看到如何成功的陽光。

　　1914 年，愛迪生位在美國紐澤西州西奧蘭治的工廠很不幸地被大火吞噬，所有成果付之一炬，總損失超過 200 萬美金。廠方所投保保險給付，則只有 23 萬 8 千美元。這是發生在 1914 年 12 月的事，可以說是愛迪生一生中所遭遇到的最大困難。

　　當火場火勢燒到最旺時，愛迪生 24 歲的兒子查理士（Charles），以為父親也身陷火海，瘋狂地到處尋找愛迪生。後來他終於找到愛迪生，只見他父親很冷靜地看著燃燒中的一切，但是臉上卻展露出無比的光輝，雖然火場的風勢吹起愛

11　Tutu在其所撰文章中說："We taking too long to learn a lesson that God wants to teach us: that no one, no nation can exist in isolation."見Archbishop Desmond Mplio Tutu, "We Can be Hamman only Together,"刊登於Seattle Journal for Social Justice, November 2002, 1 (2): 253-256.

12　Piers McGrandle, Trevor Huddleston: Turbulent Priest, Piers McGrandle, N. Y., 2004.

迪生滿頭的白髮。

　　查理士後來回憶說，在當下那個時候，他心中深深地為父親的遭遇感到刺痛。因為他的父親已經 67 歲了，青春不再，面對一切被火摧毀，愛迪生情何以堪？但沒想到當愛迪生看到查理士時，卻是大聲地問著查理士，他的媽媽在哪裡？查理士說他不知道，愛迪生仍然大聲地要求查理士，趕快去找他媽媽回來，因為，他媽媽一輩子都沒有看過這種「盛況」！

　　第二天早上，愛迪生面對著殘火灰燼，說出了傳世名言（本章前已提到）：「這個災難帶給我最偉大的價值，那就是把我所有的錯誤，全部消除掉，感謝主！讓我有機會一切從頭開始！」[13]

　　而最令人驚奇的是，就在大火災之後的三個星期，愛迪生發明了人類第一台留聲機。

領導要能看到全盤局勢（Seeing the Bigger Picture）

　　領導要能站在最高的地方，視野廣闊、縱橫全局，大概每個人都會這麼說。但是，難就難在一個人，是不是真正能有所體會和領悟，什麼才是綜觀全局，而非以管窺天。

　　西方的孩子都聽過一個有關三個石匠鑿石頭的寓言故事。這個故事有很多版本，但是，不管什麼版本，都是在講一個人如何能綜觀全局，從大局出發去思考問題。

　　這個故事的典型說法是，一個外來客來到一個採石場，碰到三個採石工人，他們都在切割一些大石頭。外來客就對第一個採石工人問說，你在幹什麼？第一個採石工人只會說，我在切割這塊大石頭，但他並不曉得切割這些石塊要幹什麼；當第二個採石工人被外來客問到相同問題時，他回答說，他在切割這些石頭，而且希望切得方方正正，好用它們來砌一道牆；當第三個工人被問到相同問題時，他回答說：「我正在建造一個大教堂。」

　　管理學大師彼得杜拉克曾改寫這個故事，他說第一個石匠的回答是，他為了

13　the-happy-manager.com/articles-of-leadership/，檢索時間：2016年5月1日。

賺取生活費，所以在採石場切割石頭；第二個則回答說，他在爲整個國家切割出最好的可用的石頭；而第三個才回答說，我正在建一個大教堂。

　　杜拉克認爲這個故事的盲點，第二個採石工人其實是很專業的，但由於他太專業，也太專注在他自己的專業，他的貢獻可能剛好妨礙了組織或單位的大格局的發展。

　　杜拉克改述這個故事，的確令人省思。其實，多數人的工作只是爲了生活；但也有一群人，他們很專業，也堅持自己的專業，同時，他們希望以自己的專業來幫國家社會從事一些建樹；但是，是不是我們都應該像第三個採石匠般，刻意專注在國家社會的大格局的發展？其實，第二種人並沒有什麼好批評的，他們眞正想做好自己的事，然後對國家社會有貢獻。只是，領導所看到的不僅僅是全局，而是懂得要讓每個人都曉得，國家發展的格局是什麼？而且，領導如何能帶領大家，去完成這個大格局。[14]

領導必須架起民衆和願景之間的橋樑（Build Bridges for People to Follow）

　　傳統中國有所謂「民可使由之，不可使知之」。現代政府治理講究「透明化」（transperparcy），領袖既然有義務要帶給大家願景，領袖的高瞻遠矚是常人所不能理解的。所以，領袖除了要用最容易懂的方式讓民衆瞭解他所要爲大家建構的願景，也要在願景和民衆認知可能做不到或無法達成所形成的那道鴻溝上，搭起希望的橋樑。領袖的願景若淪爲海市蜃樓、鏡中水月，最後民衆還是會拋棄他，他也不會再是帶領大家的領導人物。Will Allen Dromgoole，是出生於美國田納西州的詩人，生於 1860 年 10 月 26 日，死於 1934 年 9 月 1 日，一生著述甚豐。曾寫過 7500 首詩，以及 500 篇的短文。他的詩「造橋者」（The Bridge Builder，有人譯成「橋生成器」），被傳誦不已，很多兄弟會以此爲其會衆的信念，意謂著不斷地傳承；就領導而言，也被看成是領導者必須把被領導者和他的願景信念間橋樑建構起來，具代表性的一首詩。

14　the-happy-manager.com/articles/leadership-quality/，檢索時間：2016年5月1日。

願景引領：造橋者

一個老人，孤獨的走在馬路上，
日頭漸暗，氣氛冷而晦澀，
橫亙在其前的，是一條又黑、又深的鴻溝，
鴻溝中的水流深沈闇黑。

老人在薄暮中渡過鴻溝，
對他而言黑沈水流無需恐懼，
當他安全到達彼岸，卻轉過身來，
他築了一道橋，足以讓人渡過鴻溝暗潮。

一個朝聖者自遠而近對他說：「老人！」
「何以浪費力氣於此呢？」
「當日頭落山，你的旅程也將結束。」
「從此你不再需要此橋樑跨渡鴻溝。」
「你已渡過此深廣洪流。」
「爲何要在昏暗的潮水中建造此橋。」

老人仰起灰白鬢髮的頭，
我的好朋友，我剛走過這條路，
今後必然有人再經此途，
也許是個年輕人，他仍需涉水而過，
這條鴻溝，如今對我毫無威脅，
可是對那滿頭金髮的少年，也許是個陷阱，
他必須在夜色薄暮中走過此溝。
我的好朋友，這座橋就是我爲他所建造的。

領導者永遠要做的三件事（Three Things Successful Leaders Have in Common）

從以上所有領導的故事中，我們可以發現，每個領導者，似乎都有其獨特的氣質、見識、遠見、心胸或技巧，似乎很難歸納出一個共同的特點來供我們學習。其實，一般說來，領導者常顯現出，他們經常做的事情是：

1. 把一件普通尋常的事情，用非常不尋常的方式去完成；

2. 經常能夠感覺到好像有些事情並不那麼尋常；

3. 比別人更早觀察到事情的發生，並且能在這件事情變成尋常事物之前，感受到事情的特別性。[15]

第二節　管理的故事

在本章第一節中，讓讀者從故事中瞭解領導的不同面向。故事人人會說，但聽眾的體會則各有不同。從管理的瞭解來看，本節也嘗試以一些故事，讓讀者解讀其中有關管理的涵意。[16]

發出一個強烈的信息：保護你的員工（Sending a Strong Message: Protecting Your Employees）[17]

1985 年有一家非常有名的電影製片公司，為了讓財務起死回生，新聘了一個總裁。首先為了要撙節開支，這位新總裁找來該公司兩個部門的主管 Ed 和 Alvy，要求他們為公司裁員。但 Ed 和 Alvy 拒絕，他們認為裁減員工，無異於減低了公司的價值。新來的總裁給予兩人「最後通牒」：明天上午九點前，無論如何要交給他一份裁員名單。

結果隔天早上，新總裁收到了一份名單，上面建議要裁掉的兩個人：Ed 和 Alvy。

15　the-happy-manager.com/tips/quotes-about-leadership-success/，檢索時間：2016年5月1日。

16　本節的故事來自www.mgmtstories.com，檢索時間：2016年4月9日。

17　同前註。October 22, 2013. By Administrator, Ethics / Integrity, Leadership, Management.

當然，沒有人被裁掉。幾個月之後，賈伯斯（Steve Jobs）買下了這間公司 Lucasfilm 的電腦繪圖部門，並和 Ed 和 Alvy 重組成立了 Pixar 公司。[18]Ed 就是 Ed Catmull，Alvy 就是 Alvy Ray Smith。

Ed 和 Alvy 的舉動感動了公司的員工，他們收到了一個強烈的信息，那就是：公司經理人，把他們員工的職位，看成是公司工作團隊的資產。這個故事，令史丹佛大學的 Robert Sutton 十分驚奇，即使在四分之一個世紀之後，此事件仍讓所有在 Pixar 上班的員工感受到激勵及人心鼓舞。

賈伯斯離開蘋果後，開了一家 NeXT 公司，專門賣電腦，蘋果公司有 5 個人跟著他，一起加入這個公司，但這個公司八年之間賣 5 萬台電腦，業績並不好。1986 年賈伯斯用 14 萬元美金買下喬治盧卡斯（George Lucas）電影製作公司的動畫部門。喬治盧卡斯就是《星際大戰》（Star Wars）的製作人，為了支付離婚贍養費用，只好賣掉 Lucasfilm。賈伯斯運用電腦軟體，先製作短的動畫影片，1988 年出品的《小錫兵》（Tin Toy）獲得奧斯卡最佳動畫短片。於是，賈伯斯開始製作正常的電影動畫片，Ed 和 Alvy 給了他很大的幫助。[19]

Ed 和 Alvy 無疑地是具有異於常人看法的管理者，而且也具有別人所沒有的勇氣，敢於向頂頭上司說「不」。

受凍的鳥（The Frozen Bird）[20]

一隻小鳥飛往南方避冬，小鳥飛得非常累，而且凍壞了，於是牠便停在一大片的荒野地上休息。當牠躺在那的時候，一隻母牛走過來，同時拉了一把屎在牠身上。小鳥躺在牛糞堆上，卻覺得溫暖許多，小鳥瞭解到牛糞反而將牠從寒凍中解救出來；在牠覺得溫暖又快樂的時候，不自覺地哼唱起歌；一隻貓聽到小鳥的

18 Pixar是一家專門製作電腦動畫的公司，該公司位於美國加州的Emeryville市，到2015年為止，該公司所製作的電影，已贏得了包括27個奧斯卡獎、5座金球獎、3次萬萊美獎。該公司製作的電腦動畫影片，世界聞名的如《玩具總動員》、《蟲蟲危機》、《玩具總動員2》、《超人特攻隊》、《瓦力》、《天外奇蹟》等。

19 Todd A. Finkle and Michael L. Mallin, "Steve Jobs and Apple Inc.," Journal of International Academy for Case Studies, 2010, 16 (7): 31-40.

20 同註16，June 27, 2012. By Administrator, Career/Employment, Miscellaneous, Organization Behavior/ HR.

歌聲，循聲而至，叼起了小鳥，然後就把牠給吃掉了。

本故事的隱喻如下：

1. 不是所有往你身上噴屎的人，就是你的敵人！

2. 當有人把你從糞堆中救出來，未必是你的朋友！

3. 當你被埋在糞堆中，最佳策略是，閉上你的嘴！

做為一個最優秀的管理者，是如何界定自己的敵人、朋友？又當一個優秀的管理者，在面對最困窘或最艱危的環境中，他／她又是如何做出明哲保身的行動呢？

實驗快速調整價格政策的美妙（The Beauty of Many Pricing Experiments）

1998 年當 Gary Loveman 加入哈拉斯娛樂公司（Harrah's Entertainment）──現在改名叫凱撒娛樂公司（Caesars），這個經營賭場的公司所採取的價格政策和其他公司都相同，假定吃角子老虎機（slot-machine），降低它的賠付率（pay outs），等於是本質上提高了賭客所應付的價格，結果會是把賭客趕往別家賭場。Loveman 曾在哈佛大學商學院受過教育，他企圖推翻這個假定。因此，Loveman 任命一組人進行研究，觀察究竟玩吃角子老虎機的賭客，對於吃角子老虎賠付率的調整，是否真的有那麼敏感？

結果他們發現，如果把機器的賠率微微調降 1 個百分點，玩吃角子老虎的賭客根本不會察覺。當然，哈拉斯公司的股東們會知道，這種微調結果，使一個大公司增加了上千、甚至於上萬的利潤。

每一個賭場都有一大堆的吃角子老虎機，價格政策的訂定，是使該公司獲得最適當利潤的關鍵。[21]

商場管理者被認為其和一般組織的領導最大的不同，在於他們必須把公司的產品賣出去，為公司獲利；而為了獲利，價格政策是個關鍵，定價會決定公司的銷售量和獲利率。但相同的行為是否會出現在公部門和非營利組織的領導者身上呢？公部門會不會有自己的產品，也需要「定價」？非營利組織所提供的公益服

---

[21] Kenneth Dickman, The Allure of Pricing Predictively, by Administrator, Management Marketing/Sales.

務，是否也有「定價」的問題呢？

把錢花在消費者身上（Putting Your Money Where Your Mouth in Customer Service）[22]

這是十年前發生在某公司的故事。情人節的前兩個禮拜，一位女士，姑且稱她為 Sue 好了，來到某公司。她說她要竭盡所能地為她先生 Bob，找一輛非常好的腳踏車，她覺得該公司 Zane 的腳踏車很符合她想要的。她可以先付部分訂金，尾款 200 塊美金則稍後再付清。為了給她的先生一個驚喜，她請該公司的服務人員，在情人節當晚，把腳踏車放在展示窗台上，繫上絲帶和彩色氣球，同時在這些東西上要寫著：「Bob，情人節快樂！」。公司門市店的服務人員 Greg，很樂意幫這位女士的忙，就應允下來。

Sue 還另外計畫要在情人節當晚找一些同事聚餐，飯後這一群人會裝著毫不知情的樣子走到 Zane 公司，讓 Bob 享受看到這個禮物的驚喜；準備就緒後，Sue 迫不急待地期待這個時刻的來臨。

一切似乎都照計畫進行，問題發生了：Greg 忘了這件事！當然，錯誤是 Zane 公司造成的。

情人節隔天早上，公司就收到 Sue 憤怒的來信，指責公司。公司決定妥善處理此事，不僅是彌補 Sue 而已，還要把這個災難似的錯誤，轉換一個正面的經驗及教訓。

對於這對住在當地的夫婦 Sue 和 Bob，公司決定不僅把腳踏車給他們，同時放棄尚未給付的 200 元餘款，做為補償。

但是，這樣還不夠。公司決定招待 Bob 和 Sue 夫婦，以及他們的同事，一個愉快的晚宴，晚餐設在一家最好的義大利餐廳，公司告訴他們，沒有消費額的限制。同時，當天中午，公司還請在同一條街尾一家不錯的咖啡餐飲店，精心配製了午餐，外送給 Sue，以及其他在情人節當天陪著 Sue 一同來看 Bob 驚喜畫面

---

22 同註16，April 10, 2012. By Administrator, Customer Related, Management, Organizational Behavior/HR. Originally, by Chris Zane, Reinventing the Wheel: Creating Lifetime Customers.

的同事。

　　很明顯地，Zane 公司所考量的是如何補救，並挽回消費者對 Zane 的信心；所以，處理此事的預算多少不在考慮之內。Zane 考慮的是公司的信譽，以及為公司的消費者終身售後服務的正直文化，Sue 和 Bob 的案例，甚至值得公司花 25000 美金去彌補。所以，相較於實際上對 Bob、Sue 和她的同事所花的餐費等，這筆投資實在是太值得了。公司預判他們給 Bob 和 Sue 的補償，定然超過 Bob 和 Sue 所期待的，但給他們的補償超過他們預期的，這是合理的；如果能因此改變他們因 Greg 所犯的錯誤而對 Zane 的生氣與失望，Greg 所犯的錯誤就會被 Zane 轉換成一個正向的經驗，足供公司所有員工警惕！

　　這個事件還有一個結尾，那就是 Greg 正式寫了一封信向公司道歉，他個人的疏忽，危及公司對於消費者終生售後服務的信譽。在該信中，Greg 還附上一張 400 元的支票，表示了他個人的誠意，願意負責公司因此所多出來的額外支出。

　　當然，公司主管從來沒有把該支票兌現。公司的所有人就是 Chris Zane，他把 Greg 的信裱起來放在辦公桌上，做為一個永久可回憶的物件，當看到這封信時，人們永遠記得，在過去的某一天，公司花了好幾百塊錢，強化了公司服務消費者的文化。公司的團隊經營管理了公司和消費者之間的關係，而且這種管理方式，打動了公司員工每個人的內心，內化成他們相信的價值。這個結果，是無價之寶。

你會投資你自己的公司嗎？（Would You Invest in Your Own Company?）[23]

　　有間公司的 CEO 意識到自己的員工知道公司近況不好，為了讓公司員工願意參與讓公司情況轉好的行動，公司 CEO 做出決定、採取行動，並且達成目的。CEO 是如何達成這個目標的？

23　原故事出自"Are Your Communication Strategies Really Engaging Employees ?" by Marcia Xenitelis/ Leader Values, July 2011.同註15，January 5, 2012. By Administration, Communication, Management.

　　公司在四個星期中，有 4 次可以自行攜帶午餐的演講會，公司員工可以免費參加，這個午餐會的講者都是外聘講座，這個講座的專家談的是如何投資具有市場占有率的公司產品。當然，這些講題及其內容似乎很明顯的，和該公司的產品、營運及組織無關。在第三個星期，講座為他們分析一些年度報表，通過一些數字的檢驗，講座教導聽眾判斷根據哪些數字及資料，可以投資哪些特定公司的哪些產品。第四個星期，講座提供了一大堆數字和分析結果，然後請教聽眾──即該公司的員工：「這家公司可以投資嗎？」毫無例外的，大家都說「不可以！」然後，講座揭曉這家公司，就是員工所屬的公司。瞬間「哇塞！」的聲音齊爆而出。從此時此刻起，公司員工知道他們大家和公司共同面臨的窘困，於是大家決定投入，拯救公司所有的創新改革，以及團隊合作。

自我紀律要求的重要性（The Importance of Self-Discipline）[24]

　　1960 年代心理學家 Walter Mischel 在史丹佛大學執行一項學齡前 4 歲兒童「棉花糖試驗」（the Marshmallow Test），測試兒童對「享樂」的抵抗能力。遊戲是這樣玩的，給每一個 4 歲兒童一支棉花糖，孩子們可以立即吃掉它；但是，如果在研究者回來之前，沒有吃掉棉花糖的孩子，就可以再獲得一支棉花糖。

　　研究者離開後，有些小朋友就迫不及待的吃掉棉花糖。但另外一些小朋友，他們抗拒棉花糖的誘惑力，有的閉上眼睛，有的彼此交談、唱歌、玩遊戲，有的乾脆就試著睡覺。這些抗拒沒吃棉花糖的小朋友，終於熬到研究者回來，每個人都多拿了一根棉花糖。

　　十二到十四年後，對這些小孩做追蹤調查，結果發現那些能夠抗拒不吃棉花糖的小朋友，成為青少年後，比較具有社交性格，以及較尊重個人。同時，也比較具有獨立判斷能力、自信，值得信賴和值得依靠，較有能力管控壓力。在所謂的 SAT（Scholastic Aptitude Test）性向測驗上，可以拿到 210 分，比那些當時急於享用棉花糖的孩子們高出許多。

24　同註16，Deepening Our Discipline, by Jim Clemmer.

　　比較那些領導人物和每天只能掙扎過日子的人，最大不同來自於「自我紀律」的要求。正如孔子所說的：性相近，習相遠。人的天生本性事實上是很相近的，但習慣的養成及異同，造就了不同成就的人。

雙贏的談判（Win-Win Negotiation Agreements）[25]

　　國外有所謂兩姊妹平分一個橘子的故事，雙方太強調所謂「公平的分法」。所以，彼此妥協的結果，是把橘子平分，切成兩半，一個人分一半，看起來是公平的，但和所期待的結果，卻不大符合。

　　原來，姊妹中的一位想要喝果汁，另外一位是想要橘子皮及榨過汁的果肉，來做烤蛋糕。當姐妹平分一顆橘子，切成相對等的兩半。姊姊只要果汁，把果皮和榨過汁的果肉丟掉了；妹妹只要果皮和肉，把榨過的汁倒掉。等到彼此發現和原來想要的期望並不符合時，為時已晚。其實「雙贏」的策略，不在表相上的公平，而在於能各取所需，得到自己最大量的所得，對方也是如此，這才是「雙贏」的談判。

停留在高峰上（Staying on Top）[26]

　　一隻火雞跟一條牛說：「我想爬到大樹的樹頂。」但火雞接著又嘆口氣說，牠沒有這個力氣。

　　牛立即對火雞說，何不啄食我的糞便，它們非常營養，會讓你有體力。

　　於是，火雞開始啄食牛糞，吃了之後，覺得活力十足，爬上了最低的樹幹。隔天，火雞又吃了更多的牛糞，牠又爬上了較高的樹幹；最後，到了第四天的晚上，火雞終於驕傲地登上了樹頂，棲息在那兒。

　　但很快地，農夫發覺樹頂有一隻火雞，一槍就把火雞射了下來。

　　從管理上來看，吃牛屎也許能讓你爬到高位，但終不能持久。

　　「易經」強調，「非厚德不足以載物」啊！

25　同註16，Why Negotiation is the Most Popular Business School Course, by Leigh Thompson and Geoffrey J. Leonardelli. Dec 15. 2011, by Administrator, Negotiation.
26　同註16，Rajat Khungar, By Administrator, Humor/Amusement Management.

嘿！你獲得了大象！（Hey, You Got the Elephant）[27]

　　肯定對方做得不錯，常用的方法是，給對方一封讚賞的電郵；或者，在對方做出不錯成績後，輕拍對方的背部，表示肯定。但是可以用更創造性的方法去做這件事。最佳的範例是商業顧問 Alexander Kjerulf，他引用了丹麥一家公司的做法，叫做「接到大象」（the Order of the Elephant）。用一隻兩呎高的填充物大象玩具，讓員工自己來決定要把大象給誰，當一個同事所做的事，值得做為大家的典範時，就把大象給了他。這個好處不在於做好事，得到讚美與肯定，當大象被交到到任何一個人手上時，只要有人注意到了，就會問：「嘿！你幹了什麼好差事？」如此一來，這個獲得大象的人，所做的好的範例，就會不斷地被強調與重複傳頌。

◎ 第三節　領導人物

　　從領導和管理的故事，讀者也許獲得一些啟發。為了讓大家對領導和管理的研究更有興趣，本節就介紹幾位優秀的領袖或領導人物；讓讀者瞭解他／她們何以被認為具有最優秀的領導統御能力。

　　財星雜誌（Fortune）每年都會選出世界最偉大的領袖（World's Greatest Leaders）。在 Fortune 的網頁上，開宗明義地說：「不論在企業界、政府、慈善事業或藝文界，這些領袖人物，不論男性或女性，他／她們在全球努力轉變這個世界；與此同時，他們也鼓舞了別人，和他／她們一樣，去做相同性質的事情。」[28]

壹、傑夫貝索斯（Jeff Bezos）

　　傑夫貝索斯是財星雜誌 2016 年選出來的第一名，世界最偉大的領袖。傑夫

27　同註16，The Happiness Work Ethic, by Shawn Achor, August 16, 2011. By Administrator. Management Organization Behavior.

28　forunce.com/worlds-greatest-leaders/jeff-bezos-1/，檢索時間：2016年7月4日。

出生於 1965 年的美國新墨西哥州中部大城：阿爾布奎克。傑夫是網路購物中心亞馬遜（Amazon）的建立者。美國時代雜誌把他評為 1999 年風雲人物，2000年財星雜誌把他列為全美 40 歲以下的巨富排行榜中的第二名，美國新聞週刊（Newsweek）將他選為「網路時代最具影響力的 25 人之 1」。

傑夫貝索斯是個私生子，3 歲隨母親的改嫁，接受繼父的姓貝索斯，繼父邁克貝索斯視其如己出。1986 年貝索斯在普林斯頓大學取得電子工程和電腦系兩個學士學位。原任職於紐約一家新成立的高科技公司，兩年後，貝索斯轉到紐約銀行家信託公司，管理價值 2500 億美元資產的電腦系統，25 歲便成為這家公司有史以來最年輕的副總裁。之後，還到華爾街的一家券商公司工作，專門為公司從事對沖基金的運作，1992 年成為該公司最年輕的資深副總裁。

1994 年貝索斯注意到網路使用者已超過上千萬人，於是他開始構想如何用網路來開展事業，1995 年他搬到西雅圖，以 30 萬美金在西雅圖郊區租了車庫，創立了全美第一家網路零售公司——Amazon.com（亞馬遜公司），貝索斯用 Amazon 該河之名為公司名稱，當然是希望自己公司能成為像亞馬遜河那樣，一間成功的巨大的網路零售公司。

貝索斯花了一年的時間建立網站和資料庫，他將網頁設計得十分人性化，很方便使用，加上一開始就有 10 萬冊的書目供顧客選擇，以較低的價格和非常快速的服務，爭取到顧客。一般狀況，下單訂書，3 秒鐘可以得到回應。到後來他提供 250 萬冊可以選購的書目，並且天天進行不同書籍的折扣。

亞馬遜零售網站，不斷擴充它所能提供的銷售商品，如兒童圖書、音樂帶、錄影帶，更和蔬菜網站、寵物網站、家庭用品網站互連。1995 年 7 月，Amazon還只是一個購物小網站，到了 2000 年 1 月，亞馬遜的市價總值已達到 200 億美元。在還沒有電子商務企業的時代，亞馬遜公司在實質上，已經是一家電子商務企業。[29]

貝索斯也有幾次被票選為世界最優秀的 CEO 之一，而他之所以能被選為世

---

[29] Brad Stone, The Everything Store: Jeff Bezos and the Age of Amazon, Little, Brown and Company, August 12, 2014.

界極其優秀的領導人物，是因為他超越了只是經營商業利益的亞馬遜網上購物公司 CEO 的角色，積極地進入媒體事業，以及太空冒險事業，此舉使他成為領袖中的領袖（leader of leaders）。

貝索斯買下華盛頓郵報（Washington Post）後，該報報導伊朗的記者 Jason Rezaian，被控以間諜的罪名，囚禁 18 個月，終於獲釋。貝索斯特地坐私人飛機去接 Rezaian 回家，他和 Rezaian 在美國的一個軍事基地共進晚餐，隔天貝索斯就帶著他飛回美國。貝索斯回答記者說，當一個公司把員工送到一個不安全的地方，從事危險的工作，後來又不幸被拘禁，也因此被迫與新婚不久的妻子，離開 18 個月，這樣子的員工值得我用私人飛機來接他回家。在飛機上貝索斯問 Rezaian 想去哪裡？Rezaian 說想到佛羅里達的 King West，貝索斯立即回答說：好！貝索斯把 Rezaian 帶到佛州的 King West，公司早已安排 Rezaian 的妻子 Yegi 在等他。在那裡，他們夫妻倆等於是二度蜜月。

貝索斯被要求說明他何以如此對待員工，他說：我只是單純的為 Jason Rezaian 做這件事，動機超單純。不過，如果有人真的很認真問我此舉有何深意？我只想強調一件事：我們永遠不會放棄任何一個人！[30]

貝索斯買下華盛頓郵報後，面對惴惴不安的員工，他在買下郵報新聞刊出後的第二天，就在郵報上刊登他給同仁的一封公開信。首先，他以認同大家的擔心做為同理心的基礎，而不是告訴報社同仁不要擔心。很巧妙地，他讓大家知道，他理解大家的情緒。

緊接著他告訴同仁，他不會去處理工作權、薪水及福利，這些在企業併購後，新老闆一般都會做的問題。尤其是郵報在他接手前，前一季的虧損達到 200 多萬美元。代之而起的，他強調郵報的目標仍是新聞從業人員普遍認同的價值──服務大眾、挖掘真相、避免錯誤報導。同時，他也聲明他不會參與郵報的日常運作，以消除大家對他這個網路或電子商務巨人，所可能有的擔心或懼怕。此外，他也謙卑地，並且由衷地感謝大家願意留下來，為郵報繼續工作。

最後，當然他提出了自己所要求的變化。這個變化不是由於郵報換了新老

30　Adam Lashinsky, Bezos Prime, fortune.com/amazon-jeff-bezos-prime/，檢索時間：2016年7月8日。

闊而造成的，而是網路世界所帶來的世界秩序的顛覆，「爲此劃出前進路線是相當困難的，所以前進是沒有地圖的，必須創新，創新必須實驗，從實驗測出讀者的反應，知道讀者們要什麼，再來創新。」（There is no map, and charting a path ahead will not be easy. We will need to invent, which means we will need to experiment. Our touch stone will be readers, ...）[31]

　　Lashinsky 認爲貝索斯比起其他的 CEO，有相當大的不同，當其他的 CEO 都在打高爾夫小白球的時候，貝索斯卻把經營 Amazon 以外的時間用在如何將 E 化的技巧，用來擴張華盛頓郵報的版面，建立更多的讀者群和作者群，使郵報能和另外相當有名的哈芬登郵報（Huffington Post）相競爭；同時，貝索斯也投資加入波音公司（Boeing）在華盛頓州 Kent 的工廠，發展太空梭，New Shepard 成功地發射到太空，並且安然返回並降落地球，之後又投資 Blue Origin 計畫，在 2017 年把人載到太空之後，安全返航，企圖發展人類航行太空旅遊之計畫。當然，更不必提 Amazon 的網路購物和其他商業、醫療、服務網站的連結。這些事業的推動，使得貝索斯不僅僅是一位成功的 CEO，他還儼然成爲引領人類發展的偉大領袖。

貳、梅克爾（Angela Merkel）

　　貝索斯的角色多少還有 CEO 的色彩，那麼是否存在有不具商業管理者的角色，而被公認是世界級領袖人物的呢？如果有，那就非梅克爾莫屬了。梅克爾的崛起，不僅是贏得她自己政黨內部多次的選舉；同時，她也是從 2008 年開始，連續三次帶領她的政黨贏得大選，主導歐洲達十年以上，並且帶領德國渡過金融危機。不過，值得一提的是，2015 年她力排眾議，收留了將近 100 萬中東的難民，被時代雜誌選爲 2015 年度風雲人物。

　　梅克爾於 1954 年 7 月 17 日出生於漢堡，原名是 Angela Dorothea Kasner，梅克爾是她第一任丈夫的姓，離婚後仍保留下來。她在萊比錫大學攻讀物理學，

31　mrjamie. cc/2013/08/07/jeff-bezos-on-post-purchase/，檢索時間：2016年7月8日。

後來研究量子化學，並且得到博士學位。由於在東德統治下生活了三十六年，形成了她良好的掩飾和控制情緒的能力。她會三種語言：德語、俄語及英語。

梅克爾竄起於德國政壇，主要在於 1998 年基督教民主聯盟（簡稱「基民盟」）在柯爾領導之下，於該年選舉中遭到挫敗。柯爾等「基民盟」的領導幹部涉入金融醜聞。梅克爾公開聲明與柯爾等人劃清界線，並於 2000 年參選「基民盟」領導人並當選。梅克爾是「基民盟」第一位女性領導人，「基民盟」是傳統保守派及天主教背景的政黨，一直由男性在黨內主導一切。因此，梅克爾能出任該聯盟領袖，令人驚奇。

更驚奇的是，2005 年，她正式代表基民盟／基社盟，在 9 月 18 日舉行的聯邦選舉中與總理施洛德角逐總理。到了 10 月 10 日，在此次選舉中勢均力敵的基民盟與社民黨取得共識，同意共同組閣，由梅克爾擔任聯邦總理，但內閣人事則由社民黨取得 8 個部會，基民盟則分有 6 個，形成過去四十年以來德國首次的「左右大聯盟」。2005 年 11 月 22 日，梅爾克正式就職，她是德國第一位女性聯邦總理，也是繼一千年前的神聖羅馬帝國狄奧凡諾皇后（956-991）之後，第一位領導日耳曼的女性。同時，她又是兩德統一之後，第一位出身前東德地區的聯邦總理。

2009 年德國聯邦議院選舉，梅克爾領導的基民盟再次獲勝，議席也有增加，與同屆中間偏右的自由民主黨合組聯合政府；2013 年德國聯邦議院選舉，自由民主黨未能跨越 5% 的政黨得票門檻，不能進入聯邦議院，基民盟再度與社民黨組建其後四年的聯合政府。

梅克爾在 2005 年擔任德國聯邦總理之後，一直被國際媒體形容為全世界最有權力的女性；而美國總統則被認為是全世界最有權力的男性。不論是德國的梅克爾或美國總統，所謂的「最有權力」，並不是虛有其表。事實上，從美德兩國的政治、經濟實力，對於其他國家，都能發揮制衡的力量，從比較流行的話來說，德國與美國對於他國或國際社會的事情，都具有否決的權力（veto power）。

事實上，Ludger Helms 就認為，由於德國的內閣制、行政與立法權合一，如果僅就國內事務而言，德國聯邦總理的權力，似比美國總統還要具有支配力，

尤其是當聯邦總理是國會多數黨領袖時。[32]

德國政治的特點在於有所謂的「內閣總理民主」（Chancellor Democracy），內閣總理的政治領導風格影響德國政治及社會相當大。

梅克爾的政治領導不凡之處，在於她敢於和力量相當、且在勢力屬性上屬於較大的政治力量結合。2005 年她所領導的基民盟（Christian Democrats, CDU）和社會民主黨（Social Democrats, SPD）的結盟，當時 CDU 和 SPD 都是國會中的大黨，雖然彼此都沒過半數，而且，傳統上這兩大政黨還是相互敵對的。當時一般認爲可以結盟的是 CDU 和自由民主黨（Free Democrats, FDP），如果 CDU 和 FDP 組閣，就是一個代表資產階級結盟的政府。

而如果社會民主黨（SPD）和綠黨（Green Party）結盟，就像 1998 年到 2005 年一樣，形成比較是左派的政府。不過，以 2005 年的政治生態，任何三黨的結合的政府，都無法存活。因此，與大黨的結盟組閣，是走出德國在 2005 年之後，沒有多數黨的結構所形成的政治危機。當時，這種與大黨結盟組閣被形容成「與大象結婚」（A wedding of elephants）。[33]

但是梅克爾選擇的政黨聯盟，卻是無比的「沉重」，因爲 CDU 和 SPD 在國會的席次，近乎相當，彼此幾乎均分 15 席部會首長。但外界給予梅克爾的評價，堪比 1966 年到 1969 年領導戰後德國第一個聯合內閣的總理 Kurt Georg Kiesinger，而 Kiesinger 則常被拿來與英國戰後的 Alec Douglas Home 相提並論。Home 是最後一位由上議院議員（爲貴族）出任英國首相的人，之後還放棄爵位；他雖僅擔任首相一年，作爲不多；但後來又當選下議院議員，並出任外相，也擔任保守黨六年的黨魁，主張對蘇格蘭的權力下放。因此，最終評價很高。

Kiesinger 在 1966 年到 1969 年與 SDP 組聯合政府，而 1967 年到 1971 年擔任 CDU 的黨魁。1966 年到 1969 年的大聯合政府（grand coalition），兩黨席次幾乎占聯邦議會的七成。但是在 Kiesinger 的努力下，推動有關勞工政策、緊急狀態法、多數參選制度等等的改革，使德國能夠在政治穩定的前提下，一直發展

---

[32] Ludger Helms, Angela Merkel and the Unfulfilled Promise of Chancellor Democracy, Current History, March 2011, p. 97.

[33] 同前註。

到 1990 年代。

　　2005 年梅克爾的大聯合政府，剛開始大家認為她會成為「消失的總理」（disappearance of chancellor），但梅克爾展現她的領導能力，推動大規模的憲政改革，以及聯邦政府在社會福利、年金及財稅上的改革。

　　2009 年 9 月大選結果，SDP 只拿了 23% 的選票，糟的是基民盟只拿到 34% 的選票，這是二次世界大戰以來，第二低的得票率。贏家是 3 個小黨：自由黨（the Liberal FDP）14.6%、左翼黨（the Left Party）11.9%，以及綠黨（the Greens）10.7%。

　　梅克爾做了一個選擇，組成 CDU/CSU 和 FDP 的政府，但這個結果使梅克爾在 2010 年幾乎動彈不得。由於基督教自由黨人的制肘，以致於梅克爾在愛爾蘭及希臘問題上，顯得進退失據。對於在歐元區發行「歐盟債券」（euro-bond），梅克爾不得不因為德國內部的財政緊縮，而採反對政策。梅克爾只好提出四年內減少財政赤字的 800 億歐元計畫，此舉更受到國內外政治人物的反對。這些舉措使梅克爾和聯邦副總理兼外相，也是 FDP 的黨魁 GuidoWesterwelle 關係變得十分緊張。[34]

　　梅克爾在 2009 年以後的大聯合政府所遭受的麻煩尚不止於此，除了副總理兼外相 Westerwelle 插手對外事務，立場和其不一致外，和 FDP 之間的合作並不愉快。基民盟除占有內閣總理的位子，也掌有財政部長一職，這是內閣另外一個重要位置。因此，FDP 常表現出對公共政策的不同意，且公開批評梅克爾政府。尤其在財稅政策和健保問題上。更糟的是，2010 年 5 月聯邦總統 Horst Kohler 辭職。梅克爾是在 2004 年由 Kohler 所提拔，外界因此有戲稱梅克爾乃「柯爾的女孩」（Kohler's girl）。但更糟的是，繼任柯爾的是梅克爾所支持的 Christian Wulff。但 Welff 是到第三次投票時才出線，這是因為同黨議員比較傾向支持反對黨的 Joachim Gauck。至此，梅克爾被形容成是「戴著腳鐐的公主」

---

34 德國各政黨名稱如下：德國社民黨（SPD）、基民盟／基社盟（聯盟黨／基督教民主黨，CDU/CSU）、基督教民主聯盟（基民盟，CDU）、民代利亞基督教社會聯盟（基社盟，CSU）、聯盟 90／綠黨、左派黨（已和勞動和社會公平黨合併成左黨，LINKE）、德國自由民主黨（FDP）、德國國家民主黨、德國統一社會黨（前東德執政前）、德國共產黨（1956年被取締）、右翼黨。

（shackled princess），[35] 尤其梅克爾的 CDU 再加上 FDP 的席次並沒占有國會的過半數席次，其政策處處受阻在意料之內。面對「分裂政府」（the divided government），國家行政首長的施政侷限性可想而知。

但德國政治傳統（前曾提過）有所謂的「聯邦總理民主」。在聯合政府之下，聯邦總理最大的挫傷，可能是來自於黨內，尤其是同黨同志的辭職或出走。在 2010 年，CDU 就有三位部長辭職。

梅克爾被普遍認爲是「歐洲的鐵娘子」（Europe's "Iron Lady"），在於她展現出來的，面對劇變的領導能力：

第一，德國在第二次世界大戰後，原先的政黨體系已經面臨可能完全的改變。自 2009 年以後，CDU/CSU 和 SPD 的得票率都低於 56.8%。FDP 自 2011 年以來喪失了三分之二以上的選民支持，但最主要的反對黨社會民主黨（the Social Democrats）也沒能接收 CDU/CSU 和 SPD 所失去的支持。而左翼黨（the Left Party）始終停留在 10% 左右的得票率，綠色聯盟則已突破 20%，德國政黨政治面臨一個可能的巨變。而梅克爾所帶領的大聯合政府，卻仍得以在這個轉變的浪潮中生存，證明其領導力不可低估。而且，政黨政治變遷中，所謂的「總理民主」有強化的可能。

第二，德國民眾開始在既有政黨之外，尋求具有魅力的、非典型政治領域的政治人物。其實，在德國民眾認爲政黨是個惱人事物的威瑪共和時代（1919-1933）時，民眾就呈現出這種傾向。梅克爾的國防部長 Karl-Theodor Zu Guttenberg 就是個有魅力的政治人物，但常超越政黨之間的一些行動或行爲，有自己的行動風格，擁有相當高的人氣。

第三，德國民眾對於傳統的代議民主，產生懷疑；對於政治參與的非傳統方式，卻開始有了濃厚興趣。2010 年 2 月在 Stuttgart，群眾爲反對把中央車站改建到地下，示威運動一直延燒到 2010 年 12 月，尤其是中產階級紛紛加入；相同情形也出現在反核運動上，大約 2 萬人上街反對核廢料的處置，由法國移到德國 Lower Saxony 的 Gorleben。

35　同註32，頁100。

　　德國人現在愈來愈傾向直接民主，對梅克爾來說，「總理的民主」是否仍能乘著這個浪頭，達到領導統御的高峰，大家都拭目以待。

參、約翰傳奇（John Legend）

　　本名約翰史帝芬斯（John Stephens），後來以約翰傳奇爲名的歌手，生於1978 年 12 月 28 日，現年僅 38 歲，於 2015 年時就被財星雜誌選爲排名第六的世界偉大領袖之一。他是曾經獲得 10 次葛萊美獎的 R&B 唱作人和鋼琴家，首張專輯 Get Lifted 在 2004 年 12 月發行，其發行量在美國達 210 萬張，此乃「雙白金」銷量，國際銷售量達 300 萬張；2016 年 10 月發行的 Once Again，國際銷售量達 250 萬張。2015 年 2 月 22 日，與凡夫俗子（Common）合作《築夢大道》（Selma）電影歌曲「榮耀」（Glory），於第 87 屆奧斯卡金像獎，獲頒「最佳原創歌曲獎」。

　　Selma 是 2014 年美國的一部電影，描述 1960 年代美國黑人民權領袖馬丁路德金恩在 Selma 市號召黑人全市大遊行，以迫使當時美國總統允許黑人有投票權。這當然是美國社會反種族歧視的故事之一，但 John Legend 與 Common 共同演唱的 Glory 使電影生色很多。我們可以看看「榮耀」的歌詞，就知其何以令許多觀衆在看電影時爲之噴淚：

　　　有一天，當榮耀來臨時
　　　這會是我們的，這會屬於我們
　　　哦，有一天，當贏得戰爭時
　　　我們一定，我們一定會在這裡的
　　　喔，榮耀，榮耀喔，榮耀，榮耀，榮耀
　　　指向天堂，沒有人，沒有武器
　　　形成了對立，是的，這是榮耀注定
　　　每天人們都變成傳奇
　　　罪惡終將變爲我們的祝福

行動是我們的節奏

自由就是我們的宗教

正義並列於我們之間

正義對我們來說只是不夠特別

一個男孩走了，他的靈魂重新檢視著我們

我們就是真實的那一面，我們就是那反抗的力量

這就是為何 Rosa 坐在公車上

這就是為何我們經過 Ferguson

當它下沉時就應該輪到我們了

他們說：「別動。」然後我們站起來了

射擊，我們倒在地上，攝影機震動了一下

金博士指著山頂，我們跟著跑上去了

有一天，當榮耀來臨時

這會是我們的，這會屬於我們

哦，有一天，當贏得戰爭時

我們一定，我們一定會在這裡的

喔，榮耀，榮耀喔，榮耀，榮耀，榮耀

現在戰爭未止，並未完全勝利

我們將奮戰到底，直到真正結束

我們為榮耀而哭，榮耀啊

我們為榮耀啜泣，哦，榮耀

Selma 現在是屬於每個人的

即使耶穌在眾人前戴上祂的皇冠

他們手持火炬遊行，而我們一同加入

我們永不回頭，因我們已走了數百哩

他從黑暗道路崛起，成為英雄

面對正義的聯盟，人民就是他的力量

敵人是致命的，國王變成有錢人

在禿鷹之下瞧見黑人之臉

我們最強之武器就是和平

我們唱著歌，音樂是我們用血汗堆起之道

我們對夢想有番頓悟

我們使歷史之誤改變

沒有人能單獨贏得戰爭

這需要長者之智和年輕人的能量

歡迎來到我們稱為勝利的故事

來到我們的主，我們看到了榮耀

有一天，當榮耀來臨時

這會是我們的，這會屬於我們

哦，有一天，當贏得戰爭時

我們一定，我們一定會在這裡的

喔，榮耀，榮耀喔，榮耀，榮耀，榮耀

當戰爭真正結束時，當真的結束時

我們為榮耀而泣，我們的榮耀！

　　但 John Legend 的成就並不止於他的演唱事業，他之所以會被認為是領袖人物，乃因他推動了「自由美國」的監獄改革運動，以及從事許多慈善事業。

　　2007 年 5 月，他協同 Tide 洗衣粉製造公司，造訪遭到卡崔娜颶風侵襲最嚴重的地區之一──路易斯安那州的聖伯納德教區，並在當地的一家自助洗衣店待了一整天的時間，幫民眾摺疊衣服；同時，幫助災民重建家園。2007 年 John Legend 在閱讀學者 Jeffery Sach 的書《終結貧窮》（The End of Poverty）之後，開始發起「秀我運動」（Show Me Campaign），Legend 請求他的粉絲們幫助索馬利亞村莊居民；同時，他開始結合許多非營利組織從事慈善事業。從 2007 年開始 Legend 擔任 GQ 雜誌「紳士基金」（Gentlemen's Fund）的發言人，該基金會的宗旨是訴求給予世人機會、健康、教育、環境和正義。

　　因此，John Legend 的「自由美國」運動，不僅僅只是幫助曾被關在監獄中

的犯人，協助他們從事諮商、心理輔導及就業，協助他們能被社會所接納，而過著較好的生活。還幫助美國社會的兒童教育，在海外作戰飽受創傷的退伍軍人、醫療健康等；Legend 把他發行歌曲所獲得的收入，投入上述的種種慈善事業中。2012 年他被「世界經濟論壇」（World Economic Forum），任命參加「全球青年領袖論壇」（the Forum of Young Global Leader）。2013 年他應 Gucci 公司之邀，在倫敦舉辦向世界放送的演唱會，希望能喚起全球重視婦女的教育、健康和正義。[36]

因此，Legend 在歐巴馬總統時代，獲得美國總統獎的殊榮。

第四節　管理的頂尖人物

壹、卡洛斯布里托（Carlos Brito）

卡洛斯布里托出生於里約熱內盧，獲得里約熱內盧聯邦大學的機械工程學位，後來又在史丹佛大學獲得 MBA 學位。1989 年之前他曾爲 Shell Oil 和 Daimler Benz 工作過，之後則加入了 Brahma 公司，該公司專門生產啤酒及一般飲料。1999 年，Brahma 併購了 Companhia Antarctica Paulista，改名爲 AmBev。在 2004 年 1 月，布里托被任命爲該公司的 CEO 之前，他在財務及銷售部門都待過。AmBev 在 2004 年 8 月改組成爲 InBev，布里托被提名擔任北美地區總裁；2005 年 12 月他被任命爲 InBev 的 CEO，在他擔任此職位後，力行成本削減計畫，使公司在成本支出上成功地減少。2008 年 InBev 又併購了 Anheuser-Busch 公司，布里托仍擔任擴充後的 InBev 的 CEO。

InBev 或被譯做英博，宣稱是全世界第一的啤酒製造公司，擁有 200 種以上的啤酒品牌。其中，至少有 10 種，年銷售額都在 10 億美金以上。例如百威啤酒（Budweiser）和其淡啤酒（Budweiser Light），另外大家比較熟悉的如 Corona Extra、Stella Artois、Beck's Seffe 以及 Hoegaarden 等等。

---

[36] www.ted.com/talks/john-legend-redemption-song？Language=en, www.communitylifestyleinstitute.org/apps/blog/，檢索時間：2016年7月24日。

　　卡洛斯布里托被譽爲世界啤酒之王，是 Anhueser-Busch InBev 的總教頭，穿著牛仔褲，熱愛壓力。（World's king of beer flies coach, wears jeans and love pressure.）布里托喜歡和公司高層主管一起圍著辦公桌工作，他沒有自己專屬的辦公室。

　　布里托說他經營公司就像公司所賣的啤酒一樣，啤酒罐內充滿著壓力。他常說，如果要從同仁那裡得到最佳的成果，就必須隨時給他們壓力。這是布里托 2010 年對史丹佛商學院畢業生所講的話。

　　由卡洛斯布里托所帶領的 InBev，信守以下十大原則：

夢（dream）

　　1. 我們的夢是，我們可以生產更好的啤酒，把世界上的人們帶向一個更好的地方；這個夢是我們公司每個員工工作的方向，它帶給我們精力。

人、員工（people）

　　2. 我們最偉大的力量來自於人力資源，最偉大的人們，依著他們的稟賦，跨步成長，因而獲得美好成果。

　　3. 我們徵選、訓練，努力留住比我們要好的員工，我們的評價來自於我們團隊的品質。

文化（culture）

　　4. 我們的文化是，永不滿足於目前的成果，這是我們更加努力的動力。專心及永不自滿保證我們，永不停止成長的競爭力。

　　5. 消費者才是我們的老闆，消費者對於我們的品牌，提供我們生活上有意義的經驗；這種意義，使我們更願意以負責的態度，面對我們的消費者。

　　6. 公司所有的股東擁有我們的公司，所有的股東對於結果都認眞看待。

　　7. 我們相信常識（common sense）和單純（simplicity），通常這是比複雜性要好太多的指標。

　　8. 我們嚴格管控成本、資源的釋出，但看目標是否轉向永續性及獲利性的高檔成長線。

　　9. 領導是我們的核心文化，及個人典範。我們言出必行。

10.行不由徑，我們從不抄短線，公司是建構在以下的原則上：正直忠誠、勤奮工作、品質和責任。

貳、高德威（David M. Cote）

高德威曾是「漢威聯合國際公司」（Honeywell International, Inc.）的主席兼 CEO，在瞭解高德威何以成為世界最佳管理人之前，有必要讓讀者知道漢威是怎樣一家企業公司。漢威企業是一個跨國式的全球型綜合企業。

漢威企業由 Mark C. Honeywell 創建於 1906 年，是一家具有非常久遠歷史的公司，最早可以溯源到 1870 年由化學家 William H. Nichols 創辦的一家小公司。該小公司所生產的是和航空器材有關的特殊材料。漢威曾被財星雜誌選為 100 大公司之一，擁有員工總數達 13 萬以上；其中 58,000 在美國，總部設於紐澤西州的 Morristown。高德威在 2002 年被拔擢為 CEO，但是到了 2016 年 3 月底不再擔任執行總裁（Chief Executive），由 Darius Adamczyk 接任。

高德威之所以成為全球最頂尖的 CEO 之一，就是因為他傑出的經營及管理技巧。他所服務的漢威企業專門生產與航空有關的產品，如渦輪增壓器（turbochargers），而在高德威擔任 CEO 期間，他特別強調對於能源充分使用的效率，以及乾淨能源的生產；此外，在安全的規格要求上，也採取最高的標準。在全球化的布局上，他更是不遺餘力，公司有 50% 的產品，是在美國以外的廠房生產。公司的員工有 13 萬 1 千人，其中有 2 萬 2 千個工程師及科學家，在從事產品的創新及研發。

高德威在 2002 年 2 月被委任為漢威企業的 CEO，同年 7 月 1 日被選認為董事會的主席。

2014 年 3 月他被選任為紐約聯邦儲備銀行的 B 級主任；同時，在 2012 年到 2013 年，他又被任命為「重整債務啟動委員會」（Fix the Debt Campaign Steering Committee）的創始委員。這是一個跨越黨派的委員會，專門從事推動削減美國國家負債計畫的各項措施。2011 年高德威被任命為美國政府「能源及環境委員會」（the Energy and Environment Committee），「商業圓桌論壇」（the Business Roundtable, BRT）的副主席。

　　因為他在公共服務上的成就，2010 年歐巴馬總統特別任命他參加一個也是跨黨派的「財政責任與改革國家委員會」（the National Commission on Fiscal Responsibility and Reform），這就是一般所稱的 Simposon-Bowles Commission，該委員會有 2 位主席，高德威是其中的一位，一直服務到 2005 年 7 月。

　　2014 年高德威獲頒 Horatio Alger Award，這個獎項是專門頒給對社區服務做出卓越貢獻的人。而且，受獎人還必須是社區領導人，他們的傑出貢獻是透過辛勤工作、誠懇、自立自強，以及能克服反對他們的力量所依靠的毅力，而做出成果的人。

　　2014 年高德威在電機工業設備及綜合企業，以及資本財的這項題目上，名列機構投資人的最佳 CEO。高德威所獲獎項無數，不僅因為他在企業經營上的成就，還包括領導能力、社會責任，以及以商業從事政治服務而獲獎。[37]

　　2016 年高德威得到「美國足球教練基金會」（America Football Coach Foundation, AFCF）的認可，獲頒該年的「年度教練 CEO 獎」。

　　AFCF 於 1998 年成立，該基金會的宗旨是協助教育發展。基金會將協助社區進行最專業的發展，以及提供各種教育器材。基金會所協助的對象是中學及大學，不論怎樣的城鎮。當然，他們特別熱心於協助社區在學青年的足球發展。

　　AFCF 之所以遴選高德威為 2016 年度教練 CEO，是因為：

　　第一，高德威成功的把漢威原本三個分立的廠企── AlliedSignal、Pittway 和 the Leqacy，合併成一個真正整體的漢威。原本三個部分相互爭鬥，高德威把他們團結在一起。同時，他把漢威轉型成一個真正跨國的全球企業；高德威布局全球，培養的企業及工程專門技術人才無數，最後才能使該公司成為一個擁有 13 萬員工的全球企業。

　　第二，在高德威的領導下，公司的營運，日復一日的改善。漢威原本是一個生產效率低落的公司，轉變成一個擁有優秀運作系統（Honeywell Operating System, HOS）的公司。高德威引進 Toyota 的「總體性能管理」（total quality

37 www.honeywell.com/who-w-are/leadership/divid-m-cote，檢索時間：2016年8月7日。

Management），持續改善公司的永續經營、安全、品質、送貨服務及發明。高德威採取「流速生產發展」（Velocity Product Development, VPD）整合跨部門的專業，使得新技術在正確時間，得到正確的發展，而且管控適當的價格。功能轉換的標準化使得公司的財務、人力資源、電子技術能整合在一起，改善公司的服務品質及降低成本。高德威更強調使用者的經驗，該計畫稱做 Honeywell User Experience（HUE），使公司的產品更符合消費者的需求。在 2012 年更推動所有網路電子系統的整合，稱做 Hos Gold，使得漢威公司所有部門的作業，可以透過 IT 整合成一個系統，使各部門間的溝通能夠迅速、確實、競爭力大增。

第三，高德威的領導，使漢威成為一個高度成長的全球企業，從 2002 的 12 月 31 日到 2016 為止，漢威的股票持有者的獲利率，達到 550%。也因此企業經營投資的項目，已不限於航空器材，舉凡瓦斯汽油業、家用物品、商業大樓的興建、安全防衛系統、工業用品、交通運輸等，漢威都涉足其中。漢威的全球廠企，共 1250 個，分布在 70 個以上的國家。

高德威在領導統御上，闡釋其精隨，他說一般的 CEO 總是認為選定了戰略，然後善盡分工賦能的職責，就是一個很好的領袖。他認為這樣還不夠，除了選擇正確的方向外，還要讓公司或企業的每一個人，往這個正確方向，做正確的移動。就像一個足球隊的教練一樣，定了戰略、戰術，還要讓每一個球員在正確的位置上，去從事這個戰術，做出正確的行動。戰略部分只占一個 CEO 領導的 5%，其他 95% 是讓所有成員，能被領導著往正確方向移動，而且用的是正確的行動。（"As a CEO, or as a leader, or as a head football coach, you have to be able to pick the right direction and then get everybody moving in the direction you've picked. Those last two are 95% of the job and good performance on these two can only be seen over time. I know football coaches think in this same way. They have to motivate, they need a good strategy on where to take the team, and then they need to execute it step by step. In this way, a CEO and a head football coach are kindred spirits."）[38]

---

[38] https://www.afcf.us/?nd=2016-ceo-csty，檢索時間：2016年8月7日。

參、哈斯廷斯（Wilmot Reed Hasting, Jr.）

　　哈斯廷斯是網飛（Netflix）的創辦人、總裁和董事會主席。他生於 1960 年 10 月 8 日，在史丹佛大學獲得電子計算機科學的碩士學位。

　　哈斯廷斯可以說是一個傳奇人物，1998 年他創立了網飛公司，僅僅九年的時間，2016 年 2 月美國財經雜誌 Fast Company 將網飛列為「全球 50 家最具創新力公司」的第五名。而網飛後來製播電視劇，如《紙牌屋》（House of Cards）、《超感八人組》（Sense 8）以及動畫喜劇《馬男波傑克》（Bo Jack Horseman）。《紙牌屋》是以政治為題材的電視連續劇，從 2013 年 2 月 1 日播出第一季以來，至 2016 年 3 月 4 日已經播到第四季；2016 年 1 月，網飛宣布 2017 年將播出第五季。《紙牌屋》在 2013 年 11 月 26 日由台灣公共電視引入播出，引發廣泛的注意。本劇為首次獲得艾美獎提名的電視網路劇集，並且有獲得一些獎項。2014 年也得到全球獎的四項提名，並獲頒「最佳劇情類電視影集女主角」。

　　《超感八人組》是描繪來自世界的 8 個陌生人的故事，8 個人原先都不認識，但卻在特定時刻，同時看到一個女子自殺的血腥幻象，從此 8 個人之間開始產生精神和情感上的感應，這是一部 2015 年由網飛推出的電視科幻影集，於該年的 6 月 5 日由網飛首播。

　　《馬男波傑克》則是由網飛推出的動畫電視影集，描述普通人類和擬人化的動物共同生活在一起，本影集在 2014 年播出，表面上是喜劇，但內涵卻在尋求什麼才是人生快樂的生命道路。

　　網飛公司成立時，是以出租 DVD 為主；後來則透過郵遞箱快速遞送 DVD，以及線上試看，鼎盛時在美國就有 1000 萬個訂戶；到了 2015 年已經於全球近 50 個國家開設分店，客戶達 6000 萬以上，年總營收達 60 億美元以上。哈斯廷斯何以能用這種創新商業的模式，建立他的王國？

　　哈斯廷斯在史丹佛大學畢業後，開了一家科技公司 Pure Software，員工從最初 10 人發展到 640 人；後來 Pure Software 收購了另一家公司 Atria Software，改名叫 Pure Atria，但旋即被 Rational Software 以 6 億美金收購，哈斯廷斯雖被

任命爲新公司的首席技術長，但不久即宣布辭職。[39]

　　哈斯廷斯最激烈的競爭對手是美國錄影帶租賃連鎖公司百視達（Blockbuster）。百視達在 2000 年的時候，共有 528 家連鎖店、2000 個訂戶、員工超過 4000 人。相較之下，在同年，網飛則只有 12 萬的訂閱用戶，公司累積的虧損已高達 6000 萬美金，面臨倒閉的危機。

　　哈斯廷斯如何運用他的智慧渡過危機呢？起初，他用的是一般的手法，請百視達併購，但後者根本對網飛不屑一顧，予以拒絕。哈斯廷斯只得忍痛裁掉40% 的員工，努力增加訂戶，到 2001 年，訂戶突破 50 萬，靠著這種實戰成績，哈斯廷斯得到資本市場的融資 8300 萬美金，並且在 2002 年於那斯達克成功上市。於是，乘著這股風潮，到 2003 年 3 月，網飛用戶突破百萬。

　　網飛充分運用了網路的興起，訂戶只要透過網路預約，每個月繳 10 美金，就可以收到網飛郵寄兩張的片子。每月 10 塊美金，可以看兩片電影，沒有違約金的問題。大家都知道百視達的缺點，百視達雖然分店很多，但平均來說，片子租金較貴，而且可借閱的時間限制嚴格，超過時限，就會被課以罰金。百視達每年平均收入約 3 億美金的違約金。所以，網飛用了這兩招：一是，租片沒有到期日；二是，不必繳交滯納金。這兩項策略使得網飛的競爭力超過百視達。最後，百視達是以破產收場，百視達擬採取取消違約金和網飛一較長短，但加盟店不願意；最後，爲網飛打敗。百視達原也想進行網路預訂，但爲時已晚，因爲要投入大量人力、財力及時間，時不我予，終於滅亡。

　　雖然，網飛打敗百視達，到 2006 年它的訂戶突破千萬；2007 年 2 月 25 日，網飛正式宣布，它租出去了第 10 億張的電影 DVD。可是網飛是利用網路串流，提供租戶服務。到 2007 年時，網路科技蓬勃發展，無線及有線電視也與網路串流，提供的看片服務更快速、更便宜。網飛碰到眞正的對手 HBO。2011 年網飛開始打「價格戰」，降低 DVD 每月租金，從 10 美元到 8 美金，但此舉也使得它的訂閱成本從 10 美元上漲至 16 美元。哈斯廷斯除了打價格戰之外，也拆分業務，除了網路串流仍留在網飛之外，公司其他業務則成立另一家公司 Qwikster

---

39　technews.tw/2016/05/02/netflix-ceo-reed-hastings/，檢索時間：2016 年 8 月 16 日。

來負責，但此舉反而使網飛公司的股價下跌，不過仍在可容許的範圍內。哈斯廷斯挺了下來，到 2012 年網飛的網路串流媒體的使用高達 2500 萬，但 DVD 租借使用者，從 1100 萬降到 800 萬。總體來看，成績依然不錯。

但是網飛只是提供網路串流媒體及租借 DVD 的業務，自己公司並沒有具體的「實務產品」（content）。因此，當別人的產品漲價，網飛就如同被削掉一層肉。於是，哈斯廷斯為自己公司出產「自己的內容或實品」，它決定用 1 億美金拍攝網飛自己的電視劇集，拍攝以政治鬥爭為主的電視劇集，2013 年電視劇《紙牌屋》一砲而紅。網飛全球訂戶淨增 1100 萬，當年 10 月股票突破 300 美金，重新回到歷史高位。看來網飛不僅要趕上 HBO，也要和 HBO 在消費市場上一較長短。

哈斯廷斯的領導特質，不僅表現在他能創造消費者所需要的貨品，在管理上，網飛提出了有名的「自由與責任」原則。員工可以自由決定上下班時間，決定自己年終獎金的現金和股票比。但若表現不好，也會被開除，不過可以得到頗優厚的離職金。自由與責任是哈斯廷斯教導員工，需要去體會的「自我管理」。[40]

網飛的成功除了靠哈斯廷斯的領導及管理之外，善用科技新趨勢，也是一個擊敗對手的關鍵。它所使用的網路頻寬系統 CDN，速度是相當快的。因此，能夠使它的遞送網路服務達到相當高的流速，使得時間效率很高。[41]

網飛也因此成為商業創新成功的三種模式之一。在 IBM 2006 年全球 CEO 的研究中（IBM 2006 Global CEO Study），訪談了全球 765 位公司及公部門的領袖，他們總結出三種模式，是產品或服務創新使生意能夠成功的模式：

第一，是企業價值鏈串連模式（Industry Model）。基本上是把新興的企業，水平地和各種不同產業進行串連，提供給消費者。例如：音樂的零售和航空、鐵路、飲料、財務的服務等行業串連，在這些行業中，提供音樂的欣賞及販

40　同前註。

41　Vijay Kumar Adhikan, Yang Guo, Fang Hao, Matteo Varvello, Volker Hiet, Moritz Steiner and Zhi Li Zhang, Unreeling Netflix: Understanding and Improving Multi-CDN Movie Delivery, Conference Power Published by IEEE, Orlando, FL, March 2012: 1620-1628.

賣。蘋果（Apple）最早經由 iTunes 讓消費者能夠欣賞到幾乎所有的音樂，就是一例。

　　第二，利用歲入歲出政策模式（Revenue Model）。此即公司改變其產品／服務／價值混合（product/service/value mix）的模式，也有因此採取重新定位價格模式（new pricing model），採用槓桿原理，利用消費者的消費習慣，偏好選擇和新科技之間，採取新的組合，例如：Gillette 販賣新的刮鬍刀（razor blades）。而網飛則是採取月租及削價政策，配合網路訂閱的高速串連，成功擊敗對手。

　　第三，企業模式（Enterprise Model）。改變自己在企業創新中所扮演的結構性，以及擁有存在價值的鎖鏈地位。組織改變，研發配合是其特點，例如：日本的 Kieretsu 的架構，而服飾零售業 Zara，則把衣服的生產、販賣、修改、遞送的服務，串連成一個企業鎖鏈，成功地經營自己的事業。**42**

---

42 Edward Giesen, Saul J. Berman, Ragna Bell and Amy Blite, "Three Ways to Success Fully InnovateYour Business Model," Strategy and Leadership, 2007, 35 (6): 27-33.

1 領導與管理

🌀 第一節　領導統御

壹、領導的定義

　　領導統御一直被認為是極受關注的，具有高度價值的概念。人們不斷地尋求具有領導統御的才智之士，有的是為了挽救組織，有的是認為可以拯救他們的公司企業，或使他們的公司企業更賺錢。有了好的領導統御，人們相信他們的機構單位，或公司廠企能提升質量。領導統御可以說是一個組織機構的資產，對學術專業領域而言，領導統御不僅是可以鑽研的課題；同時，他們還提出各式各樣的計畫，訓練人們學得領導統御的本領。

　　領導統御受到各界的重視，在學術領域的研究當然也呈現百花齊放的狀況，其結果自然是對領導統御的研究，以多角度（multi-dimensional）方式來觀察，各種不同的研究途徑（approach）或理論（theories）應運而生。但領導統御究竟是什麼意思，當然也是多元紛歧的。像 Peter G. Northouse 就認為領導統御是一個複雜的過程 [1]，這種情形導致領導統御有各種不同的定義。Stogdill 就指出有太多人嘗試去定義領導統御，但它的定義就像民主、愛與和平一樣，眾說紛紜。[2] 有人認為領導統御是一個團體的過程（group process），即團體的變化和行動的過程，領導是這個過程的中心；同時領導賦予集團成員的意志。有人認為領導是那些具有特別行為模式和特殊性格的人。

1　Peter G. Northouse, Leadership: Theory and Practice, SAGE, 2010.
2　R. Stogdill, Handbook of Leadership, New York: The Free Press, 1974, p.7.

　　從上述各種說法可以得知，領導統御需要概念化（conceptualization），概念化是指把領導的現象或行為，用抽象的概念做一個整合的或一般性的敘述。Peter Northouse 就說：「領導統御是一個過程，在此過程中，某一個人影響了團體成員去達成一個共同目標。」（Leadership is a process when by an individual influence a group of individuals to achieve a common goal.）[3] 約瑟夫奈伊（Joseph S. NyeJr.）也說：「我將領導者定義為：協助團體創造並達成共同目標的人。」[4]

　　從以上可以看出構成領導統御的幾個要件：1. 它是一個過程；2. 發生在團體中；3. 它具有影響力；4. 它包含一個共同的目標。

　　領導統御必然發生在領導者和被領導者之間，領導者如何去影響被領導者，這必然是一個過程；而領導統御是領導者要去影響被領導者，所以，如果沒有「影響」這個因素，領導統御的過程就不可能存在。

　　既然有領導者和被領導者，顯而易見，領導統御若是只有一個人的時候，就不可能發生，它必然是存在於一群人之間，此一群人乃形成一個「集團」，所以，領導統御必然發生在一群人或一個團體中。[5]

　　一個團體中有各式各樣的人，如果每個人都各自去追求自己想要的東西，那就不會有「領導統御」；正因為有一個共同目標，驅使大家必須尋求一個人（一般狀況下）來領導大家，負責分配任務工作，領導大家共同來完成這個目標，在領導統御之下使得集體的討論，共同合作成為可能。而這種共同目標的驅動力乃形成團體的倫理，也是領導統御具有正當性（legitimacy）的倫理。

　　因此，領導統御是有人擔任領導者（leaders），有人擔任追隨者（followers），他們都被捲入追求共同目標的過程中，緊密地關聯與互動，但一般狀況下由領導者在帶頭啟動這種關係，進行溝通，而且維持這種領導與被領導的關係。

3　同註1。

4　Joseph S. Nye Jr., The Power to Lead, Oxford University Press, 2008. 國防部史政編譯室譯，領導力，台北：國防部史政編譯室，2010，頁25。

5　同註1，頁3。

貳、領導與權力

權力（power）和影響力究竟有什麼關係，在政治學中討論得很多。著名的政治學者 Robert A. Dahl 認為權力是 A 能使 B 做 B 原先不想做的事，此之謂 A 對 B 有權力。但影響力則不同，影響力雖然仍然是 A 使 B 去做 A 想要 B 做的事，但不論 B 原先想不想去做此事，最後 B 是從心中認同而願意去做該事。所以權力常常有「強制力」（coercion）可做為依據，若不服從，可能會受到懲罰；另一方面，受惑於預期的獎賞。[6]

但也有學者認為權力與影響力是一種二元（dyadic）思維的關係，彼此相互影響的，由於權力的基礎或依據不同，追隨者也不是懼怕強制力，或誘惑於獎賞而願意接受領導者的權力。J. R. P. French 和 B. Raven 的分類常被引用。他們兩人認為權力有五種基礎，分別是：[7]

一、權力的基礎是來自於關係或對象（reference），就稱做參照的權力（referent power），例如老師和學生之間的關聯性，來自於學生對老師的佩服，而產生的權力服從關係。

二、權力的基礎來自於專業，可以稱做專家的權力（expert power），例如領導者具有豐富的外交經驗，因此當涉外事務發生時，團體成員都服膺於他／她的領導。

三、權力的基礎來自於領導者所具有的地位或職位的正當性及合法性（legitimacy），可以稱做正當性的權力（legitimate power）。例如法官在法庭上的判決，大家都必須服從，這是因為法官其職位的合法性及正當性。

四、權力的基礎來自於領導者有能力提供追隨者服從而能給予獎賞。從僱傭關係來看，僱主有能力提供受僱者報酬，所以受僱者會服務僱者，這種權力稱之為獎賞的權力（reward power）。

五、領導有能力去懲罰被領導者，例如籃球教練可以叫表現不好的球員坐冷

6　Robert Alan Dahl, Who Governs? : Democracy and Power in An American City, New Haven: Yale University, 1961.

7　J. R. P. French & B. Raven, "The Bases of Social Power," in D. Cartwright and A. Zander. Group Dynamics, New York: Harper & Row, 1959.

板凳，這種權力就叫做強制性權力（coercive power）。

　　以上的五種權力基礎，其實合法性與正當性權力、獎賞的權力以及強制的權力，來自於職位或權位，所以可以稱之爲「職位權力」（position power）；至於參照的權力或專家的權力和領導者個人的成就有關，比較是從身分而來的權力，可以稱之爲「個人的權力」（personal power）。

參、領導的研究與理論

　　根據 Peter G. Northouse 領導統御的研究理論，可以是人格特質的（trait approach），技術型的領導統御（skills leadership），不同種類的領導風格（style approach），不同情境時的領導統御（situational approach），權變型的領導統御（contingency theory），知道路徑與目標的領導（path-goal theory），領導者和成員之間的交易理論（leadership-member exchange theory），知道如何轉型的領導（transformation leadership），眞實及有效的領導（authentic leadership）及團隊領導（team leadership），以及動態心理途徑的領導（psychodynamic approach）等等，筆者會在後續的章節中做較詳細的介紹。

　　在本節中需要交代的是關於領導的研究及理論的發展，瞭解了過去的研究理論的發展，才能理解何以領導或領導統御會分成如此多樣且複雜的類型。

　　領導的研究和管理差不多，大體都是在二次世界大戰之後，才比較有系統地被研究。但領導者（leaders），領導或領導統御（leadership）及領導發展（leadership development）則是在過去三十多年來才逐漸被區隔開來。不過，領導者指的是具有領導力的那個人或那些人，用一般話來說是領袖、領導菁英，或者領導階層，是以「人」爲主體。至於「領導統御」似較偏向於領導者所擁有的一些人格、特質、行爲模式或領導技巧，屬於領導人的知能、智能或核心能力（competencies）。而晚近三十多年來則把領導人、領導能力及此兩項所處的環境，綜合起來稱之爲領導發展。1990 年後，領導發展理論以及與領導有關的一些重要課題激增，諸如在領導關係的發展上有著教導（coaching）概念的提出，如 G. H. Broome 和 R. L. Hughes 提到「教導」有助於專業領導技巧的發展，最

有效的教導是透過組織成員的合作共同去評估與瞭解組織任務的發展，挑戰當前組織的困境，並進一步探索達成組織目標與組織永續發展的可能性措施；在組織的學習上，C. J. Palus 和 D. M. Horth 談到「行動學習」是組織發展實踐的一部分，透過行動學習能有效、及時的來處理組織所發生的問題；另外組織團體的革新亦是過去二十年領導發展理論的重點，M. Goldsmith（2005）發現，理想的領導者應建構組織的內、外團隊。[8]

David V. Day、John W. Fleenor、Leanne E. Atwater、Rachel E. Sturm 和 Rob A. Mckee 合著了「Advances in leader and leadership development: A review of 25 years of research and theory」一文。[9]將《領導統御季刊》（The Leadership Quarterly）過去二十五年的文章做一總整理，他們把領導發展的研究（包含了領導者及領導統御）用四個角度做整理：

一、領導發展上領導人內涵議題的研究和理論（intern personal content issues in development）

這種研究途徑以及發展出來的理論，就是指領導人的發展，應該具有怎樣的功能；以及領導人在發展過程中，應該學到哪些技巧，從個人人格上來看，領導個人的人格特質，會發展出怎樣的領導風格？這些領導人內涵的議題包含如下：

（一）內在的個人經驗和學習（intra personal experience and learning）

這些經驗及學習包括領導人過去所做過與領導發展相關的職位，尤其是他們進行決策的經驗。有趣的是領導人人格因素的學習和父母教導方式有關，不過每

8　詳見下列文獻：

G. H. Broome & R. L. Hughes, "Leadership Development: Past, Present, and Future," Human Resource Planning, 2004, 27: 24-32.

C. J. Palus & D. M. Horth, "Exploration for Development," The Center for Creative Development (2nd ed.). San Francisco: Jossey-Bass, 2004: 438-464.

M. Goldsmith, Building Partnerships, 2005. Retrieved on June 3, 2008, from http://www.marshallgold-smith.com，檢索時間：2016年4月30日。

9　David V. Day, John W. Fleenor, Leanne E. Atwater, Rachel E. Sturm and Rob A. Mckee, "Advances in Leader and Leadership Development: A review of 25 Years of Research and Theory," The Leadership Quarterly, 2014, 25: 63-82.

個領導人因此而學到的效果是不一樣的。

（二）技巧（skills）

雖然領導人過去從事決策工作的經驗會塑造領導發展，但很明顯地，職位愈高的領導地位能形塑更多的領導統御技巧；但是，每一個人的能力、人格和動機卻也會影響其所能學習的技巧的多寡。

六種技巧和領導發展息息相關：解決問題的一般能力、規劃和執行、解決問題的整體構造（construction）、問題解決的評估、社會判斷（social judgement）以及對抽象事物認知的過程（metacognitive processing）。而解決戰略性和商業性問題的能力，比起處理人際關係技巧和認知技巧，更有助於領導發展。有效的領導統御的發展包括了：整體的智慧、整合的知識以及創造力。對於知識架構、訊息獲得過程，具有較優的認同。抽象認知和自我規律的人，比較容易發展領導統御。

（三）人格（personality）

正直與善良（conscientiousness）是發展較高的領導統御的人格特質。不同的人格特質會形成低、中、高層的領導統御或領導人。

（四）自我發展（self-development）

具領導素質的人，大多是工作取向的（work orientation），較具支配他人取向的（mastery orientation），以及事業成長取向，這些都是領導統御自我發展的動力。

二、領導發展上人際關係內涵的議題（interpersonal content issues in development）

領導發展包含了一些領導人，這些領導人彼此互動是一種過程。其中甚至包括了領導人和團體成員彼此相互交換什麼東西的過程。領導人因此如何獲得社會資本，而能成為真正的領導（authentic leadership）？這種過程是領導發展所研究的主題。

（一）社會機制和發展（social mechanisms and development）

領導發展奠基在彼此的信任和尊重，這些因素會因社會互動的發展（development of social interaction）而生成。這種關係我們稱做 Leader-Member Exchange（LMX）[10]。該理論指出，當領導者與某一下屬進行相互作用的初期，領導者就暗自將其劃入圈內或圈外，並且這種關係是相對穩固不變的。領導者到底如何將某人劃入圈內或圈外尚不清楚，但有證據顯示領導者傾向於將具有下面這些特點的人員選入圈內：個人特點（如年齡、性別、態度）與領導者相似，有能力，具有外向的個性特點。LMX 理論預測，圈內地位的下屬得到的績效評估等級更高，離職率更低，對主管更滿意。LMX 的過程包含社會心理過程（social psychological processes），過程中包含有自我的知識、人際關係技巧、溝通知能、文化智能。和整體系絡（context）有關的是：組織氣候和文化（organization climate or culture）、團體或組織的組成、經濟環境和多樣性組織所獲得的支持。以上這些比較上屬於社會整體機制，和強調個人內在或內涵的領導學習較為不同。強調個人內涵的，其所形成的能量，乃是人性資本（human capital）。而社會系絡所仰賴的是社會資本（social capital），社會資本來自於人際互動、關係網絡的形成。每個領導人所學得到的領導統御較大多數取決於他的社會資本。[11]

---

10 Leader-Member Exchange Theory，領導者—成員交換理論（簡稱LMX理論）是由葛倫（George Graeo）和Uhl-Bien在1976年首先提出的。他們在VDL模型（Vertical Dyad Link Model）的研究過程中，通過純理論的推導，得到了這樣一個結論：領導者對待下屬的方式是有差別的；組織成員關係的集合中往往會包括一小部分高質量的交換關係（圈內成員之間），和大部分低質量的交換關係（圈外成員與圈內成員之間）。領導者—成員交換理論指出，由於時間壓力，領導者與下屬中的少部分人建立了特殊關係。這些個體成為圈內人士，他們受到信任，得到領導更多的關照，也更可能享有特權；而其他下屬則成為圈外人士，他們占用領導的時間較少，獲得滿意的獎勵機會也較少，他們的領導與下屬關係是在正式的權力系統基礎上形成的。

11 社會資本（social capital）是資本的一種形式，是指為實現工具性或情感性的目的，透過社會網絡來動員的資源或能力的總和。社會資本在社會學、經濟學、組織行為學、管理學以及政治學等學科，都是很重要的概念。通過研究人際間的關係結構、位置、強度等，可以對社會現象提供更好的解釋。資本的另外兩種形式為物質資本（physical capital）和人力資本。對於這兩種資本，有一個很好的比擬，在一個組織中，提供工具給工人相當於提供物質資本，提供培訓給工人相當於提高了工人的人力資本，這些對於組織績效都有正面影響。對於社會資本，就稍有些迂迴，提高組織成員之間的互動和信任，或利用組織成員與外界的聯繫，為組織獲得有用的機會和信息，進而影響組織績效。林南（Lin Nan，2001）表示：內嵌於社會網絡中的資源，行為人在採取行

（二）眞實的領導的發展（authentic leadership）

眞正或眞實的領導發展取決於「人性資本」，它是一種不斷發展的過程。在此過程中的領導者和追隨者，彼此因爲互動而得到信賴與支持的「自我知覺」，這種關係除相互尊重，也是眞誠的，公開而透明的關係。

眞實的或眞正的領導出現在領導者和被領導者長期存在的歷史關係。領導者具有正當性，來自於他／她們能代表追隨者去追求他們一致的福利或利益。追隨者信任他們的領導所表現出來的信任是趨向於忠心。這種關係不同於 LMX，他們不是交換性的互動關係。常常是感情的或情緒的，或者是價值取向的，因爲彼此擁有共同的價值觀。基本上眞正的領導發展比較上是一種關係式觀點。

三、領導發展過程中的議題（process issues in leadership development）

如果把領導發展看成是一個過程，領導發展的出現就跟以下事情有關：360度中心評鑑法（360-degree feedback）、領導訓練（leadership training）、工作交代（job assignment）、行動學習（action learning）有關，透過這些過程來發展領導統御。

360 度中心評鑑法又稱 360 度回饋法（360 Degree Feedback），是一種多來源回饋，它是針對特定的個人（通常是組織中層或高層管理人員），由包括受評者自己在內的多個評估者來進行評鑑。國際間頗負盛名的工業與組織心理學家 P. Muchinsky（1997）指出：「360 度回饋」的主要目的在於從「重要他人」（significant others）（包括上司、部屬、同僚等）以及「自我」的評量中，增進領導幹部對於自己優缺點的瞭解，進而進行訓練發展與生涯規劃。因此，360度回饋的基本假設有二：1. 瞭解「自己眼中的我」與「別人眼中的我」，兩者之間有所差距時，可以增加當事人對自己的瞭解；2. 增加對自我的瞭解，將可做爲領導幹部改善自己缺點的原動力，所以 360 度評鑑的結果可以做爲領導幹部「訓

動時能夠獲取和使用這些資源。因而，這個概念包含兩個重要的方面：一是它代表的是内嵌於社會關係中而非個人所有的資源；二是獲取和使用這種資源的權力屬於網絡中的個人。詳見：Nan Lin, Social Capital: A Theory of Social Structure and Action, Cambridge University Press, 2001.

練與發展」的基礎。[12]

（一）領導發展過程的回饋（feedback as a process of development）

領導統御是領導者帶領被領導者去實踐一個共同的目的，領導者運用各種方式，包含獎懲命令、影響、說服、計畫、控制、溝通、協調等等方法去帶領所屬員工或僚屬。但如何測出領導者的領導統御是有效的呢？360 度中心評鑑法的回饋，被認爲是一個非常有效的評估機制，它透過長官對部屬的評鑑、部屬對長官的評鑑、部屬與部屬之間的評鑑，以所得的分數來測試領導統御的效果、組織的行爲、組織的成就。

（二）回饋過程中自我與他人之間的一致（self-other agreement）

如果長官覺得與部屬之間的溝通以 10 分爲滿分，部屬評鑑長官的溝通能力也是 10 分，就溝通而言，那就是非常有效的領導，這是自我和他人之間的一致（self-other agreement）。當然，若將 360 度中心評鑑法用在一個開放的、參與的，以及相互信賴的組織，它的評鑑是比較可靠的；反之，則其評鑑結果未必可靠。

（三）領導發展過程中的自我剖析（self-narrative）

360 度中心評鑑法，領導者必須深刻地自我剖析，描述他自己對組織貢獻的生命故事，尤其自我所擁有的知識之評估，自我人格的瞭解，也就是在做自我評鑑時，必須十分坦誠，就像在解剖台上，用顯微鏡自我檢閱。比方在評鑑自己是否屬於魅力型的領導，或意識型態型的，或者是實用主義型的，他們（領導者）必須相當誠實的呈現其眞實性，這才能對照部屬或同仁對他或他們的評鑑。

肆、領導發展的長時間縱向的研究及理論（longitudinal perspectives）

領導統御是發展出來的，同時，也是長時間學習或培養出來的，所以，領導

---

[12] P. Muchinsky, Psychology Applied to Work: An Introduction to Industrial and Organizational Psychology (5th Eds.), Pacific Grove, CA: Brookes/Cole Publishers, 1997.

發展必須重視發展的理論，以及放在長時間縱向的研究中去觀察。

一、發展的理論（developmental theories）

一個領導者他的領導統御的技術、知識、能力、價值、信念，都是轉型而來的（transformational）。因此，領導者早期的學習、父母的教育、職位的歷練、教育的發展、性別的不同；不同時期的行為有效性及表現好壞，在在影響著領導統御的發展。

二、長期縱向地研究領導發展

領導人在長期養成的過程中，不僅包括其個性的形成，例如在早年時的內外向性格、受教育時期的學習動機、人格特質在學習領導統御技巧時的不同結果；以及是否具有強而有力的領導認同，也就是想成為領導者的一種動機取向的養成，都必須長時間地去觀摩。其實縱向地研究是一種領導者在時間、空間以及個人特性，彼此錯綜複雜交織起來的總體影響的結果。

伍、領導的研究途徑

當然有關領導的理論運用很廣，遍及管理學、心理學、社會學、政治學、公共行政及教育行政。基本上，我們可以說領導的研究是跨學科的，而且它不僅包含理論面，也包括實際的運用。就專業期刊來講，從 1989 年就發行的《領導統御季刊》堪稱此領域研究期刊之翹楚。

前面提到研究的定義及研究的理論，讀者也會感覺到領導統御的研究還在發展變化中，主要是缺乏具體的經驗證據，以及在分析的概念架構（conceptual framework）的缺點。而這些缺點則來自使用不同的研究途徑（research approaches），研究途徑是資料取捨的標準，使用不同的資料去建構不同的理論，再用這些理論來詮釋領導人物的行為，自然會有不同的發現。[13]

---

13 Gary Yukl, "Managerial Leadership: A Review of Theory and Research," Journal of Management, 1989, 15 (2): 251-289.

根據 Gary Yukl 的整理，領導統御的研究途徑共有以下四種：[14]

一、權力—影響力途徑（power-influence approach）

有些研究者偏好用「權力」來研究或描述領導、領導人或領導統御。權力使領導產生有效性（effectiveness），但更甚於此者，權力不僅使領導人能指揮命令所屬，還可以影響很多人。權力和影響力較常呈現出來的關係是，彼此的互動是正相關的。也就是說權力愈大，影響力愈大；反之，權力愈小，則影響力也愈小。從權力和影響力去看領導統御，他們嘗試回答以下的問題：

（一）權力呈現出怎樣不同的型式（types）？以及這些權力的來源是什麼？

舉例來說權力可能來自於情境，某人被賦予任何一個職位，而有了權力，這種權力是來自情境，而不是個人的。但若是某人擁有相當多的資訊，而且他是這方面的專家，因而擁有權力；這種權力來源，是屬於個人的，就叫做個人的權力。當然也有可能是地位×個人，也就是 position×person，彼此是相乘的效果，而不限於相加。地位 + 個人，就是 position + person，也有這種情形，但相乘的領導統御的有效性比較容易解釋一些領導人的行為。領導人原本就是某一領域的專家，再賦予他職位、權力及影響力就會變得較大。雖然有些專家學者依據這種途徑，做了一些調查，但成就還是有限。[15]

（二）領導人是怎麼獲得權力？以及如何失去權力的？

這個研究途徑是發生在領導人和追隨者之間，領導人和被領導人之間的互動，產生了權力的獲得及失去。當一個領袖為追隨者解決了所面對的問題，獲得擁戴，他自然得到愈來愈多的權力；反之，則會失去追隨者的支持，而失去權力。當然，在解決高度風險性的問題，以及非常需要專業知識的問題時，領袖因此建立起領導統御的魅力（Charisma）。

領導的權力隨著追隨者，因領導的成敗而擁護或不支持，形成了「社會支

---

14 同前註，頁254-263。

15 J. French & B. H. Raven, "The Bases of Social Power," in D. Cartwright (Eds.), Studies of Social Power, MI: Institute for Social Research, 1959, pp. 150-167.

援理論」（Social Exchange Theory）；如果個人人格，加上職位，以及高度困難或風險問題的解決，就會形成「戰略性偶然理論」（Strategic Contingencies Theory）。

（三）有力的領導者如何揮舞權力？

　　領導者如何善用其權力，植基於其職位的較少，大部分是基於個人的條件。有了職位固然可以靠獎賞懲罰來領導大家，但僅僅是針對日常事物、例行公事等比較有效。當組織遇到困難，需要大家付出額外努力或心力時，領導靠的就不是職位，而是領導有沒有辦法去獲得大家的承諾，有效激勵大家，提出創新的思維及有效解決的辦法。追隨者對於一些困難的決策，有三種可能的反應：熱情投入及承諾共同努力，被動服從默默追隨以及頑固抗拒。

　　當領導者遇到這種情形，策略的採取便成為重點。如何理性說服、感性溝通、有效整合、恩威並濟，透過獎懲並用、諮商、溝通、協調、激勵、整合等手法交叉並用。這種領導統御所使用的技巧，有密切的關聯性。

（四）一個領導者應該擁有多大或多少的權力？

　　領導者能擁有多少權力，和其權力的有效性，彼此有關。要有多少程度的權力，權力的論理才會生效？這其實和什麼組織、怎樣的工作，以及怎樣的屬下也有關係。領導沒有資源去獎賞，也沒有有效懲罰的權力，被領導者都是 C 咖或 D 咖，當然沒有辦法形成一個高績效的工作團隊。領導的權力，和他或她與更上層權力階層的關係，以及平行階層的權力人物間的關係有關；到底領導手上有多少可用的資源，當然，更是一個關鍵。

　　不過，有些領導者在權力愈大時，對說服、溝通、妥協、參與以及激勵人心等工作就愈沒興趣。如此一來，部屬反叛或對領導漸升不滿情緒的可能性很高。最後，還是會危及領導的地位。

　　絕對權力，絕對腐化，幾乎是政治實際中的金科玉律。權力愈大的領導，濫用權力的可能性也愈大。所以，適度的權力，若以大、中、小來論，大概中度左右的權力，是比較妥適的。

二、行為的研究途徑（behavior approach）

行為的研究途徑是看領導者真正在做什麼，或做出什麼行為，以發揮其領導的效用（effectiveness），主要在回答以下問題：

（一）什麼是領導所需管理的工作本質

領導者最需要的是各種資訊，以便做決定。但資訊常常在組織外部，外部資訊有兩種很不同性質的特性，一種是不完整的資訊；另一種則是非常多又雜亂的資訊。領導者常常面對的是失序、破碎的、不固定的，反應式的資訊；所以，領導者有一項重要的工作是使所屬能夠「合作」。合作包括願意提供互動的機會，提供相關但又是最新的資訊，發現問題，在執行計畫時，願意協助去影響別人。

基於此，領導者工作的本質，事實上是建立起組織內在的網路關係，以及外在的網路。如此說來，才能確定短期、中期、長期的計畫。計畫和戰略以及有意義的創新、權力的分布、資源的取得、財主的支持等等都會影響領導者的有效領導。人、事、物、財的關係網路的建立，是領導工作的本質。

（二）如何使領導者的管理工作能力分門別類？

領導者的工作、行為如何分門別類，以便歸納出一定的角色、功能和實務。除了工作取向（task-oriented）、關係取向（relationship-oriented）的歸類外，則是有意義的歸類。當然，工作取向、關係取向似乎比較清楚，但是，有意義的取向，似乎較抽象。所謂有意義的，根據 Yukl 的研究，其核心觀念是能夠互動。不管是主管和部屬，同僚對同僚，組織內部的人員和外部人員的互動，只要能產生互動，就是有意義的取向，才是領導者的工作本質之一。

（三）什麼樣的管理工作會影響到領導統御的有效性？

前面所說的工作取向及關係取向的領導行為，被認為是對於領導是否有效性產生很大的影響。在這方面美國俄亥俄州「領導統御量表」（Ohio State Scales）是最常被提及的。[16]

---

[16] E. A. Fleishman, "The Description of Supervisory Behavior," Personnel Psychology, 1953, 37: 1-6; A. W. Halpin & B. J. Winner, "A Factorial Study of the Leader Behavior Descriptions," in R. M. Stogdill &

　　參與式的領導（participative leadership）是另一個使領導有效的方法。雖然參與式領導用了不少實驗法、田野實驗以及相關關係（correlation）的田野調查，但是，所得到的結論並不一致，以致於很難從這個途徑的研究中，對「領導統御」下定論。不過，參與式調查提供了不少領導統御的個案，值得參考。從參與式領導的研究，至少有一點可以確定的是，領導以及對於部屬的賦能（empowerment），是使得領導有效的重要因素。

　　參與的領導最近和「積極的酬勞行為」（positive reward behavior）研究有關，適時地給予適當的報酬，常會使員工增加滿足感，以及績效的提升。另外和參與式領導有關的則是「組織的」啟動結構（initiating structure）；如何給予所屬訓示，輔導與解釋政策，確定執行的優先順序，訂定最後完成期限，以及決定標準，都和績效有關。領導或管理不可以空談「盡你所能做到最好」，而是用"tell-and-sell" 的方式，這是一種主管和部屬面談的技巧，傾聽部屬所談的一切，然後設法發覺問題，從而告訴部屬如何去改善工作態度。[17]

三、人格特徵途徑（trait approach）

　　人格特徵的研究途徑，強調領導者的個人人格屬性，早期研究較強調一些領導的天賦異稟，例如：過人的精力、能看穿別人意志的能力、第六感、預知的能力，甚至於驚人的說服他人的魅力等等。1930 年代到 1940 年代的研究，大都集中於此；但到了 1974 年 Stogdill 等人較具經驗性的研究（empirical sutdies），證明經過有心設計的領導行為，還是比較能導致成功有效的領導後，有關這些對於領導天賦異稟的說法，逐漸不再受到重視。有關人格特質的研究，要回答哪些問題呢？

A. E. Coons (Eds.), Leader Behavior: It's Description and Measurement, Columbus Bureau of Business Research, Ohio State University, 1957, pp. 39-51.

17 主管和部屬之間可以用三種方法去評估部屬績效，然後去改變部屬的行為，分別是：(1)tell-and-sell (2)tell-and-listen以及(3)problem solving interview，可參考"Appraisal Interviews," 151.fosu.edu.CN/rlzyzdkc/ybs/index0811.htm，檢索時間2015年3月30日。

（一）到底哪些人格特徵和領導的有效性有關？

雖然已經不太有人相信具有某些特質的人，必然可以成爲領袖的這種觀點，但經過 1980 年代 R. E. Boyatzis、Mc Call 和 Lombardo 等人的研究，他們運用「行爲事件訪談」（behavioral event interviews），卻也發覺領導人若具有高度自信、精力充沛、具有創新性、情緒較成熟，能忍受壓力，以及心理學上內在自我評價較高（internal locus of control），比較容易成爲領袖。[18]

當然，影響領導有效性的最大因素還是管理的動機。所謂管理動機是指對權力的渴望，和同僚們競爭的渴望，對成爲權力人物的積極態度。[19]

（二）什麼樣的技巧（skills）會與領導的有效性相關

一般認爲有三種種類的技巧和領導的有效性有關，其一是技術性的（technical），其二是概念性的（conceptual），最後則是人際關係的技巧（interpersonal skills）。技術性的技巧，如電腦使用等專業知識；而概念性的則是具有「點子」，如戰略性的規劃、組織布局；至於人際關係技巧，則是與人相處的技巧。

四、人格特質究竟是如何影響領導的有效性？

其實人格特質影響領導的一個原則是「平衡」（balance），許多人格特質，如成就取向、歸屬感（affiliation）、自信、冒險、創新、決斷力都能相互融合，彼此可以互補，不過度地支配部屬，也能賦能，對於權力能高度追求，但又能維持情緒的平衡。

（一）情境研究途徑（situational approach）

情境途徑重視領導權力的分布情形，領導對於工作執行的本質、所屬的性質、外在環境的本質等因素，情境研究要回答以下問題：有哪些情境的因素會影響到領導行爲？情境因素常看所屬對領導的期待是什麼？而領袖做什麼反應？因

---

[18] R. E. Boyatzis, The Competent Manager, New York: Wiley, 1982.

[19] F. E. Berman & J. B. Miner, "Motivation to Manage at the Top Executive Level: A Test of the Hierarchic Role-Motivation Theory," Personnel Psychology, 1985, 38: 377-391.

此情境因素又有所謂的「要求—束縛—選擇」理論（demands-constraints-choices theory）。領導和所屬、同僚上司或外部人員互動，自然而然會產生互動，對於決定的優先順序、輕重緩急，自然會有所調整。

此外，則是「多重選擇模式」（multiple influence model），領導行為受到組織層級結構、部門平行關係、單位多數、組織成員的規模，導致環境的改變。情境改變自然會影響決策的選擇，或領導選擇採取何種行為。

（二）領導如何謹慎處理各種問題的能力會影響領導的有效性

領導面對組織問題、角色期待、各種機會的提供、利益衝突等等，領導如何慎重的採取行動；以及如何擴大自己從事選擇的範圍，讓別人對自己產生什麼印象，對領導知能的認知等等。

（三）領導如何從部屬的績效去解讀資訊？

能夠從部屬的行為，去解決各方的資訊，藉以改變領導的行為，是相當重要的。資訊的獲得可以讓領導決定目標、施行的時程、採取的策略、資源的提供等等。

（四）情境的哪些面相可以做為調節的變數（moderator variables）？

情境研究途徑的假設是不同情境，會影響不同的行為模式。但是否有任何一種情因素，可以做為調節各種不同行為模式的變數？大體而言，並無一定之模式，可以做為最適合的調節變數。

筆者在第一節介紹了一些領導的故事和領導人物，知道領導能力的培養是需要怎樣的思考模式，或如何看待某些事情的方式；或者瞭解一個領導人物成長或發展的故事，也是訓練自己成為一個領導人物的途徑。其實就領導統御的行為所展現出來的特徵，每個人或多或少都有一些；而且，從小到大也確實有很多機會，居於「領導」的「地位」在思考或決定一些事情。例如，即使是在小學的排長，班上的幹部如總務股長，或者甚至於是班長，都是一些人數少的小團體，其中的領導位置或地位。

M. Z. Hackman 和 C. E. Johnson 就建議每個人嘗試去填寫以下的評量表，瞭

解自己認為自己有過的最佳的領導時機，或最糟糕的領導事物是什麼。[20]

表 1-1　自我評量表：你／妳自己認為自己最佳的和最差的領導時刻發生在什麼時刻？

一、說明：每個人都曾在一些時刻，享受到成功的領導。在那些時間裡，你／妳可能是在高中擔任幹部，在大學社團或一些運動隊伍中，甚至可能在社群團體或宗教團體中，也許你／妳已經在職場了。你／妳使某些人去做了某些事，而且成功地完成你／妳所要的目的。我們都曾經經歷過自己是領導／領袖的身分／地位，回想你／妳過去歲月所經歷的，哪些時刻或哪些事，讓你／妳自己覺得頗驕傲地展現領導特質？

_____

二、說明：當然，某些回憶是令人沮喪的，我們之中的任何一個人，也許也經歷過最慘痛領導失敗的果例，想要成為一個好領導，必須勇敢去面對自己在領導上所犯下的過錯或失敗的經驗，你／妳覺得最讓自己有椎心之痛的失敗領導例子是什麼？寫出你／妳的想法如下：

_____

三：說明：請寫下十個有關領導統御的例子或經驗，也許是你／妳自己的，也許是別人的。但至少它們都是你／妳所認可的領導的最佳的（best）或最壞的（worst）的經驗或教訓。經由這些評估所寫出來的案例，可以豐富我們理解領導的案例資料，讓我們更容易學習領導的知能。這些例子可以告訴我們，當被領導者無法被領導激勵時，會產生什麼結果？當領導給予最清楚的方向時，被領導者有哪些反應？領導者如何知道他的指示被正確的理解及接受？而被領導者因而心甘情願地追隨領導？

「領導案例」：

1._____

2._____

3._____

.

.

.

.

10._____

資料來源：Michael Z. Hackman & Craig E. Johnson (2009: 3).

---

[20] Michael Z. Hackman and Craig E. Johnson, Leadership: A Communication Perspective, Waveland Press Inc., Illinois, 2009: 3.

個案討論一：兩個政治巨人的戰爭？

　　約翰亞當斯（John Adams）出生在麻塞諸塞州的Braintree（現在的昆西市，Quincy），死於1826年7月4日。

　　約翰亞當斯是美國第二位總統，也是導致美國聯邦政府成立的「大陸會議」的代表之一。1800年他在競選總統連任時，輸給了他多年的老友，也是約翰亞當斯的政敵，美國第三位總統湯瑪士傑佛遜（Thomas Jefferson）。

　　約翰亞當斯被認為是聯邦權力派的代表領袖，而傑佛遜被認為是州權主義派的代表領袖，與另一位州權派的政治領袖詹姆士麥迪遜（James Madison）共創「民主共和黨」，就是現在美國民主黨的前身。

　　亞當斯和傑佛遜兩家交情甚好，但因政治立場不同，導致雙方感情破裂，尤其在亞當斯總統大選選輸給傑佛遜之後，兩人曾有相當長時間彼此不往來，一直到兩人同一天逝世前的十數年，雙方以書信158封互抒己見，這兩位美國開國元勳之間的心結，才有些化解。兩人同時於1824年7月4日美國國慶當日去世，亞當斯死前最後一句話是：「湯瑪士傑佛遜還沒死。」（Thomas Jefferson survives.），可見其心中尚有些不平之氣。其實，傑佛遜已早他5小時去世，只是亞當斯不知道而已。

　　亞當斯和傑佛遜最大的分歧起自於英法戰爭（1803-1815），拿破崙在1799年11月9日從政變中奪得政權，之後不斷介入與歐陸各國的戰爭，英國則策動反法聯盟，1803年5月13日英國正式向法國宣戰，5月18日拿破崙廢除法蘭西共和國，改建帝制。

　　1812年6月18日到1815年2月18日的英美戰爭，可說是起因於上述英法戰爭。1812年6月18日美國向英國宣戰，1814年3月英國擊敗拿破崙，遂得增兵北美戰爭，英國占領了美國的緬因州，一度占領了美國首都華盛頓，火燒白宮，史稱「華盛頓」大火。

　　湯瑪士傑佛遜當總統時是強烈的支持法國派，但在美國，向英國宣戰權在國會，國會由亞當斯領頭，並不贊成助法反英，雙方為此激辯。最後國會通過美國嚴守中立。美國不因英法戰爭而停止對英法等參戰國的商船貿易，導致英國因此扣押了十幾艘美國的商船，引起美方極度的不滿。

　　一直到麥迪遜接替傑佛遜擔任美國總統，國會才同意美國對英國宣戰。

美國是否在英法戰爭一開始，即助法反英？而當美國宣示中立，商船不斷被英國扣留時，美國是否有積極備戰？美國是否根本無力與英國一戰？但卻因傑佛遜與亞當斯私人的恩恩怨怨，延誤了對英準備作戰的各項工作？戰爭的結果，英美兩國表面上沒有改變任何疆界國土，但英國火燒白宮，是否已成為美國歷史上的一個奇恥大辱？

 **個案問題討論**

你／妳如果是亞當斯或傑佛遜⋯⋯

1. 你／妳認為你／妳們兩人的政治恩怨，是否影響了對英法戰爭的判斷。
2. 亞當斯和傑佛遜是當時影響美國國內外重大決策的重要開國元勳，兩人都具有極高的政治智慧，何以不能尋求政治上的和解。以有利於美國？

 個案討論二：站在巨人的陰影下

美國總統傑佛遜（Thomas Jefferson），生於1743年4月13日，卒於1826年7月4日，他在1801年3月4日到1809年3月4日擔任美國第三任總統。由於美國革命的「獨立宣言」是由其所起草，加上傑佛遜是工程學、農學、植物學、教育學、政治學、測量學、密碼學、考古學、數學⋯⋯等方面的專家，尤其他引進法國美食，也被譽為是美食家，至今仍有傑佛遜食譜，為美國人所樂於鑽研，所以，美國非常尊敬這位偉大的開國元勳。

相較於傑佛遜，麥迪遜（James Madison）雖被譽為「美國憲法之父」，為主要的聯邦憲法起草人，同時，是由麥迪遜在國會中動員反對派，反對美國第二任總統約翰亞當斯，成立了現在美國民主黨的前身民主共和黨。麥迪遜是傑佛遜擔任美國總統時的國務卿，同時是繼任傑佛遜擔任美國第四任總統。但兩人被稱為所謂的「維吉尼亞聯盟」（the Virginian's alliance），因兩位皆來自維吉尼亞州，因此被美國人稱為「偉大的合作」（The Great Collaboration）。

但多數美國人卻認為麥迪遜是活在傑佛遜的陰影中（Madison as standing in Jefferson's shadow），為何如此？

麥迪遜只有5.5英尺或5.6英尺的高度，傑佛遜則有6.2英尺到6.3英尺的高度。

因此，麥迪遜看起來瘦小，而傑佛遜則十分高大。傑佛遜的高大雕像聳立在華盛頓特區的紀念堂中，但直到1980年美國國會圖書館新建時，才有麥迪遜的紀念銅像。

傑佛遜這個名字代表了自由（freedom）和民主（democracy），而且隨著他的立碑立像，這兩個字都被鐫刻上去，如影隨形。但沒有什麼具代表性的名詞或句子，隨附在麥迪遜名下。

傑佛遜的老家Monticello成為美國人朝拜的聖地，但一直到二十一世紀初麥迪遜的故居Montpelier才被提及，也才有一些人去參觀。

可以這麼說，如果沒有麥迪遜在國會中力抗Alexander Hamilton，則麥迪遜和傑佛遜的民主共和黨就無法建立起來。但何以美國人對待這兩位偉大的歷史人物，卻有這麼大的懸殊心態呢？

🔆 個案問題討論

1. 傑佛遜和麥迪遜兩個人的性格，是否是決定了他們受到美國人民尊敬和崇拜的因素？
2. 傑佛遜對一些事物的判斷和反應是否和麥迪遜截然不同，而使美國人比較願意多提傑佛遜而少提麥迪遜呢？
3. 性格是否真正決定了命運，甚至於決定了一個人一生的成就高低呢？

個案討論三：亡命聖母峰[21]

領導統御在一些高冒險性的活動中，意謂著「生死一瞬間」，比方說在激流中泛舟，從峭立山壁上陡降，甚至於爬山等都是這類與領導有關的活動。有一本暢銷書叫《進入稀薄空氣》（Into Thin Air），作者是個登山專家Jon Krakauer，他描述在聖母峰——地球上的最高峰，海平面以上29038英尺——差勁的領導統御如何帶來大災難事故。

---

21 個案來源：Jon Krakauer (1997), *Into Thin Air: A Personal Account of the Mount Everest Disaster* (Eds.). Doubleday.

　　1996年4月Krakauer受《戶外雜誌》（Outside Magazine）之邀，參加一個聖母峰的登山隊：冒險諮詢遠征軍（Adventure Consultants Expedition），Krakauer則將爲該雜誌寫一篇報導。1996年的春天，有不少登山隊都在攀爬聖母峰，不過只有「冒險諮詢遠征軍」和一個叫做「痴狂登山」（Mountain Madness）的公司，彼此在密切合作之下各自組成了登山隊伍。然而，這兩支隊伍的領隊卻有著極端不同的領導作風。

　　冒險諮商遠征軍是由35歲紐西蘭籍的Rob Hall擔任領隊，Hall非常謹慎，是一個具有極高組織能力的登山專家。他擅長以極其講究的方法及挑剔的方式去攻頂。他也因此而頗負盛名，其他要攀登聖母峰的領隊都向他請教。

　　相反地，「痴狂登山」公司隊是由美國人Scott Fischer領頭，他喜歡用「魚雷炸出滔天海浪」的瘋狂方式攻頂。40歲的Fischer認爲受傷或生病的隊友會拖累他攻頂的速度與節奏。他本身擅長與人交朋友，全身又充滿活力，他的隊友多數是首次攀登聖母峰的登山客，每個人爲了這趟旅程，付了6萬5000美金的費用。

　　攻頂聖母峰是公認十分危險的挑戰。由於山峰太高要經歷不同海拔高度，登山者會有凍瘡、高山發燒症，嚴重的會體重減輕，損害大腦及肺部。很多登山者甚至因此而死亡。聖母峰的高度，是一般商用飛機在高空飛行時的高度，這樣的高度，會使一個人的思考能力大打折扣。甚至於在極端情況下，登山者會失去方向感；因此，若不幸得了高山症，必須先把他們安置在空氣足夠的地方，再用直升機把他們撤離。

　　5月9日的午夜，Hall和Fisher的隊伍共有20個人，在做攻頂的最後準備。所有人都被告知，如果到了下午2點，還無法攻頂，就要回頭撤退到營地。超過這個時限，氧氣瓶會用罄，併發高山症、凍傷、思考受損的機會將大增。而且，延遲折返會使他們無法在天黑之前趕回營地。

　　由於在登頂過程中遭遇到了一個狹窄處，使大家登頂有所耽擱。Krakauer到山頂已經是下午1時，他立即回頭下山，但是Hall和Fisher登頂時都已超過原先預定的2點。可能是兩個隊伍彼此暗自在競爭的關係，Hall的隊友大部分已折返，這讓Hall相當失望，而Fischer的隊友卻仍在攻頂。Fisher非常在意他的一個隊友是否能夠成功登頂，因爲之前這個隊友曾經企圖攻頂，但失敗了。Hall則希望他這次能成功，以便建立起自己的事業版圖。結果到了下午3點後，兩支隊伍中不少的登山者仍在山頂。到了6點一陣超級風雪以60節的速度吹襲而至。Krakauer

已經安全回到營地，避開了這場狂風暴雪，但Hall和Fisher卻被暴風雪掃到了。其他登山隊紛紛準備前往救援，結局卻是Hall和Fisher，以及另3名登山者皆喪命。倖存者，大部分因為凍傷而最後截掉手指及鼻子。

　　一連串的失誤導致這次的悲劇，忽視折回的時間點是個致命的錯誤。但兩個領隊都沒有預見到延遲折返，必須做出預防的措施。Hall在其登山經驗中，從沒有遭受到如此嚴厲暴風雪的經驗，導致他過分自信。Fisher則是不管時間耽擱、體力用盡，仍決定強力攻頂到底，當然這也可能是他得了慢性肝病，生命即將終了，導致他做了這個決定。反觀Fisher的第一號副手，是個有經驗的俄國嚮導，決定選擇準時折返營地，而不和其他隊友攻向山頂。那些隊友看起來都做出了錯誤的判斷，因過度疲勞和高山病症候群，應該迫使他們提前折返，但他們卻繼續攻頂。聖母峰的嚴峻氣候，不容許任何錯誤的判斷：缺氧、寒冬以及突起的暴風雪（聖母峰的常態）使得領隊、嚮導及登山隊友，都失去了正確判斷能力，導致悲劇的發生。

個案問題討論

1. 沒有豐富登山經驗的人，是否該禁止他們攀登聖母峰？你／妳如果是個專業的登山領隊，你／妳是否願意帶領一些比較沒有登山經驗的人，攀登聖母峰？

2. 從領導的角度來看，上述 1996 年聖母峰的死難事件，給我們哪些啟示？

3. 請問你／妳擔任過任何「高度風險」活動的領導嗎？你／妳又是如何帶領這個活動？

4. Hall 和 Fisher 期待登山隊友都能遵守他們的交代，其他有危險性的活動，如戰鬥或火拼，領導所要求隊友的也是「服從」，你／妳是否允許隊友們有一個機會，試圖質疑你／妳的領導的權威性？

🌀第二節　管理的定義及理論

壹、管理的定義

　　管理工作現象或行為必然發生在管理（manage）和管理者（managers）之間，以及管理者和組織（organization）之間。管理者在人類社會中當然是某些人去執行某些功能，這些功能表現於管理者在引領指導及監督工作人員的工作行為和工作表現上。這些功能所形成的行政結構就是組織，所以組織可能由極少數人如個位數所組成，也有可能是擁有一百萬員工的組織。管理者對於組織及其所屬人員的管理，表現出對於組織目標的計畫、領導和控制。所以總的來說，管理工作的內容就包括：計畫、組織、領導與控制。

　　管理者究竟是「管家」（stew）式的管理人，還是經紀人（agent），或者是股東（stockholders）所選出來的董事，誰才是真正擁有公司經營或管理權力的「領導」，這其中涉及管理更複雜的層面。本書所討論的是社會般通稱的管理。[22]

　　管理的觀念或學說理論可以溯源到西元前 5000 年的蘇美文明，蘇美文明產生在美索不達米地區，大部分範圍在今天伊拉克境內，希臘人則將底格里斯河和幼發拉底河下游之間地區稱之為美索不達米亞。蘇美人所用蘇美語是人類現存最古老的書寫語言，文字體系是楔形文字。蘇美人將文字用蘆管書寫在泥版上。對於藝術、建築、手工藝、宗教與倫理思想等之整理及紀錄就是一項管理的工作。

　　但現代的管理觀念及學說理論則在 1945 年之後大量出現，這些觀念普遍被接受的有四個：

　　一、管理是一種藝術和科學的運用；

　　二、「人」是機構中最重要的資源；

　　三、「品質」有其代價；

　　四、管理意謂著一項產品和一種服務，被做得很好。

22　James H. Favis, F. David Schoorman, and Lex Donaldson, "Toward a Steward-Ship Theory of Management," *Academy of Management Review*, 1997, 22 (1): 20-47.

　　其實管理在 1950 年代之前，不是一門學問，一直到管理學大師彼得杜拉克（Peter Drucker）在 1955 年出版了他的專書：The Practice of Management，而且當時奇異公司（General Electric）和杜邦公司（DuPont），願意根據他的管理觀念進用、激勵和訓練員工，才使得杜拉克所討論到的管理策略，權威的授權和人員管理成為一股新的潮流。[23] 但即使如此，在學術研究中，管理的理論，仍是被視為像「叢林」（jungle）一般。[24]

　　Peter Senge 在 1990 年代出版了 The Fifth Discipline，特別強調組織層級中的賦能（empowering）和員工激勵（motivating people）是對公司企業最好的事情[25]。但管理和品質管控連結起來，則源自於 W. Edwards Deming 的「品質管控須要付出代價」（quality pays for itself）的觀念。Deming 是美國工程師及工程顧問，1980 年 6 月 24 日，他在美國 NBC 電視上說到日本對於品質管控的成功，他提出了「日本能，為什麼美國不能？」（If Japan can, why can't we?）。福特汽車公司看到了這段節目，於是引進了 Deming 的觀念，成立了 Team Tauius（福特金牛座團隊），打造了一度成為美國當時最暢銷的家用車款。「品質管控」原則的生產計畫遂成為管理工作中的重中之重。

　　William Edwards Deming 為耶魯大學物理學博士、美國統計學家。1928 年在耶魯大學獲數學物理博士學位。後來在紐約大學任教長達 46 年。1950 年他受邀到日本向該國的總經理和工程師講授新法。他的觀念是系統地檢查產品的瑕疵，分析缺點的成因並加以修正，並記錄隨後質量改變的效果，他的這些觀念被日本公司急切地採納，結果使日本產品攻占了世界的許多市場。自 1950 年以來，Deming 多次於日本發表管理學方面的演說，內容包括改進設計、服務、透過統計學上的方差分析、假設檢定等方法進行產品品質、測試，以及全球市場。

23　Peter Drucker的相關著作如下：The End of Economic Man, Heinemann, 1939; The Concept of the Corporation, John Day & Co, 1946; The Practice of Management, Harper, New York, 1954; The Practice of Management, Heinemann, London, 1955; The Age of Discontinuity, Heinemann, 1967.

24　Harold Koontz, "The Management Theory Jungle Revisited," Academy of Management Review, 1980, 5 (2): 175-187.

25　Peter M. Senge, The Fifth Discipline: The Art and Practice of the Learning Organization, Doubleday/ Currency, 1990.

主要貢獻在於提出了全面質量管理、持續改善、員工參與、團隊精神等概念。[26]

　　Deming 在 1994 年去世，和他同時期在品質管控倡導中居於肇始者地位的 Joseph M. Juran[27] 則代之而起，不斷地到處巡迴演講宣揚品質管控的理論。如同 Deming 博士一樣，Juran 對於日本經濟復興和質量革命的影響也受到了高度的評價，因此日本天皇為表彰他「……對於日本質量管理的發展以及促進日美友誼所做的貢獻」而授予他「勛二等瑞寶章」勛章。Juran 傳授的質量改進法是通過逐個項目，有針對性解決問題和團隊合作的方式進行的，是高層管理所必備的。品質管控當然和市場競爭有關，福特汽車金牛座家用車，為福特公司在汽車市場再度獨占鰲頭，就是一例。P. B. Crosby 認為對管理的挑戰就是品質與競爭（quality and competitiveness）。[28]

　　所謂品質管控的關鍵在於「第一時間點就把事情做對」。Crosby 曾應邀去參加一個公司的管理評估的月會，他們請他對品質管控講句話。他很早就到了會場，首先看到公司的財務總監喋喋不休的談論公司生產和服務線上有關支出與收入的問題；接著大家激烈地辯論何以有些生產目標不能達陣，大約有 3 個小時，大家在討論一些有關利潤、研發產品、雇工賠償、採購、會計收入項目、債款等等。然後人事部門主管提出了一些如何善待員工的計畫，甚至於有人談到可能的罷工事件。一直到最後月會主持人才發覺他們原要請 Crosby 講話，但所剩時間不多，主持人很靦腆地拜託 Crosby 能不能只用 5 分鐘，重點提示品質管控。他微笑地開始說：

26　Deming的主要著作有《轉危為安》（Out of Crisis）、《新經濟觀》（The New Economics）。他的主要論點在《轉危為安》一書中被總結為14點，成為全面質量控管的理論基礎。https://zh.wikipedia.org/wiki/%E6%84%9B%E5%BE%B7%E8%8F%AF%E8%8C%B2%C2%B7%E6%88%B4%E6%98%8E; Deming's 1950 Lecture to Japanese Management. Translation by Teruhide Haga. 檢索時間：2016年4月30日。

27　Joseph M. Juran (1904.12-2008.2)，是舉世公認的現代質量管理的領軍人物。協助創建了美國馬爾科姆鮑得里奇國家質量獎，是該獎項的監督委員會的成員。獲得了來自14個國家的50多種嘉獎和獎章。他堅信質量不是偶然產生的，必定是有策劃的，並斷言質量改進是用逐個項目的方法進行。http://wiki.mbalib.com/zh-tw/%E7%BA%A6%E7%91%9F%E5%A4%AB%C2%B7%E6%9C%B1%E5%85%B0，檢索時間：2016年4月28日。

28　P. B. Crosby, Quality Is Still Free: the Art of Making Quality Certain, McGraw-Hill, Inc., 1996.

品質管控是可以用金錢來衡量的。如果我們在重新製造、客服、過度檢查及研發、沒計畫地加班、收取過期貨款、製造工程改變通知、採購改變通知等等耗費時間，其實我們已經消耗了 20% 的成本。這還是我掐指粗算的結果，如果請會計部門精算，可能所占百分比還會更高。這種因循苟且（nonconformance）所付出的代價（price）——the Price of Nonconformance——PONC，大概會是公司稅前利潤的五倍，這都是根據我看到的報導所呈現的事實。[29]

Crosby 這一席話當場讓該公司上上下下目瞪口呆。該次月會因此延後一小時，聚焦在 Crosby 所談的 PONC，也決定以後每個月大家就此檢討與報告。該公司在其後一年內把會議重點放在管理目標及減少了一半的 PONC 的損失。Crosby 因此留下一句管理上的名言：「用金錢去衡量品管，而不是統計，這才實在。」（Measure quality by money, not by statistics. Be real.）

貳、管理者的工作

所以管理者（managers）他所能做的事是：

一、提供明確的方向：建立組織明確目標，對每個人進行溝通，把每一個個別員工都帶進這些集體目標中。明確目標，附帶地確定每個員工的責任。在公司或部門面對外在挑戰的，能夠為組織找到正確的資源，扮演著一個「人才發掘者」（a talent scout）的角色。

二、鼓勵公開溝通：管理者必須公平公開地對待每一個員工，誠懇相待，建立起他們和員工之間的開放及互信的關係。

三、教導和支持員工：管理者對於員工執行上的問題，必須提出建設性的意見，和主管及其部屬都能詳細地討論，就像球隊的教練般去帶領他們。不管團隊成員是誰，管理者不僅僅是個別團隊成員的教練，也是專業上的教練（personal-

---

29　John M. Ivancevich, Peter Lorenzi, Steven J. Skinner & Philip B. Crosby, Management Quality and Competitiveness, Burr Ridge, Illinois, Irwin Amsterdam, 1994.

professional coach），支持員工持續的發展。

　　四、客觀的肯定：對於員工良好表現必須中肯地肯定，而非一味批評。賞罰必公，不能有私心，而且需有助於達成目標。

　　五、持續有效的管理：對於重大事項追蹤管考，對於員工的意見能予回饋，管理者應該就是團隊的教練（team coach）。

　　六、把對的人放在對的位置：把能完成組織目標、具有必須的技術和職能或智能（competencies）的人放在正確的位置上。對於威脅到公司部門或組織的新的企業和技術，必須充分瞭解。

　　七、瞭解每一項決策所具有的財政意涵（implications）：即使和組織利益或利潤追求無直接相關的人事資源部門，也能注意到公司、企業或組織的財務狀況。

　　八、鼓勵創新：即使在老舊保守部門，不斷創新與提供新點子，仍是普遍被認為是管理者的重要工作。同時，要勇於對創新進行實驗（experimentation）。

　　九、給予部屬明確的決定，尤其是他們所需要的決定：部屬們常不願見到的是冗長的辯論，議而不決，一個明智的管理者永遠知道什麼時間需要做出最後明白的決定。管理者要扮演橋樑，把公司或部門的願景與策略連結起來。

　　十、堅持一貫地態度，以此證明管理者高度的正直：這種管理者才是員工們願意聽從的對象。[30]

　　管理群是由一群管理者所組成，一家公司企業有三層的管理者。有些人負責第一線的管理（first-line management），他們就是藍領工人（blue-collar workers）的領導者（supervisors, office managers or foremen），也負責監督售貨員、會計人員或研究部門的科學家。第一線的管理者大體負責公司企業或組織的日常基本工作。

　　中層管理者（middle managers）比較上是部門經理、廠房經理或操作部門主任（directors of operations），中層管理者已經在從事組織、計畫、管控及領導

30　Art Petty, Why It's Time to Change Our Views on Management and The Job of Manager, Business Management and Leadership, July 2016. https://www.thebalance.com/why-its-times-to-change-views-on-management-4063555，檢索時間：2016年9月4日。

的工作。他們帶領第一線管理者從事上述這些工作。中層管理者還負責協調各單位之間的相互合作。過去二十年以來，一些世界有名的大公司像 Sears、General Motors、Xerox、IBM 和 General Dynamics 都曾資遣中層管理者，管理部門的精簡及扁平化似成為一種趨勢，這種情形一直延續到二十一世紀。原因很多，如環境改變、競爭壓力、減低成本、貨品的市場占有率減少，以及組織部門在運作上缺乏效率等等。

　　高層的管理（top management），通常由執行長、公司企業組織的總裁及副總裁來負責。高層管理者負責整個組織的表現、目標及任務的完成。當然，他們必須領導中層及第一線的管理者。從管理過程（management process）來看管理者的結構，如圖 1-1。

　　管理者在中層常有生產和行銷的分工，所以從專業化的水平分工來看，其組織結構如圖 1-2。

　　現代化的商業組織結構和概念發生革命性的轉變，主要發生在美國內戰，以及普法戰爭之後。

　　第一次發生在 1895 年到 1905 年，管理者就是公司企業的擁有者，所以管理是指工作派任（task），而擁有者所做的是工作（work）。德國的 Georg

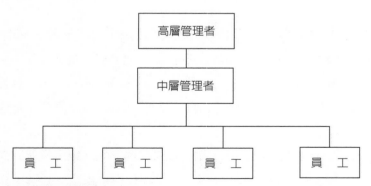

圖 1-1　管理過程的垂直結構圖

資料來源：John M. Ivancevich, Peter Lorenzi, Steven J. Skinner; with Philip B. Crosby, Management: Quality and Competitiveness, Times Mirror Higher Education Group Inc., 1997, p. 16.

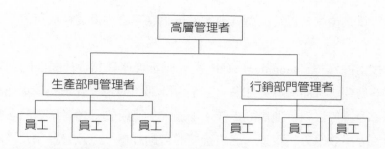

圖 1-2　管理過程的專業分工水平結構圖

資料來源：John M. Ivancevich, Peter Lorenzi, Steven J. Skinner; with Philip B.Crosby, Management: Quality and Competitiveness, Times Mirror Higher Education Group Inc., 1997, p. 17.

Siemens，首創德國第一家銀行 Deutsche Bank，後來銀行的擁有權傳給他的堂兄弟 Werner，Werner 的兒子及其他繼承人，無法有效經營，使銀行接近破產，最後只好把銀行的管理工作交給銀行中的專業幕僚。

第二次的組織結構革命發生在二十年後，Pierre S. du Pont 的家族企業也把管理工作交給專業人士。Alfred P. Sloan 的 General Motors 在半年之後，也做了相同的事。分權化的管理結構於是產生，部門的劃分開始以功能做爲依據。1950 年代的 General Electric（GE）就是如此。日本的公司也在這個時期跟進。

第三次的管理結構的改變，就是以圖 1-2 爲主的命令—控制（command-and-control）的系統。以組織上的專業分工爲主，再輔以資訊爲基礎的部門（information-based organization）。[31]

管理工作者需要以下的技術或技巧：

一、擁有戰略高點（strategic apex）：能像一般幕僚解釋公司或企業的最高目標。

二、分析的技巧（analytical skills）：管理者需要去分析及評估問題，才可以找出解決之道。所以，管理者對於資料蒐集的計畫、發明事物的控制模型、成

---

[31]　Peter F. Drucker, "The Coming of The New Organization," Harvard Business Review, January-February 1988, p. 11.

本會計的計算及預測，以及人力資源的系統訊息等等取得資料或訊息的途徑都要很熟悉。

三、技術的技巧（technical skills）：要看管理者負責什麼部門，若是工程部門那當然需要這方面的專業知識，若是會計部門則對會計學的基本知識必須充足，否則管理者無法執行他們的工作。不過，更高層的管理者則對於各種統計圖表的運用、因果效應分析模型、品質管控的行動計畫，以及管理學及經濟學上的帕累托曲線（Pareto curve）等都要熟悉。

四、協調的技巧（coordinating skills）：組織中的每個部門的人，經過協調彼此能相互適應；尤其是各部門的領導管理者，彼此能有良好互動；以及各部門之間，工作方式必須一致，過程標準化；產品的生產，其結果也要符合標準化需求；技術和規範的標準化也是協調的重點。

五、決策的技巧（decision-making skills）：以上所說的技術的技巧、分析的技巧等，都是要幫助管理者面對許多問題解決的選項時，有助於他們去做決定。決策的時機是否合宜，決策品質是否良好都受到這些因素的影響；事實上，決策本身也是一種技術。

六、電腦的技巧（computer skills）：E化時代電腦對資訊蒐集的功能，不必多說。管理者如果不能好好使用電腦所能提供的功能，不可能成為好管理者。

七、處理人際關係的技巧（people skills）：管理者的目標當然是公司、企業或公部門的整體目標，但要去完成這些目標的是員工。如何和員工好好相處，瞭解他們，進而能和他們進行良好互動和溝通，這不僅是管理者所需要的技巧，也是領導統御所必備的技能。有效溝通（effective communication），不僅靠口語表達，也有賴於文字技巧。有效溝通的另一個秘訣在於要有所回饋（feedback）；換句話說，溝通不是單方面的（one-way），而是雙向的（two-way）。溝通不僅是私下的、一對一面對面的，也包括公開的、面對多數的，其中的技巧相當多。

八、概念的技巧（conceptual skills）或意識型態的技巧（ideological skills）：概念化（conceptualization）或概念化技巧是指管理者能把各部分整合起來提供大家一個完整的願景。因此之故，什麼樣的組織搭配什麼樣的員工，去

分派什麼目標給他們，這就是好的管理者的工作。此外，對於公司或企業的文化所依賴的信念（beliefs）或意識型態（ideology），能加以詮釋，應得到大家的認同。[32]

參、管理的研究途徑（approaches）

對於管理的研究，1868 年在美國出生的 Frank Gilbreth 的研究工作影響非常大，他去觀察工人堆砌磚頭的工作，他計算工人堆砌磚頭的動作和時間兩者之間的關係。Gilbreth 可以說是把「動作」和「時間」這兩個相關聯的概念運用在職場研究的第一個人，企圖建立一個合理的工資標準，也就是多少時間，砌多少磚塊，給予多少的工資。

1904 年 Gilbreth 和 Lillian Moller 結婚[33]，夫妻兩人組織了一個研究團隊，專門利用動作影片和工作效率之間的關係做研究。後來他們的兩個兒子持續了他們的研究，並且出版了 Cheaper by the Dozen 一書，專門計算一些相同動作採取不同步驟所需花費的時間。[34] 例如穿一件背心由上到下扣鈕扣和由下到上來扣，所用的不同時間。當然他們都使用了 Gilbreth 夫妻所發明的，後來發展得更精密的時間分秒計時器（micro chronometer），當時他們可以計算到一分鐘內耗去與兩千分之一時間的動作。現在，則可以計算到一秒的兩千分之一的時間可以做到的工作。

Gilbreth 夫婦認為，要取得作業的高效率，以實現高工資與低勞動成本相結合的目的，就必須做到：第一，要明確規定高標準的作業量──對企業所有員工，不論職位高低，都必須規定其任務；這個任務必須是明確的、詳細的、並非輕而易舉就能完成的。他們主張，在一個組織完備的企業裡，作業任務的難度應當達到非第一流工人不能完成的地步。第二，要有標準的作業條件──要對每個

32　Henry Mintzberg, The Structuring of the Organizations, Pearson, 1979.

33　http://wiki.mbalib.com/zh-tw/%E5%BC%97%E5%85%B0%E5%85%8B%C2%B7%E5%90%89%E5%B0%94%E5%B8%83%E9%9B%B7%E6%96%AF，檢索時間：2016年4月16日。

34　2003年美國的一部喜劇電影《兒女一籮筐》（Cheaper by the Dozen），改編自 Frank Bunker Gilbreth 和 Lillian Moller Gilbreth 以及他們12個孩子在1948年出版的的自傳性小說 Cheaper by the Dozen，1950年已拍攝成電影，電影名稱也是用 Cheaper by the Dozen。

工人提供標準的作業條件（從操作方法到材料、工具、設備），以保證他能夠完成標準的作業量。第三，完成任務者付給高工資——如果工人完成了所規定的標準作業量，就應付給他高工資。第四，不能完成任務者要承擔損失——如果工人不能完成規定內的標準作業量，他就必須承擔由此造成的損失。

　　Gilbreth 夫婦可以說是開啓了管理效率的先河，他們倡導的觀念，對於後來管理學上最適的（optimal）工作效率的研究啓發很大。在實務上，這個觀念對於後來福特汽車公司在內的許多公司，如 Volvo、Nestl'e、Sumitomo 和 Nucor 都有很大的影響。

　　當然，如果要把管理說成是一門獨立的學科知識，則應首推公元 4000 年前的埃及金字塔建築工程，在沒有現代化的機械設備下，埃及人如何成功地建造金字塔，必然有一套完整的管理的知識。金字塔之後，對人類科技革命影響最大的當屬英國的工業革命（Industrial Revolution），工廠的大量生產使得勞動力被視為人力資源（human resources），而這當推歐文（Robert Owen, 1771-1858），歐文拒絕使用童工，他強調不同勞動力的勞動效果。與歐文同時期的 Andrew Ure（1778-1857）[35] 也有相同的觀念，歐文和 Ure 都是很重視善待勞工的，他們建立了工作期間的休息時段（tea break），提供茶、咖啡，同時也提供勞工醫療服務，他們認為這樣可以改善勞工的生產成果。其實，這些概念就是早期管理的精髓。

　　1823 年，歐文以全部財產在美國印第安納州建立了一所「新和諧村」，進行共產主義「勞動公社」的實驗。但此實驗不到兩年便宣告破滅。教育與生產勞動相結合，是歐文對人類教育理論寶庫的一大貢獻。他認為，要培養智育、德育、體育全面發展的一代新人，必須把教育與生產勞動結合起來。為了普及教育，歐文主張建立教育制度，實行教育立法。歐文認為：「教育下一代是最最重大的問題」，「是每一個國家的最高利益所在」，是「世界各國政府」的「一項高於一切的緊要任務」。為了使每一個孩子——特別是勞動人民出身的孩子，從出生起就受到最好的教育，歐文主張應當立即為勞動階級安排一種國家教育制

---

35 Professor Andrew Ure是一位蘇格蘭醫生，化學家。

度，通過一項聯合王國全體貧民與勞動階級教育法案。[36]

現在社會的管理者普遍知道善待員工的管理方式，對於公司企業、組織部門效率及效能提升的關係。在二十世紀影響最深的是前面已經提到的彼得杜拉克，他於 1909 年出生在奧地利，原本是律師，也是個報紙評論家，後來成為一個卓越的管理學者。他最具影響力的一個觀念是，消費者想買、想使用的貨品，才是生產者應該注意的事。企業家存在只為了一個目的：創造出消費者（to create a customer）。為此每一個公司廠企、部門組織必須不斷地增進、改善自己的知識，同時必須充分運用這些知識去改善對於消費者的服務、產品的設計及生產。最後，公司廠企等必須不斷地研發創新（innovate），為此必須不斷取得適任的、有知識的員工，把他們視為不可或缺的資源。

除了 Gilbreth 夫婦和杜拉克之外，在實際的管理者行為上影響最大的是前面已提到的 W. Edwards Deming。Deming 於 1900 年出生在愛荷華州的 Sioux City，獲得數學博士，曾任職美國人口普查局（the U.S. Census Bureau），第二次世界大戰後，Deming 赴日本協助日人從事人口統計調查，並且對日本工商企業人士演講，宣揚他的品質管控的觀念。Deming 的十四點全面品質管理（total quality management）如下：[37]

一、一貫地去改良產品和服務，而非僅為了賺錢。所以公司企業必須追求研發創新及不斷的品管和改良。

二、採取新的工作哲學，不允許懶散或犯錯的工作倫理，甚至把這不犯錯、不懶散的工作倫理當作宗教來信奉。

三、企業公司的自我嚴格檢查才是重要的，更不可以依賴消費者來做貨品的檢查。公司企業沒必要為員工的錯誤或生產有瑕疵的產品一直支付額外的成本及費用，品質管控不僅來自於檢查，也來自於自我改革。

36　1824年歐文在美國印第安納州買下1214公頃土地，開始新和諧移民區實驗，但實驗以失敗告終。歐文在歷史上第一次揭示了無產階級貧困的原因，並從生產力的角度提出公有制與大生產的緊密關係。最著名的著作為《新社會觀》與《新道德世界書》。https://zh.wikipedia.org/wiki/%E7%BD%97%E4%BC%AF%E7%89%B9%C2%B7%E6%AC%A7%E6%96%87，檢索時間：2016年3月18日。

37　W. Edwards Deming, Out of the Crisis, MIT-CAES, 1982.

四、對於供應商的商品銷售的利潤，不再只依賴產品售價的低廉，而在於提供顧客良好的貨物品質。貨品品質保證是生產線供應鏈每一個廠商能否繼續合作關鍵。

五、生產及服務系統的不斷改善是永恆不變的。減少浪費及品質改善，才是管理的真諦。

六、制度化的訓練（institutional training）。制度的訓練應避免不斷重複及多餘的訓練，需要不斷的訓練意謂著很少有人可以教導員工該如何正確做事。

七、制度領導（institute leadership）。領導者不需要一直去強調獎懲。領導的主要工作是能幫助員工變得更好，以及對於達成目標，員工所需要的個別協助。

八、去除恐懼（drive out fear）。不要讓員工老是懼怕要接受什麼任務或什麼職位，當他們老是不知道怎麼做才是對的或錯的，他們就只能永遠重複犯錯而已。為確保品質控管及生產的改善，要讓員工身心有安全感。

九、把員工彼此之間的隔閡拆除掉。公司企業及組織部門彼此常因競爭或為了達成目標而有隔閡。有了隔閡就會起衝突，無法為以後的問題共謀解決之道。

十、為了公司企業及組織部門的目標，常會標榜一些口號或告誡之語，大可不必。讓員工自然而然地去產生他們信服的標語。

十一、取消一些數字性的強調或管控。品質管控不是數字的改變而已，為了追求數量的達成，員工常不擇手段，進而犧牲質量。

十二、任何阻絕員工產生自我驕傲榮譽感的障礙都需要剷除，員工會希望自己有好的表現，讓他們為了求表現，滿足這種驕傲而自我改善，不必用一些不必要的監督管控去干擾他們。

十三、提供細緻豐富的訓練及教育計畫，例如新工作方法、研究方法、團隊合作及新的統計。

十四、採取行動成功地完成轉型（transformation），為了完成上述目標，公司企業部門組織必須有完整而豐富的計畫，才可能完成整個單位或部門成功的

轉型。[38]

早期有關管理的研究途徑，根據 Harold Koontz 的研究，早期的學派包括：管理過程學派（the Management Process School）、經驗的或個案途徑（the Empirical or "Case" Approach）、人性行為學派（the Human Behavior School）、社會系統學派（the Social System School）、決策理論學派（the Decision Theory School），以及數學學派（the Mathematics School）。[39]

當前的研究途徑則有：

經驗或個案的研究途徑：強調管理的實際經驗，成功或失敗的案例。

人際關係行為的研究途徑（the interpersonal behavior approach）：此途徑強調管理行為是經由人們互動行為完成，因此要研究人與人之間的行為互動。心理學研究的運用在此途徑中，扮演了很重要的角色。例如組織代表、發言人、談判者、領導等等角色的活動。

團體行為途徑（the group behavior approach）：與人際互動行為比較，團體行為易與之互生混淆。但團體行為主要是觀察人在團體中所從事的行為，通常又可稱為組織行為（organization behavior），包含公私部門。

合作的社會系統途徑（the cooperative social system approach）：把人際關係、團體行為等都放在社會系統中去做研究。某種程度就是，研究「組織」（organization）本身的產生，運作、維持和合作。

社會技術系統的研究（the sociotechnical system approach）：研究技術系統和社會系統之間的關係，例如英國社會和採煤業者之間的關係。

決策理論研究（the decision theory approach）：管理者的主要工作，是在做決策。所以研究管理，就是研究公私部門的決策。

系統的途徑（the systems approach）：管理的對象，包含產品、市場、技術、社會力量、法律規範、內外在環境及所有的過程。因此，構成管理知識的一個系統。研究管理，就是研究這個系統。

38　W. Edwards Deming, Out of the Crisis, Cambridge, Mass: MIT center for Advanced Engineering Study, 1986; Lloyd Dobyns and Clare Crawford, Mason Quality or Else, Boston: Houghton Misslin, 1991.

39　同註23, p. 175.

數學的或管理科學的途徑（the mathematical or management science approach）：不少學者認爲管理工作有其概念、符號和模型，可以用數學公式來表現。

權變的或情境的途徑（the contingency or situational approach）：本途徑相信管理者的行爲受到一連串所遭遇到的條件（conditions）或情境（situations）的影響。

管理的角色途徑（the managerial roles approach）：基本上就是以觀察管理者所從事的角色活動爲主（activities of role），他們實際上可以被看得到的行爲。

運作的途徑（the operational approach）：主要是把管理的研究和運作科學聯繫再一起。[40]

以下再從一般管理書籍所討論到的研究途徑，做較詳細的說明。

一、古典的管理研究途徑（the Classical Management approach）

二十世紀初期在管理上，尤其是公司企業最重要的目標，皆在於提高生產力和生產效率（the efficiency and productivity of the work force）。古典的管理研究亦著重在這個目的之達成。

（一）科學管理（Scientific Management）

要解決勞力供給不足而產生的生產力不夠的現象，一個方法是以資本替代勞動力；另一個方法則是增加勞動力的生產效率。科學管理學派所主張的就是後者。

科學管理學派主要是以泰勒（Frederick Winslow Tayler, 1856-1915）爲代表，泰勒被稱爲科學管理之父。[41] 他從 Midvale 鋼鐵廠的基層員工幹起，最後做

---

40 同註23，頁177-181。

41 Frederick Winslow Taylor，主要著作有《計件工資制度》（1895年）、《車間管理》（1903年）、《科學管理原理》（1911年），同年協助創立「工業管理科學促進會」。爲改進工廠管理，對一系列機械工程進行試驗，制定出一種保證最大效率的「時間和動作」標準體系——科學管理（又稱泰勒制）的奠基人。1911年泰勒在其所著的《科學管理之原則》（Principles of Scientific Management）一書中提出四項基本原則：第一，以一種科學方法代替工人判斷之經驗法則。第二，以科學方法選擇並訓練工人，分析考驗他所適宜的工作，以代替任由工人自行尋求

到首席工程師（chief engineer）。泰勒相信雇主和員工是互賴的，所以管理的目標就是使僱傭之間共榮共贏。他所謂的「科學」，是指對於員工工作的系統性觀察以及衡量。管理必須包含工作效率、合作及動機。缺乏效率的管理結果就是低的生產率、差的品質、工作沒有效率。人力資源的科學發展乃必經之路，任何僱傭之間的衝突都會阻礙生產力，都需要被排除。

　　為了確保員工的工作動機、合理的報酬、和諧的僱傭關係，都是必須的。泰勒主張用科學的觀察找出一個最佳的工作動作，將勞動力高度專業化分工。泰勒的方法導致了員工的工作動機僅僅以「金錢」來衡量。因此，在他理論所提出來的時代雖受到重視，但對後來管理工作的影響卻很有限。因為金錢報酬只是工作的動機之一。

　　他提出一種「差別計件工資制」，所謂「差別計件工資制」，就是「對同一種工作設有兩個不同的工資率。對那些用最短的時間完成工作、質量高的工人，就按一個較高的工資率計算；對那些用時長、質量差的工人，則按一個較低的工資率計算」。實行這種工資制度，要求按日及時計算工作成果，即要求對每個工人的生產成果及時檢驗和快速地統計、公布，使他們每天都能瞭解他前一日的工作情況，這樣，就會刺激每個工人都必須盡最大的努力去工作。差別計件工資制是同科學管理的其他制度密切聯繫的。因此，實行這種工資制度必須具備幾項相應的條件：第一，要制定科學的定額。如果定額是不合理的、不科學的，則實行差別計件工資制就失去了依據。因此，首先必須進行動作研究和時間研究，這是實行差別計件工資制的最基本的前提條件。第二，要設立制定定額的機構。Gilbreth 夫婦認為，這個機構應當具備與工程部門和管理部門同等的威信與權力，並用同樣科學的與實際的方式組成和管理。第三，要改進生產管理，保證生產條件的規範化和正常化，以使工人每天都能達到最高產量，並使每個工人都能

他自認為適宜的工作，以及由工人自己訓練自己的辦法。第三，應於工作人員與管理人員間，發展一種熱忱合作之精神，以保證工作可按科學化程序完成之。第四，管理人員與工人間應平等分工，使之就其所能，分掌最適宜之工作，以矯正昔日將大部分工作及責任歸諸工人之弊端。https://zh.wikipedia.org/wiki/%E5%BC%97%E9%9B%B7%E5%BE%B7%E9%87%8C%E5%85%8B%C2%B7%E6%B3%B0%E6%96%AF%E6%B4%9B%C2%B7%E6%B3%B0%E5%8B%92，檢索時間：2016年3月18日。

夠得到一致的、公道的和平等的機會。實行差別計件工資制的結果，雖然工廠要對工人付出較高的平均日工資，但卻能因此而取得更高的經濟效益。然而，對於工人來說，實行差別計件工資制卻意味著資本家對他們剝削的加深。**[42]**

（二）古典組織理論（Classical Organization Theory）

與科學管理學派同時萌發的是古典組織理論。他們認爲管理工作主要是面對大型組織上層管理的問題。科學管理針對「工作」來管理，古典組織理論則針對「組織」來管理。這方面的管理理論，更重視組織結構（structure），管理者把此原則運用到公司組成的一個必然的考慮。其實古典組織理論，可以往前回溯到十八世紀開始，尤其亞當斯密（Adam Smith）在 1776 年出版的《國富論》（The Wealth of Nations）是代表作。**[43]** 如何去管理其設計（design）、創作（creation）以及維持下去（maintenance）的工作，加上其他的組織工作上必須被指認（identify）出來的工作，例如工作倫理（working ethics），如何使組織內的員工都能具有組織倫理。

古典組織理論的代表者是費堯（Henry Fayol, 1841-1925），費堯區分組織的行爲類別爲：

1. 技術的行爲，主要來自煤礦開採工程的技術，所以和生產、製造以及適應有關。

2. 商業的買、賣及交換。

3. 財務的行爲，指的是當運用管理科學途徑去解決問題時，財務上能得到成功，以及資本的最適運用。

4. 安全的行爲，以保護財產和個人。

5. 管理的行爲，包括計畫、組織、命令、協調和控制。**[44]**

---

[42] http://wiki.mbalib.com/zh-tw/%E5%BC%97%E5%85%B0%E5%85%8B%C2%B7%E5%90%89%E5%B0%94%E5%B8%83%E9%9B%B7%E6%96%AF，檢索時間：2016年3月18日。

[43] L. Hardin, S. Lucas, L. North and L. Prewitt, "From Institution to Individual: The Beginnings of Organization Theory," in AEL 682: Leadership and Organization: Theory and Application. 檢索時間：2016年9月10日。

[44] Mildred Golden Pryor and Sonia Taneja, "Henri Fayol, Practitioner and Theoretician-Revered and Reviled," Journal of Management History, 2010, 16 (4): 491. 費堯在其著作中提及，管理者有五項主

費堯對管理的功能，強調：計畫、組織、命令和控制，現稍微詳細說明如下：

第一，所謂的計畫是指，一方面竭盡所能去預知哪些事情將會影響到組織；另外則是對於未來的決策有一些運作上的計畫，讓那些決定能具體被運作。

第二，所謂的組織是指管理者能將物資原料、機器和員工做一個最適當的組合，這個組合能執行交代的任務，完成工作。

第三，所謂命令是指能指導所屬員工的活動。命令系統必須透過雙向溝通（two-way communication），最後管理者要能持續不斷地評估組織結構（organization structure）和所屬人員（subordinates）。而為了除去不適任或沒有競爭力的員工，管理者必須毫不猶疑地解僱這些員工，並且改變組織結構。

第四，所謂控制是指員工真正的活動必須和計畫好的活動是一致的、沒有矛盾的。

（三）管理權威的理論（Authority of Management）

主張管理要具有權威的始祖是韋伯（Max Weber, 1864-1920）[45]，韋伯主修法律，在柏林大學開始他的學術生涯。韋伯相當重要的理論是組織中的權威結構（the authority structures in organizations），他區分權力（power）和權威（authority）。韋伯認為權力是使人服從的能力（ability），但權威則是人們在面對命令要求時甘願去服從。因此，權威具有合法性和正當性（legitimacy）。韋伯所講的權威，為後人所引用，魅力權威（charisma）來自於領導的人格特質；傳統權威（authority of tradition）源於它長期被使用和運用而形成一種人人必須遵從的權威。韋伯相信官僚組織（bureaucratic organizations）乃社會的主宰力量，也最具效率。由於官僚的配置使所屬人員能精確（precision）、快速（speed）、毫不含糊（unambiguity）、持續不斷（continuity）以及團結（unity）

要的工作，又稱為「管理者五大功能」。Henri Fayol (Constance Storrs, Translation), General and Industrial Management, London, Sir Isaac Pitinan & Sons, Ltd., 1949, p. 55.

45 Karl Emil Maximilian Weber是德國的政治經濟學家、法學家、社會學家、哲學家，他被公認是現代社會學和公共行政學最重要的創始人之一。龍冠海主編，雲五社會學大辭典（第一冊）：社會學。台北：台灣商務印書館，1971，頁123。Wolfgang J. Mommsen, The Political and Social Theory of Max Weber: Collected Essays, University of Chicago Press, 1992.

的成為一個整體。正式組織結構能對員工做具體、正式的專業分工的規範，能維持權威結構，如硬性的（rigid）陞遷管道及錄用標準。

　　古典科學管理學派的論點，最重要的是強調管理工作是一個有組織之社會（an organized society）的重要因素。但它的缺點則是立論太過簡單，有關管理的各項功能，如計畫、管控等都能簡單地被清楚地識別（identity）出來，所以管理工作似乎就只是瞭解一個組織準備做什麼？怎麼做？為何要做那些工作？以及檢查它們做了沒有。這種管理工作是當組織或社會結構比較簡單時，它們的立論是對的。而且就事論事，後來有關時間與動作的分析，工作簡單化、工資系統、生產流程、人事檢查及預算系統都是由這些立論當基礎，再衍伸出來的管理事物。不過，面對複雜及多變的現代化社會組織，以及不可預測的環境變遷，加上不穩定的社會改變，例如複雜的員工心理期待、政府管制的增加、激烈的競爭、勞動力的多樣化、公共責任及新工作倫理的要求，古典科學管理的理論，明顯地顯現其不足之處。

二、行為的途徑（The Behavioral Approach）

　　古典科學的理論並沒有帶來職場的效率及和諧（harmony），公司廠企及政府機關仍充斥著員工無效率、工作品質低落的問題，證明科學管理並不能真正解決問題。因此，管理的行為研究學派應運而生。第一支是 1940 年代到 1950 年代，主張人際關係途徑（human relations approach）；第二個支派則是 1950 年代一直到今天仍受重視的行為科學途徑（behavioral science approach）。[46]

---

46 行為科學的研究，基本上可以分為兩個時期。前期以人際關係學說（或人群關係學說）為主要內容，從1930年代Mayo的霍桑試驗開始，到1949年在美國芝加哥討論會上第一次提出行為科學的概念止。在1953年美國福特基金會召開的會議上，正式定名為行為科學，是為行為科學研究時期。行為科學家認為，一個人的一生大部分時間是在組織環境中度過的。人們在組織中的行為即稱為組織行為，它建立在個體行為和群體行為的基礎上。通過研究人的本性和需要，行為動機及在生產組織中人與人之間的關係的研究，總結出人類在生產中行為的規律。http://wiki.mbalib.com/zh-tw/%E8%A1%8C%E4%B8%BA%E7%A7%91%E5%AD%A6，檢索時間：2016年3月20日。

（一）人際關係學派（The Human Relations Approach）

人際關係學派是從「團體」（group）的角度，來處理管理者和員工之間的關係。古典管理學派強調的組織是，以公司廠企的結構部門為主，而不是團體。團體是人與人之間的結合，有正式的和非正式的團體。

人際關係學派在十九到二十世紀中葉有三位學者影響甚鉅，他們是：George Elton Mayo（1880-1949）、Hugo Munsterberg（1863-1916），以及 Mary Parker Follect（1868-1933），現分別說明如下：

Elton Mayo，奧地利學者，被認為是人際關係與工業社會學（Industrial Sociology）運動之父。他在哈佛大學研究結果發現員工所屬的團體對其個別成員之工作行為有極大之影響。Mayo 初期對紡織工廠做研究，發現適度的「休息」對員工完成工作指標有極大的影響。關於這兩者的關係，可以說啓發了後來的西方電機公司的霍桑實驗（The Hawthorne Works of the Western Electric Company）[47]。霍桑實驗是一項以科學管理的邏輯為基礎的實驗。從 1924 年開始到 1932 年結束，在將近八年的時間內，前後共進行過兩個回合：第一個回合是從 1924 年 11 月至 1927 年 5 月，在美國國家科學委員會贊助下進行的；第二個回合是從 1927 年至 1932 年，由 Mayo 主持進行。整個實驗前後經過了四個階段。霍桑實驗的結果由 Mayo 於 1933 年正式發表，書名是《工業文明中的人的問題》。[48]

第二位很傑出的心理學家及哲學家是 Hugo Munsterberg，德國人，出版了一系列的書，Hugo 的著作中，與心理學和人的行為，以及企業的管理有關

---

[47] 霍桑實驗最初的研究是探討一系列控制條件（薪水、車間照明度、濕度、休息間隔等）對員工工作表現的影響。研究中意外發現，各種試驗處理對生產效率都有促進作用，甚至當控制條件回歸初始狀態時，促進作用仍然存在。這一現象發生在每一名受試驗者身上，對於受試驗者整體而言，促進作用的結論亦為真。研究者認為，這種自然形成的非正式組織（群體），它的職能，對內在於控制其成員的行為，對外則為了保護其成員，使之不受來自管理階層的干預。這種非正式的組織一般都存在著自然形成的領袖人物。至於它形成的原因，並不完全取決於經濟的發展，主要是與更大的社會組織相聯繫。http://wiki.mbalib.com/zh-tw/%E9%9C%8D%E6%A1%91%E5%AE%9E%E9%AA%8C，檢索時間：2016年3月15日。

[48] Elton Mayo, The Human Problems of an Industrial Civilization，較新版本，收錄於Kenneth Thompson所編The Early Sociology of Management and Organizations，第6卷，由Routledge, Taylon & Francis Group出版，2003。

的著作如後:《心理學和生活》（Psychology and Life, 1899）;《科學和理想主義》（Science and Idealism, Boston, 1906）;《眼見為憑》（On the Witness Stand, 1908）;《心理治療》（Psychotherapy, 1909）;《心理學和企業效能》（Psychology and Industrial Efficiency, 1913），將科學管理、人際行為、人的心理狀態和產業效率串連在一起。

Mary Parker Follett，研究員工的集團行為的所有動態面，衝突管理以及組織的政治過程（political process）。Follett 是開啟政治過程和企業管理之間關係的先河，因此也被認為是一位政治理論家，與此有關的重要著作是在 1918 年出版的《新國家：集團組織和大眾政府的問題解決》（The New State: Group Organization and The Solution of Popular Government）。[49]

其實以上三位的觀點都認為，管理者應該去瞭解影響員工之行為的心理和社會因素；人際關係所引起的管理的重視，以及個人所扮演之角色對組織成敗的影響。員工在工作場所，所形成的集團，受其成員個別行為的影響，及其所導致的差異性，會影響管理的功能和過程。人際關係學派特別重視社會環境（social environment），科學管理學派則重視職場員工的生理環境（physical environment）。

職場團體是否被認可與接受，影響了職場員工的尊嚴；人際關係學派認為如何把職場團體與生產力提升連在一起，是管理者必備的管理技術。

（二）行為科學研究途徑與霍桑研究（The Behavioral Science Approach and the Hawthorne Studies）

學者紛紛用社會學、心理學及文化人類學去研究職場的員工行為或勞動行為，這些學者專家後來被稱為行為科學家（behavioral scientists）。

古典研究或人際關係研究管理，把人看作是「經濟人」來管理，行為學派則把重點放在工作本質（nature of work），以及工作程度等兩者是否能滿足個別員工去運用他／她的技術及能力。員工們願意努力去工作，影響的因素很多，不止

---

49 Mary Parker Follett, The New State, The Pennsylvania State University Press, 1988。原著出版於1918年。

是賺錢，也不僅只是滿足其社會關係。

霍桑實驗是從 1924 到 1933 年，1927 年前是以工作場所、設備及福利的改善來看工人和生產力的關係。實驗對象是西方電機公司，位處芝加哥的郊區。西方電機公司生產電話所需的各式零組件，公司非常重視員工福利。實驗分成兩個對照組，比較他們在優或劣的工作環境下，對於產出的影響。

奧地利學者 Mayo 原本在哈佛實驗，證明了工作環境愈好，生產力愈高。Mayo 是以照明設備的改善和生產力做實驗，照明設備愈佳，生產力提高；反之，生產場所愈黑暗，則生產力下降。由於這個實驗室在霍桑（Hawthorne）廠房所做的，因此被稱為霍桑效應（Hawthorne effect）。

但後來在霍桑的實驗中，又加入了其他十二項因素去測試一個六人組的女性員工團隊。研究發現，不只是經濟因素，如發放薪水、增加休息時數等會正面地影響工作績效，其他如團體凝聚力（cohesiveness）和領導統御（leadership）也會影響工作績效。

勞動條件的改善與工作績效的關係，在今日已是普通常識。但是，在 1927年到 1932 年霍桑實驗期間，這種發現與主張還是很特別的。

行為科學的經驗研究對於管理工作的衝擊很大，但是，是否能從經驗研究中找出一個最佳方法去從事管理，則仍受到保留。很多學者專家主張有結構的決策是解決問題的最佳方法，但工業社會學家 Joan Woodward[50] 則強烈質疑。1953 年到 1957 年，她在 South-East Essex 的研究團隊調查了很多工廠，發覺控制幅度（span of control），即一個管理者負責多少員工、機械的層級、文字溝通的數量，以及工作內容的清晰度，其實對於員工的生產行為都有不同程度的影響。因此，Woodward 提出和 Frederick W. Taylor 完全不同的觀點，她認為組織結構和管理方式，沒有一個最佳方式存在。換句話說，管理並沒有一個放諸四海皆準的法則。

Woodward 的研究開啟了對於組織結構和管理方式，不斷地改善的研究，也

---

50 Joan Woodward，權變理論學派代表人物，英國女管理學家。倫敦帝國學院，組織設計權變理論主要代表人物之一，開創了公司生產過程類型的技術型模式。

開啓了不同組織結構及管理方式的比較研究。Edward Harvey 總結 Woodward 對於行爲科學研究對管理的幾個重要論點：

第一，在企業廠房的技術模式（technological model）和組織規模（size）的大小，沒有必然的關係。

第二，威權體制的層級多寡，都會影響到廠企技術的複雜度。

第三，技術愈複雜，管理層級和督導的層級會愈多及愈複雜。

第四，在命令及溝通的層級系統中，Woodward 企圖去區分什麼是機械式的（mechanistic），什麼是有機的（organic），Woodward 試圖定義它們。[51]

行爲科學研究的重要性是，無論是任何理論的管理，都要注意到管理者如何去驅動、領導、瞭解被管理者，彼此之間行爲互動的經驗研究必不可缺，因此被管理者的行爲表現，以及他們的行爲和團體（正式及非正式）、組織、權威層級、溝通等等，都成爲研究的核心。個人行爲及其所屬的社會系統（social system）都應該被重視。

（三）決策與資訊科學的理論（DISC, The Decision and Information Sciences Approach）

DISC 學派的學者不強調管理上的人際關係，但重視解決管理工作上的各種方法。他們使用決策的原則、數學、統計和資訊系統（information problems）去解決生產和運作上的問題。資訊技術（Information Technology, IT）就是指當資訊被接收人接收時，產生其意義；因此能知覺到價值，同時對其決策和行動有所意義。[52]

DISC 學派的起源是五十多年前，二次大戰早期，英國單方爲反潛艇戰略，召集了科學家、數學家和物理學家，組成團隊來研究及解決這方面的問題，當時就稱這個任務編組爲「作業研究團隊」（operations research team）。受此經驗的影響，美國政治及社會學者 Herbert Simon 就認爲管理等同於決策（decision

---

51　Edward Harvey, "Technology and the Structure of Organizations," American Sociological Review, April 1968, 33 (2): 248.

52　Salvatore T. March and Gerald F. Smith, "Design and Natural Science Review On Information Technology," Decision Support System, 1995 (15): 251.

making），所以 Simon 就把他的興趣放在決策是如何做成的，以及如何更有效地做成決策。Simon 認為，有關決策的合理性理論必須考慮人的基本生理限制以及由此而引起的認知限制、動機限制及其相互影響的限制。從而所探討的應當是有限的理性，而不是全知全能的理性；應當是過程合理性，而不是本質合理性；所考慮的人類選擇機制應當是有限理性的適應機制，而不是完全理性的最優機制。[53]

Simon 描述決策的三個階段：

1. 在思考做決策時，其實是包括邏輯的和不邏輯的判斷，所以，所謂的理性，只是決策者在進行「判斷」。

2. 分析的（analytic）或者是創造性的（creative）的思考。

3. 專家的直覺（expert's intuition）。專家的經驗、知識，累積的結果，形成最後的直覺，而決定了行動。[54]

就 Simon 來說，管理行為就是決策行為，經濟上的決策源自於理性，Simon 提倡以「滿意度」來做為決策最優的依據，決策者以其做決策時的時空環境、個人的喜好、智慧、知識、經驗等等，以其感覺最「滿意」的狀況做出決定。Simon 認為決策是從有結構到完全無結構的一個連續體所產生的行為。

不過，由於電腦技術的進步，使得最佳統計模型的精進，作業研究所需的資料以及電腦模擬都成為可能，DISC 途徑對於生產管理、作業管理的掌握度愈來愈高。

生產管理（production management）重視生產技術，以廠企在生產過程中的原料流動狀況。生產管理就是管理生產流程或時程、產品及服務的改善、生產預算管控，以及維持最佳的產品創新能力。

---

[53] Herbert Alexander Simon，美國心理學家，卡內基梅隆大學知名教授，研究領域涉及認知心理學、電腦科學、公共行政、經濟學、管理學和科學哲學等多個方向。Simon 不僅執教於著名大學，也活躍於企業界、行政機構及多種顧問公司。他對管理學上組織理論的研究有獨特的見地，不但是專業研究的先鋒，更是行為科學的代表性學者。參見 James G. March & Herbert A. Simon, Organizations, New. York: John Wiley and Sons, Inc., 1958.

[54] Herbert A. Simon, "Making Management Decisions: The Role of Intuition and Emotion," Academy of Management Executive, February 1987, pp. 57-63.

作業管理（operations management）範圍比生產管理要廣，它包含了生產組織諸如醫院、銀行、政府，甚至於軍事部門，所有在作業上的問題，和生產管理不同的是，作業管理包含了除了產品管理之外的一些抽象概念。

DISC 的進步使管理工作有相當多的資料可以做為依據，計畫、組織、命令、管控的資訊及方式都可以試算及建立模型，對於管理的幫助非常大。但是DISC 並不管人的人際關係、行為的意義，我們怎麼知道資訊統計結果是有意義的？模擬的模型是有用的？甚至於資訊收錄或輸入時沒有故意的偏見，是正確可讀的？如何正確看待 DISC 成為一個主要的問題。

（四）系統管理的理論（The Systems Management Approach）

系統（system）是指一個由各部分組成的一個整體，但各部分之間相互依賴（interdependence），追求整體的共同目標。很明顯地系統必然是側重在整個組織和管理之間的相互關係。所以，第一，部門之間會相互影響，例如生產部門如果執行一項生產計畫，必然影響到公司企業或公、私部門的財務部門、行銷部門和人事部門的運作。系統中的每一個部門，不可能完全單獨地運作，也不可能隔絕起來去採取行動而不影響其他部門，並且不受其他部門的影響。職是之故，為了解決問題，管理者應把公司廠企或機關部門或單位，看成一個動態整體（dynamic whole），試著去預見在決策上所可能產生的預期的結果，或不可預期的結果。

美國紐澤西州，貝爾電話公司（Bell Telephone）的 Chester Barnard（1886-1961）就是系統管理理論的倡導者。他認為協調的系統（system of coordination）乃是管理的核心工作，此協調系統影響系統成員是否願意為系統整體竭心盡力，他的觀點可見其著作《經理人員的職能》（The Functions of the Executive）。[55]

系統管理論者比較強調開放的系統，也就是系統不僅內部各部門有所互

---

55 Chester Barnard，1938年出版了著名的《經理人員的職能》一書，此書被譽為美國現代管理科學的經典之作。1948年，Bernard又出版了另一重要的管理學著作《組織與管理》。Bernard的這些著作為建立和發展現代管理學做出了重要貢獻，也使Bernard成為社會系統學派的創始人。http://wiki.mbalib.com/wiki/%E5%88%87%E6%96%AF%E7%89%B9%C2%B7%E5%B7%B4%E7%BA%B3%E5%BE%B7，檢索時間：2016年4月1日。

動，與其外部環境也有互動，而不是一個封閉系統（close system）。因此，一個公司企業、機關部門、內部各部門相互影響，就外部而言，它們會有「輸入」（inputs），也會經過一個轉換過程（transformation），然後有所「產出」（outputs）。以公司廠企而言，它需要從社會各角落，如不同的勞動力市場（如學校）僱用員工，為了生產它必須取得原料，其他如生產知識或技術等都是，這些就是系統的輸入；公司企業把這些輸入轉換，例如用技術把原料生產成產品，提供給消費者，而消費者就是外在環境，外在環境對此產品接受與否，會影響這個公司企業的存活，所以外在環境對一個系統輸出的正面或負面的反饋（positive or negative feedback）有關這個公司企業系統的存活。以上各個環節之間所產生的問題的解決，都是管理者的工作。公司企業與外在環境的關係如圖 1-3。

　　系統的管理理論拓展了管理者的眼界，而運用系統理論，管理工作者可以去檢視各個部門，因而容易發現問題，並且加以解決。例如產品的銷售與服務，消費者的傾向總是又要好，又要便宜，但管理者知道在輸入部分必須考量其成本，如何維持輸入與輸出之間的平衡，這就是管理者必須去注意及解決的問題。

　　但系統管理理論的優點是有助於整體分析，但較抽象而不切實際，因為各部門所關心的是每天、每日，甚至於每小時會發生的實際問題之解決，而不是把所有問題丟到系統中去討論、分析，這樣會緩不濟急。

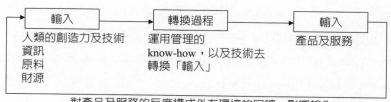

對產品及服務的反應構成外在環境的回饋，影響輸入

圖 1-3　開放的系統組織的圖

資料來源：John M. Ivancevich, Peter Lorenzi, Steven J. Skinner; and Philip B. Crosby, Management: Quality and Competitiveness, Irwin Book, 2nd., 1997, p. 44.

（五）管理的權變理論（The Contingency Management Approach）

　　管理的權變理論可以說是管理的系統理論之延伸，管理者知道系統的管理牽涉到系統內所有部門的互動、協調、溝通與合作、衝突的解決、輸入與輸出之間的動態平衡；因此，管理者在遇到問題時，在考慮系統管理內所有問題後，做歸因分析，然後提出在對某一個特定情境下，特別問題的解決方案。

　　管理的權變理論可以說是回應了管理理論的兩種情形，一方面，有些學者寧可相信有一個「放諸四海而皆準」的最佳管理方法，這是管理理論上的「普遍主義者」（Universalist）。另一方面，像權變理論，端視問題的特殊情況，找出一個特別的解決方案。換句話說，這一類的學者專家是把管理的理論看成一個連續體（continuum），解決的方法是看落在連續體的哪一點上，這類管理的專家學者被稱為情境的管理學者（Situationalist），Ray Kroc 就是一個代表。

　　在美國俄亥俄州的 L-SE 電子公司（L-S ElectroGalvanizing Co.）就是採取權變的管理理論。該公司由七個委員會來進行管理，但為了解決汽車車頂電鍍鋅的腐蝕問題，他們成立了一個 13 個工人組成的委員會。公司一直找不出問題出在哪裡，但可能是鋅對鋼的比例沒有調整好，所以電鍍好的車頂鍍鋅鋼板容易發生腐蝕。委員會檢查所有生產過程，逐步調整。這就是針對特別情況所做的一個權變管理。最後，使得公司省下 220 萬的損失。

　　當前的管理理論在二十世紀的最後二十年仍有很大的變化，尤其受到三個人的影響甚大。其一是 Tom Peters，Peters 曾任麥肯錫公司的諮詢顧問，出版了好幾本暢銷書：「The Search of Excellence」（此書與 Robert Waterman 合著）、「A Passion for Excellence」、「Thriving on Chaos: Handbook for Management Revolution」，以及「Liberation Management」。[56]他主張幾個基本原則能形成最好的公司管理：

　　1. 要去管理迷亂（ambiguity）和一些弔詭（paradox）的事。

---

[56] Tom Peters，美國著名管理學家、管理類暢銷書作家，被稱為「商界教皇」，曾獲史丹佛大學工商管理碩士和博士學位，還擔任過麥肯錫公司顧問。參見Tom J. Peters and Waterman, Robert H., Jr., in Search of Excellence: Lessons from America's Best-Run Companies, Feb 7, 2006.

2. 試著去採取行動，不要怕失敗。就算失敗 99 次，但可能第 100 次就成功了。

3. 必須將心比心，去瞭解消費者。

4. 讓企業建立其自主的企業精神，各部門認爲他們完全擁有自主權，會驅動他們去改善和努力。

5. 員工最重要，要把他們當作工作伙伴，相信員工會正確地做出對的事情。

6. 親自動手做，爲追求某些價值而去做事情。

7. 和自己的部門或組織文化，緊密地結合在一起。

8. 組織層級及規模愈精簡愈好，管理的層級不要反而成爲管理的妨礙。

9. 嚴謹的管理，但必須讓員工享有更多的彈性。

第二位具有拓荒者角色及功能的是 William Ouchi，Ouchi 就是 Z 理論的倡導者。1981 年 Ouchi 提出 Z 理論，把日本在 1980 和 1990 年代初期成功的企業管理經驗，介紹到美國。Ouchi 在 UCLA 授課，他把美國人在企業管理上的個人責任（individual responsibly）和日本的集體決策（collective decision）結合起來。[57]

第三位是 Michael Porter，他是當代第一位把傳統的經濟思考放在管理問題上的人。Porter 把公司策略和競爭性的市場連貫在一起，並歸納出四個策略：1. 成本領導（cost leadership）；2. 專殊化（differentiation）；3. 成本焦點（cost focus），以及 4. 聚焦的專殊化（focused differentiation）。Michael Porter 是哈佛大學商學研究院著名教授，當今世界上少數最具影響力的管理學家之一。他曾在 1983 年被任命爲美國總統雷根的產業競爭委員會主席，開創了企業競爭戰略

---

[57] William Ouchi，1965年於威廉士學院獲得學士學位，從史丹福大學獲得工商管理碩士學位，從芝加哥大學獲得工商管理博士學位。曾在斯坦福商學院擔任8年教授，他研究日本和美國公司的區別和管理風格的區別而聞名。他於1981年發表的第一本書總結了他的觀察：《Z理論：美國商業如何面對日本的挑戰》曾超過五個月登上紐約時報最暢銷書排行榜。他於1984年出版第二本書《M型社會：美國團隊如何奪回競爭優勢》。https://zh.wikipedia.org/wiki/%E5%A8%81%E5%BB%89%C2%B7%E5%A4%A7%E5%86%85，檢索時間：2016年4月2日。另詳見：Theory Z: How American Business Can Meet the Japanese Challenge, Addison-Wesley, 1981; The M-Form Society: How American Teamwork Can Recapture the Competitive Edge, Addison-Wesley, 1984.

		競爭性的優勢	
		較低的成本	專殊化
競爭性的範圍	廣泛的目標	成本領導	專殊化
	狹窄的目標	成本焦點	聚焦的專殊化

圖 1-4　Porter「一般性競爭策略」圖

資料來源：Michael E. Porter, The Competitive Advantage of Nations, The Free Press, 1990.

理論並引發了美國乃至世界的競爭力討論。[58]

　　所謂專殊化是指廠企具有做出顧客特別需要或喜愛的產品，聚焦的專殊化，使廠企的產品更具有競爭性。從競爭性的範圍（competitive scope）及競爭性優勢（competitive advantage），比較成本，專殊化和廣泛地競爭、和狹隘的競爭，可以形成如圖 1-4 的關係圖。[59]

　　前面提到 Koontz 說管理的理論，過去像在叢林裡，而現在也仍是一片叢林。前面的論述雖然歸納出一些分類，但讀者可能仍然迷亂於管理定義、理論發展的叢林中。為了讓大家更瞭解管理與各個領域的關係，Koontz 特地繪圖如下：

58　到現在為止，Michael Porter已有14本著作，其中最有影響的有《品牌間選擇、戰略及雙邊市場力量》（1976）、《競爭戰略》（1980）、《競爭優勢》（1985）、《國家競爭力》（1990）等。http://wiki.mbalib.com/zh-tw/%E8%BF%88%E5%85%8B%E5%B0%94%C2%B7%E6%B3%A2%E7%89%B9，檢索時間：2016年4月3日。

59　Michael E. Porter, The Competitive Advantage of Nations, The Free Press, 1990.

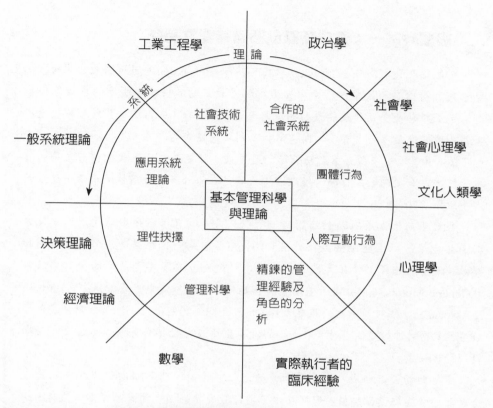

圖 1-5 Koontz「操作科學與理論的範圍」圖

資料來源：Michael E. Porter, The Competitive Advantage of Nations, The Free Press, 1990, p. 182,
Fig 1: The Scope of Operational Science and Theory.

個案討論一：克萊斯勒透過賦能建立品管[60]

克萊斯勒汽車公司（Chrysler）的CEO──Bob Eaton遭遇到很大的問題，他要求該公司出廠的汽車、卡車、廂型車都是最好的。從汽車生產的單價基礎來看，克萊斯勒是全世界最能獲利的汽車製造廠。但Bob卻無法如其所願地快速在世界各地擴增其市場占有率，因為他找不到足夠優秀的人才。

Bob喟嘆道：「在克萊斯勒最近的歷史裡，這是第一次，我們擁有足夠的資本，但卻沒有足夠的工程師、經理人，尤其是在海外，就目前情形來看，這方面人手短缺了20%。」

好幾年前，克萊斯勒瀕臨關廠，所以克萊斯勒有很多地方需要改革，比方提高生產率，以求能比得上Toyota，Toyota目前是全世界製造一部汽車所用時間最少的。Bob說：「在美國，福特汽車（Ford）生產率是最高的，通用汽車（General Motors, GM）是最差的，克萊斯勒居中。」汽車生產諮商公司Harbour & Associates觀察到，生產一部車，Toyota需要18到20個小時；克萊斯勒是28個小時；至於GM則是32個小時。Toyota的汽車生產在全世界居於領先地位，克萊斯勒則緊追在後。

克萊斯勒最近組成一支熱賣新車的隊伍：小型四門車Neon，具備全功能、全尺寸的電腦記憶體配備，形同在車子前座設置了一個可攜式電腦桌。同時，還配有手機的Viper翻譯機。到1994年，克萊斯勒的營業額提高了20%，營業額522億美金，獲利提高246%，達37億美金，都打破過往之記錄。這種成果消除了該公司自1950年代以來退休金瀕臨赤字的威脅，而125825個員工中，有91550人獲得平均8000美金的年終獎金，這也是過往以來最高的記錄。

Bob Eaton提出說，單就北美而言，汽車生產上，克萊斯勒所賺得的利潤，無疑地超過GM，甚至於有可能超過了福特。尤其，除了克萊斯勒公司以外，其他廠的獲利大體來自於一些投資理財公司的投資和相關部門的補助。

克萊斯勒能夠起死回生且具有高績效的情形，有很多教訓值得學習。克萊斯

---

60 個案轉引自以下篇章：Eileen P. Gunn, 'Empowerment That Pays Off', *Fortune*, March 20, 1995, pp. 145-146; Alex Taylor, III, 'Will Success Spoil Chrysler?', *Fortune*, January 10, 1994; Douglas Lavin, 'Robert Eaton thinks "Vision" is overrated and he is not Alone', *The Wall Street Journal*, October 4, 1993, pp. A1, A6。

勒為何能成功？Bob Eaton說：「如果允許我用一個字來形容我們的成功，賦能（empowerment）是最主要的原因。」Eaton在1992年到克萊斯勒前，服務於GM在歐洲瑞士蘇黎世廠；因此，Eaton說：「我在GM，幾乎一個星期參加一次有關生產的決策。但是，到克萊斯勒後，基本上我從來沒有參加過生產的決策。」

克萊斯勒創新一個做法，他們稱之為「團隊平台」（platform teams）。公司把工程師、設計師都召集在一起；同時，也邀請行銷代表、財務部門、採購部門，甚至於外面的供應商，共聚一堂，共同討論，並且給予某種程度的決策自主權。緊密地接觸，使得「團隊平台」的決定，快速又有效率。其實，「團隊平台」的創新及發明，是偶然的。1988年克萊斯勒併入了美國汽車（American Motors, AM），它決定維持AM的工程師團隊不變，沒有把他們拆開分派到別的部門，像動力總成或方向盤等部門。因此，在1993年他們這個團隊能做出Grand Cherokee這種休閒越野車款出來。

一直到現在，企業實務上，還是認為設計師管畫圖、工程師管構造、製造師則管拼裝，彼此各司其職，獨立行事。如果每一樣產品從畫圖、構造到裝製完成，都在同一個部門，業界戲稱這是「把球往牆上丟」，意謂著一定會「撞牆」，是行不通的。

當克萊斯勒建構一個新模式，或者說修補或重整出一個新方式出來，Eaton說，這700人的工作團隊，就是一個顯例。公司指派了一個副總裁來帶領他們，但其實真正決策不是出於副總裁之手，而是由這700人團隊中產生，執行也是，這個團隊知道他們自己想做什麼！

Eaton經常和一大堆資深經理，以及各部門的頭兒會面，商討汽車的遠景，策劃更大膽的目標，不管是設計、功效、燃油經濟性，及成本都會討論到。基本上，團隊所討論出來的結果，形同是彼此的契約（contract）。之後，管制上就會放鬆。他們就各自解散，去做他們應該做的事，除非他們碰到大問題，否則，不必回來找Eaton報告。到目前為止，這種運作沒發生過問題。

Eaton說明，如果大家討論完了，他或者其他經理，仍不斷介入給予意見，那麼最後生產出來的汽車，就會變成「他要的汽車」，或者是「公司指令下的汽車」，而不是大家智慧的結晶。如果是大家的結晶，大家才會願意為產品竭盡所能，辛勤工作，並且負責成敗，也才能得到最後成功的尊榮。結果每一款車都達到當初所預計的營業額，以及控制在預估的成本內。

　　團隊平台中充斥著不同的觀念，在彼此爭論中，產生決定。當團隊決定生產一種車款，也同時決定了成本預算的控制，結果也會控制在此一成本之下。而由於團隊的自我成就動機和效率，使得克萊斯勒在生產汽車上，因為各部門不合而造成的零件之間的不合率，大大降低，減少到只有13億的損耗，一般其他汽車公司，在這方面的耗損相當高。在Furman Selz服務的汽車分析師Maryann Keller就說：克萊斯勒是把賦能、成本結構和新款汽車製造，變成三合一的個體。

　　好些年前，克萊斯勒因品質管控不佳，而備受批評，Eaton將其列為最優先要解決的事務。基於賦能，他把責任也課責到生產廠間中。每月他到工作間去，加強說明品管的重要性。Eaton因此成功地把每個員工變成可以獨立思考創新的工作人。Eaton所扮演的是一個聽眾及教練的角色。「他讓你獨立去做自己的事」，副總裁如此形容他。所以，Eaton巧妙地避開有權者的缺點，他讓團隊真正能自己運作；並且，建立共識。

　　克萊斯勒這種「把牆敲掉」的賦能，雖然不是最新也最獨特的手法，GM也做過，其他國家的廠企也用過，即：讓每一個人有慾望，成為自我導向（Self-directed）的團隊成員。Eaton說，他在別的廠也做過類似的事，但沒有像克萊斯勒那麼成功；這是因為克萊斯勒在團隊以外或上面，再也沒有其他層級結構，或什麼委員會來節制團隊。克萊斯勒團隊是真正知道很多事情，做出決定，負責一切成敗後果的團體。

　　Eaton比較美國和日本的汽車市場，說明世界其他國家，為何之前比美國進步，就在於日本更早授權於他的員工，以及讓員工做決策。但是，克萊斯勒現在則大有進步，尤其從1970年代開始，讓員工能夠真正融入（engaged）決定與執行。但是Eaton認為他們做得還不夠，因為白領階級已經深深知道賦能與提高工作生產力的關聯性。在白領階級上，克萊斯勒做得比日本要好；可是，藍領工人部分，還有一段差距。克萊斯勒或美國的藍領工人還未形成能設計他們自己工作，以及自我導向的工作團隊。

　　Eaton說：「這裡面沒有魔術，所有的區別在於，企業如何訓練好你的員工——此即如何真正賦能予他們。」

 **個案問題討論**

1. 賦能（empowerment）意謂，讓員工自行決策，決定他們的工作程序（work process）。你認為是否所有藍領工人，都已經準備好了，他們可以承擔這種賦能？做為一個經理，如何協助他們在會影響到生產結果的過程中，自我調適而做出決策？

2. 團隊決策需要建立共識，尤其在決策跟執行之前，共識更是重要。在團隊決策上，如何形成共識，有哪些方法可以形成共識？

3. 不是所有決策都植基於共識，能否舉例說明如果是像克萊斯勒這樣的公司，哪些決策不需要建立在共識上？

 個案討論二：Dudley C. Jackson公司員工擔綱負責的大戲[61]

　　有多少公司批發部門的總裁，可以暫時離開辦公室14天，而且根本不用打電話回辦公室去詢問有沒有什麼問題？可能很少吧？有多少執行長能夠一個星期，有20個小時，甚至於20小時以上的時間，離開辦公室去參與社區的活動？但是在Dudley C. Jackson公司（DCJ），其精力旺盛的總裁Ken Jackson，在阿拉巴馬州的Helena就可以像上面所說的那樣做。

　　Ken相信他的部門員工能做出決定，當他不在辦公室時，甚至是一個星期離開20個小時以上的時間。Ken外出演講，對象是一些公司的員工，以及高中同學。他的講題包括品質管理，與此同時，他也參與社區服務工作。Ken之所以能做到，是因為他分權，讓員工自己做決定，以及自我管理。

　　員工的自我管理的概念來自於，員工把自己轉變成自己就是管理者

---

61 個案轉引自以下篇章：John R. Johnson, 'Productivity Enhances Profitability', *Industrial Distribution*, February 1995, pp. 18-20; Howard Rothman, 'The Power of Empowerment', *Nation's Business*, June 1993, pp. 49, 52; Frank Shipper and Charles C. Manz, 'Employee Self-Management Without Family Designated Teams: An Alternative Road to Empowerment', *Organization Dynamics*, Winter 1992, pp. 48-61。

（managers）。過去員工只是去做頭兒叫他去做的事，從人力資源的充分運用來看，員工自己告訴自己「應該」做什麼；同時，應該居於怎樣的心態或思維態度（mentality）為自己做出決策。自我管理（self-management）包括自立自強（reliance），不僅是知識能力的增加，創造力也有所增長。也不僅僅是指需要體力的工作，也包括要能用到心力。Dudley C. Jackson公司真正做到這點。

DCJ於1949年，由現年83歲的Dudley C. Jackson創設，他和太太結褵58載，共同擔任董事長，現在還是每天都到辦公室。最初公司提供各種潤滑的器材，如今則成了為美國東南部四周的製造業和採礦業，提供解決問題之最佳方案的專門公司。例如在生產過程中，提供各種塗料，以及唧筒；也提供木製傢俱、各種金屬設備及廚櫃製造。最特別的是他能製造很特殊的唧筒，能夠抽送各種物料，如膠黏劑、墨水，甚至於食物產品。而它最初的產品，則只是製造潤滑設備和系統。DCJ的主要市場分布在阿拉巴馬州、田納西州、密西西比州，和佛羅里達半島。

DCJ以其產品贏得1993-1994年的阿拉巴馬生產獎（Alabama Productivity Award）。DCJ獲得此獎是因為以下兩件事：

第一，1991年3月起，它開始推動「到處看到卓越」（See Excellence Everywhere, SEE）的品質控管計畫。SEE計畫的推動，要求員工增加生產力，同時要改善品質。而且，這些工作不是只在自己工作上展現，要在公司的任何一個地方，都必須表現出來。從公司推動這個計畫的以下聲明，就看得出來：做對的事，採取對的方法，第一次做時如此，每次做的時候也是如此；永遠記著從客戶的角度來看什麼是對的！

1992年11月，為了強化公司內部溝通，改變它的管理部門，它把傳統金字塔式的管理結構，改變成「車輪狀」的溝通結構，Jackson居中，和五個主要部門的運作經理（operation managers）直接聯繫。

當這個改變悄悄發生時，大家都沒有太注意。Jackson賦能給五大部門的員工，結果使自己一個月有80到100個小時，能夠到不同社區參加居民的活動。DCJ相信，為了成功改善品質，必須對待自己的員工，如同對待消費者。DCJ這種哲理，產生奇蹟。公司員工很少離職，平均年資都在十年以上。大概只有19位到24位員工，是工作五年或五年多一些。公司鼓勵彈性上班，同時衣著也十分休閒。

　　DCJ每年把稅前盈利拿出5%來做公益事業，同時按401K法案退休計畫，每1塊公司盈餘中，從50分錢到一個員工的薪水的5%，提撥出來做為退休準備金。到1994年，每一個員工提撥1塊錢，公司相對提撥1.5元。

　　Jackson給他公司員工最大的禮物就是賦能（empowerment）。Jackson一個星期讓出20個小時，讓公司員工獲得授權，同時鼓勵他們，做出主要決策。Jackson每次離開公司出去外面，都會留下他要到哪些地方的訊息，但公司員工從來不需要設法接觸到他。

　　Jackson說：「我們的員工自己知道被授權到什麼層次，而能立即對於不滿意的客戶做充分的解釋。我們最基本的焦點，不是放在誰需要為那個問題負責，而是放在下次如何避免犯同樣的錯誤，同仁們都知道重點在哪裡。」

　　賦能使大家知道責任的歸宿，同時直接地去解決問題。「賦能的結果會超越了只是單純的涉入事務。」撰寫Zapp! The Lightning Of Empowerment的作者之一William C. Byham做出這個評論。涉入工作只會讓監督者想要從工人身上得到一些評論意見，同時按照這些意見，做出可以觀察到的行動。但賦能則不止如此，賦能是必然和分擔責任相連貫在一起。賦能不僅僅是尋求建議，賦能則是要員工做出決定，執行決定，這些決定要涉及一些改變。

　　Jackson就是相信，他只需要設定目標，同時提供執行的資源，DCJ的員工就會竭盡所能「達陣」。Jackson說：「公司的員工對於他們所做的部分，事實上懂得最多。所以，總經理或老闆所要做的事，就是告訴他們公司往何處去？發展策略性計畫，知道大的圖像是什麼？我必須要有的是願景（vision），員工要有的是任務。」

　　任務的達成則必須仰賴賦能，員工受到你的尊重與信賴，他們產生自己擁有這個公司的感覺，同時相信員工一定會回報他們一些東西。

　　Jackson說：「你可能一夜之間就能完成委任他們權力或什麼，但不能期待員工立即上路去經營公司。首先，你必須允許他們做一些小的決策，同時，也允許他們犯錯。然後，決定較大的決策；最後才是真正的大決策。假如他們還是失敗了，沒關係，讓他們自己去矯正自己的錯誤；直到環境、狀況和他們自己都獲得改善。要這樣想，我們賦予他們的，正是要他們建立自信。」

個案問題討論

1. DCJ 的一個配貨部，擁有 24 個員工、19 個有五年以上工作經驗。你是否同意一小群較長時間在公司服務的員工，可以使 DCJ 走到一個關鍵，即可以用賦能方法，來創造一支自我導向的隊伍？
2. 為了造就一群可以賦能的工作隊伍，必須使用怎樣的刺激或動機手法？
3. Ken Jackson 討論到用賦予員工權力方式，以便不斷地產出負責任的決策，請解釋如何對員工及管理階層去推動這種趨勢或作法？

個案討論三：信賴與信念之旅[62]

溫賴特企業（Wainwright Industries）的建立，是以一套整體的戰略和策略（strategic and tactics）交織為基礎；但是，當時在建立時相當不容易。

該企業成立於1947年，剛開始它生產內燃機的零組件，到1979年才開始擴張業務。當時此家族企業已經由第二代Don Wainwright接手，Don不僅是董事長，還兼任CEO。他的兄弟Nelson Wainwright則負責興建新廠和多樣化產品的新事業拓展。

Don回憶說，當時的時機是糟到不能再糟，所有的業務規劃都是以預期在最壞的情況下去開展。當然，我們並沒有預見到那時是有史以來，經濟最蕭條的時期。沒有人能想像，國內汽車市場會如此慘不忍睹。

1980年，就在搬進新廠一年後，當年的營業額從500萬美金，滑落到300萬美金。一個星期工廠真正開工時間只有三天，一大部分的員工被迫裁員。眼看工廠就要被迫關門，但溫賴特兄弟卻著手規劃進行能使企業活下去的計畫。很快地，在採取一連串的步驟後，他們改變了命運，不僅成功地救活了溫賴特企業，而且使該企業能永續生存，並且發展得更好。

這段歷程最後使得溫賴特企業贏得Malcolm Baldridge國家品質獎，贏得國

---

62 個案轉引自以下篇章：Les Landes, 'The Journey to Trust and Belief: 1979-1994', *Quality Progress,* July 1995, pp. 46-47; James C. Collins, *Built to Last* (New York：Harper Collins, 1994)。

家品質獎對溫賴特企業而言，Don說這是使該企業能夠超越群倫的三大轉捩點之一：

事件一：這些零件並不夠平整（1971年）

通用汽車公司通知他們到底特律去開會，Don回憶説：「通用告訴我們，他們失去了一些市場；所以，他們必須調整做法。通用也質疑我們使用的統計數字及控制生產的過程。他們説必須在不好的產品出現前，就停止生產。」

聖路易廠的經理Mike Simms有一天突然跑來，他是該廠品管部門的經理，他對他們説：「這些零組件並不夠平整。」

Don繼續回憶當時的情形，當Simms説出這些話的時候，大家面面相覷，Don只好對他説：「你這是什麼意思？我們做這些零件已經二十五年了，消費者也都接受它們、使用它們，而你卻説他們做得不夠平整。」

Simms回答説：「我以為我們承諾要做出品質最好的東西！」

Simms的意見使公司面臨一個轉捩點，他們決定不再出產那些不平整的零件貨；同時，公司決定重做這些零組件；當然面對這種要付出很大成本代價的決策，一定會有人有所懷疑；但當面對愈來愈高的退貨率的時候，自然就會思考要如何增強產品的價值。

COO（Chief Operating Officer）David Robbins説，「你知道嗎，當你已經知道你沒有在改善品質時，你要做的事，就是改善品質。」改善品質才是降低成本的方法，用較低的價格去賣品質比較好的產品，這就是賴溫特企業能夠得到消費者支持、並且成功的道理。

成功的明證即是，1971年溫賴特企業成為美國六大企業之一，能提供可以置入汽車內燃機活塞的企業，直到今天，它成為唯一仍然能提供這個零組件的企業。

事件二：我們想要建立信任（1984年）

1970年代末期到1980年代初期，公司和它的員工同仁之間的關係愈來愈緊張，公司知道再這樣下去，對公司長期的利益不好。於是公司開始進行一些公開的溝通活動，搭建相互瞭解的橋樑。Robbins説：「我們想把彼此的斧頭磨掉，我們需要的是相互的信任。」

雙方的緊張逐漸地減少，到1984年，更因為一連串事件的進行，使員工同仁

管理部門之間的關係，獲得極有意義的改善。

　　首先，溫賴特企業的管理階層開始稱呼員工為「夥伴」（associates），單單如此，彼此的關係就有了明顯的改變。公司也改善它的薪資政策，所有員工的薪水都按時支付，不因任何原因而予以苛扣下來。即使是有事請假，薪水也照付；加班，則可以領到1.5倍的薪水。

　　公司開始推動「獲利分享計畫」（profit-sharing program）。公司為承諾必然會兌現這個計畫，必須把這個計畫和員工參與及責任掛鉤。「401K獲利分紅計畫」是由一個七人小組負責，由非管理部門員工組成的。這個小組邀請四個共同基金（mutual fund）公司的人來做一些解釋，同時由小組最後選擇一個對他們員工最有利的共同基金公司，來進行401K計畫。Nelson Wainwright說：「就連我，也只有一票的投票權，公司性質上仍是公司，但我們的態度卻是，大家是合夥人、是夥伴。」

　　更重要的是，從1984年開始，公司上從董事長，下到第一線的工人，都穿相同的衣服——黑色休閒褲，白色細條紋的襯衫。襯衫的一邊印著是每個人的名字，另一邊則是「溫賴特團隊」（"Team Wainwright"）。

　　財務長Susan Cutler說：「這真是個驚人的改變，尤其對於一些專業部門的工作員工。就現在而言，我當然不覺得需要做什麼調適。不過，就那時候來講，還真的需要調整我的心態。事實上，我過去待過幾個地方，也習慣因變遷所需要的調適。如果說，回到當時，我還真不曉得我會怎麼做。不過，就現在而言，我覺得公司這種氛圍，感覺很舒服；而且，那次的改變，是個令人永難忘記的改變，不斷地在提醒我，要注意好的變遷。」

　　Cutler也記得當第一次被要求向大家公開財務資訊的情形，在此之前，這些資料當然是機密的。1989年，第一次這樣做，公開時還要面對15個選出來的「監督員」的詢問。

　　Cutler記得，其中一個監督員問她：「妳對妳所做的事情，很有把握嗎？」Cutler感覺脊椎骨一陣涼意。報告完之後，她收拾了所有資料，直奔David Robbins的辦公室，問David是否她自己真正知道自己所做的事情。David笑笑的告訴她，要她放心，同時解釋在組織或公司裡採取這種「開放」的哲理（open-book philosophy）。溫賴特公司從1991年開始，就對員工公開所有財務資料。

　　溫賴特企業企圖獲得員工信賴的努力，從很多事情可以得到證實。但最令人

印象深刻的是，員工對所有事情的參與率提高了。從1984年以來，每年都達到99%，較低的也有98.9%。Dan Wainwright開玩笑說，大概是暴風雪的關係，才會使出席率降低了一些；員工喜歡公司，所以他們樂意參加所有活動。他們覺得被公司需要；而且，覺得自己對於公司及所做的事，有一份強烈的責任感。

事件三：我們告訴員工我們需要你們的幫忙（1991 年）

改革剛開始時，產品品質並沒有立即獲得改善。Robbins認為，主要是整個系統還是很傳統的，所以管理系統仍是因循過去，還沒來得及跟上。好像牆上的盒子，上面還覆蓋著蜘蛛網，蜘蛛仍躲在盒子內。員工們還是必須從舊有的系統，去做延伸更新的準備，比方：如何公正地看待財務報表、整個報酬或薪資制度的改變。所有的這一切，都會阻礙進步的時間。

到1991年時，賴溫特企業召集所有員工，告訴他們整個過程的改變是什麼。公司不能照著老步數走，但又不能丟掉這些包袱。Don告訴所有員工，他們需要所有人的幫忙，請大家告訴他們，他們該做什麼，以及要怎麼做。Don回憶著說，那真的是一個要動用到「情感」的時刻，去驅動大家。

結果是大家在集思廣義之下，開始全體義無反顧的支持所謂的CIP計畫：「持續不斷地改變」。在這個過程中，聽取員工建議，採取員工主張的可行辦法，是一個改善品質，永不停歇的過程。於是，一夜之間，改善品質的效率，好像呈現倍數的成長。

Don認為他自己得到極其寶貴的經驗與教訓。Don說：「你可以授權，但你無法主動課責；負責必須是員工自動自發的，假如你創造了一個環境，可以激勵員工，他們對負責有感，你即使把生殺大權給了他們，他們也不會胡做非為。」

Don舉例說，你強迫275個人，做好他們的工作，用績效來要求他們。但最有效的管理，來自於員工他們自己，願意把自己變得更好。

CIP立意甚好，也有成效，但也具有限制，比方說，改善品質必須增加資本，資本的投資，又要有不同的過程。看起來是小事，但影響所及甚大。

千千萬顆水滴，可以集合成為大江大海，所有很微小的新概念，集合起來，成為大改革。在這過程中，最重要的是，每個人願意為改善品質，動動腦筋。公司不介意，隨時給予時間去評估任何人給的微小的改善觀念。公司把員工訓練成，他們在做對的事，然後任其遨遊。

　　CIP改變了管理階層和員工之間的關係。Simms說，他的頭衛是「工廠經理」（plant manager），但他自己覺得比較更像是工廠顧問（adviser），而不是經理。「對生產線上的工人，我提供的只是建議，支持他們所需要的東西，這就是信念和信賴。」

後記：仍然是學生，而不是老師

　　1994年12月5日，Don Wainwright在華盛頓特區Baldrige品質獎的頒獎典禮上，提及他的企業所發生的故事，這些故事後來在James C. Collins所撰的書Built to Last中有所敘述。

　　Collins在書中，提到一個故事。一個武術館的弟子，在經過最高段的訓練，並且也證明自己的武術已經相當純熟後，他相信他的訓練已經告一段落。因此，請師父授予他「黑帶」，但被師父拒絕了。經過幾年後，這個弟子終於明白了，拿到「黑帶」的資格是，他必須體認，拿到「黑帶」才是訓練的開始，才能向武術的最高境界邁進，也是他向更高境界努力的承諾。師父才告訴這個弟子，他現在才夠資格戴起「黑帶」，也才擁有綁上「黑帶」的榮耀。

　　Don Wainwright說，這個故事正是他們企業的寫照，得獎是令人興奮的，但是朝向更努力改善品質的開始。Don感謝所有評審給他們更進一步改善品質的所有意見。

個案問題討論

1. Don Wainwright 如何激勵員工，讓員工很認真地思考品質改善，而且願意真正去做，Don 採取的以員工為導向（people-oriented）的步驟是什麼？
2. 當 Don Wainwright 說：你可以授權，但你沒有辦法課責。究竟其真正的意義是什麼？
3. 溫賴特企業的發展，對管理所帶來的經驗和教訓是什麼？

CHAPTER

2 領導、管理與決策

🌀 第一節　領導與決策

壹、領導與決策的關係

　　哈佛大學的高級領導創建智庫（Advanced Leadership Initiative Think Tank）在 2012 年 3 月 29 日到 31 日，於劍橋的校本部舉辦為期三天的「領導的決策」（Decision-Making for Leaders）討論會，由兩位分屬哈佛大學甘迺迪學院和商學院的資深教授 Peter B. Zimmerman 和 Rusabeth Moss Kanter 帶領 100 位各行各業的領袖人物，齊聚一堂探討領導與決策之間的關係[1]。與會學者一致認定，決策是領導統御的一項技巧（a leadership skill），對領導者而言是一種必要的職能（an essential competency）[2]。與會學者專家認為大家普遍以為決策乃是一門科學，領導們所做的是：定義問題、標識目標、蒐集資料、考慮替代方案，瞭解風險，考慮權衡與取捨（trade-offs）、評估後果，然後做出決定。但事實上決策好像不是如此一套嚴謹的程序和步驟。非常有趣的是，Zimmerman 引用了甘迺迪總統的話說，其實決策到最後階段，就是剩決策者自己而已。事實上，做為決策者有兩個心理層面在交戰，那就是「有意識地慎重認知和無意識的直覺推論」（conscious, deliberate cognition, and unconscious, intuitive reasoning）。用通俗的話來說，決策通常就是決策者的「大腦」和「膽識」交互作用的成果。[3]

1　詳見Advanced Leadership. Harvard.edu. pdf. File.
2　同前註，頁5。
3　同前註，頁8。

　　來自加拿大渥太華的兩位資深女性領導決策的專家，任職於「領導養成集團」（Generative Leadership Group）的 Heather Marasse[4] 和 Elias Maselli[5]，曾提到一個有趣的例子：在 2005 年，有一個日本企業家，擁有價值超過 2000 萬美金的世界名畫，這些畫作包括畢卡索、梵谷和塞尚的名畫，這位企業家找了兩家拍賣商來，他決定委託其中一家，但決定的方法很簡單，就是用「剪刀、石頭、布」來猜拳，贏者就拿到代理拍賣權。因此，Marasse 和 Maselli 認為決策是就眾多方案中選擇一組行動方案的過程（Decision-making is the process of choosing a course of action from several alternatives）。這個過程可以分成兩個類別：一類是科學的途徑（a scientific approach），另一類是藝術的途徑（an artful approach）。科學的途徑比較是戰術謀略式（tactical）決策，領導必須運用共識決（consensus-based models）去做決定。至於藝術式的決策，則比較是更高的戰略（strategic）層次，她們稱這種決策方式是「組合式決策」（alignment）。所謂戰術性的或策略性的決策，問題常常是較明確的、特定的、細節的，也就是一些已知的（knowns）訊息，只要採取的決策和目標能達成一致即可，所以這是她們認為可稱之為「科學的」原因。

　　但是，戰略層次的決定，所碰到的多是未知的情境（unknowns），戰術性的決定用口語的話來說就是：預備、瞄準、射擊（ready, aim, fire）。但是，戰略性的決策碰到的都是創新或創造性的思維，從希臘文來說戰略一詞是「strategic」，原指「generalship」，此乃「兵法」的層次。就像派兵遣將一樣，要考慮地形、地勢、方位，以及可用之資源（多少部隊），它不只是方向性（directional）決策，也是資源布局性（deploying resources），目標或

4　Heather Marasse, in more than 25 years of organizational life, both inside corporations and as a consultant, has worked with teams at all levels on effective communication. She is a Partner with Generative Leadership Group (GLG).

5　Elisa Maselli, as GLG's VP of Communications, focuses on capturing clients' ideas and language in ways that speak to their needs. She consults in the areas of corporate communication, cultural integration and change leadership.

任務導向的（mission oriented）。所以決策方式，她們將之分成三種：權威式（authority）、同意式（agreement），以及組合式（alignment）。

所謂權威式的決策方式就是說：我是老闆所以一切由我決定（I am the boss and I am making the call）。以現今大多數公私部門組織傾向扁平化，管理者或領導者很難擁有這樣的權威。多數人都參與管理，都需要學習如何去培養自己的領導力，激勵別人、影響別人。權威式的領導是危險的，很容易使成員失去創造力，默默接受但默默抵制。當然，在遇上緊急或眾說紛紜、混亂甚至失控的情況時，還是需要此類型的領導決策。

同意式的領導決策，是指在做決策時，大家有志一同、看法一致，領導者有時甚至要做出一些妥協和對大家讓步。這是現代組織較常見到的共識形成的決策模式。所謂「同意式」的 agree，是指大家看法相同，「同意」所將做出來的決策是「對」（right）的。共識的形成充滿了說服和妥協，大家認為決策是對的，常常基於過去經驗的判斷，所以比較是戰術上和作法上的決策。例如地方政府的預算，多入歲出；又如自來水的供給、廢棄物的處理、警力及消防設施的配置等等。同意式的決策常常如圖 2-1，大家都同意的部分就是共同有交集的部分。

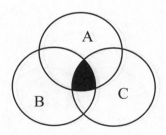

圖 2-1　同意式決策圖

資料來源：Heather Marasse and Elias Maselli, The Big Deal about Decision Making, http://www.centerforleadershipstudies.com/wp-content/uploads/2013/08/GLG-PSD-The-Big-Deal-about-Decision-making.pdf，檢索時間：2016 年 2 月 20 日。

這種決策由於是妥協的結果，其結果的確定性、可預測性都比較高。當然，也不會完全扼殺創造或創新的決定，但只是相對性的創造或創新而已。

而所謂「組合式」的決策模式，是指對團體成員而言，會有這樣的想法：看起來這個決定較好也較可以達到我們要的目的——雖然，我可能不會建議這麼做，但我可以接受。所以，這種決定不見得讓每個人能認為：嗯，這樣子會把事情做對（getting it right）；而是：嗯，這樣做能夠讓事情有進展（getting it into play）。

同意式的決策會使人人感到滿意，但是，組合式的決策當然多少會有些人有某種程度的不滿意，但卻都願意接受這個決定。組合式的決策是面對許多不確定因素，即使在辯論後，也無法預知怎樣做會帶來哪些未知的好結果或壞結果。也就是資訊的不完整，無法使得預測的可能性達到最大或最精準，但又必須做決策，解決問題之道就在於：決定如何啟動、邊做邊修正方向或實際，也可以有創新做法，儘量讓決定最貼近真實。但組合式的決定之前提是決策是在大家認可，而且願意承諾應許的範圍之內。如圖 2-2：

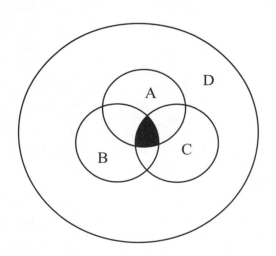

圖 2-2　組合式決策圖

資料來源：同圖 2-1，頁 5。

　　大家同意的決策仍然落在 A、B、C 等決策建議的重疊部分，但此重疊部分只是「獲得大家同意的機會」（opportunity for agreement），重點是 D 的範圍，D 的範圍是成員們「共同的承諾或應許」（common commitment），只有當決策落在 D 的範圍內時，才是「組合式決策」成功的可能性（possibility of alignment）。

　　為了區分這三種類型的決策方式，Marasse 和 Maselli 做了更進一步的對照說明，如表 2-1：

表 2-1　權威型、同意型、組合型決策方式表

決策方式	目的	對什麼有用	對什麼沒用	手段	機制建立	困擾
權威型	訂定方向 決定重大決策	確定戰略 應付緊急狀態 聘人、辭退員工、擢升所屬等等	共同創造突破性的成果	職位決定的	清楚的方向 行動場域的確定	領導優柔寡斷
同意型	在妥協中解決不同觀點的紛歧	基於問題解決的方式做決定	未來產生的成果是共同創造的，彼此呈現出夥伴關係，共同擁有成果	談判或經過投票	較低層次的共同決策基礎 未來是建立在過去的歷史和論證	困惑及迷失方向
組合型	所創造的未來有可能超越過去	共同創造賦予採取行動的自由其他貢獻	需要權威來做成決定或形成同意的基礎	傾聽各種可能性	夥伴關係會呈現一種「買入」的關係 共同擁有彼此承諾應許的關係	妥協 會有被權威掌控或操弄的歷程

資料來源：同圖 2-1，頁 7。

貳、領導與決策架構

　　領導者似乎和管理者較不同的地方，特別是威權性的領導，或相信科學途徑的領導者，也許會以為有一種決策模式可以解決所有有待決定的選擇（one-size-fits-all），哈佛大學的學者認為這個命題是不真實的。[6]

　　D. Snowden 和 M. Boone 建議領導者最好是從「Cynefin」來思考，這個字是從英國的威爾斯語（Welsh）借過來的，意指影響人們的環境和經驗的多重因素（multiple factors），其方式是我們永遠不會知曉的。基於這個概念，兩位學者舉例，提到美國政府及國防部門都運用此來研究如何反恐，新加坡則以此做風險評估。[7]

　　Cynefin 幫助領導者把所有的事務區分成五大區塊，這五大區塊是簡單的（simple）和複雜的（complicated）、迷蹤無解的（complex）、混亂的（chaotic）和失序的（disordered）。

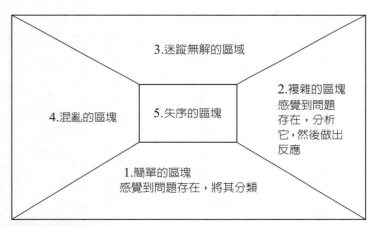

圖 2-3　領導事務區塊圖

資料來源：本圖修改自 David J. Snowden & Mary E. Boone, "A Leader's Framework for Decision Making," Harvard Business Review, November 2007: 4.

6　David J. Snowden and Mary E. Boone, "A Leader's Framework for Decision Making," Harvard Business Review, November, 2007: 1-8.

7　Experimentation, Risk Assessment and Horizon Scanning Centre, https://www.dsta.gov.sg/docs/publications-documents/risk-assessment-and-horizon-scanning-experimentation-centre.pdf，檢索時間：2016年2月20日。

其實，第一區塊和第二區塊還是處於有秩序的世界（the ordered world），可以基於事實（fact-based）來加以管理。因為，事實和解決方法之間有因果關係。

至於第三區塊和第四區塊則屬於沒有秩序的世界（unordered world），所以說他們是沒有秩序，指的是事實和結果之間，沒有立即而明顯的因果關係，解決問題的方法還在於持續不斷地出現的一些類型（patterns）。至於失序的區塊，則是各種事件交織混雜在一起，完全找不出一些脈絡、解決的方法，反而把問題一部分、一部分地隔離出來，去尋求各自的解決途徑。

現在我們再詳細地加以說明。就第一類簡單的決策來說，直接點出問題的本質，釐清後就直截了當的進行管理和監控。領導者所需要做的事，就是能夠知覺（sense）問題所在，然後將它加以歸類，是屬於哪一類的問題，如生產的或是設計方面的問題，然後直接地加以回應（respond）。在商業上，例如貸款給客戶的過程；所以，第一線的工作人員和管理者很容易找到既有的規定，出面加以解決。這一類的決策，一般說的就是命令和管制系統（command-and-control）。當然，問題有時會被簡化而歸類到這個區塊，管理者容易忽略一些事實，而且自滿於既有的決策模式。因此，簡單的問題有時會轉變成混亂區塊（chaotic）。做為領導者在處理此區塊的決策時要特別注意建立溝通管道（communication channel），能允許不同意見者，適時提出早期的預警（early warnings）。

至於複雜的（complicated）決策，雖事實和決策後果有因果關係，但可能有好幾組都是對的答案。基本上，這種情形是屬於「知道所不知道的事」（known unknowns），例如開車的人聽到汽車引擎發出怪聲音，他／她一定知道車子出了問題，但不知道是引擎本身的問題、油路油管問題、風扇問題等等，他必須開到汽車保養廠找專業技師，才能找出問題，對症下藥。所以，簡單的決策在知覺問題後，採取分類，就可循既有方式去解決。但複雜的問題需要「專家」的分析；又如油礦的探勘及開採，那就真正需要專家去找到有效率及可行的開採方式。

複雜的決策由於必須大量地仰賴專家，最大的弱點來自於專家的「偏見」，專家因為仰賴的是專業知識的判斷，對於來自非專業的建議或構想常被斥為是

「無知」或「偏見」，予以忽視。領導者有時反而要聽聽非專家的「異想」，或許能矯正專家過度依賴專業所造成的「偏差」。

專家的另一個缺點就是「傲慢」，來自於「專業的自尊」，若有相反且又相互牴觸的專業判斷會造成「分析的癱瘓」（analysis paralysis），解決的辦法是引進「非同一專業」的另一組「專家」加入決策的討論，例如軍事採購，原則上依賴軍品及採購專家，但如果引進一批市場行銷的專家，彼此判斷的結果，可以避免「分析的癱瘓」。

在複雜的決策中，尚可以找到解決問題的答案。但是在迷蹤無解（complex）的系絡（context）中，找不到答案。舉例子來說，就算是法拉利汽車出了任何毛病，在經過不同的專家測試檢查後，總能知道問題出在哪裡。但是「巴西雨林」究竟出了什麼毛病，雨林的範圍縮小、氣候的改變、物種的變遷，可能有千萬種可能的答案。其實，這些可能的答案還是不能被正確知道的，所以其實是「未知的」（unknowns），在迷亂的區塊中「未知的未知」（unknown unknowns）不只是現代企業面臨的困擾，也是公部門必須面對的實際。

大部分發生在組織中的問題都是複雜的，但推根究源，也能找到問題所在，而可以在研究後做出決定。但是，舉例來說美國太空船阿波羅 13 號（Apollo 13），當他們在外太空中對休斯頓美國太空航空中心發出訊號說：「休斯頓，我們出了問題。」（Houston, we have a problem.）美國太空中心的專家們，事實上是進入了一個迷亂（complex）的區塊。這些專家們面對的是一堆混亂無章的資料，領導者只告訴他們說：「試試看，告訴在阿波羅 13 號的太空人，做這個及那個；否則，當然是死路一條。」這時候，只能看著做一個動作（solution），有什麼結果；然後，再來決定做下一個動作。

所以，面對迷亂的環境，決策者真的不知道什麼才是對的決策，他只能夠在最初嘗試命令—控制（command-control）方式，下達決定；然後，允許用實驗去測試；所以，領導者不能失去耐心，又必須忍受下達一個指令後，所引起的錯誤指示的「失敗」，在這種重複的試煉中去煎熬，讓一個一個不同解決問題的型式（pattern）出現，看看最後是否會成功。

第四個決策模式是「混亂的」（chaotic）區塊。千萬不能在這個區塊，試圖

爲問題找出「正確答案」。情境的變化是持續不斷的，美國在 2001 年 9 月 11 日所遭受的恐怖攻擊，紐約世界貿易大樓被恐怖分子劫持客機衝撞就是一個例子。911 恐怖攻擊事件是 2001 年 9 月 11 日發生在美國本土的一系列自殺式恐怖襲擊事件，根據美國政府的說法，由基地組織所發動；當天早晨，19 名基地組織恐怖分子劫持了四架民航客機。劫持者故意使其中兩架飛機分別衝撞紐約世界貿易中心雙塔，造成飛機上的所有人和在建築物中的許多人死亡。兩座建築均在兩小時內倒塌，並導致臨近的其他建築被摧毀或損壞。另外，劫機者亦迫使第三架飛機撞向位於維吉尼亞州阿靈頓郡的五角大廈。此一襲擊地點臨近華盛頓特區。在劫機者控制第四架飛機飛向華盛頓特區後，部分乘客和機組人員試圖奪回飛機控制權。最終第四架飛機於賓夕法尼亞州桑莫塞郡的鄉村尚克斯維爾附近墜毀。四架飛機上均無人生還。隨後，基地組織領導人奧薩馬·賓·拉登對外宣布自己與911事件無關並撇清關係。[8]面對這種情境，領導者所要做的決策不是找到可以解決問題的類型，最重要的是「止血」（stanch the bleeding）。第一要務維持秩序，然後設法把混亂情境導向迷蹤無解（complexity）的情境。看看出現哪一個問題，就用哪一個模式去解決，以阻止發生更進一步的危機，以及找到解決問題的機會。在這種狀況下強而有力的由上而下的指示必須明確，沒有多餘時間去尋求各種不同的意見。當時，紐約市長 Rudy Giuliani 就是這麼做。[9] 好的危機處理個案太傾向教導人們應付危機，但忽略了危機處理提供的既有類型，常無法適用於混亂情境的決策。

8　https://zh.wikipedia.org/zh-tw/%E4%B9%9D%E4%B8%80%E4%B8%80%E8%A2%AD%E5%87%BB%E4%BA%8B%E4%BB%B6，檢索時間：2016年3月2日。

9　Rudolph William Louis "Rudy" Giuliani III（朱利安尼）是美國律師、檢察官及共和黨的美國政治人物，出身於紐約州。他在1994年至2001年間擔任八年紐約市市長，於市長任內致力於降低犯罪率並改善城市生活的品質。在世界貿易中心遭受恐怖攻擊的911事件期間，擔任市長的朱利安尼以突出的領導能力而聞名全球。使他被《時代》雜誌列爲2001年的年度風雲人物，並且從伊麗莎白二世女王獲得KBE勳銜。在911事件中的指揮表現還使他獲得了「美國市長」的綽號。自從卸任紐約市長之職位後，朱利安尼還創建了相當成功的合夥證券顧問公司。在2007年1月，正式宣布角逐在2008年總統選舉中的共和黨提名，但在2008年1月30日宣布退出。https://zh.wikipedia.org/wiki/%E9%AD%AF%E8%BF%AA%C2%B7%E6%9C%B1%E5%88%A9%E5%AE%89%E5%B0%BC，檢索時間：2016年3月2日。

參、領導究竟怎麼做決策？

前面只是說領導在做決策可以依循怎樣的一個架構，其實，領導所做的決策是在領導一個組織；因此在決策過程中，如何讓組織中的成員參與到決策中就非常重要，尤其是需要有成員承諾（commitment）才能確實執行的決策。耶魯大學的 Victor H. Vroom 認為從成員參與的程度，領導可以有五種方式來做決策：[10]

一、領導逕自就做決定（decide）

領導自己透過相關的資訊蒐集，所蒐集的資訊是自己認為和決策的問題相關，蒐集的方式也許是透過個人，也許透過團體，做完決策後，領導就直接把決定告訴（announce）成員，或者是直接推銷（sell）給成員。

二、透過向少數個人諮商（consult individually）

領導採取個別接觸方式，向團體中的一些個別成員單獨地諮商，尋求意見後即做成決定。

三、向團體做團體諮商（consult group）

領導把集團的成員召集在一起，把問題向大家一次說清楚，之後聽取大家的意見，每一個人都可以表達意見，然而最後還是由領導做成決策。

四、領導扮演促進者角色（facilitator）

領導把大家召集起來開會，首先由領導來定義問題（define problem），同時確定要解決的問題範圍有多大；領導這時候要特別注意，不要把自己的意見、偏好或判斷表現出來；因為，領導是要得到大家共同認可一致性（concurrence）的決策。

---

[10] Victor H. Vroom, "Educating Managers for Decision Making and Leadership," Management Decision, 2003, 41 (10): 968-978.

五、委任決策（delegate）

這種決策是領導者把決策權交到每一個人手中，領導者訂下規則，每一個人可以根據自己的知識及經驗去診斷問題，自由地去發揮創意做出多重選擇，然後決定自己的一個決定或多個決定。但是每一個人都必須和他人合作，進行公開的審議（deliberation），領導者扮演的是幕後的角色，提供鼓勵和資源。就第五種決策而言，和晚近「governance」治理觀念相同，領導者只是一個導航者，他不是直接下去划船的水手，決策者就像一艘船的水手們，共同把船划向一個目的地。當然，領導者雖然是掌舵的船長，但船所駕駛的方向卻是由所有的划槳手公開討論出來的結果。治理理論的主要創始人之一──羅西瑙（J. N. Rosenau）將治理定義爲：「一系列活動領域裡的管理機制，這些管理機制雖未得到正式授權，卻能有效發揮作用」。聯合國全球治理委員會總結治理的四個特徵：治理不是一整套規則，也不是一種活動，而是一個過程；治理過程的基礎不是控制，而是協調；治理既涉及公共部門，也包括私人部門；治理不是一種正式的制度，而是持續的互動。[11]

按照 Vroom 的看法，由於決策要求的發展趨動力（development-driven）不同，要考慮的是「決策具意義」（decision significance）、承諾必須具重要性（importance of commitment）、展現領導的專業（leader expertise）、只需要有承諾的可能性（likelihood of commitment）、目標組合（goal alignment）、需要集體的專業（group expertise），以及展現團隊競爭或核心職能（team

---

11 治理（Governance）一詞，原由英國學者R. A. W. Rhodes所使用，在公共政策及公共行政上，原本是對英國政府的政策失敗提出質疑，尤其是對「西敏寺模式」（Westminster model）的質疑，連帶地對於歐洲各國政府在行政領導上的失敗及無能，探討其原因，終於發現需要對後現代（post-modern）的挑戰，重建政府制度、政策網絡，而使用了治理一詞。可參看R. A. W. Rhodes, Understanding Governance: Policy Networks, Governance Reflexivity and Accountability, Open University Press, U.S., 1997. 在商業領域，又延伸到公司治理（Corporate Governance），指公司等組織中的管理方式和制度等。聯合國全球治理委員會（CDD）對治理的概念進行了界定，認爲「治理」是指「各種公共的或私人的個人和機構管理其共同事務的諸多方法的總和，是使相互衝突的或不同利益得以調和，並採取聯合行動的持續過程」。這既包括有權迫使人們服從的正式制度和規則，也包括各種人們同意或符合其利益的非正式制度安排。參看Colin Mayer, "Corporate Governance, Competition, and Performance," Journal of Law and Society, March 1997, 24 (1): 152-176.

competence）。所以，事實上，可以有 7×5=35 種的決策方式，領導必須斟酌各種情況，來決定如何做出決策。

Vroom 用三個案例來說明領導怎麼做決策：

（一）紙漿造紙公司研發部主管

　　A 畢業於化學系，在經過多年的努力工作後，終於當上了研究部門的主管。在此之前，A 說服了公司，聘請了紙和紙漿方面的專家學者，同時爭取到預算，讓他們可以做研究，以便為公司創造一個新的「品牌」（brand）。A 所聘請來的這方面專家學者都是頂尖的高手，他們願意致力於森林樹木之研究，深懂這方面的知識和技術。但相對的，他們比較傾向做基礎研究，而非「應用」的研究。但是由於 A 的公司正面臨競爭的壓力及經營的困難，上層的管理者對於這個團隊側重基礎研究頗有微詞，為了公司，A 也不得不屈服。

　　A 的研究團隊當然也接到運作部門的要求，希望能將方向放在應用上，如此一來比起純研究，知識上的滿足感就降低了，這是 A 的團隊面臨的問題。因此，A 必須去運作部門說服他們，對這個團隊的預算不能抽走；而幸運的是，A 發現這群科學家過去發聲是一致的。因此，一旦 A 能說服他們之一的意見領袖，就能說服這一群人。

Vroom 的分析是，這是一個受到時間限縮的決策，同時也是對未來發展有關的，一樣受到發展性的制約，因此，這個決策是有高度意義，同時要用到領導的專業，以及得到高度的團體成員的承諾，但可以是諮詢一個人，而不必全部都是諮詢。所以，是較弱的團體諮商，以及較弱的團隊建立。

（二）劇院的執行主任

　　B 是一間劇院的執行主任，而這家劇院的擁有者是一間大學，做為執行主任的 B，負責整個劇院的財務和藝術方面。當然 B 自己也覺得

這是一份非常重要的工作，B 必須竭盡所能讓劇院的每一場表演都具有最高的藝術水平，所放映的電影也是如此。其實，在 B 之上有一個監督團體，是由四個系主任組成，分別監督生產、行銷、發展和行政；此外，還有一個副院長，他專門負責來表演的演員，演員都是該校的學生。學生們都很熱衷於表演，而且彼此相處得很好，儼然是一個很好的團隊。上星期 B 卻突然收到一份專門評估這個劇院的報告，這個報告是由坊間一家獨立的顧問公司，專門負責檢查被指定部門的財務健全狀況。

很不幸也令人震驚的事發生了，在這份報告中，他們評估如果 B 的劇院不能儘速增加收入、減少開支，到了今年年底，劇院的收支相減下會出現負債情形。而且，如果持續入不敷出的狀況不快速改善，劇院將在五年後被迫關閉。

B 把報告儘速地傳遞給和劇院有關的每一個人，大多數人在震驚之餘，紛紛提出這個報告的缺點，譬如所使用的調查方法不適用，而且有缺陷等等。總之，大家的反應很明顯，彼此沒有一致的看法，而且對究竟應如何因應，更是眾說紛紜，莫衷一是。唯一一致的是所有人都不希望劇院被迫關門，對於該大學及周遭社區而言，這所劇院是他們的重要的傳統。

針對上述案例，Vroom 認為決策者這時應扮演「促進者」（facilitate）的角色。他應該取得劇院每個人高度的承諾（H），使得該決策具有高度的意義（H）；執行主任個人的專業反而不是那麼重要（L），每個人都對劇團有所承諾的程度也許不需要很高（L）；但是，目標的組合（例如演出的藝術價值和劇院的收入）程度要高（H），成員們整體的專業程度要高（H），最後則是團隊的核心職能要高（H），也就是要有團隊的整體競爭力（H 是高，high；L 是低，Low）。

（三）高中校長

　　C 是郊區一所高中的校長，今天早上校園的寧靜被一個難以想像的惡夢給粉碎了。一個男學生帶著半自動手槍，衝入校園，槍殺了 3 個同學，同時有另外 3 個同學受傷。儘管 C 當校長已經多年了，但這種事情，其令人悲痛的程度，遠超過 C 的生活經驗及背景所能承受。警察們在進行完各種必須的程序後已離開，學生也都回家了。但是「工作」才正要開始，C 必須思考要怎麼做，做些什麼事情，才能讓學校恢復正常。

　　麻煩當然也正開始，相當多的媒體記者來到這個小鎮，他們想聽聽校長怎麼說，也想採訪學校的教職員，報導他們的想法或想說的話。這些必然會發生的事，如何進行「管理」？何況原本預定下週要進行期末考，是否要如期舉行？學校的教職員工並不習慣和校長一起做決策，他們最習慣的是校長給他們行事的方向，然後，他們照著去做。當然，這起事件影響的不只是學校本身，對於整個社區影響也很大。

　　Vroom 認為本個案的決策也是屈於時間壓力下驅動的決策，當然同時也是發展性驅動的決策。這個決策較難做的部分是校長必須去諮詢個人（consult individually），同時，也必須從事集體諮詢（consult group）。在徵詢個人部分，不僅要使決策有意義，也要讓每個人知道在參與一些必須做的事情上必須有高度承諾以及重要性，當然校長個人的領導統御的專業性可以是低的，學校及社區整體的核心職能也可能是不需要的。此外，學校做為一個整體而言，還必然要表現出它的專業性，但在所要追求的目標上也必須有一個整合或優先順序的排列。

　　但是，就諮詢團體部分而言，則是屬於發展驅動的決策。首先，決策必須具有高度意義，高度重視學校成員及社區居民的承諾或許諾；但校長個人的領導專業沒有那麼重要。學校整個團隊的核心職能是不必太講究，社區或學校的專業

性也不是頂重要；但是，社區居民及學校成員願意去履行自己的承諾，變得很重要，目標的先後優先順序的組合，也是優先要討論的項目。

◎ 第二節　管理與決策

從管理的角度來看，電腦程式設計的模擬，與實際生產過程幾乎完全吻合；因此，從產品生產的決策過程來看，決策模擬，在管理上已經可以完全掌控。例如汽車生產，包含引擎動力、懸吊系統、輪軸轉動、方向控制、輪動軌跡、反鎖死裝置等，都可以透過電腦模擬。[12]

但是，管理上的決策並不都是像汽車生產利用電腦模擬那麼簡單的事情而已。因為，決策不僅發生在高階管理，也發生在任何管理過程中。決策是知識、經驗、創造力和風險承擔交織下的綜合產品。當然有些人比較誇張地認為，管理就是決策行為。這話也不算錯，不論是政府、公部門、私部門、非營利組織、醫院、學校等公私企業、單位機構，幾乎天天在做決定。決定（a decision）是一種有意識的選擇（a conscious choice），從一些被分析的建議中擇取行動的決定，繼之仍會有接連行動的過程。而且，決策必然會有步驟、採取行動、產生後果，以及對於整個決策的評估。

在事實市場的運作上，決策的經理人須具備對人力資本和社會資本的瞭解；以及經理人的認知。當面對市場的變化、外在環境的變遷，要考慮如何讓公司能賺錢，或者股東們能賺錢，必須培養經理人的動態管理能力（dynamic managerial capability）來從事決策行為。[13]

管理的決策理論家（management theorists in decision-making），總是認為管理必須基於可衡量的事實，不斷地改良，以及員工團隊（team of workers）通常會比管理者做出更好的決策。

對決策有影響的人們是現在市場管理重視的對象，他們在做決策時必須考

---

[12] Chris Stylianides, "Animating An Integrated Job Shop/Flexible Manufacturing System," International Journal of Operations and Production Management,1995, 15 (8): 63.

[13] Ron Adner and Constance E. Helfat, "Corporate Effects and Dynamic Managerial Capabilities," Strategic Management Journal, John Willy & Sons, 2003, 24: 1011-1025.

量：推理、情緒、知識、不確定性、風險、團體因素、想像力，以及個別或個人的因素。以上這些複雜的因素，構成管理工作上的決策者的環境，而做出各種不同類型的決策。

決策及決策者看似具體，其實也很抽象。有學者就在辯論決策過程是否真正具體存在？並且決策者是一個人還是一群人？不過，如果決策是一個抽象的概念，對於決策的具體瞭解並沒有幫助。為此，一般把決策歸納為四個階段：資訊蒐集、設計、選擇和回顧。[14]

壹、管理決策的類型

決策者的環境充斥著複雜的、曖昧不明的人際事務，因此不能只憑直覺或個人經驗去做決策，這也就是說必須從沒有系統地做決策，進入有系統的做決策。

一、依常規決策 vs. 非常規決策

有些決策是重複不斷地去制定，有一定的標準程序，即使是偶生的一些事件，也依既定決策程序去處理，這就是依規劃程序的決策，稱常規性決策（programmed decision）。

有些事太特別了，沒有結構地出現，但又非常重要，重要到要去特別處理，這就是非常規決策（non-programmed decision）。非常規的決策，常需要特別去蒐集資訊，運用特殊的討論分析，想出特別的解決方案，它可能需要動用到特別的資源，也很耗時。

常規決策和非常規決策的特別及不同，如 J. M. Ivancevich 和 M. J. Mattson 所提出來的表 2-2。

當然，E 化時代來臨會改變決策方式，美國郵政改革、郵政分信系統的自動化，採用的就是特殊的電腦設備，這種方式又稱為直線式規劃（linear programming）。

14　Jean-Charles Romero and Sergio Barba-Romero, Multicriteion Decisions in Management: Principles and Practice, Springer Science: Business Media, LLC, 2000, p. 19.

表 2-2　常規決策和非常規決策差異表

	常規決策	非常規決策
問題類型	發生頻率較高，例行性的，不斷重複著確定的因果關係。	像傳奇式的小說，沒有結構，也看不出有一定的因果關係。
過程	依賴政策、規則或一定的過程決策。	必須依著創造性、直覺性以及對模糊的容忍性，做出具有創造力的問題解決方式。
範例	商業：定期研發新產品。 大學教育：對於優良的學術表現的平均好成績標準。 健康照護：承接病患的標準程序。 政府：對公務人員的功績制晉陞系統。	商業上：嶄新商品的出現與新的市場行銷。 大學教育：創建新的教學設備。 醫院：購買實驗設備。 政府：政府組織的重組。

資料來源：John M. Ivancevich & Michael J. Mattson, Organizational Behavior and Management, Burr Ridge, IL: Richard, D. Irwin, 1993.

　　常規性的決策確實是在電腦時代來臨後，比較常用的決策模式。最早也被稱為 MMDS（Man-Machine Decision Systems）。當所有資料都被輸入電腦中後，首先電腦會把所有相關的選擇告訴使用者（all relevant alternatives）；其次，所有相關的「性質狀態」（state of nature）；然後，對於每一種選擇（alternative）和狀態（state）會加以連結，提供決策者的功效來運用；而且，也會告訴決策者所有選擇狀態的前提要件為何，及機率為多少。[15]

　　美國工商企業有關生產力的改革，大部分採用作業研究資訊系統（operational research information system），這是一種從蒐集大量資料後，分析其規律性而所做的規劃性決策。

　　但常規性決策和非常規性決策並非彼此互斥，反而是彼此交互運用的。美國的 New United Motor Manufacturing 公司（NUMMI），位在加州的 Fremont，它就是連接 Toyota 和 General Motors 兩個公司的科學管理生產方式，創造出一個常規決策，增加產品品質、生產力以及員工的工作動機。這個非常規決策，最後

---

[15] Thomas Patrick Gerrity Jr., The Design of Man-Machine Decision Systems, Submitted in Partial Fulfillment of the Requirements for the Degree of Philosophy Institute of Technology, MIT Libraries, Document Service, June 1970.

反而變成一個常規決策。

二、創發性決策 vs. 反應性決策

　　一個決策能夠預先去因應外在環境可能的改變，採取系統的、創新性的做法，特別是去預防可能會發生的問題，這種決策就稱之為創發性決策（proactive decisions）。就商業產品而言，如何預見一個產品可能產生的缺失，主動地、系統地去蒐集資訊，然後做出決策，這就是創發性決策。創發性決策需要一個願景，由管理者去溝通所屬，大家相互交換意見，針對可能發生的問題，預為決策。

　　但是，反應性決策（reactive decisions）則是靜待問題的發生。例如街道上出現了坑坑洞洞，市民抱怨了，市政府才決定派出養護工程隊去修補，這種決定就是回應性的決策。

三、直覺性決策 vs. 系統性決策

　　直覺性決策（intuitive decisions）並非是指依照個人直覺的偏好去做決策。基本上直覺性決策是根據管理者的個人經驗去做判斷，而形成決定。例如管理者假定員工是依照工作績效去打考績，但他並不是有系統地去蒐集每一個人工作績效的資料，而是憑著個人的經驗、記憶去打考績，這種決策必然充滿著偏見，這就是直覺性的決策。

　　只要是根據有系統的資料蒐集，而就各種可以選擇的方案去做決定，這就是系統性決策（systematic decisions）。系統性決策所根據的是事實資料（factual data）。

　　但是直覺的決策也並非全部是不好的，如果是依據經驗再加上訓練，在非常危急或緊急狀況下，需要直覺的決策。例如，當消費者買到不好的產品，非常生氣的跑來理論時，有經驗的經理人就必須立即直覺做出決策。不過直覺決性策要能做到適當，還是必須靠平常的訓練。

　　當然系統性決策必須依賴有系統地蒐集資料，但解讀資料的是人；因此，也不能盲目地相信或毫不保留地接受一些資料。Stephen A. Rubenfen 等人就提出以

下的警訊：

（一）儘可能瞭解資料蒐集的方法、態度以及來源；

（二）不要被那些用漂亮圖形呈現出來的數據所迷惑，或者沉迷在那些精緻的統計數字中；

（三）統計資料的說明人常常會用精巧的解釋來說服大家，接受他對資料的詮釋，不可以輕易地就完全臣服於他的說明，總是對於他所帶來的信息，保留一些存疑；

（四）需要非常小心謹慎去注意，資料詮釋要你相信他的解讀，在說服的過程中，這些資料解讀者所掩飾的對他們有利的一些企圖；

（五）對統計調查資料究竟是如何蒐集及整理做詳細的檢閱；

（六）儘可能再度檢驗統計資訊的信效度，以及其所呈現出來的顯著性（significance）。同時，密切觀察那些沒被拿來解讀的資料；

（七）學著去區別哪些資料被過度解釋，哪些解釋被過度詮釋；

（八）仔細去考慮這些資料呈現出來的結果，能夠用到你的案例的可能性、可行性、可用性（applicability）；

（九）謹記在心：單一研究的結果，即使研究本身做得非常好，但在使用研究結果時仍要極度小心；

（十）單一研究所依據的資料，也有單一性；所以，要注意那些針對單一性研究或資料的變化，這些變化基本上比我們所看見的要寬、廣、深。[16]

貳、管理決策的過程

決策的過程（process of decision-making）也可以被視為是一個分析的結構過程，他們可以被析解成以下的四個部分：

第一，定義問題以及決定尋找哪種類型的知識。

第二，決策層級的結構，從頂層是決策的目標（goal），其下則是較寬廣的

---

[16] Stephen A. Rubenfeld, John W. Newstorm, and Thomas D. Duff, "Caveat Emptor: Avoiding Pitfalls in Data-based Decision Making," Review of Business, Winter 1994, pp. 20-23.

各種標的（objectives），中間會有一些轉承的層級，涉及到各種因素的不同類別，最基層的則是一些選擇或替代方案。

　　第三，要建立一些可以相互比較的或比對的矩陣（matrices），上層和下層相關聯因素也可以比較。

　　第四，由上述的比較可以找出「優先性」，根據這些優先性來決定，最下層的那些方案或選擇，可以來決定其優先採取的順序，即輕重緩急，這時候可以按先後順序列出所有可供選擇的方案。[17]

　　做決定並不是單純一個時間點所做的事，決策常常是一連串事件的過程，或者說是一連串的步驟，決策者有意識地或無意識地去經歷這些步驟。當然，一個訓練有素的管理者常常因經驗累積，很自然地就會經過以下這些步驟去做決策：

步驟一：確定特定的標的

　　目標或目的不確定，無從從事決策，也沒有任何具體實踐的作為。尤其在組織中，組織目標確定，才會有執行成果或作為，也才能知道組織到底有沒有效用。有了要去完成的標的，才能把部門機構、公司廠企的單工攏在一起，知道何時要做什麼？完成什麼？

步驟二：確認及定義問題

　　管理上的問題出現在現實以及想達到的目標之間的距離。有了這種認知才能確認為達成標的的問題在哪裡，不過問題認定和定義，仍會是一個繁瑣的過程。問題的認知常會發生不正確，以致無法瞭解問題的產生。例如瑞士的鐘錶製造，在 1980 年時，全世界對瑞士鐘錶的需求量，從原先的 65%，驟降到 10%，此乃瑞士鐘錶業者沒有意識到，市場需求已經從機械鐘錶轉移到電子鐘錶。其實，瑞士鐘錶研究者早在 1967 年就發表了有關電子石英錶的需求變化報告，但鐘錶業者沒有知覺到這種變化。所以，對於問題的認知與定義，必須要有正確的知覺。

17　Thomas L. Saaty, "Decision Making With the Analytic Hierarchy Process," *International Journal of Service Science*, 2008, 1 (1): 85.

　　其次，認知到變化，才能定義問題，定義問題直接影響到解決問題的方法。如果問題來自於不好的原料供應，導致工作不斷地重複而沒有效率，此時問題的定義就出現了：不佳的原料供應，它可能來自於原料本身，也可能出自於原料供應的管理。但是，重複工作，較差的效率可能來自於不好的訓練、落伍的技術或工作流程的不順暢設計，所以問題的認定和定義，影響了問題解決方法的決定。

　　有些徵兆或表徵的出現必須被認知到是屬於問題的層次，而不是例行性的問題。例如當高品質管控還沒有成為流行趨勢之前，顧客對產品瑕疵的抱怨，可能被粗心的管理者認為是例行的產品不良，而沒有即時把此徵兆當成根本問題來處理。1988 年當 Robert Allen 擔任 AT&T 的 CEO 時，就注意到這個趨勢，於是透過消費者服務、員工訓練，大量的傳授，使 AT&T 得以轉型，以致 AT&T 自 1990 年以來贏得 12 次以上的 Baldrige 獎，代表著該公司的高品質產品管理的成功。[18]

　　美國波多里奇國家質量獎（Baldrige National Quality Award, BNQA）。在 1980 年代，小到電子錶、大到汽車的日本產品紛紛湧進美國，美國本土工業面臨著強烈的衝擊。面對這種情況，美國前商業部長 Malcolm Baldrige 召集了幾十位經濟學家、管理學家和企業家進行研究，以尋找出路。他們向美國國會提出了設立「美國國家質量獎」的建議，國會在 1987 年 8 月 20 日，以公法（Public Law 100-109）通過。它每年只授予 2 到 3 家具有卓越成就、不同凡響的企業。為了表彰 Baldrige 在促進國家質量管理的改進和提高上做出的傑出貢獻，美國國會通過了國家質量改進法案，因為 Baldrige 在 1987 年第一次的騎牛仔比賽意外事件中過世，因此以他的名字命名國家質量管理獎。BNQA 所定下來的類別標準、評審的規則以及申請者的條件，成為很多州、地方，以及其他國家設立國家品質獎參考的標準。

　　BNQA 旨在加強美國各種企業（後來擴大到教育和健康事業）的競爭力，它包括改善組織的能力，促進美國各企業之間資訊的流通，以及強化企業瞭解管

---

[18] AT&T公司是美國最大的固網電話服務供應商及第一大的行動電話服務供應商，此外還提供寬頻及收費電視服務。合共1.5億戶提供服務，當中8,510萬戶為無線用戶。目前AT&T公司總部位於美國德州的達拉斯市中心。https://zh.wikipedia.org/wiki/AT%26T，檢索時間：2016年3月20日。

理績效、組織計畫和學習的機會。[19]

　　所以管理者在做決策時，必須定義問題究竟是機會（opportunity），例行性的缺失，還是危機（crisis）。

步驟三：建立優先順序

　　不能把所有問題等量齊觀。與競爭對手比賽誰能先推出新產品，當然比起重新粉刷員工休息室來得迫切。決策需要組織與資源，資源不可能無限提供，所以問題解決自然必須區分其優先順序。考量優先順序的因素有：急迫性（urgency）、衝擊性（impact）和成長趨勢（growth tendency）。

　　急迫性當然和時間長短有關，美國 Avcorp 企業公司，就建立了「紅旗」（red flag）急切問題解決系統，當生產線工人碰到問題阻礙生產流程或技術上問題，按下紅旗，警報響起 30 秒，較上一層級的監督技術人員立即前往解決或排除問題。

　　衝擊性當然是指問題影響程度的面向，如果既廣且深，就必須立即做出決定。

　　至於成長趨勢則是指問題的未來可能結果，也許問題在現下沒有急迫性，衝擊面也不大，但較長時間後，可能會使產量驟減，成本增加，就必須把它看成一個必須緊急去解決的問題。

步驟四：確定問題的原因

　　就商業上而言，第一線的銷售人員或員工，直接面對消費者，所以管理者應當和第一線員工經常晤談，以瞭解問題發生的真正原因在哪裡。

步驟五：發展可供挑選的各種解決方案

　　組織出現問題，最容易的方法是找出標準（benchmarking）的學習對象，才

19 Myer Kutz (Eds.), Mechanical Engineers' Handbook: Manufacturing and Management, Third Edition, John Wiley & Sons, Inc., 2006, Vol. 3, Chapter 19, pp. 627-629.

能定出一個標準，這種過程也稱做診斷式的標準學習（clinical benchmarking），它山之石，可以攻錯，據此蒐集分析資料，就比較容易提供各種可供選擇的方案。

步驟六：評估各種可供選擇的方案

評估方案，常運用三個因素：確定性（certainty）、不確定性（uncertainty）和風險（risk）。

確定性是指對那些方案確定已知的知識，以及其可預測的損失和不可預知的程度。

而不確定性，指的是對設計的方案，確實沒有充足的知識，對於可能後果也不明確。

風險通常指的是正面評估後果和負面評估後果的差距，如果差距很大，當然風險性就比較高；反之，則風險性比較低。

在評估可能的方案時，我們建議用割裂方式，也就是有時要故意忽略之前的正面決策。因為，前一個決策是正確的，常會導致在進行後一個決策時的餘波盪漾，使後一個決策的正確決定受到影響；另一個值得特別注意的是，如果一個決定都沒有人有不同意見，而顯示出「集體一致」的「完滿狀態」（perfect）時，就必須指定一個人，扮演「魔鬼」（devil）的角色，故意去反對或挑剔，才能使決策周全。

步驟七：選擇一個解決方案

管理者為了達成一項目標，勢必要選擇一個獨立的決定，這個決定未必是最好的，但是最適當的（optimal），所以它只會是一個滿意的方案（satisficer）。人們常常不知道一個決定可能會帶來怎樣的連鎖效應，有些可以評估，但不好的骨牌效應的後果，常常是無法預知。所以，管理者在做決策時，必須要有充分的心理準備。

步驟八：執行一個決策

決策既下當然必須上下去執行，否則決而不行，那就不是一個有效的決策。一般而言，決策的執行靠人，所以管理者必須有辦法帶動所屬或員工去執行決策。決策是否被執行，當然和人的行為或行動有關，管理者必須去觀察這些行為和行動。

步驟九：決策的最後一個步驟是必須考核追蹤

有效的管理，當然要看決策被執行的一連串行為，以及它的過程。定期的考核追蹤（follow-up）是必須的，如果偏離了決策，必須及時加以糾正，導回正確方向。

參、個人的決策

現代社會的廠企公司或機關單位，管理者大部分的決策都是集體的、多數人的參與。可是，管理者仍必須具備一個人做出決策的能力。

對一個決策者來說，他／她在做決策時，受到以下四個因素的影響：一、價值；二、人格；三、風險，以及四、潛在的認知障礙。

首先，人在成長的過程中，會得到一些他認為是有價值的事物；當然，對此而言，人格也占了影響價值形成的一部分因素。決策者在決定目標或標的物時，他在選擇機會或評估優先順序時，其實就是在做價值判斷。

在選擇達成目標的各種可能方法時，這些方法或方式，其實也充斥著價值的選擇與決定；順理推之，在執行這些方法時，從實作的層面來看，當然受到價值的指引。

其次是人格這個變數，心理學家特別強調人格在做決策時對於個別決策者的影響。他們指出會影響決策者人格的三種變數。第一個是決策者的態度、信念，以及需要，此三者構成心理學家所說的人格變數（personality variables）。

另外，則是情境變數（situational variables），情境變數是指決策者在外在環境中，包含自然環境及社會環境中，決策者如何去定位他自己。最後一個影響

人格的變數是互動的變數（interactional variables），其實指的是每個決策者究竟如何和他／她所處的情境，彼此互相影響的情形。

心理學家認為基於以上的人格因素，沒有一個人是全能的決策者，在某些方面做出很好的決策，在某些方面則無法做出正確的決策。而且，人格會影響到決策者在決策的每一個階段對風險的評估，以致做出不同的選擇。另外，從人格面來看決策者，或決策，又受到性別及社會地位的影響。

第三是關於風險的性質（propensity）。決策者常常在個性上顯露出來，他會傾向採取有風險的決策。高收益常伴隨著高風險；反之，低收益則風險較低。決策者如果較大膽，喜歡採高風險，其決策作為和一個寧可採低風險的決策者所做出來的選擇，當然迴異其趣。管理者在做決策時，常把風險假定為是作為一個領導者的需要和一種樂趣。因此，對於風險的評估，常有以下的假定：

一、要做出成功的決策，必然要對所冒風險，做出假定（risk assumption）。

二、風險假定不僅是經理人的專業責任（professional obligation），也是一種個人的傾向（personal inclination）。

三、經理人的風險假定，當然是帶有情緒的內容，這些情緒來自於焦慮、害怕、興奮和樂趣；而且也常有一些細緻的掃興所引起的危險。[20]

最後影響一個人從事決策行為的變數，是心理學上常提到的潛在的認知障礙或不協調、不一致。比較上，前面談到的變數是在決策前影響決策者，但潛在的認知不協調則比較是決策後所發生的行為。這就是心理學家 Festinger 所說的認知障礙理論（cognitive dissonance theory），決策者在做出特別決定後，常常會有焦慮感。焦慮感的強弱，來自於決策本身的一些特質，例如決策是攸關重大的、財政的或影響身心甚鉅的決定；又決策是在一大堆可能的不同選擇中，所做出來的唯一抉擇；而其他那些被拋棄的建議決策，事實上也列舉了一些可能的好結果。

Festinger 因此有兩個主要的假設：第一，當認知障礙存在時，會造成心理

---

20 Ph. D. I. C. Dima, "Risk Elements in Communicating the Managerial Decisions," European Journal of Business and Social Sciences, October 2012, 1 (6): 32.

上的不舒服。因此，當事人會設法減少這些認知障礙，使自己的考慮和行動達成一致。第二，當認知障礙出現時，除了減少這些認知障礙外，決策者還會主動地去避免這些障礙和不一致的增加。[21]

所以決策者在敲定，且已經去實行這個決定後，常常會蒐集對於自己決策最有利的資訊，或者支持；同時，也貶低其他決策所聲稱可以帶來的好的結果；當然，最重要的是會去刻意降低所做決策可能會帶來的負面影響之評估，而誇大其正面的結果。這種認知障礙所造成的盲點，常會使決策者錯得更深，進入所謂的「承諾階梯」（escalation of commitment）中；會故意忽略那些不利於已經做成的決策訊息，反而會加大力道在已做的決策上，使得錯誤政策愈陷愈深。在研究上，有大量資料證明，決策者會陷入這種對自己承諾所要做的決策，自澄其正當性（self-justification）。[22]

肆、集體決策

所謂一個集體決策（group decision making）的過程，或可被定義成是一種情境；在此情境中，第一，有二個或二個以上的人有不同的偏好，代表著彼此有不同的價值系統。但是，又同時可以接觸到相同的資訊，面對這些相同的資訊，彼此的認知、態度、動機和人格上的反應又都不一樣；第二，但這些人又認知到彼此面對的是相同的問題；第三，這些人仍企圖或期待能獲致一個集團的決定。[23]

一般而言，集合眾人智慧，似乎比較能做好決策。尤其複雜的問題需要各方面專業知識，不同專業領域知識背景的人，齊聚一堂，腦力激盪，較會做出更好的決策。尤其當理論指引大家都可以這麼做，而實務上又無法預知是否這樣做就會有效果，集體的齊一化（polarization）就是集體決策。[24]

---

21 同前註，頁3。

22 同前註，頁9。

23 F. Herrera, E. Herrera-Viedma and J. L. Verdegay, " A Sequential Selection Process in Group Decision Making with a Linguistic Assessment Approach," International Journal of Information Science, 1995, 80: 1.

24 David G. Myers, "Polarizing Effects of Social Interaction," in H. Brand Statter, James H. Davis and

但也因為如此，如果不能採取一些有效的決策工具，集體決策常會受到集體壓力，被迫趨同，反而不易出現個別的、有真正解決問題的意見，這就是集體思考（group thinking）的壓力。此外，如果集團中有一個層級地位高的人，而且，他或她又是較傾向支配型的給予意見，也會使集體智慧的結晶效果，大打折扣。其實，要看不同的決策，有些決策需要責任分明，不妨就讓一個人決策，由他負起全責；集體決策，反而使得決策的責任不明；此外，集體決策常常會採取具較高風險的決策，因為一個人負責決策，面對高風險自然會比較保守。

集體決策常常因為參與的都是各方的專家，彼此採取的類別標準不同，而產生相互衝突（Multi-Criteria Decision Making, MCDM），集體決策用以下三種方法來減少缺點：

一、腦力激盪法（Brainstorming）

這是最常用的集體腦力激盪下提出創新的作法。腦力激盪有一些原則，首先是鼓勵各種奇特想法，即使是古怪精靈的思考，也是歡迎的；其次則是每一個所提出的點子就屬於該團體所有，不是僅屬於最初提出此構想的人；基本上，不鼓勵彼此互相找碴、批評，因為是集思廣益，而不是去評估他人的想法。由於不去排比及評價每個想法，常能固守在解決問題的過程系絡中。腦力激盪法的一般步驟：（一）鼓勵自由自在無拘無束提意見（freewheeling），愈多愈好，愈多愈受歡迎；（二）通過頭腦風暴產生點子，把它公布出來，供大家參考，讓大家受啓發；類似允許別人站在自己的肩上，使其看得更遠（piggybacking）；（三）鼓勵結合他人的想法提出新的構想；（四）與會者不分職位高低，都是團隊成員，平等議事；（五）不允許在點子彙集階段評價某個點子的好壞，也不許反駁別人的意見（do not evaluate or discuss alternatives）。[25]

而最後決策的產生，可以透過（一）多幾個回合，重複討論，記下所有點子；（二）多次反覆討論；（三）先投票選出較好的點子；（四）用分析討論預投

Gisela Stocker-Kreichgauer , Group Decision Making, Academic Press, 1982.

[25] Fred C. Lunenburg, Decision Making in Organizations, International Journal of Management, Business, And Administration, 2011, 15 (1): 3-4.

票的點子好壞，後果分析；（五）最後投票決策。

二、德慧法（the Delphi Method）

　　德慧法是透過專家學者的書面意見調查，每個填答者都能看到他人的意見；因此，可以藉此修正自己的看法，而不會覺得喪失顏面，或覺得不受到尊重。尤其是透過書面表示意見，不必面對面，每個人都能毫無掩飾地表達自我的想法，可以充分地提供一己之見。尤其，一般狀況下，別人的意見是匿名的，因此，也不會有人際關係的考量。德慧法還會提供問卷的詳細背景資料，問卷也至少有二到三回合的修正填答，確能找出較好解決問題的決策。[26]

　　德慧法是在 1940 年代由蘭德公司發展而成的。德慧這一名稱起源於古希臘有關太陽神阿波羅的神話。傳說中阿波羅具有預見未來的能力。因此，這種預測方法被命名為德慧法。1946 年，蘭德公司首次用這種方法用來進行預測，後來該方法被迅速廣泛採用。德慧法的特點：讓專家以匿名群眾的身分參與問題的解決，有專門的工作小組通過信函的方式進行交流，避免大家面對面討論帶來消極的影響。德慧法的一般步驟：（一）由工作小組確定問題的內容，並設計一系列徵詢解決問題的調查表；（二）將調查表寄給專家，請他們提供解決問題的意見和思路，專家間不溝通，相互保密；（三）專家開始填寫自己的意見和想法，並把它寄回給工作小組；（四）處理這一輪徵詢的意見，找出共同點和各種意見的統計分析情況；將統計結果再次返還專家，專家結合他人意見和想法，修改自己的意見並說明原因；（五）將修改過的意見進行綜合處理再寄給專家，這樣反覆幾次，直到獲得滿意答案。而根據筆者多次施做的經驗，德慧法可以將其做某種程度的量尺測試，而得到學者專家，比較趨同的意見，有助於決策的制訂。

三、成員正式出面具名的集體討論（Nominal Group Technique, NGT）

　　NGT 和德慧法最大的不同，在於 NGT 是面對面的、包含有 7 到 10 個人的討論。但第一回合，大家先不交談，把所想所思的列出來，然後緊接著大家逐一

26　Norman Crolee Dalkey, Delphi, South Monica, CA: Rand Cooperation, 1967.

說出每一個點子，這時候有人協助做整理列表的工作，把相同或相似意見歸類，緊接著是討論，贊成某一論點的提出正面的辯護，當然可以提不同相反意見，結果擇取偏好投票，大家把自己認為適當的解決辦法，依不同的點子加以排序，看最後哪一個解決方法得到最多人支持，從而做出決定。NGT 在健康、社會服務、教育、企業及政府組織上被廣泛地運用。[27]

伍、資訊時代下的決策

　　資訊時代來臨，各種資料充斥，管理者或決策者所面臨的是資訊爆炸的時代，資料太多而不是太少，正因如此，不論是公部門或私營企業所面臨的變化及競爭都非常激烈。事實上，決策者常無法充分完全地運用所有資訊。什麼是對管理者或決策者在做決定時有用的的資訊，反而是做好決策的關鍵。

　　資訊時代的決策建立在以下三個因素上：

一、各種不同領域的資訊可以相互流通

　　但必須確保以下的原則，即：可接觸性，即資訊可以輕易及快速地獲得；即時性，當需要某些資訊時可以即時地找到；相關性，決策者所獲得的資訊是和所要做的決策目標是有關聯的；正確性，必須確保資訊的正確無誤；可驗證性，資訊必須可以獲得驗證及確認；完整性，儘可能所有的資訊都被取得。而且，資訊時代藉著群體軟體（groupware），可以有效地把生產、銷售、品管等等組織部門結合起來。同時，透過群體軟體也可以知道各部門的工作進行到什麼程度，而進行更有效率的管理和決策。

二、建立管理資訊系統（Management Information System, MIS）

　　電腦中的資料在鍵入時大都是原始資料（raw data），需經過電腦建構的系統，將資料轉換成管理者或決策者在決策時可供參考的資料，這種組織化的

---

[27] P. Delp, A. Thesen, J. Motiwalla and N. Seshardi, Systems Tools for Project Planning, Bloomington, Indiana: International Development Institute, 1977, pp. 14-18.

過程，就是 MIS 建立的過程。整體品質的管理系統（top quality management, TQM），包括研發管理、品質管控以及產品發展，相關的這些資料在蒐集後鍵入電腦，電腦再將它們按所寫的程式予以分類，變成有用的資料庫。從資料蒐集（data collection）、資料儲存（store and process data），到管理者可以獲得最新的資訊（present information），整體而言，這就是 MIS 的功能。[28]

為了使管理者能夠在獲得最有用的資訊，以便從事最正確的決策。除了 MIS 的建立外，當然要有電腦的網路連結，彼此透過電腦能夠交換意見及資料。以企業廠商而言，總公司必然能夠和各地分公司各部門互相以電腦網路來連結；而機關單位之間如中央與地方政府之間，地方政府與地方政府之間也應該有網路連結，這種資訊從產生、整理、分析到連結，而能產生運用的功能，就是決策支援系統（decision support system）。[29]

個案討論：亞當斯中校被要求去做的一個轉型[30]

亞當斯中校是空軍的一位航空工程師，他被認為是一個很有成就的軍官，從空軍少尉、上尉，一直到少校，他的陞遷就像坐直升機般的快速。而且，他花很短的時間在空軍的學校修完專業課程並獲得碩士學位。在較早的工作任務中，他被指派的任務，常常需要監督15到20位下屬。僚屬人員的變化是因為他的任務就是負責一個空軍中隊飛行基地的例行維護工作。由於他的階級的晉陞，他被調到

---

28 管理資訊系統（Management Information System, MIS）是一個以人為主導的，利用電腦硬體、軟體和網路裝置，進行資訊的蒐集、傳遞、儲存、加工、整理的系統，以提高組織的經營效率。管理資訊系統是有別於一般的資訊系統，因為它們都是用來分析其他資訊系統在組織的業務活動中的應用。學術上，管理資訊系統通常是用來指那些和決策自動化或支援決策者做決策有關的資訊管理方法的統稱。請參見：J. O'Brien, Management Information Systems: Managing Information Technology in the Internetworked Enterprise, Boston: Irwin McGraw-Hill, 1999.

29 決策支援系統（Decision Support Systems, DSS）為一種協助人類做決策的資訊系統，協助人類規劃與解決各種行動方案，通常以交談式的方法來解決半結構性（semi-structured）或非結構性（non-structured）的問題，幫助人類做出決策，其強調的是支援而非替代人類進行決策。請參見：G. A. Gorry & M. S. S. Morton, A Framework for Management Information Systems. Sloan Management Review, 1971, 12 (3): 55-70; R. H. Prague & E. D. Carlson, Building Effective Decision Support Systems, Englewood Cliffs, NJ: Prentice Hall, 1982.

30 Peter G. Northouse, Leadership: Theory and Practice, Sage Publication Inc., 2010, pp. 59-60.

工程計畫部門，所以他的部屬也都是技術人員。

和他的同仁相比，因為他卓越的績效，他晉陞中校的時間比別人都要早。為了讓他能被調到另一個工程部門的位置，人事單位負責他調職的主管決定讓他再進行一趟專業經驗學習之旅。亞當斯中校被任命為X基地行政部門的主管。X是一個空軍基地，大概有5000位文武職人員在X基地服務。

對X基地指揮官而言，亞當斯中校直接指揮135位武職幕僚，亞當斯當然是最資深的人力資源的幕僚長。舉凡所有人事問題、食物提供、休閒活動、家屬支持（family support）、醫療服務，都是亞當斯這個部門在主管。此外，亞當斯中校還兼任X基地「勞工及管理關係委員會」（the Labor-Management relations Committee）的主席。

當軍方雙方冷戰結束後，軍方當然也分到一些和平紅利，政府卻因此決定刪減國防預算。當亞當斯接任X基地的行政部門主管6個月之後，聯邦政府正式宣布軍隊裁減，以及關閉幾個軍事基地，X基地在裁減的名單中，同時該基地被分配給陸軍。X基地的空軍業務必須在一年之內結束，兩年後第一批的陸軍部隊將進駐。為此，聯邦政府給了X基地原文武職人員志願退休計畫。但志願退休計畫必須在4月1日之前，提出申請。

有關X空軍基地的轉換（conversion）的相關規定如下：

1. 基地仍將維持正常運作6個月的時間。

2. 8月1日前空軍中隊的所有人員、裝備及家屬（共約1000人），必須搬遷到另外一個基地，並且維持正常運作。

3. 但是X基地的所有軍文職人員在轉換之後，必須裁減掉30%的人數。

4. X基地在執行運作任務或工作上，仍必須提供必要的人力的支援。

5. 員工的裁減必須配合聯邦所提供的志願提早退休計畫。

6. X基地必須準備好一個能接受兩年後到達的2000個陸軍新士兵進駐的支持性的結構（a support structure）。

亞當斯中校負責去發展一個人力資源計畫（human resource plan），這個計畫要能支撐以上種種在轉換過程以及轉換後，所有的功能上的要求，使這個基地的運作維持正常。

面對這樣一個令人氣餒的工作，亞當斯中校能怎麼辦？他開始廣泛地檢視所有有關X基地要轉移或轉換的相關規定，他強迫自己熟記聯邦提供的志願提早退

休計畫;接著,他和所有X基地各部門主管會談、交換意見。在初步的瞭解各種狀況後,他提出了一個在規定的限期內,完成移轉換防基地的計畫;同時,他也召開了一連串的會議,和他自己的幕僚商量,在他自己的部門內,如何達到所要求的裁減人員的數量。

在考慮要達成志願提早退休計畫所期待的人數後,亞當斯卻發覺,事實上那是不可能的任務。如果僅僅是很單純地,讓大家自發地去決定申請提早志願退休,離開空軍,對X基地來講,那是對此基地所有部門的一種踩躪。很多工作必須先裁減掉,這就要決定留下誰,要誰退,在哪些領域,但同時要能解釋「為什麼?」亞當斯中校事實上已經碰到了,被認為應該先被裁減掉的部門,頑強的反對。

亞當斯決定先拿他自己的部門做示範,在和自己部門的幕僚詳細商量後,他做了獨立的分析,仔細的檢查,該如何裁減他的部門。他的目標是裁減掉人事部門中的房舍部門、單身宿舍部門、家庭服務以及休閒活動部門。也因此,他決定自己行政部門的軍職人員裁減掉10%。

亞當斯在完成初步的裁減工作後,聯邦政府通知他,完全批准願意志願提早退休的申請者,這點倒頗令人意外。因為加上亞當斯原來計畫已裁減的人數,似乎快速地達到預計指定的裁減人員總數。這使得各主要部門的人力驟然減少很多,就在亞當斯的計畫已執行了幾個星期後,抱怨的聲音如海濤浪潮般所堆起的高山,排山倒海似地壓向基地指揮官。

員工的壓力、挫折、不滿等等的事件,瞬間陡升,因為要搬遷的家庭發現,他們所要求的支持服務被削減了,甚至於早被取消了;那些正在移防的幕僚被迫從早工作到晚,週末假日還要加班,員工的家庭支持服務幾乎完全沒入沼澤中消失掉,同時只好尋求額外的協助。

不管花費了更多時間去向基地裡所有的人及各部門,不斷解釋問題發生的種種原因,亞當斯發覺他自己像要被淹死在水中,抬不起來頭呼吸。問題演變的更糟是因為,X基地仍要維持正常運作,但卻是高度困難。尤其許多重要的、關鍵性部門,人力短缺。基地指揮質問亞當斯,為什麼會這樣?亞當斯在被強制要求要達成指定目標時,他的計畫完全符合所要求的最後期限,以及裁減的人員總數;而且,他的計畫也達成了志願提早退休計畫所列的綱領要求。基地指揮官對亞當斯說:「也許如你所說的,但是你忘了顧全大局。」(but you forgot about the bigger picture）

個案問題討論

1. 從領導統御的技術來看（skills），你／妳如何評估亞當斯，做為一個空軍基地行政主管，在面對任務要求的挑戰上，他的領導能力（ability）？
2. 在不顧一切達成不可能的任務上，亞當斯做了額外的努力，你／妳如何評估他在這一方面的能力？
3. 假定你／妳是亞當斯的輔導員（mentor），該教亞當斯如何改善他的領導能力，你／妳會對他說些什麼話？

❂ 第三節　領導與管理的人格與風格

　　從前面兩節的論述來看，管理者似乎比較習慣用科學的方式與過程去做決策；而一般領導者，特別是非商業部門的領導者，則似乎和領導者個人的人格認知、知識與經驗，甚至於對解決問題的態度較有關聯。

　　James D. Hess 和 Arnold C. Bacigalupo，兩人在研究非營利組織的領導行為時就區別營利型組織和非營利組織在領導與決策上的不同。[31]

　　Hess 和 Bacigalupo 認為，對營利型組織而言（一般指的就是商業廠企公司），時間管理的價值，自我的知識，激勵人心的管理，以及衝突管理，對於決策影響比較大；但非營利組織的領導決策則必較重視價值衝突的管理，以及如何讓所屬能夠被激勵。尤其，營利型的組織在制定決策時，比較重視利害關係人（stakeholders）的確定的利潤（profits），以及如何使利害關係人能夠取得最大的獲利。但非營利型組織則注重他所服務的對象（例如選民），大家所有需求的平衡（balance the needs），尤其是在決策過程上，會是一個「黨派之間相互調適的過程」（partisan mutual adjustment）。

---

31 James D. Hess and Arnold C. Bacigalupo, "Applying Emotional Organization," Administrative Science, November, 2013 (4): 202-220.

　　Hess 和 Bacigalupo 更認為情緒智商（Emotional Intelligence, EI）和決策模型（decision-making model）息息相關。其實情緒智商當然會受到領導者的人格和領導技術的影響。如果確認管理者就是領導者，當然，領導者和管理者的人格和因人格而產生不同行為，加上後天所學習到的領導技術，就管理者和領導者來講，都是相同的。

壹、領導的人格

　　根據 J. R. P. French、B. Raven、D. Cartwright 以及 Peter E. Northouse 等人的歸納，有關領導人格的特徵可以說是林林總總[32]，幾乎會讓讀者誤以為領導是「天生的」。我們常聽人家說，這個人生下來似乎就是要做領導者，但其實，人格特徵有些時候是可以經過訓練、學習，再加上經驗，內化（internalized）成人格的一部分。人格特質究竟是基因形成，或後天培養出來的，在領導的「人格途徑」（trait approach）中，始終是個爭論不休的議題。在筆者來看是相輔相成的，人格傾向可能是「種子」，要成長為「大樹」，是必須仰賴學習、訓練和歷練的。

　　Northouse 認為綜合所有人格特質，主要領導的特徵可以歸納成五大項：

　　一、智慧（intelligence）：領導如果有知識、智慧，邏輯上應該會做出最適當或最好的決策。身為領導者自然要比一般人更具有良好的口語能力、認知能力，以及推理能力。不過，學者專家也常警告領導者的認知境界不能遠離追隨者太遠，而顯得遙不可及；同時，會產生嚴重的溝通障礙。

　　二、自信（self-confidence）：自信是做為領袖或領導統御的能力，有此能力領導者有相當的自負（self-esteem）及自信（self-assurance）他或他們是與眾不同的。領導原本就是要影響所屬團體成員，領導要有信心，他對所屬成員的影響是妥適的及正確的。

　　三、決斷力（determination）：領導在做決定時必須展現他的決斷力，所

32　D. Cartwright (Eds.), Group Dynamics: Research and Theory, New York: Harper and Row, 2004.

謂的決斷力包括能啓動或率先提出意見，其次還能擇善固執，同時能夠支配（dominance）或驅使（drive）他人。領導要能維護自己的主張，又能積極主動，遭遇困難時，永不退縮，在險阻時刻讓所屬能追隨他的腳步。

四、廉正與誠實（integrity）：領導人如果廉政誠實，就會贏得所屬的信賴，團體成員會因此願意信守他們的原則與負起應有的責任。領導人廉政誠實，團體成員才會信賴領導所做的指示，而且確實去執行。團體成員會表現出服從與忠誠，原則上，一個廉政誠實的領袖值得追隨與信賴。

當前世界局勢變化很大，如美國小布希總統宣稱伊拉克具有毀滅性的化學武器，結果事實並非如此，使得人們對政治人物的「誠信」大打折扣；相對的，對政治人物的廉正與誠實的道德要求也愈來愈高。

五、擅長交際（sociability）：領導如果擅長交際手腕，則會讓人覺得友善、圓融、彬彬有禮，又面面俱到，能建立良好的社會關係網絡；這樣的領導者自然而然容易和所屬建立良好的互動，有助於決策的形成。

以上五種領導的人格特徵比較上是質化的，不好衡量。但過去二十五年來，學界將人格特徵運用調查建立出幾種類型[33]，這五種人格特質是：

一、神經極度敏感的人（neuroticism）：這種人格傾向的人，較易沮喪，過度憂慮，沒有安全感，心理容易受傷，同時對他人較具敵意。

二、外向型的人（extraversion）：人格上傾向喜歡和別人進行社交往來，較堅定自信（assertive），同時較具有正向能量。

三、坦誠開放型的人（openness）：這類人消息靈通，有創造性、洞察力，同時也比別人對各種事物好奇。

四、親和力強的人（agreeableness）：具有這種人格傾向的人，願意接受別人的意見，也願意附和別人、信賴別人、成全別人（nurturing）。

五、責任感或責任心強的人（conscientiousness）：這類人思慮周密認眞、

---

33 Lewis R. Goldberg, "An Alternative "Description of Personality": The Big-Five Factor Structure," Journal of Personality and Social Psychologs, 1990, 59 (6): 1216-1229.

R. R. McCrae & P. T. Costa, Validation of the Five-factor Model of Personality Across Instruments and Observers, Journal of Personality and Social Psychology, 1987, 52: 81-90.

有組織、又能冷靜克制（controlled）一己之情緒，同時可靠（dependable），具決斷力。

根據 T. Judge、J. Bono、R. Ilies 和 M. Gerhardt 在 2002 年的研究，對 78 位領袖人物在 1967 年到 1998 年的觀察，第一項人格特徵影響領袖形成的是外向型人格，其次是富有責任感或責任心的人，再來是坦誠開放型的人，但親和力則比較沒有關聯性；不過，在負面人格傾向即神經過敏的特徵都必須極低，才有可能形成領袖人格。[34]

領導主要屬性，根據 S. J. Zaccaro、C. Kemp 和 P. Bader 在 2004 年的研究，統計 1990 到 2003 年學者所提到的屬性如下：

一、認知能力，包含一般知識、創新思維能力。

二、人格，包含外向性、有良心、情緒穩定、開放、妥協性。MBTI 偏好指數，由外向、直覺、思考及判斷所構成。

三、動機與需求，包括對權力的需要，成就需要及想擔任領導的動機。

四、社會能力，包含自我檢查、社會知識，以及情緒知識。

五、問題解決技巧，包括建構問題、問題產生，以及形而上的認知。

六、策略知識。[35]

Northouse 提供了一個自我檢測領導人格特質的量表，十分有趣，讀者可嘗試為自己打分數，檢視一下自我的領導人格量表分數之高低，來判斷是否適格成為領導人物。[36]

1 分代表非常不具備，2 分代表不具備，3 分是普通，4 分是具備，5 分是非常具備。

第 1 項是彙整能力（articulate），代表可以有效地和集團內的成員或同仁、甚至部屬之間的溝通能力。第 2 項是知覺能力（perceptive），可觀察的指

---

[34] T. A. Judge, J. E. Bono, R. Ilies & M. W. Gerhardt, " Personality and Leadership: A Qualitative and Quantitative Review," Journal of Applied Psychology, 2002, 87 (4): 765-80.

[35] Stephen J. Zaccaro, Cary Kemp and Paige Bader, "Leader Traits and Attitudes," in John Antonakis, Anna T. Cianaiol and, Robert J. Sternberg（Eds.), The Nature of Leadership, Thousand Oaks, CA, US: Sage Publication, Inc., 2004. p. 118, table 5.1.

[36] Peter G. Northouse, Leadership: Theory and Practice, SAGE, 2010, pp. 33-35.

標是識別能力，以及有洞察能力或者提出見解的能力。第 3 項是自信心（self-confident），對自己自信心能力的評估，此即是否相信自己有無能力的程度。第 4 項是對於自我信心確定的程度（self-assured），也就是在做決定或做事情時，懷疑自己是否做對、做好的程度。第 5 項是毅力（persistence），毅力是指在干擾之下仍堅定地朝向自己設定的目標的堅持程度。第 6 項是堅定力或定力（determined），對於自己的立場堅定的程度，行動的確定性。第 7 項是可信賴度（trustworthy），自己是否能得到他人的真正信賴，以及可以激勵別人的信心。第 8 項是可依恃的（dependable），即別人真正相信可以依靠你的程度。第 9 項是友善的或親切的程度（friendly），別人總認為你是和藹可親近，你對待別人總是仁慈的、溫暖的。第 10 項是樂觀外向的程度（outgoing），讓別人可以毫無顧忌和你講心裡話，別人也覺得你很容易相處。第 11 項是責任感很重的人（conscientious），思慮周全外，有條不紊、情緒穩定。第 12 項是勤奮或努力不懈（diligent），別人相信你是持續不斷的在辛勤工作。第 13 項是很靈敏的感受力（sensitive），可以容忍別人，可以通融並且賦有同情心（sympathetic）。第 14 項是能設身處地替別人設想（empathic），體會、認同他人，並且理解他人的情緒。

以上稱做領導統御人格特徵評分項目（Leadership Trait Questionnaire, LTQ）。從 LTQ 分數的高低，可以評估一個領導人物領導統御能力的高低。當然，總共 14 項，如果都是 5 分的話，那得到總分 70 分的領導，可以說是一個非常具有領導統御能力的領袖。LTQ 可以「他評」，也可以「自評」，他評和自評分數的比較，是一個對於判斷一個人是否具有領導統御能力的重要判斷參數。

Northouse 的領導統御人格特徵評分表可見於表 2-3：

表 2-3　Leadership Trait Questionnaire (LTQ)

1.	Articulate: Communicates effectively with others	1	2	3	4	5
2.	Perceptive: Is discerning and insightful	1	2	3	4	5
3.	Self-confident: Believes in himself/herself and his/her ability	1	2	3	4	5
4.	Self-assured: Is secure with self, free of doubts	1	2	3	4	5

5.	Persistent: Stays fixed on the goals, despite interference	1	2	3	4	5
6.	Determined: Takes a firm stand, acts with certainty	1	2	3	4	5
7.	Trustworthy: Is authentic and inspires confidence	1	2	3	4	5
8.	Dependable: Is consistent and reliable	1	2	3	4	5
9.	Friendly: Shows kindness and warmth	1	2	3	4	5
10.	Outgoing: Talks freely, gets along well with others	1	2	3	4	5
11.	Conscientious: Is thorough, organized, and controlled	1	2	3	4	5
12.	Diligent: Is persistent, hardworking	1	2	3	4	5
13.	Sensitive: Shows tolerance, is tactful and sympathetic	1	2	3	4	5
14.	Empathic: Understands others, identifies with others	1	2	3	4	5

資料來源：Peter G. Northouse, *Leadership: Theory and Practice*, Sage Publication Inc., 2010.

貳、領導人格討論

以下舉三個個案，作爲領導人格討論的範例。[37]

個案討論一：挑選新主任

Sandra Coke是「大湖食品」（Great Lakes Foods, GLF）公司研究及發展部門的副總裁。爲了因應公司重新的組織結構，Sandra必須爲這個擁有約1000個員工的研究部門找一個合適的主任，負責研究部門。研究部門的主任必須親自向Sandra報告該部門的事務，研究部門負責發展和測試所有新開發的食品，該部門的人員大約200位，研究部門主任人選至關重要。特別是Sandra有著來自GLF總裁和董事會的壓力，後者要求提高該公司全面的成長和生產力。

Sandra相準了來自管理部門的三個候選人，但每個人的素質及實力都旗鼓相當，Sandra不知道該從三個人中挑選哪一位？第一位叫Alexa Smith，Alexa是

---

37 以下三個個案，取材自Peter G. Northouse, *Leadership: Theory and Practice*, Sage Publication Inc., 2010, pp. 28-32.

GLF的資深員工，她從高中時代就在學校的收發室當工讀生，進了「大湖食品」公司後，她經歷了10個不同的職位，最後爬升副經理的位置，專門負責公司新產品的市場行銷工作。Alexa所有的工作經歷都被評估為，她是一個很有創造力及洞察力的員工。為了公司她發展創造了許多新產品的市場銷售網。她對工作十分地堅持，毅力十足，做事認真負責，有始有終。她的人格特質至少使公司四種新食品成功地被銷售出去。

第二個候選人是Kelsey Metts，她在公司有五年的資歷，負責公司已銷售出去的產品，是公司銷售產品品管部門的負責經理。Kelsey給大家的印象都是非常正面的，為人光明磊落，她是哈佛大學畢業的企管碩士（MBA），畢業成績名列前茅。大家在言談之餘都認為Kelsey是將來可以成為公司總裁的不二人選。她的社交手腕，以及和他人的人際互動技巧，被認為是第一流的，重要的是她讓人感覺很親切像自己人。公司裡所有主管和她互動後，沒有人不誇讚她，覺得和她打交道是最愉悅的。加入GLF公司至今，Kelsey出過大力，成功地為公司建構了兩種新產品的生產線，並且打進了市場。

第三位候選人是個男性，名叫Thomas Santiago。他進入公司服務已經十年了。較上層的經理人常找他提供需策略思考的計畫，許多需要彼此合作的案例，也都徵詢他的意見。Thomas非常融入公司的每一樣事物，也一直是提供公司發展願景的重要人士之一。他相信公司具有的價值，願意為公司的價值奉獻他自己，使命必達。他有兩樣人格特質超凡出眾：誠實和正直。凡是做過他手下的，都一直讚賞他待人的公平和一致。Thomas受到GLF公司上上下下的尊敬。對於公司新的三種產品的上市及生產線，Thomas功不可沒。

Sandra要從這三個人中選擇一個最適當的人選。她該選擇誰呢？

 **個案問題討論**

1. 從領導統御的人格特質的內容來看，Sandra 可以根據哪幾項人格特質來決定人格？
2. 人格特質的領導統御的理論，到底是否適用在這個案例上？
3. 從人格特質的領導風格來處理此個案，有何缺點？

個案討論二：傑出的轉型

　　Bains開了一家公司，Carol Bains嫁給Bains過了二十年，但很不幸地，Bains在一場車禍中去世了。Carol決定繼續經營這家公司。Carol是商學院畢業，主修管理。但她先生去世前，只有在晚餐時，兩個人才會不經意地談點公司的業務。

　　Bains公司位在人口不到20萬的一個小市鎮，該市鎮有3家這樣的公司，都是提供辦公室用品的公司，Bains之外的兩家公司都屬於全國連鎖店，Bains不是一個大公司，只有5個員工，每年都維持穩定的20萬的營業額，Bains提供產品給該市鎮多數的小公司。Bains好些年來業績都沒有成長，而且開始領教到兩家全國連鎖的公司廣告的壓力，以及貨品的低價競爭。

　　在Carol剛開始直接掌管公司的前6個月，她花很多時間去瞭解員工以及公司的實際運作；而後，她對於整個市鎮的公司用品的需求做了整體的調查。Carol根據她公司的能力以及會購買她的產品和服務的潛在市場之評估，她為公司訂定了中期和長期的目標。所有Carol的規劃其後面都有一個願景，那就是Bains可以成為一個人人知道的、健全的及具有競爭力的公司。她的想法不僅僅是承繼她先生的公司，更要將她發揚光大。

　　Carol開始經營的第一個五年，她花了一大筆錢在廣告、銷售和服務上，由於策略正確，公司快速成長，多僱用了20個員工。

　　公司經營的成功對Carol別具意義，因為在她丈夫因車禍死亡之後一年，她經診斷罹患乳癌，經過2個月的雷射治療及6個月的化療，副作用很明顯：掉頭髮以及容易疲勞。但Carol堅持下去努力保管她的公司，在她的努力之下，展現出無比的領導力，公司持續十年的成長。

　　不論和Bains公司的新、老員工提到Carol，眾口一辭地佩服她的領導統御。員工認為她是一個非常穩健的領導者，她發自內心深處去關懷員工，同時也極為公平及體諒他人，員工都說公司就像個大家庭，大家都捨不得離職，很少人辭職不幹。Carol為員工而努力，重視員工的利益。例如在夏天Carol籌組了公司的壘球隊，在冬天則籌組棒球隊，她在員工心目中是個強人。即便她身患癌症，她還是把多數時間精力放在員工身上，積極任事，從不沮喪。員工覺得Carol根本就是力量、善良及優質的化身。

　　Carol如今55歲了，她讓兩個兒子逐漸涉入公司業務，她則扮演總裁的角

色，不再鉅細靡遺地盯住每天的事務，現在公司的營業額是310萬，遠遠超過另外兩家連鎖店。

個案問題討論

1. 如何從領導統御的人格特質去形容 Carol？
2. 究竟是領導統御的人格特質中的哪一個因素，造成了 Carol 可以去擴展公司？
3. 假定 Carol 去經營別的事業，她會成為領導人物嗎？

個案討論三：為銀行甄選人材

　　Pat Nelson是中央銀行人力資源部門的助理主任，中央銀行是一個大型的提供全方位服務的銀行。每年春天Pat的主要工作之一，是到各大學院校訪談高年級應屆畢業生，經過訪談評定他們的資格才能分等級，然後聘用他們到銀行的商業借貸部門去工作。大約一年要甄選20個左右的新人，但是整體而言，年復一年，他所甄用的人都來自幾所特定的學校。

　　Pat做這種人員甄選工作已經十年有餘，樂在其中。但是在即將來臨的今年春天，他感受到明顯的壓力，壓力來自於質疑他大都甄選特定學校畢業生，此舉是否表示他心中有偏見，尤其是近些年來，每年新甄選的人有25%的人離職，此種短期僱用後即離職的事件，代表著訓練資源（錢）的浪費，同時人力添補所產生不足的緊張。當然，新來的人有一定比例會離開，這是人力資源管理的常態，但行政主管們對於此事耿耿於懷，他們開始質疑Pat的甄選過程及標準有問題。

　　銀行希望被甄選上的人能留下來，成為未來領導階層的培訓隊伍，所以某些需要特定職能的職位，在甄選錄用時，必須做充分的徵信評估，銀行對於有潛力，能爬升到高位的管理人材或領導人選，具有高度的興趣。

　　Pat甄選人材時，他經常檢視候選人的幾項特質：第一，他們的人際關係技巧，如鎮定又有信心，同時主動積極；第二，銀行為被信託人，需具備責任感，講究倫理，以及能保守秘密；第三，候選人必須具備充分的分析能力、技術以及嫻熟的使用電腦知識；第四，候選人必須展現出來的工作精神是他能信守承諾，

願意在最艱難時刻,仍堅守崗位。

　　Pat堅信他為銀行找到最適合的人選,但領導階層的管理主管仍要他重新評估他的甄選標準。雖然他還是覺得自己做對事情,但是不禁也開始懷疑自己遴選擇才的能力。

 **個案問題討論**

1. 從人格傾向的特徵來看,你 / 妳認為 Pat 對於他所聘用的人,是否都具有他認為是對的人格?
2. 是否 Pat 上司對於 Pat 找人的標準及判斷的保留,其實和 Pat 尋人的標準,根本無關?
3. 如果你 / 妳是 Pat,是否會改變你 / 妳錄用新人的標準?

CHAPTER

3 領導、管理與計畫

第一節　領導與計畫

領導所做的計畫，一般而言指的是戰略計畫（strategic planning）。前面提到管理時較著重於有效率地達成較短期的、立即的目標；所以，管理經常要確定完成最後目標的指標（objective）有哪些。從戰略計畫的角度來看，把管理的這些短期的指標包含在短期規劃的「運作式計畫」（operational planning）。戰略計畫的長期目標是提供公司廠企或機構單位的「最好的未來」（the best future），這種應許能獲得「最好的未來」的戰略計畫，常常是有實質的目標，或願景，它們可能在組織成立時，就已經存在。[1]

運作式的計畫所謂的短期，通常指的是即將到來的那一年，也可以說是「年度計畫」。至於「戰略計畫」，則是長期的（long term）；當然，後者會包括兩年期程或三年期程的「運作式計畫」。

美國非政府組織 APICS（原名為 American Production and Inventory Control Society，現在以 The Association for Operations Management 作為組織名稱。APICS 現在被解釋為 Advancing Productivity Innovation and Competative Success，即先進生產力、創新和競爭性成功）在其 2006 年 1 月發表的關於「戰略計畫」（Strategic Planning），領導統御手冊專章（Chapter Leadership Handbook）[2] 就列舉在進行領導的戰略計畫時要謹記以下原則：

1　Henry Mintzberg, The Fall and Rise of Strategic Planning, Harvard Business Review, January-February, 1994: 107.

2　File://F:decision%20making/5_strategic-planning chapter-leadership-handbook，檢索時間：2016年1月10日。

　　一、戰略計畫是一個演變或演化的、已在進行的過程。一個人的戰略計畫不可能立刻是一個完美的或完整的。

　　二、維持你的戰略計畫是一個簡單的、真實的及可管理的計畫。

　　三、領導統御在戰略計畫過程中是一個完整的專章。

　　四、在戰略計畫過程中導入創造性和想像力。

　　五、不要發展你無法執行的戰略計畫。

　　六、戰略計畫完成後，並不意謂著你的發展將終止。戰略計畫只是協助你成功的一個工具而已。

　　APICS 認為戰略計畫有五個步驟：

　　一、把人事物組織起來（get organized）：先決定是否要有一個戰略計畫，得到大家的「承諾」（commitment），決定哪些是外部可以得到的協助，再勾勒出一個合適的計畫過程，形成一個戰略計畫的團隊（planning team）。

　　二、獲得以下的材料（take stock）：必須取得事件的歷史和現在的情境，找到願景、任務和目標。瞭解機會和威脅，知道力量和弱點，知曉未來會遇到什麼重大的問題。

　　三、發展一個戰略（develop strategy）：選擇一個計畫的途徑（例如目標的途徑），找出或確認以及評估可供選擇的計畫，發展戰略。

　　四、草擬和精鍊一個計畫（draft and refine the plan）：同意一個架構，發展第一個計畫草案，精鍊計畫，採取計畫。

　　五、執行一個計畫（implement the plan）：執行計畫後，搜尋績效，採取一些修正行動，更新計畫及出版一個計畫。

　　APICS 的戰略計畫似乎只是側重在如何操作。因此，還是必須瞭解什麼是戰略計畫，然後再來看看戰略計畫和領導的關係。

壹、什麼是戰略計畫？

　　戰略計畫是一種把目前的基礎對想要的未來（desired future）的一種「投射」（projections）；所以，戰略計畫是一種工具，是把組織從現況帶到未來的五到十年後的路線圖。

　　戰略計畫的目的，長期而言是幫助一個組織所想要服務對象，他們能得到更好的服務。因此，戰略計畫必須保持彈性、務實而且可以指導一些可以執行的計畫、評估這些執行成果，視需要做出調整。戰略計畫必須反應出組織的最終目標，所以它會有它的感情、思想、概念和需求，在有規範之下形成一個整體的計畫。一個戰略計畫一定需要一個領袖（leader）去帶領成員做探索研究、討論及檢查，領導統御就是爲此而做好準備。戰略計畫當然和計畫、方向、執行及特定行動有關。戰略計畫的執行，必須有效（effective），同時又具有效率（efficiency）。參與戰略計畫的人，包括其領袖和成員都必須爲其執行結果的成敗，負起責任。

　　所以一個戰略計畫必須包含以下十個步驟：

　　一、願景和任務（vision and mission）：任何戰略計畫如果不能符合組織發展的願景和任務，就是沒有意義的戰略計畫。有清楚的願景才有可能構建戰略、行動計畫，發展出戰略評估方法及應變緊急狀況的種種措施。

　　二、環境掃描（environment scan）：當目標、願景與任務清晰地被描繪出來，必須分析外在及內在環境（internal and external environments），可以用「五力模型」（Five Forces Model）或 SWOT 分析。外在環境包括經濟的、社會的、人口統計、政治的、法律的、技術的，以及國際的因素。內在環境包括內部產業、勞動力市場分析等等基本的模型分析。

　　三、差距分析（gap analysis）：對於現況及可欲的未來情景之間的差距有多少，必須做出分析，在可用的資源上，如何有效運用去彌平這個差距，必須發展出特別的戰略。

　　四、標竿設定（benchmarking）：可以用比較方式，找到可比較的對差，找出「最佳」的實際情形，進行最佳的實務。訂定標準當然會有助於目標的確定。

　　五、戰略議題（strategic issues）：願景、目標、差距、標竿等都確定後，再加上差距分析，才能找出哪些問題，需要用哪些戰略去解決。

　　六、戰略計畫（strategic programming）：戰略目標確定，這時透過詳細討論，確定哪些是有意義的，以及其先後順序，可不可以衡量，同意的基礎在哪裡，是否相當眞實，以及時間和成本的限制（time/cost bound）。這時，才能

決定行動計畫，行動計畫是指「我們想進展到哪裡，如何去到我們要的地步」（how we get to where we want to go）。戰略計畫及行動方案，都必須具有戰術（tactics）和步驟。戰術是指每一項行動特定採取的方式。

　　七、緊急狀態下之戰略（emergent strategies）：不可預測（unpredicted）和原本無意（unintended）去做的事，常常會在戰略計畫執行時出現。如何在出現時，能夠採取一致性、前後不矛盾的行為模式，這是必須事先設想到的。[3]

　　八、戰略的評估（evaluation of strategy）：在戰略計畫執行過程中，必須定期評估戰略、戰術、策略，以及行動方案的成敗情形，這是必要的過程。定期衡量已有的績效，當然比較能預判整個戰略計畫的成敗。[4]

　　九、重新檢查戰略計畫（review of the strategic plan）：在衡量之後，必須把整個戰略計畫再做一次全盤的檢視，根據評估及檢視結果，做一些調整，特別要考慮緊急應變戰略，以及因應變遷的出現，調整戰略計畫的內容、腳步。

　　十、戰略思考（strategic thinking）：組織的任務及願景形塑也制約了戰略計畫，使得戰略計畫容易變成組織的規範，深入決策者的內心，參與者也視之為理所當然，不會去質疑。[5]戰略思考就是要打破這種閉鎖的規範，故意提出新選項、新思維，打開決策者或領導者已經僵化的腦袋，做出調整，使戰略計畫能與時俱進。[6]

　　以上十個步驟可參考 Caruthers J. Kent 和 Daniel T. Layzell 在 1999 年的著作。[7]其中，有關「五力分析模型」是 Michael Porter 於 1980 年代初提出。用於競爭戰略的分析，可以有效的分析客戶的競爭環境。五力分別是：供應商的議價能力、購買者的議價能力、潛在競爭者進入的能力、替代品的替代能力、行業內競爭者現在的競爭能力。五種力量的不同組合變化最終影響行業利潤潛力變化。五種力量模型將大量不同的因素彙集在一個簡便的模型中，以此分析一個行業的

3　見前註，頁23-25。

4　D. J. Rowley, H. D. Lujan & M. G. Dolence, Strategic Change in Colleges and Universities, San Francisco, CA: Jossey-Bass Publishers, 1997.

5　見註4。

6　見註4, Rowly, Lujan, & Dolence, 1997: 15.

7　J. Kent Caruthers and Daniel T. Layzell, "Campus Master Planning and Capital Budgeting," New Directions for Higher Education, Autumn (Fall), 1999: 73-81.

基本競爭態勢。五種力量模型確定了競爭的五種主要來源，即供應商的議價能力，購買者的議價能力，潛在進入者的威脅，替代品的威脅，以及最後一點，來自目前在同一行業的公司間的競爭。他認為，一種可行戰略的提出首先應該包括確認並評價這五種力量，不同力量的特性和重要性因行業和公司的不同而變化，如圖 3-2 所示。[8]

圖 3-2　Porter 五力分析模型圖

資料來源：http://wiki.mbalib.com/zh-tw/%E6%B3%A2%E7%89%B9%E4%BA%94%E5%8A%9B%E5%88%86%E6%9E%90%E6%A8%A1%E5%9E%8B，檢索日期：2016 年 1 月 15 日。

表 3-1　SWOT 分析表

	Helpful：對達成目標有幫助的	Harmful：對達成目標有害的
Internal 內部（組織）	Strengths：優勢	Weaknesses：劣勢
External 餐部（環境）	Opportunities：機會	Threats：威脅

資料來源：https://zh.wikipedia.org/wiki/%E5%BC%B7%E5%BC%B1%E5%8D%B1%E6%A9%9F%E5%88%86%E6%9E%90，檢索日期：2016 年 1 月 15 日。

---

[8]　http://wiki.mbalib.com/zh-tw/%E6%B3%A2%E7%89%B9%E4%BA%94%E5%8A%9B%E5%88%86%E6%9E%90%E6%A8%A1%E5%9E%8B.

　　而 SWOT 分析法（也稱 TOWS 分析法、道斯矩陣）即態勢分析法，其源起說法不同，一般是說 1960 到 1970 年代之間，史丹佛大學的一個研究團隊所研發出來，團隊的負責人是 Albert Humphrey，經常被用於組織戰略制定、競爭對手分析等場合。SWOT 分析，包括分析組織的優勢、劣勢、機會和威脅。因此，SWOT 分析是將對組織內外部條件各方面內容進行綜合和概括，進而分析組織的優劣勢、面臨的機會和威脅的一種方法。

　　SWOT 在做分析時就在問：

　　一、如何運用每一分的力量？（How can we use each strength?）

　　二、如何阻止每一個弱點？（How can we stop each weakness?）

　　三、如何運用每一次機會？（How can we exploit each opportunity?）

　　四、如何在每一個威脅來臨時防衛自己？（How can we defend apairst each threat?）[9]

　　戰略計畫的模型如下：[10]

一、傳統的長程計畫型（long-range planning）

　　長程計畫模型主要在回答：（一）組織現在在哪裡？（二）組織將走向何方？（三）組織本身想要往哪邊發展？（四）為了達成前面的這些目的，組織將作何種變遷（change）？長程計畫會產生一個一年期的運作計畫，同時配合好幾個五年期的或十年期的計畫。用圖 3-3 來表示，組織的領導會先做「探索」（monitoring）組織利益的趨勢（trends of interest to the organizational），從該趨勢預測未來可預期的發展，從組織可欲的未來設定組織目標，以及執行的特定政策和行動，以減少組織現狀和可欲的未來情形的差距；同時，又會回到探索或發現所採行動策略或方案，所產生的作用和預期或可欲的未來之間的差距。其情形如圖 3-3。

9　G. J. Hay and G. Gastilla, Objected-Based Image Analysis: Strengths, Weakness, Opportunities and Threats (SWOT), OBIA, The International Archives of the Photogrammetry, Remote Sensing and Spatial Information Sciences, 2006.

10　W. L. Renfro & J. L. Morrison, The Scanning Process- Getting Started, in J. L. Morrison, W. L. Renfro, & W. I. Boucher (Eds.), Applying Methods and Techniques of Futures Research. San Francisco: Jossey-Bass, 1984.

圖 3-3　長程計畫模型圖

資料來源：W. L. Renfro & J. L. Morrison, The Scanning Process- Getting Started, in J. L. Morrison, W. L. Renfro, & W. I. Boucher (Eds.), Applying Methods and Techniques of Futures Research. San Francisco: Jossey-Bass, 1984.

二、環境掃描的規劃（environmental scanning）

　　外在環境通常是指對組織的威脅和機會，為此必須發展一些可衡量的方法，去評估或列出威脅或機會的等級；尤其是針對那些會影響組織未來達成可欲狀態之趨勢（trends）的威脅和機會。評估或列等級後，與之有關的問題一一浮現，按照其輕重緩急的程度，做出一些可運作的計畫（operational plans），然後預測可能的後果和衝擊是什麼，針對這些預測來探討或探索在每一個問題的系絡或軌道（track）上的持續性相關性（relevance），再偵測所可能產生偏離組織可欲的未來的程度。同時，利用持續不斷的掃描，看看原先最早所做的預測，例如所屬員工的汰換率是否要做調整，或乾脆放棄，再擬出新的可欲的、相信可完成的願景圖（credible projection）。[11] 環境掃描圖可見於圖 3-4。

　　長程計畫不考慮內外在環境的現況，以及未來可能的變遷，也忽略了直接的經驗。掃描環境可以避免突發劇變，帶來似乎是命定的失敗。掃描環境模型可以辨識出原先是隱藏性（potential）主要的目標，而把它們擺到適當的軌道中。不過，要精確預測掃描出來問題的輕重緩急或等級，有賴於精細的方法，例如「機率理論」的運用，其實是頗複雜的衡量工具。

11　同前註。

圖 3-4　環境掃描模型圖

資料來源：同圖 3-3。

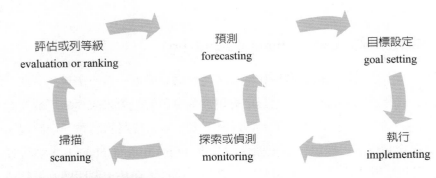

圖 3-5　戰略規劃模型圖

資料來源：同圖 3-3。

　　但是把上面兩種類型的規劃方式，融合在一起就是「戰略計畫」（strategic planning）的過程，總共有六個步驟：環境掃描（environment scanning）、問題評估（evaluation of issues）、預測（forecasting）、目標設定（goal setting）、執行（implementation）和探索或偵測（monitoring），其情形如圖 3-5。

　　Emily Gantz Mckay 就說：「非營利組織的領袖們或專家們都一致同意，計畫是好的管理和治理的一個重要的部分。」（There is a broad agreement among nonprofit leaders and experts that planning is a critical component of good management and governance）。[12]

貳、戰略計畫與長期計畫的不同

Mckay 認為一個組織要有年度計畫是很尋常的事，但由於環境變遷，要有一個三年或五年，甚至多年期的長程計畫就比較困難，但長期計畫對組織的存活是相當重要的。長程的計畫領導統御就非常重要，領袖要能指出多年後組織要發展什麼樣態的願景，為此願景就要設計、計畫特定的指標，可以運作的計畫，為組織成員構築一幅清晰的未來藍圖，大家在觀點上有聯合一致的共識，對計畫的優先順序也有相同看法，戰略上的共識，以及找出衡量企業及衝擊的一個基礎。

戰略計畫和長期計畫最大的不同，在於領導人不僅要告訴組織成員願景是什麼，還要告訴他們如何達成願景，所謂如何達成願景，就是要計畫出達成願景的戰略。所以戰略計畫是「進行自我檢查，選擇如何面對困難，建立輕重緩急優先順序的過程」。[13] 戰略計畫是「畫出一個路徑，你相信這個路徑是睿智的計畫，藉著路徑來調適所做所為，而獲得更多的資訊和經驗」。[14] 很明顯地，我們可以看出長期計畫和戰略計畫最大的不同在於，長程計畫決定願景，戰略計畫強調如何達到願景。

Mckay 認為戰略計畫有十個步驟：

一、同意進行戰略計畫過程

董事會或理監事會成員、內部主要同仁及外部的利害關係人，共同集合討論同意採取戰略計畫以及如何計畫。找出組織的潛在價值，提出共同願景及焦點，

---

[12] Emily Gaztz Mckay, "Strategic Planning: A Ten-step Guide," paper is based on materials originally prepared for use with SHATIL, the technical assistance project of the New Israel Fund. Modified for the National Council of La Raza, and further modified for Mosaica, May 1994 and July 2001. File://F:decision%20making/plan-10-steps.pdf，檢索時間：2016年1月11日。

[13] J. William Pfeiffer, Leonard D. Goodstein and Timothy M. Nolan, Understanding Applied Strategic Planning: A Manager's Guide, Pfeiffer & Co, April, 1948.

[14] B. W. Barry, Strategic Planning Workbook for Nonprofit Organizations. St. Paul, MN: Amherst H. Wilder Foundation, 1998.

採取彼此同意的目標及戰略。考量戰略計畫的成本，包括工作人員的時間、成本，為了發展一個計畫，什麼可以放棄，組織如果有組織不穩或財務危機，暫時不要進入戰略計畫，等到急切或當前面臨的立即問題已經解決。

先考慮組織是否優先採取一年期的短程計畫，再考慮長程計畫，如果都可以，再考慮戰略計畫的研擬、實施的過程及步驟。明確戰略計畫每一過程的責任，具體擬妥戰略計畫的開會時間表。除非小公司，否則應成立「戰略計畫小組」（strategic planning committee），這時候領導就很重要，他要率領中高管理所屬主管加入此小組，利益共同人、技術人員也應有代表在裡面。此外頗為重要的是要把過去組織的領導人及擁有資源的人一起找來協商。也許可以聘用一個外在顧問公司的諮商人員或助理，協助戰略計畫的研擬，負責所有的準備工作，參與戰略計畫的成員，必須減輕他們正常的工作負荷量，以使全心全力投入。

二、進行外在環境掃描

這時候 SWOT 的分析就變得很重要，此即組織所面臨的外在環境，究竟是機會，還是威脅。如果是，會是什麼？內在環境則是組織的力量（或優勢），以及弱點。

所謂外在環境的機會和威脅包括：

（一）考慮所處社群、政治或技術環境中的力量（forces）和趨勢（trends）。[15]檢視變遷中的人口統計社會現象、政治趨勢、社區價值、經濟趨勢，影響組織的新法令規章的變遷，考量組織所需要提供服務的那些人、組織和他們之間溝通和其他有關技術的新趨勢。

（二）考量組織所處的社群和所要提供的服務，後者的品味、需要性、特殊性；組織現有的潛在客戶的利益，是否需要組織去努力宣揚或提供服務。

（三）對於資源或捐助者基金的挑戰和機會。

（四）檢視所有可能的潛在合作者和競爭者，尤其是客戶群為同一社區的居

15　John M. Bryson, Strategic Planning for Public and Nonprofit Organizations, San Francisco and Oxford: Jossey-Bass, 1988.

民，競爭者也在接觸和我們接觸的相同的捐助者，這全都包括公、私部門在內。

所謂內在環境要評估組織的優勢及弱點，包含了：

（一）從財務及人力資源評估組織績效（輸入面），戰略的運作方法（過程），以及成果（輸出面）。組織必須有辦法去衡量它的績效，否則就必須去訪談組織的客戶和利益共同人，看看他們對組織的看法，從這些訪談調查結果，去評估組織的優勢或弱點。

（二）評估能讓組織未來成功的因素，包括和目標社區、社群或支持者之間的關係，資源、計畫策略、治理結構、幕僚技巧和風格。

（三）組織一定要想辦法能檢驗自己或確定組織價值的形成、運作原則。組織文字化了的價值，可以引領組織做決策，也可以讓成員較容易去「定義」組織。

三、辨明主要的問題、議題和選擇，在戰略計畫的努力中，去說明這些因素

哪些才是戰略議題，要如何訂定輕重緩急、優先順序（priority）？如何根據時間順序及重要性去訂定輕重緩急？如何區別及選擇主要議題？

（一）幕僚或工作人員可以從對組織的正面或負面影響，去將戰略議題編號，然後去研擬每個議題的特定計畫（specific program）。

（二）環境掃描出來的戰略議題依時間、重要性及合理性加以分類，以使戰略計畫小組能給予適當的重視。

四、定義及檢視組織的價值，社群願景及任務

價值、願景和服務都和組織的共識有關。戰略計畫應注意：

（一）組織的核心價值及運作原則。

（二）社群願景，對社群未來的想像很重要。不只是一年後，更應該是三年或五年後。

（三）任務。任務足以影響組織的存在，只有組織能完成社群未來的任務，才能獲得存在。

五、為組織發展一個大家可以共享的願景

　　組織的願景可以包含很廣，如未來將發展到多少人數，服務或目標涵蓋的區域，每一個計畫的深度、廣度，募款、治理和幕僚的關係，組織的曝光度等等。一般而言，組織願景至少可以做三到五年後的想像。

六、組織需要一連串的陳述去說明，假設一定年限之後，如果要成功，組織目標和地位是什麼？

　　願景要能轉換成具體可行的小步驟和小目標。其實就算是小目標，也可以再加以分類，例如：

　　（一）規劃（programming）：比方說募款的目標是多少錢？

　　（二）資源（resources）：組織現有可用現金及人員。

　　（三）地位（status）：例如在鹽湖區，它已經是非營利組織中最大的，和最受人信賴的。

　　（四）關係（relationship）：組織和其他團體之間的關係。

　　（五）制度的發展（institutional development）：設立總部沒有？有無以社區爲主的組織、中央集中管理的財務制度、資訊系統、幕僚之間的連結網絡。

　　（六）治理（governance）：組織中有多少積極的委員會，他們如何進行分工合作？

七、要獲得大家同意達到目標的主要戰略，同時透過環境掃描辨識並說明主要的議題

　　要做到此項工作，計畫小組要充分討論及辯論，對議題的優選順序要能釐訂。對於未來的發展，小組成員必須清楚呈現各種可能的景象，讓董事會或理事會有較多的方案可以考慮。例如，未來本組織的發展是採集權或分權的治理方式，是否要從地方型組織發展成全國型的組織？

　　評估及選擇戰略依據如下：

　　（一）價值（value）：所選擇的戰略是否能達到大家都同意的組織目標？

　　（二）適當性（appropriateness）：戰略是否和組織願景、價值及運作原則

一致？

（三）合理性（feasibility）：戰略是否務實？可能擁有可用的資源和執行的能力？

（四）可接受性（acceptability）：是否理事會或董事會，幕僚或所有員工，以及利害關係人都能接受這些戰略？

（五）成本和效益（cost-benefit）：戰略所帶來的利益，充分證明所花下去的時間和資源是值得的？

（六）時間（timing）：相較於外在環境的競爭、競爭的要求，什麼時刻執行這些戰略最合適？

舉例來說如果戰略目標是建立「健保」制度，什麼時候該找到適當的標的團體，如何在地方上建立聯盟，接著建立組織，投入資源，當健保醫療中心建立起來後，在何地繼續推動分中心的建立？以上這些工作當然都需要一個領導帶領一個團隊來推動。

八、發展出一個行動計畫，該行動計畫必須闡明及突出整個年度的具體指標和工作方案

長程目標和戰略目標確定後，反而要回過頭檢視每天要做什麼？這時候就要靠以「日」為基礎的工作方案，每個工作方案又要配合當時的環境背景。工作方案要把「時間」抓得很緊，不時可以檢查，同時要有很詳細的指標。董事會或理事會以及計畫小組必須負起指揮調度人力資源的全責，執行技術，組織結構，和行政系統。

九、對書面戰略計畫做出最後的確認或批准，清楚地說明戰略計畫的過程、決策和可能的後果

十、針對外在環境的變遷以及組織變遷，在戰略計畫施作的過程中，必須有監理的機制

環境變遷、戰略調遷、人事任免、遭遇的困難、資源不足、不可預期的民選

官員或民意代表的干擾、行政官僚的刁難，都要在計畫的範圍內。所以，董事會或理事會（the Board）必須負起最大的領導責任。

第二節　管理與計畫

在管理上，計畫（planning）和戰略計畫（strategic planning）常被混為一談。如果從戰略計畫的定義上來看，其實戰略計畫也就是計畫，E. Tapinos 等人就認為，戰略計畫的主要面向，是指較長的一段時期裡，即將發生的以及正式的計畫工具的使用，而對計畫本身做頻繁緊密的控制（frequent control of plans）。而計畫的管控，當然是以績效管理來實現其目的。[16]

很多公司廠企透過計畫來進行品質管理或管控，而且計畫的規模都相當大。像加拿大航空公司就進行了一個加航國際服務品質控管的計畫。因為這項計畫，它們推動了無以計數的訓練課程，幾乎北美洲所有部門的職員工都參加了訓練計畫。這些計畫包括了：所有航程 13000 英哩內的乘客轉機、貨物轉運等 5 萬件的工作；1 萬 2000 人參加了平均每人 96 天的課程訓練，總訓練天數共達 5 萬天；有 26 間教室在加拿大、倫敦、北京、天津和香港不斷地被使用。

加拿大航空公司之所以啟動這個計畫，目的就是在標準化它們公司的客戶服務（客服）。這些計畫包括飛行路線的改變、飛機匯集地、設備等集體協議的標準化，克服因部屬來自不同國家所有的文化差異，導致客服的品質上不一致。這些計畫自然是為了提升服務品質，減少損失，改善航空旅客運業務的過程。加航估計雖然做這些訓練要付出相當大的花費，但訓練完成後可以為公司省下 85 萬美金的支出。[17]

從 1990 年代中葉起，企業資源計畫（Enterprise Resource Planning, ERP）系統被廣泛地運用到企業的網絡系統中，藉由統整的資料庫，支援不同部門之間能產生功能。

---

16 E. Tapinos, R. G. Dyson and M. Meadows, "The Impact of Performance Measurement in Strategic Planning," Internal Journal of Productivity and Performance Management, 2005, 54 (5/6): 370-384.

17 以上可參閱Rob Muller, "Training for Change," Canadian Business Review, Spring, 1995: 16-19; 以及 Cecil Footer, "Tough Guys Don't Cuss," Canadian Business, February, 1995: 22-28.

ERP 的計畫和執行管理的變項非常多，以計畫方面的變項（planning variables）就有：企業個案的發展、定義出很清楚的結果、定義出績效矩陣（performance metrics）、強而有力的執行支持（strong executive sponsorship）、強而有力的執行上的介入、賦能（或權）的執行團隊（empowered ERP implementation team）、強而有力的 ERP 領航團隊（steering committee）、明確的組織變革策略，清楚的教育及訓練計畫，ERP 計畫對企業的溝通，可以用來清楚說明的文件、一致的資料、已安置妥當的技術的下層建築（infrastructure，基礎建設）。[18]

壹、什麼是計畫？

一個組織或團體的管理者如何面對未來變化或擘劃未來的遠景？做計畫就是個基本的竅門，做計畫時會強迫自己去問，今天要做什麼，才能面對明天甚至明年會發生的問題？組織不可避免會遇到挑戰和變遷，組織要存續當然就必須調適，改變不確定性，才有機會存活，否則就只能被動接受命運的安排。計畫，可以說是決定組織未來的一項重大因素。

什麼是計畫呢？計畫是一個過程，管理者不斷地檢視公司的內外部環境，針對此詢問一些有關組織目的，建立一些任務、目標、目的及行動的相關基本問題。

有人認為計畫必須符合以下的條件：

一、政策在計畫中被明文寫出來，而且呈現出所採取的行動的路徑，讓利害關係人可以去追求或採取這些行動路徑。

二、計畫是把政策置放到可以執行的結構中。

三、一個計畫應該是一個文件（document），該文件彙整了所有的政策、目標、決策過程、執行政策所需要的行動。

18　Vicent A. Mabert, Ashok and M. A. Venkataramanan, "Enterprise Resource Planning: Managing the Implementation Process," European Journal of Operational Research, 2003, 146: 302-314, esp. p. 305, table 5.

四、管理的計畫是管理時的一項工具，指導管理者或管理部門進行防護、使用、發展和管理。

五、計畫過程包括準備計畫的前期作業，一般包括大眾的參與，以及在所有階段的討論。[19]

Horst W. J. Rittel 和 Melvin M. Webber 認為標準的計畫過程，應包含以下步驟：第一，瞭解問題或任務；第二，蒐集資訊；第三、分析資訊；第四，綜合資訊，等待創造性的跳躍；第五，有效進行問題的解決。[20]

有名的品質管控的先行者 Armand Feigenbaum[21] 就強調，計畫、目標和行動之間的關聯性，他認為事先定好行動的優先順序，採取一連串被建議的行動，去完成特定目標，這就是計畫；在日文中計畫被稱做 Hosin，意思就是美國所說戰略計畫；計畫是對一個願景的陳述，計畫本身就包含有目標、工作計畫、部署以及執行。[22]

所以，計畫具有以下特性：

一、計畫是系統的（systematic）

就一個公司的電腦生產而言，它結合了許多部門人員未來共同生產消費者願意購買的電腦。這些人當然是被組成一個團隊，從計畫的過程來看，團隊中有些人負責控制成本和預算，另外有人專責特別的技術，有些負責軟體，又有些人負責硬體。其實是靠一個「計畫」把這些人及他們的工作連結起來。連結的結果，

19　Paul F. J. Eagles, Stephen F. McCool, and Christopher D. Haynes, Sustainable Tourism in Protected Areas: Guidelines for Planning and Management, WCPA, IUCN-the World Conservation Union, 2002, p. 41.

20　Horst W. J. Rittel, Melvin M. Webber, "Dilemmas in a General Theory of Planning," Policy Science, 1973, 4: 155-169, esp. p. 156.

21　Armand V. Feigenbaum是美國品質管理專家，他設計出全面品質管理概念（TQM）。全面品質管理是整合質量求發展，以質量維護一個有效的系統，並在組織中的不同群體的質量改進工作，使生產和服務在最經濟的水平，允許全面的客戶滿意度。尤其在2005年又提出「管理資本」（management capital）的概念，把動機、發明控制、預算控制和資訊管理，以追求最高品質的成長和利潤。見Arman V. Feigenbaum and Donald S. Feigenbaum, "What Quality Means Today," Opinion & Analysis, Winter 2005.

22　Ted Marchese, "TQM Reaches the Academy," AAHE Bulletin, November 1991, p. 3, p. 7.

可以在一定時間範圍內，生產所需要的電腦數量。所以，計畫是個系統，能定義這個系統內的所有組成的元素。

二、計畫應該涵蓋所有成員（involve everyone）

　　一般認為前蘇聯的解體是因為集權的官僚體系，沒有能力在全球化的壓力下，提供及分配產品和服務給所有前蘇聯境內的人民。從計畫的角度來看，在面對全球環境的變遷，前蘇聯的官僚集團沒有辦法獲得完整的知識和技術，進行一個可以服務全部民眾的「計畫」。這個困境，導致了前蘇聯的解體，而必須分裂成十幾個獨立的國家，去進行他們各自可以提供較好服務的「計畫」。

　　集權的政府常依賴集中型的或稱做統制型的計畫，這種的經濟發展，一般就叫做計畫經濟（planned economy）。集中型的統制經濟雖也有其正面的作用，但是工人、職員、技術人員或工程師等工作的意願都不高，也就是一般所說的「工作誘因」不足。這是造成統制型、計畫式經濟失敗的主因。

　　分權式的計畫（decentralized plan）讓組織成員都有參與「計畫」的責任，不僅參與計畫，而且被要求去執行計畫。從集權統制式計畫到分權計畫，被認為是產品品質改善，增加生產力和競爭力的過程。在這方面最具代表性的就是 Alvin Toffler 所著的《未來的衝擊與第三波》（Future Shock and the Third Wave）一書，作者用了「碎塊化」（diversify）來形容廠企公司的分權計畫。[23]

　　美國聯邦主義（Federalism）的變化也代表這種趨勢，特別是在第二次世界大戰之後，一般有所謂的新聯邦主義（Neo-Federalism），聯邦政府把相當多的社會福利及衛生保健工作，直接交給州、郡、市或甚至於更基層的地方政府去進行。

　　事實上這種分權的計畫，使得母公司和子公司之間的計畫關係產生很大的變化。以美國很多子公司的生產銷售計畫完全具有高度自主性，不過母公司對於子公司的監督，常透過一個概括式的結構去連結彼此的互動。

23　Alvin Toffler，未來學大師，是當今最具影響力的社會思想家之一，紐約大學畢業，1970年出版《未來的衝擊》，1980年出版《第三波浪潮》（New York: Morrow），1990年出版《權力的轉移》，對當今社會思潮有廣泛而深遠的影響。

三、計畫必須能運作化（operationalization）

以戰略性計畫為例，它必須能支持戰略性的思考，也要支持這種思考的過程。戰略思考的過程，包括分析的（analytic）、趨於一致的（convergent），以及傳統的（conventional）。[24]

四、計畫具有其必需性（necessity）和運作性（operationalization）

決策和計畫最大不同之處在於「計畫」必然付之於行動，帶來改變。所以，計畫是可以操作的。但計畫何以有其必需性乃肇因於公司廠企的一些特殊現象。

第一，公司廠企常常會有一個時間循環，在一定時間後會有嶄新的生產計畫的出現，這個時間循環就叫做 cycle time。如果公司廠企不斷地規劃各種新的「計畫」，那這個時間循環就會縮短。從商品生產銷售及流行來看，一般大概兩年半是一個週期，每個公司的時間循環長短不太一致，像福特和 GM 公司，大約三年多一些，Toyota 大概每兩年會推出新型的商品。時間循環其實是一種「經濟時間」，因為經濟規模所帶來的改變，像美國沃爾瑪（Wal-Mart）超市的崛起，就是在短短的時間內，大量商品占有市場，以較佳的服務品質及充裕的貨源，吸引消費者和它產生互動關係。所以，一般認為縮短時間循環和降低成本、提高品質及提高競爭力，增加消費者服務有密切關係。當然，不斷推陳出新的「計畫」，縮短了時間循環。

第二個因素是增加組織的複雜性（organizational complexity）。研發、生產、財務、行銷等活動的增加，除了彼此相互影響外，都會導致組織的複雜性。組織愈複雜，其內部環境也愈複雜。尤其在全球化競爭時代，組織的複雜性會隨著全球化競爭的複雜與多樣化，充滿著不確定性。為了解決未知的不確定性，「計畫」就是先去設想這些未知情形，不確定性而定出來的改變的行動、方法，以及增加競爭力的行動方案。

第三個因素使得「計畫」變得必需，正是因為不斷增加的全球競爭性。全

---

24 Loizos Heracllous, "Strategic Thinking or Strategic Planning?" Long Range Planning, 1998, 31 (3): 481-487.

球化下新產品不斷出現，新市場及新的消費者也因為新產品而產生，他們會出現在不同的地方、地區、國家。像過去所謂的「金磚四國」（golden BRICS），巴西、俄羅斯、印度及智利，但不到十年的光景，新的消費市場又移轉了，現在東南亞的馬來西亞、泰國、越南等國家的市場需求，又受到各地廠商的青睞。最主要的是全球化快速的商品及市場的轉換，使得公司廠商必須改變、調適它們的生產計畫、銷售計畫，甚至於管理計畫。全球化競爭的激烈，所有的廠企都必須是消費者取向，為了因應新需求，必須採取更彈性化的管理，以及更有效率的管理。「計畫」就是對這些現象所做出來的回應。

　　第四個是新的管理功能的要求。由於產品銷售通路、市場、消費者的改變，管理的功能增加了，必須有相當大的調適力。否則，公司廠企會被突如其來的改變、不同回應的管理，而搞得迷失方向。以致各部門相互衝突、矛盾，組織就會垮掉。為了組織的生存，大量的「計畫」必須儘早提出。

五、計畫必須有效（effectiveness）

　　計畫在決定後，就必須控管，例如稅負、勞工成本等，都必須有效登記。計畫的目標達成，才能證明計畫不是流於形式。[25]

貳、計畫的效益與步驟

　　管理運用「計畫」所帶來的好處是：

　　一、努力的協調（coordination efforts）：目標單純化，透過計畫，協調大家，提高生產力（productivity）。

　　二、準備改變（preparing for change）：舉例來說，如果我們可能遭到石油禁運，那就生產用油量省，但可用少量油跑較遠的汽車。

　　三、可以發產出產品的統一標準（developing performance standards）。例如，延續上一個生產汽車的例子，可以計畫統一生產在高速公路上 1 加侖能夠跑

25　Marjorie A. Lyles, Ingas. Baird, J. Buzdeane Orris and Donald F. Kuratko, "Formalized Planning in Small Business: Increasing Strategic Choices," Journal of Small Business Management, April 1993, pp. 38-50.

到 40 至 50 英哩的汽車。

四、發展管理者（developing managers）：假如產品的統一標準無法建立，則藉此訓練出可以應付幾種不同標準的管理者。

當然管理理論近二十年來和人力資源理論有很多相互援引的地方，人力資源理論強調「職能」或「知能」（competence），也強調公司機關行號、公私部門要有人力資源運用計畫，人力資源的運用計畫，至少要包含以下六個事項：

一、定義職位的任務（job mission），或者說職務內容（job description）。

二、為了達成職位的任務，必須有哪些主要的產出（major outcomes）。

三、每一個主要的職位必需的產出，需要定義績效的標準。

四、對每一個主要產出所可能遇到的障礙要能清楚指出。

五、決定哪些障礙是可以透過訓練，讓職員工可以有能力去排除。

六、發展以及傳遞訓練（develop and deliver training）。

人力資源部在計畫上，主要的重心是放在治理的過程（governance process），有關人力資源的控制，必須利用主要計畫抓緊，運用計畫控制人員的配置及市場的績效。由下圖人力資源的「組織形式的演進」可以一目了然。

透過計畫可以建立績效標準（performance standards），以及對於組織目標的完成，職員工所必需的職能。

一、戰略的計畫（strategic plan）：戰略計畫一般都是為公司廠企能長期存活的一些計畫，如何能長時期維持組織長期發展的目標，建立一些比較穩定的目標，例如長期地抓住哪幾個市場、消費者，以及長期持有一些產品的生產，鞏固一些穩定的需求。

二、運作的計畫（operational planning）：運作計畫一般是比較短期的，根據戰略計畫而來的，有特定目標、特定數字、特定的動作。運作的計畫通常要求有效率、效能，為有效達成目標，解決問題所要求的資源配置。

三、策略的計畫（tactical planning）：是介於戰略計畫和運作計畫之間的計畫。比較狹隘的中介型計畫，能夠連結戰略和運作計畫，不過，效率還是比較重要的考量。

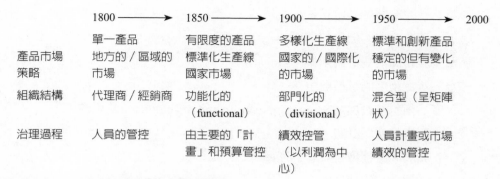

圖 3-6　人力資源組織形式的演進圖

資料來源：Raymond E. Miles, Charles C. Snow, "Designing Strategic Human Resources Systems," Organizational Dynamics, January 1985, p. 4.

四、單一一次運用的計畫（single-use plan）：為了某一項特定的目標，成立一個任務團隊（task force），例如為生產某一特定產品而成立的計畫。計畫完成後，團隊解散，該計畫也就歸檔了。

五、常在型計畫（standing plan）：常在型或也可以稱做「長存型」計畫。

美國學者常把聯邦憲法比喻做一個長存永在的「計畫」。聯邦政府是根據這個「計畫」在運作，長存型計畫當然是規範一些基本原則。而一次使用型計畫常常是根據長存型的計畫而發展出來的，例如柯林頓總統的經濟計畫，就是一次使用型，但是其正當性來自於憲法。

企業及廠商做計畫時，大體可參考以下各項指標：

一、效率（efficiency）目標：

（一）確保能得到訓練過的人力資源。

（二）追求嚴格的品質管控。

（三）強調每個單位的最低成本。

（四）追求製造過程的創新。

（五）市場行銷技術的創新。

二、服務（service）目標：

（一）不考慮一定要把價格壓低於競爭對手的價格。

（二）延伸的消費者服務。

（三）建立企業的形象和信譽。

（四）服務高消費群的市場。

（五）避免削價的低價競爭。

三、產品創新和發展（product innovation and development）目標：

（一）新產品發展計畫。

（一）發展同時精緻化現有的產品。

（三）強調產品的特殊性。

（四）研究發展的過程取向（process-oriented）。

四、品牌或管道（channel）的影響：

（一）建立品牌的認同（brand identification）。

（二）產品分布的影響管道。

（三）新產品的發展。

（四）市場行銷技術的創新。[26]

「計畫」在管理中，最重要的是它的步驟，所有步驟形成一連串的過程。所以從事「計畫」的步驟非常重要：

第一個步驟：評估現況（assess current conditions）

戰略計畫考量組織的內在及外在環境，所以要評估廠企公司的資源、市場趨勢（market trends）、經濟指標（economic factors）和競爭性指標（competitive factors）。要評估現況必須考量，有效的以品質為基礎的計畫（quality-based planning）必須是可參與式的（participative）。以一個公司為例，包括販售部門、工程部門及財務部門，常呈現彼此競爭的現象，為了打破這種彼此互相孤立的「簡倉」（silos）現象，就必須用跨部門任務或功能取向的編組團隊（cross-functional teams），取得正確可靠的評估現狀的資料。

---

26 Richard B. Robinson, Jr. and John A. Pearce II, "Planned Patterns of Strategic Behavior and Their Relationship To Business-unit Performance," Strategic Management Journal, Jan/Feb 1988, 9 (1): 52.

　　另外找一個和自己的公司廠企競爭的標竿對象（competitive benchmark-ing），從高品質管理（TQM）角度，看看別人做到什麼，而我們為什麼什麼沒做到？[27]

　　所謂的標竿（benchmark），指的是同儕中最好（best-in-class）的成就。這樣的成就會成為其他擁有相似作業流程的企業作為參考學習的典範。所謂的「標竿學習」，它所代表的涵義正是透過尋求最佳作業典範並將其作為學習對象的方式，來汲取對方精華，使企業能夠藉此過程有效的提升營運績效。我們可以簡單的說，標竿學習是一種蒐集資訊的過程，目的在提供組織有用的資訊。近年來，學習型組織（learning organization）的觀念一直被強調，並被視為企業創造競爭性優勢的重要因素，它與標竿管理的觀念可以說是完全吻合的。

第二個步驟：決定目標（goals）和指標（objectives）

　　一般我們區別目標是指可以完成組織任務的未來狀態或條件，它比起一個任務而言，比較具體；相對而言，也間接地表示了效用的類別標準。當然，目標可以是生產、效率或產品的滿意度等等。所以員工必須清楚地瞭解公司的目標，才能全力去從事生產，以及品質的維護，所以目標和生產力、品質密切相關。

　　在管理上所謂的指標是一個特定的、企求的未來的條件，比較上是指一些可衡量的指標在一定時間內可達成，完成後才能達成組織的目標。從物品的銷售市場來講，如果說一個公司是把在台灣所有的縣市都設立賣場，那麼每一個縣市的賣場的設立就是指標，而台灣各縣市都有這個公司產品的賣場就是組織的目標。

　　也因此指標就有優先順序性。現代組織或現代的公司廠企都會是多面向經營的團體，不管是員工、僚屬、管理者和顧客，當然是多方面的、不同性質的人。以大學為例，研究、教學與行政服務，雖然不算多，只有三個目標，但做為大學的老師，到底要把哪一個指標放在最優先、次優先及最後的順序，會影響到他的計畫擬定、資源分配，以及實際採取的行動。

---

[27] 1985年美國生產力與品質中心（APQC）對標竿學習的正式定義為「標竿學習是一項有系統、持續性的評估過程，透過不斷地將組織流程與全球企業領導者相比較，以獲得協助改善營運績效的資訊」。詳見http://www.i-bench.org.tw/stud.html，檢索時間：2016年3月20日。

但是如果指標之間有相互衝突性質存在，怎麼辦？其實管理者每天最重要的就是安排工作的優先順序，這當然會影響到計畫的訂定。政府的管理和公司企業管理在這方面相當不同。政府可以透過權力來決定政策的優先順序；當然，民選政府也可能是考慮選票的得失，影響席次多少，以及是否能繼續執政，來決定政策的優先性而訂定計畫。

但是公司廠企則要以「公司最後能獲利」來做最終的考慮，因此，如何兼顧長、中、短期目標下，資源與目標的平衡，生產與銷售的平衡，研發與創新的平衡，價格與品質的平衡等等。管理者在訂定共同計畫（common planning）時，要考量：

（一）短期獲利 vs. 長期成長

（二）邊際利潤 vs. 競爭地位

（三）直接銷售的努力 vs. 發展的努力

（四）目前手上市場的擴充 vs. 新市場開發

（五）從其他相關產業來促成長期成長 vs. 從非相關產業促成長期成長

（六）利潤取向和非利潤取向（社會責任）

（七）成長 vs. 穩定

（八）低風險的環境 vs. 高風險的環境

總之，管理者在訂定計畫時，一定要考慮到指標的可衡量性、指標的獲利性、指標的市場性，以及指標的生產性，公司廠企的具體內外在環境及財務狀況，以及品質指標的明確，如產品被接受的程度、溝通、核心價值、信用性、可依賴性、回應性和安全性等等，換句話說要去瞭解消費者。

第三個步驟：建立一個行動計畫（action plan）

有了計畫還不夠，計畫中要有行動，行動是指特定的、已經決定或定下了（prescribe）達到指標的規定。行動規定會決定指標達成的成敗，而指標成敗連帶影響組織目標是否完成。

對管理者而言，他可以有很多類似醫生的「處方」（prescriptions），針對「疾病」可以選擇，但是仍然考驗管理者的管理能力，例如他可以先採取改善技

術，或訓練員工，或訓練管理者，也可以先改善工作環境，或報酬系統。總之，管理者可以以「效用性」（effective）做為決定的原則，那就是採取哪一個行動會有點效果，最終有助於組織完成目標。

　　管理者為了達成效果，當然可以採用各種可能有用的預測模型（forecast model），預測模型顧名思義，就是對於採取的行動，指標的可能成果是什麼？預測模型有簡單的，也有複雜的。但現代社會都儘量預測未來可能的發展，所以，不僅僅是用市場調查、產品滿意度調查等簡單統計；較複雜的預測模型，運用到經濟計量學及高等統計等預測市場、產業及經濟變化的模型也常被使用。

第四個步驟：資源配置（allocate resource）

　　計畫的第四個步驟就是如何就組織內的資源做一個最適當的分配。組織資源包括財務的、物質的、人力資源、時間以及其他組織資產。組織資源又可稱做生產因素（factors of production），生產因素如土地、勞動力、資本等等可以用來生產市場商品，或增加商品附加價值。一般公司廠企會有一個「完全生產力因素」（Total Factor Productivity, TFP），「完全生產力」的分析，是指一個公司廠企，在所有資源有效運用下，能達到的最高生產力有多少。為了達到最有效的TFP，就必須有預算編製和預算控制。Donnelly Jr、Ivancevih 和 James Gibson 把預算、組織、指標等的關係繪製如圖 3-7。

　　由於成本和產出之間的因果關係，有時預算並非一成不變，預算可以依成本和產生做調整，此乃變動的預算（variable budgeting）。預算也可以留用（moving budgeting），此指預算執行時間可以調整，在 A 時段或 A 年的預算，可以推遲到 A+1 使用或 A+1 的年份來運用。

第五個步驟：執行計畫（implement the plan）

　　計畫最可貴的部分乃是執行，不然就淪為紙上談兵。小公司、小店號管理者既是預算計畫的製作者，也是執行人。大公司廠企，則預算執行乃是各部門工作人員，如何激勵他們確實地去執行預算，可以是績效導標的，達到規定的績效則給予獎勵。管理者可以用以下三種方法去鼓勵所屬執行預算：

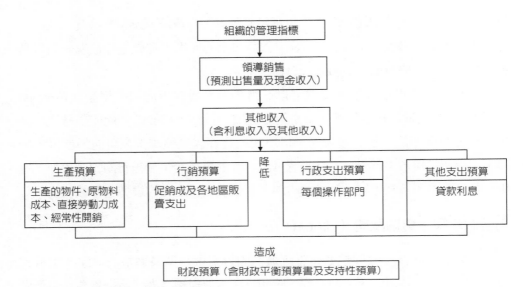

圖 3-7 行動與決策預算程序圖

資料來源：James H. Jr. Donnell, James L. Gibson, and John M. Ivancevich, Fundamentals of Management, 9th ed., Burr Ridge, II.: Richard D. Irwin, 1995: 191.

（一）權威的（authority）：用合法的權力地位去要求，當然，合法的權威要求部屬必須合法的去執行計畫；但權威式的要求執行預算，對簡單的計畫比較管用；反之，複雜的預算計畫則不易做到。

（二）說服的方式（persuasion）：說服所屬努力去執行預算，就是用盡所有可能的方式、資訊去進行溝通。不過，說服有一個弱點，那就是萬一說服失敗怎麼辦？就只好回到權威控管方式去執行計畫。

（三）政策（policies）：政策是根據計畫，反應出計畫的基本價值，同時提供選擇可供選擇行動方案的依據或準則，通常有規定標準作業程序（Standard Operating Procedures, SOPs）。[28] 有效的實現計畫的政策具有以下的特性：

---

28 所謂SOP（Standard Operation Procedure），即標準作業程式（標準操作程式），就是將某一事件的標準操作步驟和要求以統一的格式描述出來，用來指導和規範日常的工作。SOP的精髓，就是對某一程式中的關鍵控制點進行細化和量化。SOP具有以下一些內在的特徵：1. SOP是一種程式。SOP是對一個過程的描述，不是一個結果的描述。同時，SOP又不是制度，也不是表單，是流程下面某個程式中關鍵控制點如何來規範的程式。2. SOP是一種作業程式。SOP首是一種操作層

　　1. 彈性（flexibility）：但必須以品質管控為基礎。

　　2. 通盤性（comprehensiveness）：一個政策必須包含的、可控制的行動其範圍。

　　3. 協調性（coordination）：組織內有各種不同部門，不同部門間政策或有衝突；因此，政策必須具有可協調性。

　　4. 明確性（clarity）：政策必須很清晰、很邏輯，標明目標、行動，定義適當的方法，描繪出政策施行中可能出現的離異範圍的限制。

　　5. 倫理性（ethics）：政策必然會產生政策後果，或者說公司廠企會在世界各地不同分公司做出產品，必須考慮當地的文化差異。

第六個步驟：控制執行（control implementation）

　　計畫執行到最後的步驟就是執行成果的管控，成果必須符合原先設定的目標，所以到此時要衡量（measure）是否產出結果恰如原先的預期。衡量的結果之資訊或消息必須及時回到管理者，讓管理者知道是對或錯的計畫執行，這種反饋或回輸（feedback），才能去做修正，或者強化繼續執行的計畫。

　　總之，管理過程中的計畫看似簡易，實則十分複雜；因此，仍必須仰賴總體品質管控途徑的計畫（total quality approach to planning）。所謂總體品質管控計畫一般包括：

（一）計畫，做，檢查及行動（plan, do, check, act, PDCA）

　　PDCA 是一個不斷循環的過程，源自於 1950 年 W. Edwards Deming 在日本的演講，在演講中 Deming 從 1600 年代的伽利略講起，提到科學方法的演進，並追溯到 1939 年 Walter Shwhart 的科學循環：specification-production-

---

面的程式，是實實在在的，具體可操作的，不是理念層次上的東西。3. SOP是一種標準的作業程式。所謂標準，在這裡有最優化的概念，即不是隨便寫出來的操作程式都可以稱做SOP，而一定是經過不斷實踐總結出來的在當前條件下可以實現的最優化的操作程式設計。說得更通俗一些，所謂的標準，就是儘可能地將相關操作步驟進行細化、量化和優化，細化、量化和優化的度就是在正常條件下大家都能理解又不會產生歧異。4. SOP不是單個的，是一個體系。雖然我們可以單獨地定義每一個SOP，但真正從企業管理來看，SOP不可能只是單個的，必然是一個整體和體系，也是企業不可或缺的。http://wiki.mbalib.com/zh-tw/SOP，檢索時間：2016年3月25日。

inspection，即專門化、生產檢查的循環，所以也叫做 the Stewart Cycle。Deming
在 1986 年把這個循環介紹到美國，但將之簡化成 plan, do, check and action，就
叫 PDCA。首先要做的是提出品質改善（quality improvement）計畫；然後先做
出一小部分的產品，確定生產的過程或步驟；接著檢查（check）這批成品是否
有瑕疵；最後確定前面的三個步驟都沒問題，再展開全面的生產。PDCA（Plan-
Do-Check-Action）循環是品質管理循環，針對品質工作按規劃、執行、查核與行
動來進行活動，以確保可靠度目標之達成，並進而促使品質持續改善。這個四部
的循環一般用來提高產品質量和改善產品生產過程。[29]

（二）以時間爲基礎的計畫（time-based planning）

以時間爲基礎的計畫是從第一個產品產出，到消費者的手上，這一段時間的
快或慢，常會影響計畫的成敗。而以消費者能夠拿到產品的概念，就稱之爲「消
費者概念」（concept to customer）。

爲了讓消費者能夠較快的拿到物美價廉又好用的產品，公司廠企除了注意成
本以外，當然還要考慮設計、提供服務人員、產品檢查、消費者習慣等等，如果
這些因素都考慮到了，而產品比別家廠商快速遞送到消費者手中，就有搶占市場
的先機。

在時間基礎上，還要看公司廠企有沒有「再生產」或「再創新」
（reengineering）的觀念。如果自家產品被打敗了，當然有一個快速轉換設計、
品質、服務和生產計畫的「再生」系統，就比較不容易成爲管理上的輸家。當
然，這種「再生」計畫會引起各種年齡層管理者的衝突，較資深的管理者會覺得
年輕管理者冒進；而後者會覺得前者膽怯、保守、不願接受改變。

公司廠企最好建立一些平行競爭的管理組織，要有「明天的工作團隊」
（workplace of tomorrow）的概念，勇於接受挑戰。

最後，則要有一個永不歇止的改善計畫（planning for continuous

---

29 這個循環也被人修正爲：Plan-Do-Study-Act（PDSA），Deming cicle/cycle/wheel或者休哈特圓
環。另一個不同的版本是OPDCA，加入了O（observation 觀察）。
Ronald Moen md Clifford Norman, Evolution of the PDCA Cycle, www.pkpinc.com/files/NA01 Moen-
normanFullpaper.pdf，檢查時間：2016年9月27日。

improvement）。

Joseph M. Juran 認為負面結果常來自於：

一、銷售的損失源自於產品品質競爭力削弱了。

二、所謂的不良品質的成本，來自於顧客抱怨不被受理，產品出錯產生的訴訟，重複一些有瑕疵的工作，產品的報廢等等。

三、對社會的威脅（the threats to society），產品受到一些人為災害或天然災害的破壞，導致對社會產生威脅。例如工廠瓦斯外洩事故，三哩島核輻射外洩被影響到的工廠。[30]

品質保證的計畫乃是挽救管理效能的最重要途徑：

一、重視認同內部或外部消費者。

二、決定消費者的需要。

三、發展產品特質，滿足消費者需要。

四、建立一個商品品質讓消費者和供給者能夠磨合在一起的連繫起來的成本（combined cost）。

五、發展一個能滿足需要特質的生產或行銷過程。

六、在能夠運作的前提下（此即可改善品質過程的能力）改善過程。

不過，人力資源的管理，在計畫實施上，與企業管理有很大的不同；人資專家所注意的是：

一、公司廠企的任務和策略：這包括組織存在的目標，執行目標的基本途徑，以及效用的標準在哪裡。

二、工作：指的是為了完成組織目標，所需的技術是什麼？

---

30 Joseph Moses Juran（朱蘭），具有美國明尼蘇達大學電氣工程本科學歷，加入西方電氣公司的霍桑工廠，他的第一份工作是排除故障的投訴部門。在1925年，貝爾實驗室提出了霍桑工廠的人員其新開發的培訓統計抽樣和控制圖技術。朱蘭被選為參加檢驗統計處，一小群負責應用和傳播貝爾實驗室的統計工程師的品質控制創新。朱蘭寫的第一本書即有關不良品質成本。他的「朱蘭三部曲」是一種說明跨職能管理的方法，是由三個管理過程：品質策劃，品質控制，和品質提高。如果沒有變化，就會有一個恆定的浪費，改變期間會出現成本增加，但改善後，會使增加的成本得到補償。參見A. Blanton Godfrey, Ron S. Konett and Joseph M. Juran, "A Perspective on Past Contributions and Future Impact," Quality and Reliability Engineering International, October 2007, 23 (6): 653-663.

三、人員：組織成員的特性、背景、動機模式（motivational patterns），以及管理的風格。

四、規範的結構（prescribed structure）：目標擁有的很明確的社會結構，包括組織所屬的次級單位，溝通和權威的網絡，組織整合的結構功能。

五、組織的過程（organizational process）：包括溝通、決策，衝突管理和控制，也包括回饋的報酬機制。使組織可以執行工作。

六、應付突發事件的緊急結構（emergent structure）：在組織原先的計畫中，或結構中，沒預期到卻發生的事情，如何處理的機制。[31]

◎ 第三節　領袖人物的培養

領導和計畫有相當密切的關係，哈佛商業評論（Harvard Business Review）曾出版一本小冊子，書名就叫《領導統御的本質指南》（the Essential Guide to Leadership），該書由 Stewart D. Friedman 主編，共有 12 位作者，各自從領導統御的本質提出不同面向的看法，教導人們如何培養自己具有領袖氣質，以及領導技巧。[32]

壹、從規劃自己的生活開始

領導應該要有豐富的生活經驗，領袖是慢慢培養、訓練、自然長成功的，而不是像在培養皿播種一般，用一個通用的模子機械式地製造出來。領袖人物都是經過時間，不斷淬煉而成。

其實哈佛大學幾位教授（包括管理大師彼得杜拉克）所談的成為領袖人物的做法，和中國儒家傳經上講的「格物、致知、修身、齊家、治國、平天下」道理是相通的。[33]Steward D. Friedman 的完整的領導統御過程（Top Leadership

---

31　Mary Anne Devanna, Charles Fombrun and Noel Tichy, "Human Resources Management: A Strategic Perspective", Organizational Dynamics, Winter 1981, p. 56.

32　Steward D. Friedman ed., The Essential Guide To Leadership, Harvard Business School Publishing, 2009.

33　《大學》是儒家經典《四書》之一，《大學》原是《禮記》第四十二篇，內文的撰成約在戰國末

Process），講的就是個人的格物、致知、修身、齊家。不過，西方社會的齊家，不像東方社會以「家庭」為社會組成的單元（unit），而是以「社區」或「社群」為社會組成之單位。[34]

Friedman 不認為做為或成為領袖人物必然會和私生活領域發生衝突，而且是一場零和競賽（zero-sum game）。[35]他反而認為很多成功的商業CEO，甚至於政界領袖，都是透過有規劃的生活，和自我、家人、社區及工作單位的美好互動，而形成他們的領袖才能。他認為透過良好的規劃，能有計畫地去生活，會使工作、家庭、社區和自我四個面向都能「贏」。所以，他的「完整領導統御」規劃，就建立在追求「四贏」（Four Wins）的基礎上。

Friedman 的完整領導統御規劃（Top Leadership Plan, TLP）是經過真實的實驗，找來 300 位參與者，平均年齡 35 歲，經過四個月的實施，讓他們評估實驗前 300 位和實驗後的差異，在工作滿意（ work satisfaction）部分，增加了 20%；家庭生活（home lives）增加了 28%，社區工作（community）活動方面滿意度增加了 31%，對於自我（self），包括身心健康、情緒管理等的滿意度，增加了 39%。

在四個面向的績效（performance）評估上，工作是 9%、家庭是 15%、社區

期至西漢之間，作者是誰尚未定論。一說是曾子所作；一說是孔門七十子後學者所作。在南宋前從未單獨刊印過。自唐代韓愈、李翱維護道統，開始推崇《大學》與《中庸》。《大學》的哲學思想主要是在於傳授做人做事最根本的道理。全書融合了倫理、哲學、政治為一體，闡述個人修養與社會政治的關係。宋代儒者藉此提出了三綱領、八條目理論。三綱領指的是：明明德、親民、止於至善。八條目指的是：格物、致知、誠意、正心、修身、齊家、治國、平天下。https://zh.wikipedia.org/wiki/%E5%A4%A7%E5%AD%B8_(%E6%9B%B8)，檢索時間：2016年2月1日。

34 同註32，Stewart D. Friedman, "Be a Better Leader, Have a Richer Life," 2009: 5-12.

35 又稱零和博弈（Zero-Sum Game）或零和遊戲，與非零和博弈相對，是博弈論的一個概念，屬非合作博弈。指參與博弈的各方，在嚴格競爭下，一方的收益必然意味著另一方的損失，博弈各方的收益和損失相加總和永遠為「零」，雙方不存在合作的可能。零和遊戲又被稱為遊戲理論或零和博弈，源於博弈論（game theory）。是指一項遊戲中，遊戲者有輸有贏，一方所贏正是另一方所輸，而遊戲的總成績永遠為零。早在2000多年前這種零和遊戲就廣泛用於有贏家必有輸家的競爭與對抗。「零和遊戲規則」愈來愈受到重視，因為人類社會中有許多與「零和遊戲」相類似的局面。與「零和」對應，「雙贏」的基本理論就是「利己」不「損人」，通過談判、合作達到皆大歡喜的結果。零和遊戲源於博弈論，現代博弈理論由匈牙利大數學家馮諾伊曼於1920年代開始創立，1944年他與經濟學家奧斯卡摩根斯特恩合作出版的巨著《博弈論與經濟行為》，標誌著現代系統博弈理論的初步形成。http://baike.baidu.com/view/196849.htm?fromtitle=%E9%9B%B6%E5%92%8C%E6%B8%B8%E6%88%8F&fromid=5602219&type=syn，檢索時間：2016年2月2日。

是 12%，個人方面則是 25%。

TLP 建立在三個原則上：

一、必須是真實的（be real）：行動（act）建立在自己真實的自我上，能明白列出對自己，什麼是最重要的。

二、必須是整體的（be whole）：行動必須有整體性（integrity），導向整個人能獲得尊重。

三、必須是創新的（be innovative）：行動在實驗中，使事物完成的過程裡，必須是創造、創新性的。

所以 TLP 想要使參與實驗的人，能夠從「領袖」的角度，去寫、去想、去思考以及和他人對談。和輔導員對談時，要能說出自己的願景，讓輔導員瞭解你所想的價值，澄清什麼才是對你最重要的，自己能承諾要做出什麼成就出來；同時，還要指出誰和自己是利害關係人。TLP 是一項自我改善的實驗，在和共同參與的學員互動後，和教練討論，然後擬出改善自己四個面向的實驗計畫，訂下自己可以實踐或實現的目標。當然，有些行動使參加實驗者所得到的好處是間接的，不是直接的；有些可能只對單一面向如工作有效，有些則只對自我尊嚴的提升有效。讓學員訂定自己實驗計畫的好處，是打開學員的心靈或心思，讓他們面對各種可能性（identify possibilities）。當然，四個面向也許有些行動是可能相互衝突的，比方說工作和休息，以及工作和家人相處等。但是，經過數百次的實驗，對於「如何設置一個改善自我生活所有面向」（How can I design an experiment to improve all domains of my life?）大概有九類項目要做到：

一、生活工作等列入正軌，同時可以反省（tracking and reflecting）

對自己的想法、活動和感覺（feelings）做下紀錄，這些紀錄也許可以和家人、朋友及同仁分享；評估自己個人目標和專業上的目標，進步多少；維持自我瞭解的程度，以及和自己有關事物的輕重緩急。這方面的例子，如到體育館運動的次數，以及自己的體力水準；明瞭自己每天最精力充沛，以及精神體力最頹廢的時刻。

二、規劃和組織（planning and organizing）

採取能更加運用時間的計畫，同時也規劃對未來發展會更好的計畫。例如用掌上型電腦（PDA）紀錄所有的活動，而不是只有工作。讓別人能看到自己的行程，安排星期天晚上也能工作。

三、使自己更能恢復精神和體力（rejuvenating and restoring）

人的精神、體力、頭腦總有疲倦的時候，如何修復就成為領導人很重要的功課，減少不良的生活習慣（吸菸、喝酒），找些時間來讀書、參加瑜珈、醫療復健恢復自己身心靈健康的活動。

四、感恩及關心（appreciating and caring）

和同事們在一起，尤其是非工作時間，相處要非常愉快；關心他人，打從心裡尊重別人，對彼此的關係懷著感恩的心，增進彼此的信賴。舉例來說，加入同仁的讀書會或是健康俱樂部，幫助自己的孩子做完家庭作業，一個月至少有一天去做社區服務。

五、要專心一致（focusing and concentrating）

行動和心意要一致，真正心口如一去關心利害關係人，有時有些事情，是機會但也是責任，比方說和重要的人會面，也對他們表示更多的尊重。所以，和有些人在一起時，要關掉手機，專心和一個人會面，不受其他事務打擾或介入；每天固定時間檢查 e-mail，確定哪些 e-mail 一定要立即回覆。

六、分享與共同承擔（revealing and engaging）

做為領導就必須把自己的想法勇於說出來，和他人分享，得到別人的贊同。有不同想法，主動和別人溝通，也是對別人的一種尊重。例如，可以和另一半，每週一定的時間，分享彼此的宗教觀點，對別人描繪你的意願，自動擔任新進員工的業師。

七、懂得如何轉換時間，替代性地做其他事情（shifting and re-placing）

可以在遠端做辦公室或家裡的事，利用各種時段的時間去完成一件事，充分展現自己的彈性，勇於反潮流，嘗試新方法。比如說，可以在家工作，利用午餐時間參加音樂會，在通勤時工作。

八、託付他人任務和發展（delegating and developing）

可以重新分配工作，增加信賴，為別人空出一些時間。增加自己和別人的技術發展（skills developing），更俐落工作以減少或削減一些不是那麼急的工作。例如聘用一位私人助理，請一位部屬分擔你的工作。

九、探索新里程

願意開展新的工作事業，使自己原先的工作，得到更多的連結，也因此增加和家庭及社區的連繫，更可因此將自己的中心理念和價值置入連結中。例如，承擔一項新工作，從事多重功能的任務指派，願意嘗試新的輔導方法，參加嬰兒日托中心理事會的工作。

其實要磨練自己的領導統御技巧，Friedman 認為就是要「選擇一些事情，開始去做，然後調適自己」（choose a few, get stated, and adapt）。[36]

磨練自己的領導統御技巧，可以思考以下幾個原則：

一、讓自己的投資能夠獲得極大化的利益；

二、假定自己不去做，會覺得失去極有價值的機會，損失很大；

三、給自己一些磨練領導統御技術的機會，而這些技巧確實是自己想要的；

四、去做這些自己想要做的事情，會覺得樂趣無窮；

五、去做的這些磨練，會讓自己覺得是在朝自己理想目標努力，能更接近自己想要達到的境界。

但如何衡量自己在領導統御的學習上，從如何豐富自己的生活做起，得到初步的改善呢？Friedman 用「評分卡」（scorecard）來表示參加他的實驗的一個

---

36 同註32，頁9。

表 3-2 Friedman「評分卡」（Scorecard）表

	實驗目標	如何衡量已經做到
工作 Work	・完成要給予地方社區所期待的東西 ・和公司同仁及其他專業團體建立網絡關係 ・從其他組織或理事會學得領導統御技巧	・當和其他公司理事會成員或其他公司成員來往時能收集到他們的客戶名片 ・每次集會都能記錄下自己想要模仿的領導統御技巧
家庭 Home	・參與每次聚會都能攜帶自己想要帶出場的人，如自己的未婚妻 ・能和具有教育專長背景的姊姊討論一些事情	・自己的未婚妻能夠共同參加理事會 ・記錄自己和姊姊的談話內容，而未來三個月自己對社區的服務確實使自己和社關係愈來愈緊密
社區 Community	・是否能提供關於非營利組織的領導統御技術 ・能使提供社區的回饋是否可以愈來愈多	・能將自己參與社區非營利組織所學到的東西記錄下來 ・記錄自己參加理事會的次數
自我 Self	・感覺到能提供他人福利的高興和滿意 ・自己的努力導致他人成長 ・變得比較熱情	・從每天的活動中評估自己的感覺 ・評估自己在和別人相處時，能影響到別人有多少 ・當我變得比較熱心於他人事物時，得到別人的反應的情形

資料來源：Stewart D. Friedman ed., The Essential Guide To Leadership, Harvard Business School Publishing, 2009.

樣本。表 3-2 爲 Kenneth Chen 和他的未婚妻 Celine 使用評分卡所記錄的內容。[37]

　　以上看起來是一些微不足道的小事情，但其實和人際關係的處理、網絡連結的建立、處理事情的優先順序、如何調適自己面對變遷與風險、與他人關係不睦、建立合作的態度、獲得他人的理解與支持、控制自己的角色扮演、採取務實步驟、講究溝通方法、瞭解組織結構、參與到自己社區與教會事務、使自己融入他人的組織等等，在在與領導統御有關。Friedman 特地稱這些小技巧，乃是「小贏所獲得的大變化」（small wins for big change）。[38]

---

37 同註32，頁10。
38 同註32，頁11。

貳、如何管理好自己

　　彼得杜拉克被認為是當代最偉大的管理學大師，從他的著作中可以瞭解，領導而沒有管理，願景只會落空；只有管理而沒有領導，組織（公司廠企、機關單位）也許能維持競爭力於一時，但終會被永遠在變遷及進步中的社會或市場所淘汰。所以，領導是方向的指引，管理是前往方向或目標的實踐。但好的領導如何培養出來？也許有天生的領導，但一個好的領導者或管理者，一天要從能「管理好自己」著手。彼得杜拉克為此詢問五個大問題，能夠好好回答這五大問題，將會是學習做為一個好的領導者（也是一個好的管理者）的開始：自己的優勢在哪裡？自己如何工作？自己的價值是什麼？自己歸屬於哪裡？自己能貢獻什麼？能夠把以上的問題想個透徹，就能使自己成為最卓越的人。杜拉克甚至認為，這些卓越的條件至少可以讓一個人在職場中縱橫五十年。

一、自己的優勢力量是什麼？（What are my strengths?）

　　大多數人都以為自己知道自己好在哪裡，其實多數人並不知道；反而多數人知道自己哪方面不行。但是，大多數人對自己優缺點的理解都還是錯誤的。農夫的孩子常常就變成農夫，司機的孩子還是去當司機。這在中國叫做子承父業，好像還是一項被稱頌的行為，其實，每個家庭、每個孩子的天賦並不相同，要瞭解自己的優點在哪裡，有一個有用的方法，就是做「回饋」或「回應」分析。

　　所謂回饋分析是指，當你做出一個主要決策，或者採取一個主要行動，可以把你預期的結果寫下來，九個月或十二個月後，你再拿出來和真正發生的結果比較一下，一般狀況下，都會讓你大吃一驚。杜拉克已經在自己身上實驗了十五到二十年，每次都發現一些驚奇的事實。其實這個方法是喀爾文教派[39]和耶穌會[40]

39　喀爾文主義是十六世紀法國宗教改革家、神學家約翰喀爾文畢生的許多主張和實踐及其教派其他人的主張和實踐的統稱。在現代的神學論述習慣中，喀爾文主義常指「救贖預定論」跟「救恩獨作說」。喀爾文支持馬丁路德的「因信稱義」學說，主張人類不能透過正義的行為獲得救贖，恢復逐漸被天主教會所遺棄的奧古斯丁主義「神恩獨作」論，反對逐漸成為天主教神學主流的「神人合作」論，因為喀爾文認為教義應當回歸聖經，因此喀爾文主義者之神學傳統常被稱為「歸正神學」或「改革宗神學」（Reformed Theology）。喀爾文對新教的發展有相當重要的貢獻，在理論與實踐上奠定了歸正宗的基礎。他的神學名著是《基督教要義》。https://zh.wikipedia.org/wi

信徒早就在使用的方法，從回饋分析中瞭解一個人究竟真正擅長做什麼。首先，他可以把精力、時間集中在自己擅長的優點上，就會有好的成果；其次，他可以改善他自己在專長上的技巧，使得自己能精益求精。另外，則可以改善自己專業知識上的傲慢，不少專家學者常自以為專精於某一領域，但經過回饋分析，才知道自認為專精的領域中自己還欠缺哪些專業知識。當然，如果只沉迷在自己自以為是的專業領域，而不知道自己欠缺了一部分的知識，杜拉克認為這是自己摧毀自己，導致失敗的原因。

　　最後，回饋分析可以告訴一個管理者或領導者，什麼時候該停止。其實只要達到有效的績效即可，而不必一直指揮員工做下去；同時，回饋分析也可以知道指揮者的態度（manner）是否被接受，以及得到肯定。此外，也很重要的是避免從事一些自己能力上做不好的事情，避免不必要的時間、精力及資源的浪費。

二、我怎麼去執行工作？（How do I perform?）

　　其實不是很多人知道怎麼把事情做成功。事實上，每個人做事的辦法都不相同，有的人甚至完全沒概念，如何把事情做成，所以毫無績效可言。對有知識的員工而言，如何把事情做成，可能比知道自己的優點更重要。

　　其實知不知道把交代的事做出來，關鍵到這個員工是不是一個好員工，這也牽涉到員工的性格，有一點是先天使然。例如，一個員工究竟他天生比較是一個會聽話的人或愛傾聽的人，或者他天生是一個朗讀的愛好者，兩個人工作績效會

---

ki/%E5%8A%A0%E7%88%BE%E6%96%87%E4%B8%BB%E7%BE%A9，檢索時間：2016年2月5日。

40 耶穌會是天主教會的主要男修會之一，1534年8月15日由聖依納爵羅耀拉與聖方濟沙勿略、伯鐸法伯爾等人共同於巴黎成立，至1540年由教宗保祿三世詔令承認。十六世紀後，當時天主教受到基督新教的衝擊非常大，天主教內產生了一股維新改革的思想，耶穌會的成立即是這股維新勢力的一部分。耶穌會是為了對抗宗教改革的風潮所創的修會，故在天主教會中，耶穌會可說是維新派，專向年輕人傳教，重視神學教育，發誓守貞、神貧，以軍事化管理，並要求會員對修會和教廷的命令絕對服從。耶穌會除了協助祈禱、從事社工慈善，拯救貧困之外，最大的特色是興學，他們在歐洲興辦許多大學、高中，培養出的學生除知名神父以外，也大多活躍於西方政界與知識分子階級，著名者有笛卡兒；而現任教宗方濟各亦為耶穌會會士，為首位耶穌會出身的教宗。https://zh.wikipedia.org/wiki/%E8%80%B6%E7%A8%A3%E4%BC%9A，檢索時間：2016年2月5日。

不一樣。當艾森豪將軍是盟軍統帥時，每次記者會，他總是滔滔不絕地訴說者，但實際上，幕僚幫他準備的問題的答案，他都沒有觸及到；所以，艾森豪其實是個朗讀型的領袖，從不斷地自我朗讀他在想的東西，有所領悟做出決定。至於，羅斯福總統[41]和杜魯門總統這兩個人都喜愛傾聽，從傾聽中學習，而做出決定，甘迺迪總統則又是另一個朗讀的愛好者。其實，瞭解自己是怎麼做決策的，會決定自己成功或失敗，不要強迫一個朗讀學習者，成為一個傾聽者；同時，也不要強迫一個傾聽者成為一個朗讀型的決策者。

三、我怎麼去學習？（How do I learn?）

要瞭解自己是屬於哪一種學習型的人。像英國首相邱吉爾[42]在學校成績很爛；而之所以如此，是他覺得學校教的東西很爛，讓他覺得很枯燥。邱吉爾是靠寫作（writing）來學習。有的人則是靠勤做筆記，音樂家貝多芬[43]就是如此，可是，貝多芬創作音樂時，從不參考他做的筆記。事實上，當他在做筆記時他已經

---

41 Franklin D. Roosevelt（美國人通常以其姓名縮寫FDR稱之），第32任美國總統，是美國1920和1930年代經濟危機和第二次世界大戰的中心人物之一。從1933年至1945年間，連續出任四屆美國總統，且是唯一連任超過兩屆的美國總統。自從喬治華盛頓在1796年拒絕就任第三任期以來，美國總統連任只限兩任一直是不成文的傳統（直到羅斯福擔任總統後第22修正案才打破）。在1930年代經濟大蕭條期間，羅斯福推行新政以提供失業救濟與復甦經濟，並成立如公共事業振興署（WPA）、國家復興管理局（NRA）和農業調整管理局（AAA）等機構來改革經濟和銀行體系。1945年3月30日，羅斯福前往參加聯合國成立大會。4月12日，羅斯福在當晚過世。https://zh.wikipedia.org/wiki/%E5%AF%8C%E5%85%B0%E5%85%8B%E6%9E%97%C2%B7%E5%BE%B7%E6%8B%89%E8%AF%BA%C2%B7%E7%BD%97%E6%96%AF%E7%A6%8F，檢索時間：2016年2月8日。

42 Sir Winston Leonard Spencer Churchill，英國政治家、演說家、軍事家和作家，曾於1940年至1945年出任英國首相，任期內領導英國在第二次世界大戰中聯合美國等國家對抗德國，並取得了最終勝利，並自1951年至1955年再度出任英國首相。邱吉爾被認為是二十世紀最重要的政治領袖之一。此外，他在文學上也有很高的成就，曾於1953年獲諾貝爾文學獎。戰爭結束後，原本認為憑藉邱吉爾在戰爭中的功勞定能順利當選的保守黨，卻在大選中慘敗，邱吉爾本人雖然當選議員，但是保守黨只獲得了197席，而工黨卻贏得393席，得以組閣，工黨領袖克萊門特艾德禮當選首相。https://zh.wikipedia.org/wiki/%E6%B8%A9%E6%96%AF%E9%A1%BF%C2%B7%E4%B8%98%E5%90%89%E5%B0%94。

43 Ludwig van Beethoven是集古典主義大成的德國作曲家，也是鋼琴演奏家，一生共創作了9首編號交響曲、35首鋼琴奏鳴曲（其中後32首帶有編號）、10部小提琴奏鳴曲、16首弦樂四重奏、1部歌劇及2部彌撒等等。貝多芬最著名的作品包括《第三交響曲「英雄」》、《第五交響曲「命運」》、《第六交響曲「田園」》、《第九交響曲「合唱」》、《悲愴奏鳴曲》和《月光奏鳴曲》等等。請參考：克勞德·帕利斯卡，西方音樂史，北京：人民音樂出版社，1996年。

學到他想要的東西。

　　所以，秘訣就在於不要強迫自己從 A 型的學習者，變成 B 型的學習者；或者在工作時，自己是朗讀者，卻強迫自己成爲傾聽者，大致上所做的事都不會成功。

四、我自己的價值是什麼？（What are my values?）

　　杜拉克不認爲自我的價值和道德倫理有什麼關係，他認爲所謂一個人的價值，可以從「鏡子測驗」（mirror test）中得知。所謂「鏡子測驗」是指一個人在公司或廠企工作，他想從鏡子中看到的自己是什麼樣子。舉例來說，一個製藥公司，如果它想從現有產品中，逐漸改善藥品的成效，去拓展公司的發展；和它採取不顧一切方式，包括投資轉移，力求突破，研發新藥，但承擔的風險很高。這兩種策略，在鏡子中反應出來的是截然不同的兩種人，也是兩種極不相同的價值系統。

　　美國的教會也呈現兩種不同的價值系統在發展。一種是鼓勵社區教會人士把更多的人帶來教堂，這些教會認爲，如此一來，他們可以影響、改變更多的人成爲教徒。但有的教會，則希望能把虔誠的信仰者，帶來教堂，只要肯來教堂的，都是眞正信仰上帝的子民。這兩種不同的價值體系，會影響教會發展模式。

　　好的領導是去瞭解每個人所認定的價值，成功的事業，其實不是靠規劃或計畫去創造出來的，而是知道所屬員工的價值，或者讓員工認同自己組織的價值體系，眞正接納這個價值，才能創造出好的事業。

五、我究竟屬於哪裡呢？（Where do I belong?）

　　一個人在瞭解自己的優點、知道自己怎麼學習、也知道自己的價值後，或許就能知道自己適合什麼領域，或者自己不屬於哪些領域。當知道自己的優點之後，可能就明白了自己沒辦法成爲數學家、天文學家、物理學家或電機工程師；這時候就比較會知道什麼東西到自己面前時，是一個應該抓住的機會，進而成就自己的事業，成爲這個行業的領導人物。

六、什麼是我必須貢獻的？（What should I contribute?）

　　過去大部分都是問：我應該做什麼？而不是問：我應該貢獻什麼？到 1950 年代以及 1960 年代，受過教育的工人，則被要求做好他們自己的事情，就是對公司廠企、機關單位做出貢獻。其實，這種做法無法讓員工具有自我實踐的滿足感，應該教會員工僚屬：我究竟應該貢獻什麼？如果給我一些條件，我對公司或廠企，所能做出的最大貢獻應該會是什麼？而且，會使結果有所不同。美國有些醫院，讓急診室自己來決定，應該做到怎麼的標準，可以成為別家醫院學習的典範。有些醫院的急診室在兩年內的時間做到了，在急診室處理病患的每一個預設的標準，他們都達標了。所以，不要吝嗇去問員工：你們覺得應該貢獻什麼事？

七、對所屬人際關係負責（Responsibility for relationships）

　　相當少數的人所做的工作只是為了他們自己。絕大多數的人，不論是藝術家、工程師、運動員……等等，他們為了追求一個目標，是為了別人，也許就只是大眾社會，而不是只為了自己。

　　就領導與員工的關係而言，每個員工都知道，每一個個別員工有他們的價值或價值系統，如果彼此之間要能相互在一起相處，而且合作，就必須知道彼此的價值。舉例來說，一個秘書對他的老闆做簡報，原先的老闆是朗讀型（reader）的，所以秘書的報告其實影響老闆不大；但是，當新老闆來了之後，如果秘書不知道新來的老闆是傾聽型的（listener），那秘書可能會被新老闆認為是一個糟透了的幕僚。其實，應該注意兩個老闆的「價值」不同，是秘書應有的本分，這就是一般所說的「管理你的老闆」（managing the boss）。

　　第二個和每個人責任及互動關係有關的是，當你到任何一個公司廠企及機關單位，你很容易會發現，每個部門的人，彼此不知道彼此在做什麼。而且，令人頭痛的是，當員工彼此不瞭解究竟在做些什麼時，常會把它歸咎為「人格衝突」（personality conflicts）。

　　其實，人類歷史中充斥著這種誤會和誤解。好像不去問別人在做什麼，是一件很自然的事。領導者可以鼓勵員工把自己在做什麼向別部門的員工說明；尤其

商業部門，負責生產、行銷、推廣、研究等各部門，工作都不相同；讓彼此互相瞭解是頗重要的事情。瞭解彼此工作的態樣後，比較知道誰在「負責」什麼，尤其是做為領導或主管，當錯誤或失敗發生時，經常聽到的兩句話是：你為什麼不早點告訴我？或者是：你為什麼不早點問我？

以上五點其實影響一個人大半生的工作，一個人在 20 到 25 歲進入職場，經過二十年到五十年，如果他或她沒有能夠成為其所專長部門的主管或到領導階層，那表示上述五項工作，他或她並沒有徹底的去瞭解、執行。

參、如何轉型成為最好的領袖？

David Rooke 和 William R. Torbert 認為各種類型的領袖，有其不同的優缺點；但是，是否能轉型成為最合適的領袖，關鍵在於每一個人的行動邏輯（action logic）。[44]

大部分發展心理學家（developmental psychologists）都同意，不同的領袖有他們不同的領導統御的哲學（philosophy of leadership）人格與管理風格，這是因為在他們內心深處。當他們的領導統御被挑戰，或覺得不安全時，這些領導是依據他們的領導哲學、人格、風格，已經內化成他們內心的「機制」在反應，或辯解或解釋。但其實，很少領導真的去探討他們心中在從事領導統御時的「行動邏輯」；而且，嘗試去改變「它」，使自己轉變成更好的領袖。

Rooke 和 Torbert 的研究團隊花了二十五年，訪問上千位的企業公司、機關單位的高層主管，用了 36 個句子，句型大致都是「一個好的主管……」的例句，詢問這些主管，因而統計出七種類型的領導人物，他們分別是：

一、機會主義型領導（the Opportunists）

這類領導只占所有訪問樣本的 5%，他們的特徵是：不信任他人、自我中心主義，以及喜歡掌控一切。這類領袖全力逮住可以贏取任何東西的機會，為此，不惜剝削所屬員工僚屬。當他們採取行動時，就是認為他們可以「掌握、控制」

---

44 同註32，David Rooke and William R. Torbert, Essential Guide to Leadership, 2009: 41-55.

情勢，同時情勢也可以被他們導向自己所要的結果。這種類型的領袖，常常將他們的惡劣行徑合理化，在競爭中，「有冤報冤，有仇報仇」是正當的原則，例如商場上的一位 CEO：Larry Ellison（2009 年時還是 Oracle 的 CEO）。[45]

　　這種類型的領導很少願意改變成其他類型的領袖，通常他們擔任主管如 CEO 的時間也不會太長，因為他們的自大、狂妄，充滿著「鬥性」，很難讓員工願意長期和他在一起工作。但是，有些公司廠企偏愛僱用他們，因為他們充滿冒險犯難的精神、作風積極大膽，特別是一些較年輕的工作同仁，喜歡追隨他們，由他帶領著去衝鋒陷陣，讓辦公室的生活充滿著驚奇的冒險與刺激。所以，有些時候，他們停留在高層位置的時間，出人意料的，比一般預期的都還要長久。

二、外交官類型（the Diplomat）

　　像外交官類型的領袖人物，乍看之下，他彬彬有禮，為組織營造良好的氛圍，似乎是不錯的領導統御，但如果他是一個資深的管理者，所能產生的其實是相當負面的影響。外交官類型的領導，會傾向討好高層，向上做關係，以避免衝突。但這種領導類型的「行動邏輯」是建立在對一些人特定行為的控制，比起控制一些人的外在環境還要糟糕。對大部分人來講，外交官類型的領導因為企業或機關的氛圍經營的不錯，似乎能獲得同仁及部屬的接受，也能契合組織的集團規範，而促成大家的合作，日常角色扮演似乎恰到好處。所以，外交官型的領導者，通常在高階管理的位置上可以坐得較久。但是，只有 12% 的領導樣本被 Rooke 和 Torbert 歸類到這種類型的領導。

　　何以如此？最重要的原因是，外交官類型的領導，太重視表面和諧，以及忽視衝突，或者對衝突故意視而不見。結果當然是他們可以提供具挑戰性的回饋問

45　Larry Ellison，出生於美國紐約布朗克斯，甲骨文公司（Oracle）的共同創始人和CEO。根據2013年富比士雜誌的統計，他的個人資產高達430億美元，居世界第5位。Ellison本人非常活潑，在商業界裡有「不尋常」的商人的名聲。Mike Wilson將他的Ellison傳記定名為《上帝與艾利森之間的區別》（The Difference Between God and Larry Ellison）。Ellison擁有的Oracle是世界上最大的資料庫軟體公司。https://zh.wikipedia.org/wiki/%E6%8B%89%E9%87%8C%C2%B7%E5%9F%83%E9%87%8C%E6%A3%AE，檢索時間：2016年2月10日。

題（challenging feedback）。可怕的是，一些具有對組織自我摧毀性質的問題或衝突，他們故意避開去。舉例來說，如果某個部門的高級主管突然離職，或因為重病而離開，或者更嚴重的，董事會因為分裂而無法產生新的董事長，這種外交官類型的領導常常不能發生功能。就像要他決定一個人去代理某個部門的主管，前主管突然離職了，為了不得罪人，外交官型的領導常舉棋不定；或者是主持一項重大研發或生產計畫的高階主管突然離開，外交官類型的領導也會不知所措。原因就是處理這些問題一定是無法面面討好，充滿爭議性、衝突性；所以，危機來臨時，外交官類型的主管常常是茫茫然，反而使得各部門的高階主管感到強烈的挫折感。

三、專家型領導（the Expert）

在受訪的樣本中，大約有 38% 是被歸類為專家型的領導，機會主義領導想控制環境，外交官類型領導想控制員工的行為。專家因有專門知識，所以想要運用他們自認是真理的知識和綿密的思維邏輯，控制人們的想法；最好是被他們領導的人，對他們所提出來的計畫，完全買單，照著去做。不可諱言的，像會計師、投資分析師、市場研究分析專家、軟體工程師，大致都有這種特性。他們共同的特徵是，不斷要求部屬持續改善績效，追求效率與完美。

從管理上來講，他們最大的毛病就是，他們自認自己是站在「真理」的一邊，他們永遠是「對」的。所以，專家型領導常認為開會是不必要的、浪費時間的，真理只有一個，他們所擬的計畫或方案，就是達成目標的「捷徑」。專業的傲慢，常導致他們輕視一般員工的意見。所謂的情緒智商（Emotional Intelligence, ET）根本就是很無聊的東西，「專業」是解決一切問題的最高指揮原則。很有名的 Scott McNealy 所創的電腦軟體公司就是這樣經營的，但是當 2001 年、2002 年網路公司泡沫化時，一大堆的資深管理團隊因而離開了他所創的公司。[46]

---

46 Scott McNealy，生於美國印地安納州哥倫布。大學畢業於哈佛大學，主修經濟學。之後取得史丹佛商學院工商管理碩士學位。他是昇陽電腦的共同創辦者之一，曾任執行長。2012年，創辦 Wayin，成為董事會主席。https://zh.wikipedia.org/wiki/%E5%8F%B2%E8%80%83%E7%89%B9%C2%B7%E9%BA%A5%E5%85%8B%E9%87%8C%E5%B0%BC，檢索時間：2016年2月15日。

四、成功者類型的領導（the Achiever）

　　成功型的領導者，其實是相當不錯的領導者，他們希望能營造積極的工作氛圍，相當歡迎團隊成員願意積極的提供意見，大約受測者有 30% 被歸到此類型。唯一的缺點是不允許團隊成員跳脫出團隊的範圍去思考問題。

　　成功型的領袖，對於外在環境的變化很清楚，所以他們的行動邏輯是歡迎回饋意見，理解成員彼此的衝突，以及對目標的不明確，充分瞭解每個人因生活經驗的不同而產生的意見差異。他們對於成員的意見衝突的感覺相當敏銳，也知道要如何積極去轉化這種衝突，使其成爲己方的力量。

　　成功型的領袖常能執行一項戰略，長達一到三年；成功型的領袖，其手下部屬流動率或離職率頗低，也懂得充分賦能課責，比起專家型的領袖，常常能使營業額每年至少多出兩倍。

　　不過，成功型的領袖似乎和專家型的領袖是天敵，專家型自認比成功型要優，但成績或績效不如成功型的領袖乃是一項事實。兩者之間的衝突、爭吵會在辦公室間出現，但也有其正面作用，有時因此而產生競爭，反而對公司的整體能力有幫助。

五、個別領袖型（the Individualist）

　　個別型的領袖，不相信有什麼東西是自然形成的，他們的工作邏輯就是世界上的一切東西都是「建構」（construct）起來的。測試的樣本中約有 10% 的高階主管被歸類爲這個類型的領袖。個別型領袖已經知道，每一類領袖都有其不同的「行動邏輯」，所以他們很願意和擁有不同行動邏輯的人溝通，尤其是個人的價值和組織的價值有衝突的話。衝突的緊張可以因此轉化成創造力、成長的慾求，以及更進一步的發展。個人型領袖會故意忽視一些他們認爲與執行不相關的規定（rules）。個人型領袖有時會因此惹禍，他們帶領團隊的工作成效不如預期，但是有些具有遠見的 CEO 會把這種領袖留下來；因爲，個別型領袖所嘗試的創新，經常會是未來性的，也許過一、二年後，就是他們大展身手的時機。

六、戰略型領袖（the Strategist）

　　大約有 4% 的受訪者被歸類到此型態的領袖。戰略型領袖和個別型不同的是，他們重視組織的價值和限制，他們認為這些價值或限制，是可以討論和轉換或轉型的。也因此，和個別型領袖忽視的做法不同，戰略型領袖會在組織的目標及願景下，利用溝通建立第二層（the second order）的願景，這是在組織願景及價值下，去建立大家能共同接受的次級願景和價值。為此，必須去溝通，改變一些主管的行動邏輯。組織和社會變遷是和發展過程息息相關，所以，領導必須主動去瞭解其中的關聯性，而允許組織和個人的行動邏輯可以相互調適。

　　戰略型領袖不僅要解決不同行動邏輯之間的矛盾，也要解決成員對於變遷的自然抗拒心態。所以，戰略型領導者，事實上是一個高度產生效用的變遷代理人（change agents）。在對很多位的企業 CEO 做測試時，多數都表示他們有過從事這方面工作的經驗和心得。其實，從領導側寫（Leadership Profile）上去看被研究者，他們所關注的戰略轉變，集中在三個層次的社會交互影響（social interplay）：個人關係（personal relationships）、組織關係（organizational relationships）和全國的及國際的發展（national and international developments）。有些公司提供一些創業投資基金，他們的 CEO 在設計這個基金時，著眼的就是以上三個因素的交互影響而產生的作用。

七、煉金術士型領導（the Alchemist）

　　煉金術士型領導是很特別的一種領導，他們就像戰略型領導一樣，可以轉變一些人的行動邏輯，但比較特別的是，他們可以同時做兩件以上不同類型的轉換。就像他們可以一邊用國王可以接受的語言，和國王交談；但同時又可以用平民聽得懂的話，和平民溝通。就規劃來說，他們可以去實行立即可用的目標計畫，但也從來沒有忘掉長程規劃的目標。

　　在 Rooke 和 Torbert 的研究當中，大概只有 1% 的測試者，自己歸類為此一型的領導人物。他們找到 6 位自認是煉金術士型的高階主管，他們同時在進行一些多目標的計畫，但也花費時間去專門處理某單一的問題。奇妙的是，這樣做

並沒有讓他們覺得「蠟燭兩頭燒」的焦慮，兩端的工作也沒有讓他們覺得有所衝突。這些高階主管都是有魅力（charisma）的領袖，但同時也是具有自我要求高道德標準和價值的個人型領袖。他們能在組織發展的歷史重大時刻，發表動人心弦的講話，做出一些具象徵性的指標或圖騰，去感動大家，觸動到員工的心靈深處。在政治上最著名的就是南非的曼德拉[47]，1995 年他故意在橄欖球隊世界盃中，戴上 Springboks 球隊的球帽，象徵這個隊伍是南非國家隊，而且是「黑色南非」的國家隊。

其實，以上七種領袖類型是可以透過訓練學習，而能轉換每一種類型領袖的「行動邏輯」。所以，領袖固然有多少是天生的，但有心成為更好的領袖，要仔細去瞭解自己的行動邏輯，接下來就是看自己願不願意去改變；選擇改變，是一個領袖的人生旅程；人性並非固定、一成不變的；一個公司廠企或機關單位，如果有心協助所屬主管，成為更好的領袖，就必須主動去幫助他們，而收割豐盛結果的，最後還是這些組織。

 個案討論一：一個緊縮的研究團隊[48]

聯邦政府委託一個三年期、100 萬美金的研究計畫。專門研究「老人照護」（the Elder Care Project），研究計畫主持人是伍德博士。不同於之前伍德博士所接的研究計畫，過去他的研究計畫，有時是他單獨一個人做研究，有時頂多是配給他 1 到 2 個研究員。但這次的研究計畫，伍德博士一口氣要帶 13 個人。該計畫的共同計畫主持人，就有 2 位博士、4 個有碩士學位的主要團隊成員，另外有 5 個大學畢業生，也在研究團隊中。

47 Nelson Rolihlahla Mandela，是南非著名的反種族隔離革命家、政治家，人們也視他為南非的國父。1993 年至 1997 年間任南非總統，是第一個由全面代議制民主選舉選出的南非元首。他任內致力於廢除種族隔離制度和實現種族和解，消除貧困和不公。當曼德拉領導反種族隔離運動時，南非法院曾判處他「密謀推翻政府」等罪名，曼德拉前後共服刑 26 年半，其中有約 13 年在羅本島度過。1990 年 3 月 14 日出獄後，曼德拉領導調解與協商，並在推動多元族群民主的過渡期挺身領導南非。1993 年的諾貝爾和平獎。2013 年 12 月 9 日，曼德拉在家中辭世，享壽 95 歲。https://zh.wikipedia.org/wiki/%E7%BA%B3%E5%B0%94%E9%80%8A%C2%B7%E6%9B%BC%E5%BE%B7%E6%8B%89，檢索時間：2016 年 2 月 20 日。

48 個案取材自 Peter G. Northouse, *Leadership: Theory and Practice*, Sage Publication Inc., 2010, pp. 61-62.

這個研究計畫的第一年，最大的問題是，預算的撥給常常不夠，只有應有數量的20%到30%。但即使撥下來的經費不如預期，團隊成員的士氣仍然高昂，在資源不夠的狀況下，他們仍然信誓旦旦要做好這個研究計畫；因爲，他們相信這個計畫的目標是對的，研究出來的成果是重要的。

伍德博士在健康教育這個領域，是全國知名的頂尖學者，在這個領域裡相關的全國性團體的理事會或諮詢會上，他都常受邀出席指導。此外，在他教書的大學裡，學校同仁也都認肯他是頂尖的學者；何況，他的出版品一直領先群倫，人們也常來向他請教有關研究設計和方法論的問題，尤其是請教他有關理論問題的形成。他被譽爲是這個領域裡對相關研究計畫，能夠看出全貌（the big picture）的學者。

不管伍德博士多麼有競爭力，但他的團隊是有問題的。首先，有關研究計畫的部分，要做的事情太多，但團隊成員並沒有投入充分足夠的時間。伍德博士自己挫折感也很強，因爲每天例行的事，多數落在他自己身上；一次他氣沖沖地主持研究團隊會議，把他自己的筆記本摔在桌上，對團隊成員說，他後悔接下這個案子，因爲本案耗去他太多的時間，他覺得很不公平，大家都沒盡到應盡的本分，根本是在扯他的後腿！大家對伍德博士的責罵也覺得很憤慨；雖然他們都尊重他專業上的成就與聲譽，但對他的「領導統御」（leadership）則不敢領教。因此，團隊士氣受此打擊而崩落到最低點。他們覺得他們對此研究計畫所付出的努力，完全被伍德博士抹殺了，伍德博士不僅從不讚賞，反而否定他們。

團隊成員覺得對照他們所收到的報酬，他們的付出已是遠遠超過所得到的回報，更不用說他們原本預期得到的肯定。這個計畫根本把他們整慘了，不論是時間、精力，他們都覺得付出過多了。但是，伍德博士根本不瞭解，也不認同他們，研究團隊因此覺得他們被剝削、榨乾。不過，對於聯邦政府對這個研究計畫的期待，他們覺得在時間的壓力下，他們還是有一份責任，必須去完成這項研究。

團隊目前需要就初步研究成果出一本小冊子，目前所撥下來的預算，距離要出這本小冊子的經費，還差很多。但伍德博士是找錢的高手，他也似乎表現出來，這筆錢應該沒有問題，他可以先從別的地方拿到。對此，團隊成員都覺得頗興奮，但他們也想到這又證明伍德博士才是這個團隊的研究工作付出最多的人。

個案問題討論

1. 你／妳如何評價伍德博士的領導統御的技巧（skills）？尤其在處理他和研究團隊成員之間的關係？這個研究計畫最後會成功地完成嗎？

2. 針對一個研究團隊而言，伍德博士是不是一個具有有效的（effective）領導力的計畫主持人？

3. 領導力的技巧，有三種模型。一是問題解決的技巧（problem-solving skills），二是社會判斷的技巧（social judgment skills）[49]，以及第三種模式：知識（knowledge）方面的技巧。假定你／妳是伍德博士的輔導員（coach），你／妳會教伍德博士何種核心智能／知能（competencies）？你／妳會要求他先改變他的領導統御中的什麼？

個案討論二：Andy的食譜[50]

　　Andy Garafallo經營一家義大利餐廳，該餐廳位在中西部接近一個大城市的一大片玉米田地的中央地帶。距餐廳有些距離的遠處，有一道沿著威尼斯運河的石牆，石牆上面有著壁雕。有一條空中纜車線從對岸高過天際的石牆連接過來，還有另一排原先由盆栽而生成的檸檬樹。Andy說，「我的祖先源自於西西里，事實上，我記得我爺爺從樹上摘下檸檬咬一口的景象，那檸檬長得就跟現在樹上的檸檬一模一樣。」

　　Andy對於如何經營他的餐廳非常有信心。事實上他應該要有信心，因為餐廳正在籌劃如何慶祝25週年慶。Andy說，「我真的對我要做的事很有把握，並非我想用什麼新花招吸引更多人潮上門；人們願意到這間餐廳，是因為他們知道這裡有很棒的餐飲，他們也想藉著在此聚會，見到他們聯繫上的朋友，這就是我的方式。沒什麼稀奇，但也不是壞點子。」雖然附近其他餐廳都關門了，但

---

49 Social judgment是指領導者把自己的觀念、想法，適度地灌輸到同仁腦海中的敏感度；領導者是否能領會別人的觀點、特殊需求及動機？領導者是否有足夠的彈性能接受同仁的意見？即便在別人抗拒或不同意你的觀點時，你仍然能夠和他們一起工作？以上這些屬於社會判斷的技能是領導面對組織變遷時所需要的知能。

50 同註48，頁57-58。

Andy似乎找到了成功的食譜。

為了維持這間餐廳，Andy手下有過不少位經理人才。目前就是以Kelly、Danielle和Patrick三個人為主。

Kelly管廚房，準備各種食物。Kelly很誠實，同時又可靠。她熱愛她的工作，而且很有效率，擅長叫貨，做好各種食物的準備工作。Andy非常喜歡Kelly，但也對Kelly很頭痛，因為Kelly很難和售貨人員、外送人員，以及服務生相處。

Danielle負責餐廳外場，在Andy這已經六年了，Danielle很喜歡這家餐廳，她幾乎是住在餐廳裡，而且還靠著呼吸餐廳的空氣，才能存活下去。而她讓Andy最窩心的，就是和Andy一樣，永遠把顧客擺在第一位；Andy經常誇她，不需要客人說什麼，她就是永遠知道客人要什麼。但她過度好客，常常弄錯數字；她從來不管這家店營業額度，也就是說，賺不賺錢，似乎與她無關。

Patrick和Andy一起工作了四年，Patrick大部分在外場幫忙；但是，他也能在廚房工作。Patrick有很強烈的工作倫理，對數字也很精明，但比較糟的是，Patrick很不會招呼客人。有時讓客人覺得面子掛不住，而且Patrick看起來也比較沒有感情。此外，Patrick偶爾還會惹些小麻煩，或出些小差錯，總是會讓Andy捲入一些小麻煩，Andy希望他學會讓家人開心或放心。Andy常說，「他是個好經理，但他必須學會知道某些事情，其實可以看開點。」

Andy對待這三個經理，一方面像是他們的老師（teacher），另一方面也像他們的教練（coach）。他總是嘗試去幫助他們進步，Andy自己覺得他的責任之一，就是教導他們更瞭解餐廳的業務。Andy常對他們說，等到哪一天他們要離開餐廳去接受另一個職位，他們會是「A級」，即「第一流」的經理，這是Andy常對他們說的期許。把餐廳員工都訓練成高手，是Andy的目標。

雖然Andy一天工作12個小時，但卻比較少多花一些時間，去注意餐廳營運各方面所呈現出來的數字統計，他不認同為了幫餐廳賺錢，就去搞些小手段省東省西、調高售價，甚至於降低些品質。Andy說，「就像是這樣——有一天晚上，突然接到一位客人的電話，他說他們有一群人要過來用餐，但他們想自己帶一個蛋糕過來。當你跟對方說：當然可以……不過有個小小要求，要切一塊蛋糕給我。哈，結果他們真的就過來了，消費也不少。其中打電話的人後來對我說，他們本來想到另一家餐廳，但那家餐廳不讓他們自己帶蛋糕。」

　　Andy覺得他的待客之道有用，他強烈地相信：做應該做的事情，就會有生意。（You get business by being what you should be.）

　　和其他餐廳比較，Andy算是經營得還不錯。不少餐廳的淨利是5到7個百分點，不過Andy的餐廳卻每年有30%的淨利。

個案問題討論

1. 什麼原因是 Andy 經營這家餐廳成功的因素？
2. 從領導的技巧來看，你／妳怎麼評估 Kelly、Danielle 和 Patrick 這三個人的領導統御？他們三個人事實上各自應該在哪些方面做改善？
3. 你／妳如何評估／描繪 Andy 的職能或知能（competencies）？Andy 的領導統御似乎和理論上我們說的：問題解決的技能（problem-solving skills）、社會判斷的技能（social judgment skills）以及知識（knowledge）似乎都沒有關係？

4 領導、管理與組織

　　不論是公私領域，都會面臨組織的變遷。在公部門領域，組織變遷和領導統御關係十分密切。當然，公部門本身很多組織特性就和私部門不同。在私部門組織的變遷和管理息息相關，如果私部門的任何一個環節出了問題，不論是研發、生產、市場行銷、品質管控、門市銷售等等，或是部門與部門之間，出了問題，比方說彼此因爲欠缺協調，或沒有正確的溝通，在管理上，會認爲一定是管理的組織出了問題，組織結構就應該調整或者改變。

◎第一節　領導與組織

壹、行政領導與行政組織

　　1995 年 Larry Terry 注意到有關公部門（public-sectors）研究的著作中，[1] 對於「行政的領導統御」（administrative leadership）或「官僚的領導統御」（bureaucratic leadership）都被忽視掉了。因此，在 Terry 的著作中，他提出了八個問題的研究：行政的領導統御或官僚的領導統御重不重要？是什麼原因造成對行政領導的忽視？還是這種研究有它的困難？Terry 在 1995 年檢視以往相關的著作，究竟行政領導的研究有沒有已經做出有意義的超越過去的成果？這些有關公部門領導的研究，它們的優點和缺點是什麼？不管它們是否具有全面的說服

---

[1] Larry D. Terry, Leadership of Public Bureaucracies: The Administrator as Conservator, Thousand Oaks, CA: Sage Publications, 1995.; Larry D. Terry, "Administrative Leadership, Neo-Managerialism, and the Public Management Movement," Public Administration Review, 1998, 58 (3): 194-200.

力，特別是把公部門的領導研究和主流研究——主要是私部門的研究，來做個比較，在優點和缺點上的差異如何？在這些研究中有哪些領域是很成熟的？

要回答上述的這些問題，當然不容易。但即使是在公部門，行政組織和領導的關係與私部門相同，都是十分重要的；因為，有效的領導在組織上，提供了高品質和高效率的物品（goods）及服務。此外，行政組織中有效的領導統御也提供了組織內工作人員凝聚力，個人發展的意識，以及執行工作的滿足感。同時，它也提供了一個方向與願景的中心意識，創造與創新的健全機制，組織和環境的結合，以及組織文化的泉源。[2]

其實，處於二十一世紀的現在，我們可以發現大多數的國家，特別是民主國家，由於領導必須受到民眾高度的檢驗，不論是透過大眾傳播媒體、網路及各種E化管道，民眾散播消息、資訊的管道及速度，又多又快，使領導「曝露」在民眾面前的速度及深度，都已達到前所未有的程度。領導愈來愈困難，領導所犯的錯誤、缺失，民眾的容忍度也愈來愈低。事實上，尤其是公部門組織，領導所受到的懷疑及結構性的挑戰，愈來愈嚴重。[3]

尤其在全球化[4]來臨的時代，領導統御的技能也必須有所增長。

其實在領導研究上，學者 Bass 在 1990 年的統計，超過 7500 種以上的經驗地或準經驗的研究，但 Bass 也認為，事實上領導的研究相較於其數量，它是被最多人所觀察的現象，但卻被理解的最少。因此，領導的研究被認為具有「系絡上的複雜性」（contextual complexity）。[5]它的意思是說，有關領導研究的結果

2　Montgomery Van Wart, "Public-Sector Leadership Theory: An Assessment, Public Administration Review, March/April, 2003, 63 (2): 214.

3　Daniel Yankelovich, Coming to Public (Judgment: Marketing Democracy Work in a Complex World.), Syracuse, NY: Syracuse University Press, 1991.

4　全球化（Globalization）有很多定義。一般而言，是指貨物與資本的越境流動，經歷了跨國化、局部的國際化以及全球化這幾個發展階段。貨物與資本的跨國流動是全球化的最初型態。在此過程中，出現了相應的地區性、國際性的經濟管理組織與經濟實體，以及文化、生活方式、價值觀念、意識型態等精神力量的跨國交流、碰撞、衝突與融合，全球化改變了傳統國家的邊界（border）的限制。全球化是經驗發展的結果？過程？還是未來的發展？更多關於全球化的議題，可參見：Martha C. E. Van Der Bly, "Globalization: A Triumph of Ambiguity," Current Sociology, Sage, November 2005, 53 (6): 875-893.

5　Ronald G. Brunner, "Teaching the Policy Sciences: Reflections on a Graduate Seminar," Policy Sciences, 1997, 39 (2): 219.

有很多相似性，如領導一定涉及領導者與被領導者，但是不同的被領導者是有薪的受僱者，或是志工、領導的方式、組織結構、組織文化、問題與機會……等等，都會呈現各種不同的面向。這是因爲觀察者及觀察面向不同，研究者使用不同分析架構所致。不過，到二十世紀，出現了一些比較全面一致性的分析架構，領導研究有了一些成果。不過，這對公部門的行政領導來講，仍是可望而不可及的事。

公部門的領導，根據前述 Terry 的研究[6]，第一，行政領導事實並不存在，或者說並不被歡迎存在；因爲，在高度民主社會中，對領導而言，行政組織只是工具性的一個路徑（approach）而已。對於行政領導本就不該給予太多的注意。

第二，官僚基本上不會受行政領導的控制，所以行政領導的貢獻有限。第三，大部分的研究者發現，中階或第一線的文官比較容易接近，但若要研究行政組織中的行政領導人物，他們在政策制定中所做的是比較細緻的、精緻的例行事物。而眞正在政策辯論或討論中，政治領導（political leadership）當然是比較容易觀察到的對象，也比較吸引研究者的注意，相對而言行政領導在這方面就遜色很多。[7]

最後，領導統御研究的本質在哲學探討上，一些規範性（normative）的討論，比較上會注意的是被行政領導所運用的一些態度，而不是行政領導上一些變化的，或不會變化的特徵。

Van Wart 認爲在公部門組織中，值得研究的領導是行政領導，意謂著不是那些政治領袖對組織的領導，主要是那些第一線的工作領導者，有時也許只是藍領工人的領頭，指的正是行政組織非政治的領導者。所謂的政治領導者是指那些由人民透過選票所選出來的立法者或行政首長，或者政治性的較高職務，如部會幕僚長或首長。[8]

Van Wart 用圖 4-1 加以說明：

6　同註1，頁2-3。

7　所謂政治領導，是指：政府、政黨、政治集團以及政治領袖等政治管理主體運用權力和權威，通過對政治管理客體施加政治影響力，確立社會政治生活的性質和目的，實現與政治統治相關的原則和方向的過程。政治領導在政治過程中有著主導作用，在形式上表現爲政治領導人的活動。從政治領導行爲的角度講，政治管理可以被看作是國家政權對社會公眾政治生活的根本性問題的權威指導過程。http://baike.baidu.com/view/636260.htm，檢索時間：2016年1月20日。

8　同註2，頁216。

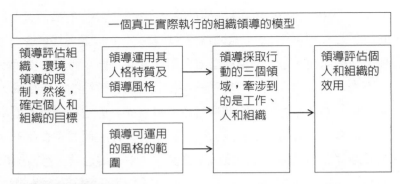

圖 4-1　組織領導模型圖

資料來源：Montgomery Van Wart, "Public-Sector Leadership Theory: AnAssessment," Public
　　　　 Administration Review, March/April, 2003, 63 (2): 216.

貳、公部門行政領導的理論和研究

　　Van Wart 統計 PAR（Public Administration Review）六十一年當中總共有 110
篇論文和公部門領導有關（以最實務的領導的定義），包括與管理有關，行政執
行、組織變遷等議題；不過，如果用嚴格的標準來篩選，則僅僅有 25 篇。[9]Van
Wart 做了非常詳細的文獻探討 [10]，對於公共行政領導的定義需要審慎探討的論
文，始自 1940 年代，其中以 H. Finer（1940）[11] 和 Wayne A. R. Leys（1943）[12] 的著
作爲代表；但是，1945 年 Donald Stone 就寫了〈政府行政的觀點：角色和方法〉
（Notes on the Government Executive: His Role and His Method）[13]，這篇文章可

9　同註2，頁218。

10　同註2，頁218-220。

11　H. Finer在1940年討論民主政府中的行政責任"Administrative Responsibility in Democratic Govern-
　　ment,"刊於Public Administration Review, 1940, 1 (4): 335-350。他認爲官僚的責任（responsibil-
　　ity），即賦予官僚課責性（accountability）。

12　Wayne A. R. Leys, "Ethics and Administrative Discretion," Public Administration Review, Winter 1943,
　　3 (1): 10-23. Leys提到行政權力謹慎運用的倫理，是否受到民選立法者的束縛。

13　Donald Stone, Notes on The Governmental Executive: His Role and His Methods, Public Administration
　　Review, Summer 1945, 5 (3): 210-225. Stone提出了行政人員究竟可以做什麼？不可以做什麼？應
　　該做什麼？不應該做什麼？已引起大家或公眾的矚目。

以媲美 1949 年 Follett 的《領導的要點》（The Essentials of Leadership）[14]，以及 1938 年 C. Barnard 所寫的《行政的功能》（The Functions of the Executive）。[15] 但其實 Donald Stone 對於領導發展的評估是奠基在 1954 年 Lawton[16] 和 1958 年 Dimock[17] 的著作基礎上，而賦予這些討論經驗佐證的工作，卻是 1959 年的 Golembiewski[18]，他提供了很多公部門中，小團體（small groups）的經驗論述。

　　1960 年代關於行政領導的著作也不算多，1962 年的 Guyot 是唯一在這個年代中有關公部門和私部門領導動機（motivation）研究中的經驗研究。[19]

　　同樣的在 1962 年 Fisher 的文章[20]，批評聯邦政府的從事管理，卻沒有對政府官員施以管理的訓練。此外如 James Fesler 則在 1960 年提出對領導的重要性的

14　Mary Parker Follett, "The Essentials of Leadership," in L. Urwick (ed.) Freedom in Co-ordination: Lectures in Business Organization, New York: Garland Publishing, 1949/1987. Refer: Nanette Monin and Ralph Bathurst, "Mary Follett On the Leadership of 'Everyman'," Ephemera: Theory & Politics in Organization, Nov.2008, 8 (4): 447-461. Follett 認爲領導統御（leadership）是一項必然的管理技巧，但卻不太可能一定出現英雄式的領導與管理（a hero leader-manager）。

15　Chester I. Barnard, The Functions of the Executive, Cambridge, Mass: Harvard University Press, 1938. Barnard 主要在談決策的邏輯和不邏輯的基礎。邏輯的語言陳述可以用符號或文字，表現出推理（reasoning）。但非邏輯（Non-logical）只是看到決定、行動或判斷。可再參考：Herbert A. Simon, Making Management Decisions: The Role of Intuition and Emotion, Academy of Management Executive, February 1987.

16　Frederick J. Lawton, " The Role of the Administrator in the Federal Government," Public Administration Review, Spring 1954, 14 (2): 112-118. Lawton 親自觀察聯邦行政官員的行爲，這和在他之前別人的一些著作，在談論到聯邦行政時，都是談「權威」（authority），有相當大的不同。

17　Marshall E. Dimock, "Executive Development after Ten Years," Public Administration Review, Spring 1958, 18 (2): 91-97. 他提到在二次世界大戰之後，公共行政領域在很多國家，已開始推動各種訓練計畫，希望行政人員能具有領導統御的技術。尤其和該國的工業化水準及發展，以及行政效能的增加有關。行政官員必須要有創新創造力；同時，也要有活力（vitality）。

18　Robert T. Golembiewski, "The Small Group and Public Administration," Public Administration Review, Summer 1959, 19 (3): 149-156. 首次根據小團體樣本，證明「領導統御」是領導特徵中的一樣變數而已。而不同情況、不同人格，會有不同的領導統御技能。

19　James F. Guyot, "Government Bureaucrats Are Different, Public Administration Review," December 1962, 22 (4): 195-202. Guyot 比較聯邦政府和大型企業其管理階層人格和領導動機之間的關係。

20　John Fisher, "Do Federal Managers Manage?" Public Administrator Review, 1962, 22 (2): 59-64.

犀利批評。[21] 另外兩篇比較重要的是同在 1965 年由 Altshular[22] 和 Lundstedt 分別為文 [23]，強調領導的影響力（influence）和社會影響力（social power）。

　　1970 年代有關公部門的領導沒有什麼重要的著作，1980 年代起才把這段空白填起來，1989 年 DiIulio 重新提出領導與管理的重要性；1980 年代對領導的訓練和發展，有相當多學者投入研究。1981 年的 Likert、1985 年的 Flanders 和 Vtterback，1987 年的 Faerman、Quinn 和 Thompson。1981 年 Stone 和 1986 年的 Dimock 都談到領導對組織的創新和創造的重要性。1988 年 Gilbert 和 Hyde 則提出被領導者對領導「追隨」（followership）的經驗證據。同時在 1988 年 Young 和 Morris 則提出領導行動計畫（Leader action planning）的重要性。[24]

　　領導的研究涉及層面甚廣，但直到 1990 年代才開始把領導和改革（reform）掛鉤起來做探討，尤其自 1992 年以降，公部門行政領導被一分為二，一邊是主張行政官僚應該像「管家」（stewardship）一樣，從「管制」的角度來看行政；另一邊則認為行政官僚應該像「企業家」（entrepreneurship）一樣，以

21　James Fesler 是公共管理的著名學者，於耶魯大學任教，對聯邦政府於水資源管理上，提出很多意見。他接受了美國公共行政學會所頒布的德懷特瓦爾多獎，他還獲得了美國政治學協會所頒布的約翰高斯獎。他的著作是有關區域和行政管理理論。見 James W. Fesher, "National Water Resources Administration," Law and Contemporary Problems, 1957, 22 (3): 444-471. https://translate.google.com.tw/translate?hl=zh-TW&sl=en&u=https://en.wikipedia.org/wiki/James_W._Fesler&prev=search，檢索時間：2016年1月10日。

22　Alan Altshular, "Rationality and Influence in Public Service," Public Administration Review, 1965, 25 (3): 226-233.

23　Sven Lundstedt, "Administrative Leadership and Use of Social Power," Public Administration Review, 1965, 25 (2): 156-160.

24　John J. DiIulio, Jr., "Recovering the Public Management Variable: Lessons from Schools, Prisons, and Armies," Public Administration Review, 1989, 49 (2): 127-133; Rensis Likert, "System: A Resources for Improving Public Administration," Public Administration Review, 1981, 41 (6): 674-678; Lorretta R. Flanders and Dennis Vtterbcak, "The Management Excellency Inventory: A Tool for Management Development," Public Administration Review, 1985, 45 (3): 403-410; Sue R. Faerman, Robert E. Quinn, and Michael P. Thompson, "Bridging Management Practice and Theory: New York State's Public Service Training Program," Public Administration Review, 1987, 47 (4): 310-319; Donald C. Stone, "Innovative Organizations Require Innovative Managers," Public Administration Review, 1981, 41 (5): 507-513; Marshall E. Dimock, "Creativity," Public Administration Review, 1986, 46 (1): 3-7; G. Ronald Gilbert and Albert Hyde, "Followership and the Federal Worker," Public Administration Review, 1988, 48 (6): 962-968; Frank Young and John Norris, "Leadership Challenge and Action Planning: A Case Study," Public Administration Review, 1988, 48 (1): 564-570.

經營企業的方式來經營公共事務。1992 年 Bellone 和 Goertz 的「Reconciling Public Entrepreneurship, and the Public Management Movement」，1998 年的「Administrative Leadership, Neo-Managerialism, and the Public Management Movement」，乃是經典之作。[25] 大部分的一些好文章和具經驗基礎的研究出現在這個時代。僅從 PAR 來看就有 1998 年的 Hennessey、1999 年的 Moon，1999 年的 Considine 和 Lewis，以及 2000 年的 Borins。[26]

　　如果把 PAR 的文章從建立「通則」（generalization）的角度來看，第一，一直到 1990 年代，領導才普遍被認為是一種行政現象；所以，在 1960 年代以及 1970 年代，對主流的領導統御研究而言，一小群的領袖人物，及較低層次的領導的研究，僅有少數被納入研究當中；第二，在 1950 年代，僅有極少數的領導研究著作，具有經驗基礎。

　　當然，除了 PAR 的著作之外，關於公部門組織的領導，還有哪些重要的著作呢？其中以 1939 年的 W. Macmahon 和 J. Millett 對於「聯邦行政官員」（federal administrators）算是一個起始點[27]；之後，1947 年的 G. Pinchot 則是屬於重要行政領袖（administrative leader）的傳記研究。[28]1958 年行政領導的研究開始展現新的生機，特別是 1957 年 P. Selznick 的經典著作[29]，Leadership in Administration 最足以代表。[30]

---

25 Carl J. Bellone and George F. Goerl, "Reconciling Public Entrepreneurship and Democracy," Public Administration Review, 1992, 52 (12): 130-134; Larry D. Terry, "Administrative Leadership, Neo-Managerialism, and the Public Management Movement," Public Administration Review, May-Jun., 1998, 58 (3): 194-200.

26 J. Thomas Hennessey, "Reinventing Government: Does Leadership Make the Difference?" Public Administration Review, 1998, 58 (6): 522-532 ; Myung Jae. Moon, "The Pursuit of Managerial Entrepreneurship: Does Organization Matter?" Public Administration Review, 1999, 59 (1): 31-43; Mark Considine and Jerry M. Lewis, "Governance at Ground Level: The Frontline Bureaucrat in the Age of Markets and Network," Public Administration Review, 1999, 59 (6): 467-480 ; Stanford Bonins, "Loose Cannos and Rule Breakers?... Some Evidence about Innovative Public Managers," Public Administration Review, 2000, 60 (6): 498-507.

27 W. Macmahon and John D. Millett: Federal Administrators. Columbia University Press, New York, 1939.

28 Gifford Pinchot, Breaking New Ground, New York: Harcourt, Brace, 1947.

29 P. Selznick, Leadership in Administration. New York: Harper & Row, 1957.

30 Philip Selznick 的《行政領導》（Leadership in Administration, 1952），提出了「差異性競爭」，

　　1966 年 J. Corson 和 P. Shale 一起撰寫的關於資深行政領袖的書也很具代表性。[31] 但 1967 年著名的 Downs 的領導類型的書籍，雖有負面的評述，但對於官僚研究相當傑出。[32]1970 年代則除了 1977 年 Heclo 的鐵三角政治（iron-triangle politics），其他著作則是關於軍事領導統御，或準軍事領袖的著作，整體而言較乏善可陳。[33]

　　1980 年代把行政領袖當作企業家來看的是 Eugene Lewis（1981）[34]，1987 年 Doig 和 Hargrove 基本上是延續 Engene 的看法。當然，1980 年代，還有 Kaufman、Cleveland 和 Gardner 都算是接續 Selznik 的傳統，在行政組織的領導上的著作。[35]

　　1990 年代有關行政領袖的著作就必須小心篩選，因爲，學者們開始做較大範圍的探討，相關的學者很多，把注意力放在地方議會、市長、州議員的不少，這些算是研究地方和國家層級的行政領袖；但也有把注意力放到文官的行政領袖（civil leaders）上，他們是 1994 年的 Chrislip 和 Larson，還有 Heifetz、Svara，以及 1997 年的 Henton、Melville 以及 Walesh，最後是 1998 年的 Luke。[36]

　　並將組織的「內部狀態」與「外部預期」結合起來，認爲有必要建立起「組織的社會結構」。http://wiki.mbalib.com/zh-tw/%E8%AF%B4%E6%98%8E%E6%80%A7%E6%88%98%E7%95%A5%E7%AE%A1%E7%90%86%E5%AD%A6%E6%B4%BE，檢索時間：2016年1月20日。

31　John J. Corson and Paul R. Shall, Men Near the Top: Filling Key Posts in the Federal Service, Baltimore, MD: Johns Hopkins University Press, 1966.

32　Anthony Downs, Inside Bureaucracy, Boston, MA: Little, Brown, 1967.

33　H. Heclo認爲多數政策議題的決策方式並非鐵三角的封閉關係，而是在政黨系統、國會、行政系統等正式組織結構之外，所形成的一種非正式的、複雜的議題網絡（issue network）型態。

34　Eugene Lewis , "Public Entrepreneurship: Toward a Theory of Bureaucratic Political Power," The Business History Review, Spring 1981, 55 (1): 97-99.

35　Hebert Kaufman, The Administrative Behavior of Federal Bureau Chiefs, Washington, DC: Brooking Institution, 1981; Harlan Cleveland, The Knowledge Executive: Leadership in an Information Society, New York: E. P. Dutton, 1985; John W. Gardner, On Leadership, New York: Free Press, 1989.

36　David D. Chrislip, and Carl E. Larson, Collaborative Leadership: How Citizens and Civic Leaders Can Make a Difference, San Francisco, CA: Jossey-Bass, 1984; Ronald A. Heifetz, Leadership without Easy Answers, Cambridge, MA; Belknap Press, 1994; James H. Svara, ed., Facilitative Leadership in Local Government: Lessons from Successful Mayors and Chair Persons, San Francisco, CA: Jossey-Bass; Douglas Henton, John Melville and Kimberly Walesh, Grassroots Leaderships for a New Economy: How Civic Entrepreneurs Are Building Prosperous Communities, San Francisco, CA; Jossey-Bass, 1997; Jeffrey S. Luke, Catalytic Leadership: Strategies for an Interconnected World, San Francisco, CA: Jossey-Bass, 1998.

也有把注意力放在「計畫」（planning）上，例如 1992 年的 Bryson 和
Crosby[37]，以問題為導向的（problem focus）則是 1993 年的 R. Terry，重視
公共服務價值（public-service value）的，則是 1990 年的 Rost、1991 年的
Fairholm，以及 1995 年的 Riccucci，而 1998 年的 Vinzant 和 Crothers 則重視
第一線領導者（frontline leaders）。[38] 當然，1995 年 Larry Terry 首度全面討論
「管家型」的行政領導。[39] 值得注意的是，軍事領袖的研究在 1990 年代，一直持
續著。1996 年由 Bernard Bass 所領頭，並由 The International Journal of Public
Administration 贊助的關於「轉型式」（transformational）行政組織領導統御的
研究，獲得各方的重視。[40]2001 年的 Rusaw 真正在這個領域，提供了最全面的文
獻整理及分析。[41]

　　值得一提的是二十世紀末，所有的行政部門對於行政組織官員的教育及訓練
都變得非常重視。各種評估行政領導官員的方法紛紛出籠，像 360 度中心評鑑
法，在評鑑方法中建立「標竿」（benchmarks）做為訓練計畫的依據。[42] 而美國
哈佛大學甘迺迪學院運用個案研究方法，訓練州與地方政府的行政領袖。[43] 事實

37　John M. Bryson & Barbara C. Crosby, Leadership for the Common Good: Tackling Public Problems in a Shared-Power World, Wiley, 1992.

38　Robert Terry, Authentic Leadership: Courage in Action, San Francisco, CA: Jossey-Bass, 1993; Joseph C. Rost, Leadership for the Twenty-First Century, Westport, CT: Praeger, 1990; Gilbert Fairholm, Values Leadership: Toward a New Philosophy of Leadership, New York: Praeger, 1991; Norma M. Riccucci, Unsure Heroes: Federal Execrates Making a Difference, Washington, DC; Georgetown University Press, 1995; Janet C. Vinzant, and Lane Crothers, Street-Level Leadership: Discretion and Legitimacy in Front-Line Public Service, Washington, DC: Georgetown University Press, 1998.

39　Larry D. Terry, Leadership of Public Bureaucracies: The Administrator as Conservator, Thousand Oaks, CA: Sage Publication, 1995.

40　B. M. Bass, "Theory of Transformation al Leadership Redux," Leadership Quarterly, 1995, 6 (4): 463-478.

41　Carol A. Rusaw, Leading Public Organizations: An Integrative Approach, Orlando, FL: Harcourt, 2001.

42　「360 度評鑑法」係運用多元評鑑來源回饋技術，針對特定人員，以包含受評者本人及相關人員共同進行評量，其主要概念是認為受評者之行為，應由本人、直屬長官、人事同仁或部屬、機關同仁等進行全方位的評鑑，才能達到最周全客觀的評鑑結果。Beatrice I. J. M. van der Heijden and Andre H. J. Nijhof, "The Value of Subjectivity: Problems and Prospects for 360-degree Appraisal Systems," The International Journal of Human Resource Management, 2004, 15 (3).

43　哈佛大學甘迺迪學院（John F. Kennedy School of Government, Harvard Kennedy School，或 HKS）是世界頂尖的公共政策學校，也是美國哈佛大學的研究生院之一。甘迺迪學院開設四門碩士課程：公共政策碩士（MPP）主要致力於政策分析、公共經濟、公共管理和政策設計等方面。公共

上，參加者不僅是州與地方的高階文官，也包括民選的市長，郡長及州參、眾議員。當然，不只哈佛大學，維吉尼亞大學、德州大學、亞利桑那州立大學，也有高階文官或常任文官的有關領導統御的訓練課程。值得注意的是，美國聯邦政府「人事管理辦公室」（Office of Personnel Management, OPM），也進行一系列可以運用的實務性行政組織、官員領導的研究。[44]

以上可以看出在上一個世紀（二十世紀）的後五十年，行政組織領導統御的研究及發展的蓬勃狀況。這是因為 1970 年以來，世界各國的經濟不斷出現變化，民眾及消費者對政府的要求愈來愈高，使得傳統上交易型的領袖（transactional leaders），逐漸變成「轉換型」的領袖，下文會說明這兩種類型的領袖。

參、公部門行政領導理論（administrative leadership theory）內涵的討論與辯論

由於討論到公部門的組織，不可避免的會牽涉到組織的領導；而一般組織的領導，和其他與領導有關的課題，如前面各章所決策與計畫等，都屬於領導理論在研究的課題。或許可以說關於領導的一般理論或許可以稱之爲「主流的領導理論」（mainstream leadership theory）。但如果專注於組織的行政領導，究竟這

管理碩士（MPA）課程分兩種：爲工作7-15年的職業人開設的爲期1年的課程和爲畢業不久的職業人開設的爲期2年的課程。MPP和MPA交叉學習，這也是學院的特色之一。國際發展公共管理碩士（MPA/ID）是甘迺迪學院最新的項目，也是課程最難的一個項目，以學習博士班的高級經濟學課程爲主。https://zh.wikipedia.org/wiki/%E7%BA%A6%E7%BF%B0%C2%B7F%C2%B7%E8%82%AF%E5%BC%E8%BF%AA%E6%94%BF%E5%BA%9C%E5%AD%A6%E9%99%A2，檢索時間：2016年1月20日。

44 美國人事管理辦公室（U.S. Office of Personnel Management，簡稱OPM），是聯邦政府的人事機構；爲保持聯邦政府公務員的政治中立而設立。美國人事管理辦公室規定在使用臨時雇員時要遵循四個條件：一、爲滿足最大工作量的要求；二、應對未來在資金上、工作量上所具有的較大的不確定性；三、填補一些將要被其他組織人員所替代的永久性職位；四、正在研究的極有可能被外包的工作。美國的政府雇員都有自己明確的使用期限，一般爲1年，最長不能超過2年。政府雇員雖然不占用行政編制，但是其薪金支出仍然是國家財政負擔，因而也必須建立完善的、統一的管理制度來管理這一部分人員。http://www.lvse.com/site/opm-gov-4712.html，檢索時間：2016年1月22日。另參見，Hel G. Rainey and Barry Bozeman, "Comparing Public and Private Organizations: Empirical Research and the Power of the A Prior," Journal of Public Administration Research and Theory, April 2000, 10 (2): 447-469.

兩方面的領導理論與實際有何不同呢？如果研究的對象、行為、現象或事實都相同，又何必突出行政組織，特別是公部門組織領導的研究呢？因此，對於兩者之間的關係及異同必須做一個釐清。

　　主流的領導理論主要討論什麼內容呢？主流的領導理論注意：一、研究與分析的主要焦點是什麼？二、領導確實帶來了什麼不同的結果？三、領袖或領導到底是天生的，或者後者可以訓練或造就出來？四、最佳的領導風格究竟是什麼？

　　首先，從研究分析的焦點來看，大家都期待領袖「把事情搞定了」（to get things done），例如維持良好的系統，提供生產訓練的資源，經由各種不同的管制或控制，保持效率與效能，保證能正確地解決技術問題，協調各部門能夠順暢運作的功能。

　　其實可以看出，上述的研究分析焦點和「管理」差不多，其實這方面的著作不論在管理領域、行政學或政治學領域，都可以廣泛地稱他們為科學管理，或經典的（classical）的管理研究。

　　另外的觀點是從，領導者不用去做什麼的角度出發來看領導。領導者是依賴被領導去做，被領導者在被訓練後，能夠有足夠動機與成熟的技術，從生產有效率、組織有效能，獲得充分的工作滿足感。這種看法產生了不論是領導或組織，其關鍵都在「如何管好人」，領導及組織的問題主要都是「人的問題」（people problems），這些學者有早在1940年代的A. H. Maslow，1960年代的C. Argyris、D. McGregor 和 R. Likert，以及 1970 年代的情境領導研究（situational leadership research），到了 1990 年代仍然十分流行，那就是 Katzenbach、Smith 和 Tom Peters[45] 等人所謂的團隊領導（team leader）；當然，這種途徑還要加上

45　A. H. Maslow，如其所撰"A Theory of Human Motivation"，原先登於Psychological Review（1943, 50: 370-396），被列為經典；Chris Angyris, Personality and Organization: the Conflict Between System and the Individual, Oxford, England, Harpers, 1957，也是經點著作；D. M. McGregor生於1906年，1935年在哈佛拿到博士學位，經典著作為The Human Side of Enterprise，該書主要理論即X理論和Y理論，把個人人性弱的一面，和組織的需要結合起來做些改變。Rensis Likert的New Patterns of Management（New York. US: McGraw-Hill, 1961），這本書更是把組織的管理和領導、團體過程、監督、評量等問題結合起來探討。而Jon R. Katzenbach和Douglas K. Smith兩人合著The Discipline of Teams（Harvard Business Press, Boston, Massachusetts, 1993），也被哈佛商學院列為研究團對管理的經典之作；至於Tom Peters為了追求組織的競爭力，創造組織領導新模式，從

主張把領導魅力加進去的「轉換型領袖」（transformational leaderships）等方面的著作。

　　這種完全以提供人民服務的內容，似乎要終結掉消費者，社會和公共利益的觀念，其實是有偏頗的。做為領袖或領導人必須要做的事，不只是使人民去做被教導或鼓舞，更應該包含技術的執行（technical performance），追隨者的發展（follower development），以及組織的聯合（organizational alignment）。所以領袖人物不僅僅是在情感上領導人，在邏輯上去推動很多事，這些事包括：執行、發展追隨者、聯合組織，同時培養共同的利益（the common good）。

　　除了以上對議題焦點的討論，第二個議題是領導真的會帶來一些改變？會使事情變得不同？這個問題的答案似乎很明顯，看看歷史上的一些領袖，不論是希特勒，還是邱吉爾，當然都帶給人類社會一些不同的結果，人們常會問，真的是這些人物創造了歷史，改變了歷史嗎？如果沒有馬克思，就沒有後來的共產主義世界？更沒有現在的中國？這在科學研究中實在很難證明，我們需要一個實驗組和控制組；其實，比起來，更尖銳的問題應該是，這些領袖或領導帶來的改變有多大？這些疑問使學者更專注在領袖的性格特徵、行為模式，以及領導統御的技能等方面的討論。

　　事實上，如果探討這個問題，很容易會得到以下的結論：偉大的領袖，帶來巨大的改變（Great leaders can make a great difference）。甘迺迪在古巴飛彈危機中，個人的領導，成為許多研究者研究的對象。[46] 其實，這種研究過度強調領

1990年代以及到二十一世紀初，一直有著作出現。使其成為當前美國著名管理學家、管理類暢銷書作家，被稱為「商界教皇」。曾獲史丹佛大學工商管理碩士和博士學位，還擔任過麥肯錫公司顧問。與Robert H. Waterman, Jr.合著《追求卓越》（In Search of Excellence），該書於紐約出版，最早版本1982出版。

46 古巴飛彈危機，又稱加勒比海飛彈危機、加勒比海危機，是1962年冷戰時期在美國、蘇聯與古巴之間爆發的一場極其嚴重的政治、軍事危機。事件爆發的直接原因是蘇聯在古巴部署飛彈，這個事件被看作是冷戰的頂峰和轉折點。1959年美國在義大利和土耳其部署了中程彈道飛彈雷神飛彈和朱比特飛彈，這是後來古巴危機的導火線。1962年5月蘇聯開始秘密在古巴部署可以裝置核彈頭的SS-4中程彈道導彈，並部署四萬蘇聯紅軍士兵來保護古巴，抵禦美國的入侵。10月28日赫魯雪夫態度軟化，在莫斯科電台中宣布，美國已保證同意不入侵古巴；因此，蘇聯將從古巴撤回所有進攻性武器；同時美國決定秘密撤回在土耳其和義大利部署的彈道飛彈。古巴飛彈危機結束。可參見Paul A. Anderson, Decision Making by Objection and the Cuban Missile Crisis, Administrative Science Quarterly, June 1983, 28 (2): 201-222.

袖個人產生的效果，而使得組織的功能及效用被疏忽了。對第一線提供服務的工作者的領導，也抹殺了他們的作用；可以這麼說，不同層級的領導或領袖，各自有他們的技巧、風格和人格特質。

但是，強調領袖或領導確實造成不同，也使得「訓練」得到合理存在的邏輯基礎。因此，產生了第三個問題：領導究竟是天生的，抑或是經由後天的訓練可以造就出來。

肆、領導與組織文化

組織領導會影響公共管理的績效或成果，Kenneth J. Meier 和 Laurence J. Otoole, Jr. 使用學校校長的領導管理和學生成績的關係，證明領導管理的品質高低，居然間接影響到學生成績的好壞。[47]

Meier 和 Ottole 的研究共使用了 1000 個美國德州校區五年間的資料；證明校長的領導和學校組織目標之間的相關性，間接影響了學生的成績。

其實上述的研究，在實質上是做爲政治任命的校長，其管理的品質，影響了組織的文化。所以，領導其實對組織績效而言，實際上是領導會先影響組織文化，而組織文化再影響了組織績效。

其實領導和組織文化是相互影響、互爲因果的。但組織文化會影響組織的存活，以及組織目標的完成。而領導和組織文化又相互影響，究竟什麼模式的領導，對組織運作會產生什麼影響？領導應該以什麼類型的領導，對組織文化的影響最大？

Bernard M. Bass、Bruce J. Avolio 兩位學者認爲轉變型的領導和交易型的領導對組織文化的影響最大。[48]

其實，早上 1985 年 Bass 的著作中，Bass 就已經對轉變型領導和交易型領導有所著墨。比較簡單的說明是，交易型的領導是侷限在組織既有的文化中，遵

47　Kenneth J. Meier and Laurence J. Ottole, Jr., "Public Management and Organizational Performance: The Impact of Managerial Quality," Journal of Policy Analysis and Management, Fall 2002, No. 21.

48　Bernard M. Bass and Bruce J. Avolio, "Transformational Leadership and Organizational Culture," Public Administration Quarterly, Spring 1993: 112-121.

從既有的規定、過程和規範。而轉變型領導，則會在初步瞭解組織既有文化後，先去瞭解它，然後會加以重新組合（realigning）。轉變型的領袖會加入新的願景；為此，他會去修正原來大家所共有的組織文化的前提假設或要件、既有的價值和規範。[49]

但是 Bass 和 Avolio 則認為有效用的組織（effective organizations），則是轉變型領導和交易型領導交互運用，才可以產生的。比較上，Bass 和 Avolio 的說法，他們似乎是把轉換型領導歸類為領導對組織文化的戰術性思考；而交易型是領導對於組織文化的戰略性思考。[50] 轉變型的領導用一些新的「願景」，去重塑組織文化，但他尚必須建立一些配套的做法，去支持這些願景的完成；所以，願景成為組織文化的最高指導原則。事實上，願景緊緊地扣住或籠罩一個組織文化。

轉換型的領袖利用什麼因素去形塑新願景呢？事實上，就是非常有名的四個 I。理想化的影響力（Ii: Idealized influence）、激勵感召（Im: Inspirational motivation）、智力刺激（Is: Intellectual stimulation）以及個別的關懷（Ic: Individualized consideration）。正因為有這四個 I，轉換型領導能夠整合組織成員的創造力、毅力、決心、能量、直覺和敏感度，根據這些因素知道成員的需要，而形成所謂的「戰略文化合金」（Strategy-culture alloy）。[51]

和轉變型領導相對照的是交易型領導，在管理上是傾向「例外管理」（management-by-exception）的風格，因為正常情形下一切事物都是照既定規則在進行；因此，獎勵也是條件式獎賞（contingent reward）。基本上，交易型領袖和團體成員之間，乃是一種交易行為，要求他們做好什麼，則有獎勵；若工作砸鍋了，就照規矩予以懲罰。在這種固定的文化中去運作、決策，以及採取行動。

交易型領導對待部屬的方式，則幾乎完全依據組織現有的文化，恰好和轉變

49 Bernard M. Bass, Leadership and Performance beyond Expectation, New York: Free Press, 1985.
50 同註48，頁112。
51 Bruce J. Avolio, David A. Waldman, and Francis J. Yammarino, "The Four I's of Transformational Leadership," Journal of European Industrial Training, 1991, 15 (4): 9-16.

型領導各屬於光譜的兩個極端。

　　依 Peter G. Northouse 的看法，交易型的領導，不太在意所屬員工個別的需求，以及他個人的發展。[52]K. Kuhnert 也認為交易型的領袖，之所以稱之為交易型，是只有為了要實現領導的價值，才會和所屬員工的價值來做交換，以換取組織價值的實現。[53]

　　交易型的領袖有兩大特色：第一是前面提到過的條件式報酬（contingent reward）的交易。領導者因此來促成追隨者最大的努力，以促成組織目標。舉例來說，當父母親允諾孩子在練習完多少小時的鋼琴後，就可以看多少小時的電視。其實，在學校裡也常看到這種領導模式，當一個教授必須完成一定質量的著作後，他才可能被授予終身職或晉陞為特聘教授獲講座教授的職位。

　　第二個特色是所謂的「例外的管理」（management-by-exception）。領導需要糾正批評、負面反應以及負面的被強化。所以，例外的管理包括兩方面。首先，是積極的例外管理。領導必須關注所屬所犯的錯誤，以及對規定的違背，然後積極採取矯正的行動。從門市管理來看，銷售員如果不能以最快的時間、最適切的態度去招呼客人，售貨部門的管理者，就必須立即出面予以指正。

　　消極的例外管理是問題出現時，處理問題的標準或原則沒有定出來，例如當管理者尚未與員工面談前，就對員工做出績效好或壞的評估，這是消極的例外管理。基本上，例外管理不論消極的或積極的，都是用在錯誤或負面的事務仍在持續進行下去時。而條件式獎勵的管理，大都是用在強化某些工作需要積極去推動時。

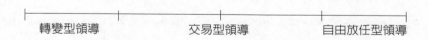

　　轉變型領導　　　　　　交易型領導　　　　　自由放任型領導

圖 4-2　領導光譜圖

資料來源：Peter G. Northouse, Leadership: Theory and Practice, SAGE,（2010: 176）.

52　Peter G. Northouse, Leadership: Theory and Practice, SAGE, 2010: 181.
53　K. W. Kuhnert, "Transforming Leadership: Developing People through Delegation," In B. M. Bass and B. J. Avolio (Eds.), Improving Organizational Effectiveness through Transformational Leadership, Thousand Oaks, CA: Sage Publication, 1995.

　　Peter G. Northouse 把轉變型的領導、交易型的領導以及自由放任的領導放在一條連續性的光譜上，自由放任型的領導（Laissez-Faire Leadership）如果是一個極端，轉變型是另一個極端，交易型就是介乎其中。

　　其實從領導與組織文化之間的關係來看，領導使用轉變型、交易型及自由放任型的方式，是交叉運用的。理想化的影響力（Ii），當然有賴於領導個人的魅力，如果領導沒有魅力，又沒有能激勵大家的驅動力，不能運用智慧給予所屬刺激，或者能夠把個人的目標列入考慮，就只好用報酬進行建設性的交易，或者以積極或消極的方法，進行強制性的交易，以協助組織完成目的。

　　以下謹以轉變型領導的個案，試著讓讀者更瞭解轉變型領導的情況。[54]

個案討論：失敗的願景

　　高科技工程（High Tech Engineering, HTE）已存在五十個年頭了，它是一家家族企業，擁有250個員工，該公司專門生產有關飛機製造的一些小零件。HTE的總裁是Harold Barelli，Harold曾經是一家小公司的主管，在先進飛機製造科技部門，他具有相當備受肯定的工作經歷。Harold還沒有進入HTE之前，HTE單純地就是由創辦人，也是公司的擁有者在從事領導。HTE的組織結構相當傳統，但組織文化卻是根深蒂固。

　　不過，Harold卻是個企圖心旺盛的人，他想改造公司，把公司成為國內第一流，或數一數二的公司，藉此也想證明先進的、嶄新的管理技術，或先進的科技的引進，可以使公司成為第一流的公司。為此，Harold寫了二頁的一份說明，以非常民主的口吻，描繪公司的價值、方向，以及整體的目標。

　　Harold上任後的第一個三年，他把公司的幾個主要部門重組，重組由Harold一手主導，他選擇了幾個資深的經理人，由後者來帶領著重組的部門，支持Harold的想法，運用先進的組織結構，來執行Harold所宣示的目標、願景。

　　但執行下來的結果卻是帶來每一個員工不穩定的感覺，同時，也稀釋了Harold的領導權力。尤其，絕大部分的改革是由上而下的，而不是由中低階層的

54　本個案見P. G. Northouse, *Leadership: Theory and Practice*, Sage Publication Inc., 2010, pp. 191-193.

管理者，共同表達意見，共同參與。改變的結果，反而是員工認為需要投入較多時間精力部分的工作減少了；反之，員工反而認為不需要著墨太多的工作，被要求要投入較多的工作能量。在多數情況下，員工必須向三個不同的老闆報告，但有些時候，這三個資深的經理人，常會在實質上，一個人要同時監督很多的人，三個資深經理的工作量並不平均。經過實踐下來，多數員工普遍感覺到，對自己在公司裡的角色，不舒服、不滿意；而且，也懷疑自己對於組織目標的貢獻和責任是什麼，對於現在與未來充滿著高度的不確定性。整體演變下來，影響所至，公司員工的整個士氣低落，生產力也跟著下降。

結果很明顯地，Harold的願景反而被大家遺忘掉了，員工的不安定感，使他們也不願意去支持Harold的願景。HTE的員工紛紛抱怨說：沒錯，有關公司願景的說明總擺在那，但沒有人瞭解公司的方向在哪裡。

對HTE的員工來說，Harold是一個難以理解，或者說難以捉摸的人。HTE是一個美國公司，生產美式的產品，但Harold開的是非美國生產的汽車，對他們而言，Harold是個「火星人」。他聲稱作風會很民主，但事實上卻是個武斷的領導。對多數人而言，他的指示是沒有方向的。不僅作風武斷，也對員工十分獨裁地掌控，他對員工管理事必躬親，但他又在公司控管上，授權三個資深經理，好讓他可以去和顧客拉關係、套交情；也積極去經營他和董事會成員的關係。

大部分時間Harold表現出對員工所在乎的事情漠不關心，他號稱要讓HTE的員工都知道，他們是獲得充分授權的，但他又不願傾聽每個員工心中真正想說的話。

所以，他很少做雙向、互動式的溝通。Harold對HTE很多傳統的故事沒有興趣知道，員工們甚至認為他根本不在乎HTE的獨特的歷史傳統。

四年之後，Harold因為使公司產生巨額的負債，及流動資金短缺，而被迫辭職。Harold的夢想，使HTE成為世界第一流的製造廠最終被迫幻滅了！

個案問題討論

1. 假定你／妳是董事會特聘的諮詢顧問，當 Harold 準備要開始進行他的組織變革時，你／妳從「轉變型領導」的角度，會給 Harold 怎樣的有關他的領導統御方面的建議？

2. Harold 真的對 HTE 有很明確的願景藍圖嗎？他是否沒有能力去執行或實行

它，才出現問題？

3. 就 HTE 的一個社會工程師或組織變革的角色來看，Harold 是否達成他的效用（effective）？

4. 假如 Harold 仍有機會回任 HTE 的總裁，你／妳會給他什麼建議？

伍、影響組織領導、管理的其他因素

組織與領導，組織與管理關係其實十分複雜，學者在這方面的研究，也是交錯複雜。以下試著再從一些面向，加以說明：

組織績效，領導與管理能力

管理能力（managerial capacity）和有效的領導（effective leadership）以及組織績效（organization effectiveness）三者之間息息相關。

不是只有私人機關、公部門（public organization）也很強調管理能力（management capacity）。[55]Rhys Andrews 和 George A. Boyne 兩位學者，利用統計資料證明公共組織的管理能力，和領導的有效性（effectives），會影響公共服務的遞送，後者就是表示政府的績效的指標。這兩位學者運用統計資料，證明這三個變數之間，相互的正面影響。[56]

Andrews 和 Boyne 認為政府組織的能力，是指有能力的組織能管理它的天然的、人文的、資訊的及財政的資源。所謂高度有能力（high-capacity）的政府，是指政府能具備強而有力的政策（strong policy），推動各種計畫（programs），以及資源管理，經由此途徑，使政府具有高度的「調適能力，有效用而且有效率」（adaptable, effective and efficient）。因此，影響政府服務品質的包括以下各種管理能力：

55 W. Patricia Ingraham, Phillip G. Joyce, and Amy Kneedler Donahue, Government Performance: Why Management Matters, Baltimore: Johns Hopkins University Press, 2003.

56 Rhys Andrews and George A. Boyne, "Capacity, Leadership, and Organizational Performance: Testing the Black Box Model of Public Management," Public Administration Review, May/June, 2010: 443-454.

- 資產管理（Capital Management）
- 財務管理（Financial Management）
- 人力資源管理（Human Resource Management, HRM）
- 資訊科技管理（Information Technology management, IT）

而「領導」就是指能涵蓋以上所有管理，所形成的一個「系統」（system）。

（一）資產管理

資產管理是指在資產運用上能有具體的憑證（evidence），能建立安全防護的基石，並確保未來的持續改善，例如採購物品。其次則是指能成功地進行風險管控，而不但因此允許創新，也使董事會而置身於不必要的風險之外。最後，則是能確保計畫的優先順序，能夠經由互動的途徑獲得檢視，而跟得上全國或社區潮流的改變。

（二）財務管理

財務管理是要能透過適當的安排，確保以下的資源能獲得最好的運用：

1. 設定戰略目標及指標；
2. 具有服務及商務（業務）計畫；
3. 預算和財務管理；
4. 執行服務和績效的檢討；
5. 設定績效目標、監理績效及成果。

（三）人力資源的管理

能夠達到地方政府要求有關種族平等、性別平等、人權等委員會的層級地位，而且也符合政府當局的要求。例如，資深經理人要有一定比例的女性，工作時數的要求，病假的保障等等。

（四）資訊科技管理

運用資訊技術，確保績效管理的品質，也確定工作成就的優先順序。績效管理要有具體保證，個人對於董事會願景的完成以及要求的優先性，瞭解他們自己在這個過程中所扮演的角色。組織要具體明示績效管理是很有系統性的。

（五）領導統御

1. 領導不僅是對地方社區的領導，也是對於和生活有關的各種事物的品質改善的領導；

2. 組織中的領導不僅展現出他／她的影響力，而且能決定所有事情的優先順序；

3. 領導的企圖心和決定事務的優先順序，是堅定有效，又相當眞確的；

4. 領導決定誰擁有什麼，不能擁有什麼，確定什麼是優先要做，什麼不具有優先性，所有以上的決定都要很明確。[57]

就政府組織而言，Andrews 和 Boyne 透過統計資料的證明，得到以下三個結論：[58]

一、高執行績效（high performing governments）比起低執行績效的政府，擁有較佳的能力（capacity）；

二、政府組織的執行能力的好壞，確實受到領導統御的影響；

三、政府組織的政策決定者，應該強化他們的注意力，特別是應該專注於公共管理變遷過程的各個面向（dimensions）的協和一致（union）。

第二節　管理與組織

當前商業組織的管理出現了劇烈的轉變，公司廠企等的大小已經不是問題，最重要的是「組織」，或者說工商企業組織是否能迅速回應消費者的需求，產品能夠反應環境的變遷，才是良好的團隊組織。二十世紀的公司廠企，很多是層級結構非常多層次的組織結構，能提供快速的、大量的生產，但二十一世紀的組織反而是一支扁平結構的隊伍，強調高效率的生產。高品質的產品，而且讓消費者滿意。所以，二十一世紀開始以來的公司企業，其員工規模都比較小，儘量沒有像金字塔那種層層節制的管控，反而是講究一小群技術相當高超的專家之間的網絡結合（networking），這群人較能持續不斷地學習（constant learning），做較

---

57 同前註，頁447, table 1: Management Capacity.
58 同前註，頁450。

高層次的思考。

通用電氣公司（General Electric Company, GE），又稱為奇異公司，通用電力公司是世界上最大的電器和電子設備製造公司及提供技術和服務業務的跨國公司。[59] 通用公司在波多黎各的部門，僱用了 172 個按小時給薪資的工人，但全職的顧問只有 15 個人，以及 1 個經理；所以，從經理、顧問、計時工人，就這樣簡單的三個層級，並沒有其他的主管階級或執行長（CEO）在督導他們。他們大約每 10 個人組成一個團隊，每個工作團隊彼此一週聚會一次，討論相互需要瞭解的事情；由於每個團體成員，都來自這個場域，且經歷了不同部門的工作，彼此都相互熟悉，討論問題時，通常是由團體成員彼此之間交換意見、溝通、解決問題。顧問通常坐在後面，只有當各個工作團隊彼此互動出了問題，需要顧問幫忙時，顧問才出手解決問題。

這種自我管理的團隊（self-management team）在 1980 年代以後在美國大量出現，事實上，也挽救了不少企業的生產及管理上的危機。1986 年在美國印第安納州 New Castle 的 Chrysler 採取了這種員工自我管理生產品質的方式，其形成 77 個團隊，偷懶的工人被自我管理的團隊帶動起來，缺工率從 7% 降到 3%，而每 100 萬個零件的瑕疵品從 300 個降到 200 個。[60]

壹、組織和組織結構

什麼是組織呢？組織是把一群人結合在一起的結構，組織提供資源，特別是物質資源，這群人知道如何去運用這些資源，經過一定的過程，來完成組織的目標。組織結構就是分配這群人的工作任務，同時把這群人安置在不同的部門，透

---

59 通用電氣公司從1960年代以後，為了適應技術進步、經濟發展和市場競爭的需要，強調系統性和靈活性相結合、集權和分權相結合的體制。到1970年代中期，美國經濟出現停滯，有些企業在管理體制方面又出現重新集權化的趨向。有一種稱做「超事業部制」的管理體制，就是在企業最高領導之下、各個事業部之上的一些統轄事業部的機構就應運而生了。美國通用電氣公司於1979年1月開始實行「執行部制」，就是這種「超事業部」管理體制的一種形式。詳見官方網站網址：http://www.ge.com/，檢索時間：2016年1月25日。

60 以上可參見Paul Srivastava and Stuart Hart, "Greening Organizations-2000," International Journal of Public Administration, March 1994: 607-635.

過部門間的互動及合作，去完成組織目標的一個架構。

　　所謂組織的存活，乃是組織能克服內外的挑戰和競爭，而能生存下去，這必須依賴組織結構不能出錯；同時，組織結構必須和組織策略（organization strategy）相互一致。組織的結構化，會使每一部門發揮它們的功能，例如決策部門、管理部門、控制部門等等，都能一致地發揮功能，對組織目標的完成都能提供正面的功能，組織才有競爭力，才能存活。

　　就公司廠企來講，組織必須能反應「市場需求」、「產品質量保障」，否則即使是組織採取一些積極策略，但頹廢了的組織根本無力去執行；策略一啓動，其實常常就預先宣告了組織的失敗。

　　組織結構的存活，不是依靠運氣，或者別人給你機會。組織一旦形成之後，經過一段時日，就會有組織惰性。面對關係到組織能否存續的改變，但一般狀況之下，組織所出現的第一個反應就是「抗拒」。1980 年代左右，美國大部分的公司廠企採取了 TQM（Top Quality Management）；但是，最終還是難以和日本的公司匹敵；其實 TQM 常會要求公司廠企在組織的基本結構上做一些改變，但很多公司企業做不到，最後難逃被淘汰的噩運。

　　管理者或領導人必須真確體會：沒有哪一個單一組織，是最好的結構，可以克服各種挑戰和競爭。所以，管理者或領導人必須為其公司、企業打造一個最適合自己的組織結構。比方說，如果一個銀行的櫃檯員，無權解決臨櫃客人的問題，那這個銀行的組織結構，明顯地有其問題。絕大部分公司廠企在達成目標上出了問題，從管理的角度來看，一定是組織結構出了差錯。

　　所以，問題的重點是：什麼時候，組織結構會發生差錯？一般狀況下，當某一個組織部門碰到無法解決的難題時，就表示這個組織結構有了麻煩。有時候，這種麻煩來自於，同一組織中，不同部門之間的衝突。有時是人的因素，不同部門的領導人，有天生的人格差異導致衝突：有時源自於不同部門之間，彼此目標或任務的衝突。例如銷售部門在乎的是售價的高低，但品質部門則把維持產品的高品質列為第一要務，成本考量就變成次要的問題。當公司員工質疑自己公司最優先的目標或任務是什麼的時候，其實已經意謂著此公司的組織出現了問題。

　　因此，組織結構問題常常指的是：第一，一個組織的內部部門，或內部與外

部部門，彼此有不同的努力目標或工作目的。第二，組織結構發生問題時，常常是組織決定了組織的戰略形成，或制約了組織發展的戰略；而不是發展戰略指導組織的變革及發展。最後，和組織結構與戰略有關的則是，當組織結構侷限了組織發展的策略，那麼，這個組織絕對不可能努力創新去迎接改變，甚至於創造改變。

結構問題如何損傷組織，1979年以來 General Motors（GM）[61] 的情形，可以做為例證。當年的 GM 占有 46% 的美國汽車及輕型卡車的市場，但十二年之後，GM 的占有率只剩 35%。主要的原因是市場對於大型車款的需求降低很多、工廠荒廢沒有效率、低落的品質等等原因一大堆，造成這種情形的原因其實就是組織結構不健全。後來，到了 1992年 GM 掉了 320.4億，在股票市場有 20 家公司被迫退出，六種品牌的汽車被迫重組：Brick、Pontiac、Chevrolet、Oldsmoblie、Cadillac 和 Saturn，這六款車的製造及銷售，都非常沒有效率。

但是像 GM 所做的組織重建或變革，其實並沒有即時挽救其頹勢。主要是 1970 到 1980 年代，GM 的威脅來自日本 Toyota 的生產管理，所產生的競爭威脅。但 GM 的資深經理人沒有正確地認知到這個威脅；到 1990 年代，他們才察覺到 Toyota 的管理模式，值得借鏡，準備加以採用。但是，卻花了太多時間，正確地瞭解 Toyota 所做所為。而且，在與其他相關公司或部門之間重新簽訂契約時，又產生了延擱，導致了更沒有效率和效用。[62] 組織結構的改變，最好是能預先知道內外在環境的變遷，而做好改變的準備。所以，還是要先知道造成組織結構強弱的一些決定性因素。GM 就是迷失在究竟是要創新（innovation），還是模仿（imitation）之間。

---

61 通用汽車（General Motors, GM），是一家美國的汽車製造公司。旗下擁有雪佛蘭、別克、GMC、凱迪拉克、寶駿、霍頓、歐寶、沃克斯豪爾（Vauxhall）及吉優等品牌。2008年全球銷售量被Toyota超越成為第二名，但在美國市場銷售量則一直保持第一名。2011年GM銷售量又重回全球第一。https://zh.wikipedia.org/wiki/%E9%80%9A%E7%94%A8%E6%B1%BD%E8%BD%A6，檢索時間：2016年1月30日。

62 Susan Helper and Rebecca Henderson, Management Practices, Relational Contracts and the Decline of General Motors, Harvard Business School Working Paper, January 2014, No. 14.

貳、組織結構的一些決定性因素

一般認為影響組織結構的因素有：專門化（specialization）、授權（delegation of authority）、部門化（departmentalization）和控制幅度（span of control）。

工作專殊化（specialization of jobs）是從高到低，或從低到高來衡量，到底在組織中哪個部門的工作是需要高度專業化，或只是低度的專業化？而授權則是指集權（centralized）或分權（decentralization）的程度，至於部門化則是指各部門的劃分結果，究竟是比較同質性（homogeneous），還是異質性（heterogeneous）的部門較多？至於控制幅度，指的是寬廣或狹隘的程度，以下分別說明之。

一、工作的專殊化

管理者是決策者，決策者究竟需要的是一個專才或通才，通常是有爭議的。當然，有時還是要看是怎樣的組織或團體的管理者或決策者。大部分的公司廠企所生產的產品都是非常專業的，也就是有其特殊性。不過，管理者可以將這些工作依其特性再加以分工，分得愈細緻，邏輯上愈容易做，效率也就愈高。也就是說專門化，其實是專殊化，專殊化程度愈高，產品、生產效率或高品質維持率也會愈高。

所謂的專殊化指的是什麼呢？也就是當一項工作愈來愈專門或特別時，員工常被訓練只做其中的一部分，由於是簡單化的工作，比較不會發生失誤；如果一項產品需要 5 個動作步驟，由 5 個人做出標準的 5 個動作，產品就完成。假定這 5 個人，沒有一個人有失誤，則所有產品就會是「零」瑕疵。這和傳統的技術工人是不一樣的，這種工作的分殊專化情形由 Frederick W. Taylor 在 1800 年代末期倡導，到 1900 年代，所有工廠生產都很普通化地採取，也就是我們所說的「科學管理」（scientific management）。工人只需正確地、重複去做一個動作，至於思考、規劃他們都不必去管。於是，大量生產成為可能，工廠也產生了一大批藍領工人。

　　科學管理和技術工人是不一樣的，技術工人對他們自己的產品負完全責任，管理階層只提供設備、工具，讓他們完成全部的工作。技術工人做出來的產品是高品質的，但成本較高，售價也十分昂貴，產品的量較少。二次世界大戰之後，由於世界市場對成本低廉的大量產品的需求，生產線摧毀了技術工人。從領導或管理的角度來看，生產工作的「泰勒化」使產品及工人的控制權在管理者手上；而就手工技術工人而言，他們在生產過程中，他們自己才是生產的控制者、領導者。

　　然而，泰勒主義化下，產生了以數量為主的藍領（blue-collar）階層，至於以知識、技術為主的白領（white-collar）工作者，他們則不以數量為主。他們聚焦在設定生產目標（target-setting）的管理。不僅重視量，也重視品質，特別重視生產者、僱工和消費者的互動關係。1970 年代美國就開始了一股「反泰勒主義」（Anti-Taylorite）的浪潮。[63] 工作泰勒主義（Taylorism）後來受到日本廠商的挑戰，日本人認為泰勒主義導致工人士氣低落，產品品質很差，而且產生很高的「缺工率」，工人對他的工作失去興趣。Deming 對於品質的管控，認為只有當工人對他自己正在生產的產品感到興趣，同時又覺得產出這樣的產品有榮譽感，否則不會有最佳品質產品的產生。所以，Deming 所要的是一個工人能享受其工作的生產團隊，就像是一個合唱團一樣，彼此相互配合支援，才能演奏出最美麗的曲目。

　　正因如此，很多組織雖然以專門化、分殊化做為設置內部單位的標準，但不能因此斷傷組織工人的工作動機和團隊士氣。而公司廠企的利潤反而來自於產品的「品質」，而不是「數量」。正因如此，組織結構不再是龐大且呈現金字塔

---

[63] Frederick W. Taylor 在二十世紀初創建了科學管理理論體系，他這套體系被人稱為「泰勒制」，泰勒制的主要內容包括：一、管理的根本目的在於提高效率。二、制定工作定額。三、選擇最好的工人。四、實施標準化管理。五、實施刺激性的付酬制度。六、強調雇主與工人合作的「精神革命」。七、主張計畫職能與執行職能分開。八、實行職能工長制。九、管理控制上實行例外原則。由於泰勒制的實施，當時的工廠管理開始從經驗管理過渡到科學管理階段。反泰勒主義，主張強化監督，以及對「完美的管控」（control perfect），見 Peter Bain, Aileen Watson, Gareth Mulvey, Phil Taylor and Gregor Gall, "Taylorism, Targets and the Quantity-Quality Dichotomy in Call Centers," Paper Presented at the 19th International Labour Process Conference, Royal Holloway College, University of London, March 2001, pp. 26-28. 亦可見本書第一章，註41。

型，反而是一群有共同理想、有知識的工人們所形成的團隊（team），為完成自己的目標，結合在一起，保持自己產品或所達成目標的品質。組織結構改成以團隊為基礎（team-based）而形成。

以團隊為基礎的組織結構，成員彼此會自我監督、自我警惕，Johnsonville Foods率先採取此種方式來管理員工。[64]團隊成員相互評估、聘用或解僱幕僚，決定年終獎金等等。但團隊工作的管理者，並非就要放棄自己做為領導（leader）的責任或角色，只是他必須轉型配合。他必須學會如何去輔導協助（coaching）團員，激勵（motivation）和授權（empower）成員。團隊領導必須給自己心理建設，他不是什麼都懂，抓到正確時間介入管理，學習和成員分享權力，把自己心力擺在該負起什麼責任或工作上，而不是專注於該「放棄」哪些東西，要儘量習慣自己雖是管理階層及領導者，但是要不斷從做中去學。

美國的公司廠企大都在 1970 年代中葉，開始採取這種管理的組織型態。以團隊為基礎的組織究竟怎麼真正運作呢？一般是運用「品質圈」（quality circle, QC），QC 最初也是流行在日本的廠企公司管理技術上。QC 是指一個小組成員，一般少於 10 人，他們都專精於共同的工作，但至少每週會集會一次，討論他們的工作、辨識問題，提出可能的解決方案。成員的參與都是自動自發的，在討論時他們會推出一個人來擔任主席，事實上，他通常是這個團體的領導者，帶領討論。這種團隊型的管理，大致在美國風行了十五年，才逐漸消失；所以會「失敗」，是因為這些團體沒有辦法強制置入（install）一個組織中。但實際上，這種方式在許多公司改良品質上獲致相當好的效果。

用 QC 來強化組織行為中，員工的工作品質和行為，主要是看以下的問題：

（一）QC 是否真正有增加員工之間的溝通和參與？

（二）透過 QC 的參與，員工的職務特徵（job characteristics）是否受到影響？

（三）QC 的增加參與是否確實對於想要達成的成長，獲得滿足？

64　請詳見http://www.johnsonville.com/home.html;jsessionid=AC4CD2044626EA251EEA23C3E02A1
　　3F1，檢索時間：2016年1月30日。

（四）QC 的參與是否確實增加員工生產提高的比率，以及缺工率的降低？[65]

二、授權（delegation of authority）

由於大部分工作都是由一群人在進行，因此管理者必須得到有權威的人的授權，管理者才可能真正做決定。管理者所做的決定，必須考量他的團隊中有多少人是贊成他的，又有多少人是反對他的。做決定時，決策權掌握在少數高階主管手中，這是集權式（centralized）領導；但分權則原則上是由大家一起來做決定，大家所做的決策就是最後的決定，不需要得到高階主管的批准。

分權最大的好處是大家做出來的決策，一起來承擔，所以工作滿足感和工作動機會比較強烈。但是，分權的缺點是，公司廠企的管理者，原本就是受聘來做管理的工作，高階管理的一個工作就是決策。Hewlett-Packard 在 1992 年賺進了 8 億 8,100 萬美金，就是靠分權決策達成的。但 IBM 就不是這種情形，反而有所虧損，當然最明顯的損失是白白付給高階管理人員的薪水。而且，分權還有很大的缺點，就是誰來負責計畫、報告和檢討？出了差錯如何課責（accountability）？

當然，就美國而言，分權也有不少成功的案例，像 Motorola、GE、AT&T、UPS（United Parcel Service）等等。不過，即使在這些成功案例中，也隱藏了失敗，那就是區域整合或區域協調的困難。Peter 和 Waterman 的書「In Search of Excellence」則認為分權和集權應該交互使用。若分權能增加自主性，而帶來利潤，就應該賦予權力，像新產品的研發，就應該讓這個團隊，有高度自主權去研發，常常會有出人意料之外，好的成果；反之，公司和基本價值的維護，則不允許各區域或分部門過度自主地去違背它，以免公司本身失去了它的特色和信用。[66]

---

65 Mitchell Lee Marks, Philip H. Hirvis, Edward J. Hackett and James F. Grady, Jr., "Employee Participation in a Quality Circle Program: Impact on Quality of Work Life, Productivity, and Absenteeism," Journal of Applied Psychology, 1986, 71 (1): 62.

66 Thomas J. Peters and Robert H. Waterman著，追求卓越：探索成功企業的特質（In Search of Excellence: Lessons from America's Best-Run Companies），台北：天下文化，2005。

　　分權的一個必然的結果就是賦能（empowerment），政治學界及公共行政領域的專家學者喜歡把 empowerment 也譯成分權，基本上並沒有錯，但是似乎無法完全涵蓋 empowerment 的全部涵義；其實分權，比較上是指決策方面，賦能則較偏向於給與所屬人員在實際生產活動上，或服務顧客的行動上，有權採取並執行某些活動或行動。賦能，不單單是政策面向，也包括執行面向，例如美國的聯邦快遞（Federal Express）允許所有第一線工作同仁，有權決定如何解決問題，讓消費者得到第一流的服務。

　　賦能可以說是 TQM 的最核心部位。賦能其實是對員工的一種心理信任，所以其工作動機及滿足感，遠遠非物質刺激如獎金所能比擬。賦能無異是承認員工有極強烈的動機，願意終身為公司高品質的產品貢獻所能。

　　當然，就授權或 TQM 而言，最大阻力來自於員工所受的教育程度不夠。基本上，連美國都有約 3000 萬工人不識字。所以，公司廠企最大的工作就是教育這些員工，GM 就設置了很多教育研習班，教導員工識字、閱讀、寫作，最後對於操作手冊上，相關技術的詞彙就很容易上手。

　　不可諱言的，授權仍會有命令或指令下達的上下層級結構，可以由誰授權給誰，如何溝通，形成一個命令的鎖鏈（chain of command），它當然也是一個溝通和協調的鎖鏈。一般是由總裁到負責執行的副總裁，其下則是工廠或廠房經理（plant manager），再其下則是部門經理（department manager），最後到檢查員（supervisor），最基層則是第一線生產員工。

　　命令的鏈鎖也呈現出管理者和被管理者之間的指揮、監督及上下隸屬的直接負責或間接被督導的職位關係。這種上下臣屬的線性地位關係（line and staff positions）恰好可以顯示出上下的權責統御的關係圖如圖 4-3。

三、部門化（departmentalization）

　　一個企業組織，或者是公部門組織，到底要分成多少部門；雖說可以把一定邏輯相關聯的工作，歸屬到同一部門，但仍有見仁見智的問題。部門歸屬或部門化是組織結構化必經之路，一般我們可以從功能、產品、消費者和地域性來加以劃分。

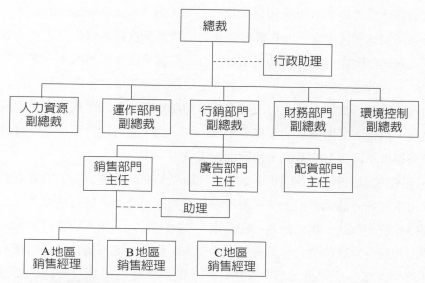

圖 4-3　權責統御關係圖

資料來源：John M. Ivancevich, Peter Lorenzi, Steven J. Skinner; with Philip B. Crosby, Management: Quality and Competitiveness, Times Mirror Higher Education Group Inc., 1997, p. 221.

　　把相同功能的部門整合在一起，成為一個統整的部門，這就是功能性的部門化（functional departmentalization），像生產部門、財務部門、行銷部門、研究發展部門，以及人力資源部門，這種組織方式最大優點是把功能相同的專家群聚在一起，有利於他們的溝通。當組織面對的是一個穩定的環境，而且組織在運作上能夠緊密地掌握住，通常可以採這種功能性的部門化。

　　由於某一項產品的生產或該項產品生產線上所有的員工、專家、技術人員全部整合起來，成為一個部門，這是靠產品把組織部門化，像 General Motors 和 Procter & Gamble 就是使用這種組織模式。依產品來做部門化的組織結構，能夠以生產產品為核心，甚至可以特別去生產某一特殊性產品，在產品生產上可以保有彈性，甚至於可以運用到多間公司的經營。但也因此很難保證有些事情不會被重複去做，導致成本高昂。

　　以消費者為導向的部門化組織結構（customer departmentalization），是如果一個公司的消費者很多，而且需要服務的消費者又比較多樣化，它就會傾向用消費者來做為部門化組織的基礎。例如銀行，常常分成兩個部門，一個是管理一般存款戶，也就是一般的客戶，另一個則是從事商業客戶的部門，專門負責與商業行動有關的銀行業務。當然以消費者為導向所從事的組織部門化，其實成本很高；因為，消費人群所要求的服務不是單一的，為了應付他們多樣化的需求，部門要找來很多不同專業的幕僚，而增加人事成本。

　　以不同的區域將組織部門化，如果公司廠企分布的地域很廣，消費者也遍及各地，這當然是一個適當的辦法。對產品有意見的消費者，可以從產品所在地的部門獲得快速的解決，這當然是一件好事。不過，如此一來，總部的幕僚人員也必須規模大到足以應付來自各地分部門的要求，而且，必須儘快予以回應。

　　其實，大部分公司企業都有上述部門化的單一經驗，到最後還是覺得採用混合型的部門化組織結構（mixed departmentalization）較有優點。以銀行為例，可能可以混合的部門化，例如把商業投資理財和個人存儲帳戶結合起來，以應付顧客不同的需求，也節省成本。同樣的道理，原本單一功能的部門化決策比較快速簡單，但如果一項公司經營涉及各部門，那麼就需要有一個總部，把各部門專業才能的人聚合在一起，討論出決策。所以，整合式或混合式的部門化還是需要的。

　　加上有些公司廠企原本就鼓勵員工相互交流到不同部門去工作，讓每一個人有機會接觸到公司各部門的工作，對於參與決策有很大的幫助。這種部門化可以稱做「過程化組織」（process organization），專門以滿足消費者的需求，而尋求解決問題的績效（performance），為了解決問題，常必須做跨部門的協調。

　　最有名的例子是 Hallmark Cards，他們常常因為特別節日，如情人節、聖誕節而組成一個工作團隊，這個團隊會包括畫家、藝術家、商品設計師、會計等等，他們可以一起工作，設計出特別的情人節卡片，或母親節卡片。過去，這些卡片可能只是設計部門的單一工作，如今是由一個企劃團隊來進行，效果很不

錯。[67]

美國節日賀卡市場由兩家公司占有大部分，以 1998 年為例，Hallmark Cards 公司占 40%，American Greetings 占 35%。這兩個公司在 E 化時代，特別在網路上推出賀卡，供人下載運用。根據問卷調查以 Likert 的 5 分位法測量，兩個公司受歡迎程度幾乎不相上下，如表 4-1 所示。

表 4-1　受測者感受到的互動（interactivity）平均數表

	平均數	
	Hallmark Cards (n = 104)	American Greetings (n = 104)
1. 當我上網時，我總是知道我在哪裡	4.03	3.80
2. 當我在上網時，我總是知道我連結到哪裡	3.61	3.59
3. 當我上網後，我總是能連結到我要去的地方	3.60	3.69
4. 快速的連結以及簡訊，完全是我想要的。虛擬世界給了我搜尋的地圖	3.73	3.62
5. 當我對虛擬的連結想像或簡訊連結上時，對於展現出來的東西，我覺得很好	3.23	3.43
6. 當我上網時，我很輕易地可以轉換頁面	3.63	3.29
7. 我會覺得資訊沒有太大用處，因為網站上提供的資訊太多	3.32	3.37
8. 我很高興能夠上網，而且連結到我想要去的地方	2.84	3.49
9. 很高興能夠過 email 表達我的感想，同時也收到回覆	3.77	3.68

資料來源：Guohua Wu, "Perceived Interactivity and Attitude Toward Web Sits," Proceedings of Conference-American Academy of Advertising, American Academy of Advertising, 1999, p. 257, table 1.

[67] Hallmark Cards是一家總部設在密蘇里州堪薩斯城的公司，由Joyce Hall於1910年成立，是美國最大的賀卡製造商。1985年，該公司被授予國家藝術獎章。該公司在1998年占有美國賀卡市場40%，見Guohua Wu, "Perceived Interactivity and Attitude Toward Web Sits," Proceedings of Conference-American Academy of Advertising, American Academy of Advertising, 1999.

四、控制幅度（span of control）

控制幅度是指多少人要向一個管理者或監督者報告。一個扁平化的組織結構，有很多的工人或幕僚必須向一個監督者或管理者報告，如此一來管理者的控制幅度就很大。控制幅度的大小和組織的特性有關，舉例來說同樣有十六個部門的組織，只設有兩個經理，各監督八個部門，而這兩個監督者，只向總裁報告，這是一種組織結構。

假設有四個經理，各監督四個部門，這四個經理又各自向兩個部門總管報告，兩個部門總管再向總裁報告，這又是另一種組織結構。前面第一種組織結構較扁平化，嚴格說來是兩層的監督機制；而後面的組織結構就比較是金字塔的結構，共有三層的管理監督層級。

一般來說控制幅度愈大，組織的競爭力愈強；組織內各單位所需要的互動愈多，控制幅度就要愈小；如果管理階層要做很多非管理的工作，比方說對工人工作技術及其他非管理工作要做的更多，也就較少時間去監督他應該監督的對象，控制幅度也要小一些；如果被管理人工作模式或方法雷同之處比較多，控制幅度就比較大；反之，工人們的工作方式愈不相同，控制幅度自然就較小。如果每個工人工作方式都比較接近標準化程序，則控制幅度自然就大，反之則小；當然，如果廠房較集中，目力所及，管理者能監督的對象較集中，控制幅度也大；反之，則控制幅度較小。

參、組織結構的各個不同面向（dimensions）

管理者要充分瞭解什麼因素會影響組織，因為這些影響組織的因素，也會影響組織的績效。所以組織的幾個面向，管理者也必須深刻去認識，它們是：

一、組織的型態化（formalization）

組織是正式的部門結構，外部有分支機構，內部也設有單位。所以，組織有一定的正式形式，這種組織的型態化，管理者要通盤瞭解。組織有多少上下層級（tiers），多少平行單位，要透過怎樣的程序來進行協調已經成為常態的一些例

行公事；有些則是非常態性的、突發性的協調與溝通。一般而言，愈是高度集權的、控制幅度較小的、愈專業性的成員，其組織的型態愈有一定的形式，這種狀況之下的溝通協調就是會採取相當的形式化的管道，也就是相當正式的管道來溝通、協調。反之，則是採取非固定化的、形式化的溝通與協調。

二、集權化（centralization）

組織決策權愈是集中在高層管理者（top-level managers），愈是一個高度集權的組織；反之，決策權則散在各個不同的組織部門中。大部分的組織都是介於高度集權和絕對分權之間。不過，愈是專業化的事務，決策通常是集中的，也比較不傾向授權，控制幅度也較狹窄，當然不會太在意各部門的功能分化。

三、複雜性（complexity）

管理者也必須非常重視組織複雜的程度，一個組織擁有太多的部門，執行太多不相同的功能，這個組織的複雜度就高。當然，相對而言，管理的工作也變得比較困難。當然，由於組織高度複雜化，所以各部門會趨向更專業化、控制幅度也較窄，部門區域也會部門化，不同消費群各由不同部門在負責，導致各部門也被高度授權。

肆、組織設計的一些模式（models of design）

當然，管理者可以主動設計或建構不同類型的組織，前面說到組織是績效的基礎，組織結構全決定組織的成敗。因此，如何設計或發展組織，當然也連帶影響了組織運作的策略。所以，要有組織設計。組織設計是發展組織結構的一個過程。組織設計當然要考量前面所說的，組織的各個面向，所以，組織設計當然也就要考慮到決定組織的哪些因素，如集權、分權、控制幅度、部門化、授權等等。

一、機械式的組織模式（the mechanistic model）

二十世紀初期的時候，公司廠企大都追求高生產力，而管理事實上是被組織牽著鼻子走，何況生產工人的知識程度不高。因此，公司廠企大抵都是非常專業集權的組織模式。組織彈性很小，甚至有些僵化，目標達成，效率提高，強調紀律與管理規則，這種組織型態大都是機械式的模式（mechanistic model）。

社會學大師韋伯就形容這種組織是具有相當形式的、或非正式的，管理者、領導者或統治者的權威，就建立在這種正式的組織基礎上，具有相當「官僚」（bureaucracy）的特性：

（一）工作的分配是依據專業的原則來劃分，生產則依技術的或機器的程度來決定。

（二）每個工作被執行時都是依照標準作業程序，確保其一致性；按照組織所決定的價值，決定服從的關係。

（三）每一個組織部門的成員，都對該組織唯一的管理者負責；這是組織層級節制上的規則，而且是受到訓練的專業化（specialization）。

（四）業務的執行是不講情面的（impersonally），管理者和工人之間維持一定的社會差距（social distance）。指揮者的權力是被專門擁有的。

（五）員工的聘用、陞遷完全依照技術等級，不可任意的聘用或辭退。[68]

二、有機的組織模式（the organic model）

有機的組織模式恰好是機械式組織模式的相反。有機的組織模式，特別重視

---

[68] 韋伯生於1864年4月21日，在官僚化上的研究相當為人所知，事實上也是因為韋伯展開了對於官僚制度的研究，使得官僚（bureaucracy）這一詞成為常用的社會科學術語。許多現代公共行政學的研究都可以追溯至韋伯。這是韋伯在他的《經濟和社會》（1922）裡所提及的其中一種公共行政和政府統治形式。在這本書裡，韋伯勾畫出了社會學知名的「理性化」概念，亦即從一個價值為取向和行動的體制（傳統型權威和魅力型權威）轉變為一個以目的為取向和行動的體制（法律型權威）。而依據韋伯的說法，不斷理性化的結果將會造成個人陷入了一個以權力統治和理性為根基的「鐵的牢籠」（the iron cage）裡。可參看：Arthur Mitzman, The Iron Cage: An Historical Interpretation of Max Weber, Transaction Books, New Brunswick (U.S.A) and Oxford (U.K), 2002。另可見：Stephen Kalberg, The Modern World as a Monolithic Iron Cage? Utilizing Max Weber to Define the Internal Dynamics of the American Political Culture Today," Max Weber Studies, 2001, 1 (2): 178-195.

其彈性（flexibility）和調適性（adaptability）。機械的組織強調僵化的官僚，有機的組織則鼓勵成員儘量發揮人性潛力，但有機的組織模式仍然強調專業化的工作、地位和職級。組織內部平行權力關係和垂直權力關係，同樣重要。

　　有機的組織強調提供工人受到支持的工作環境或職場，重視個別工人在職場中的感覺、地位和其重要性。管理者一般採取激勵或鼓勵方式去督導員工；有機的組織重視溝通，溝通管道是分權的，不是循著層級命令系統而爲，所以它是分權的；而且部門化是依照消費者、產品等因素形成，而不是以功能來形成。

　　當然，值得提醒讀者的是有機的組織和機械的組織，其實是一個連續體（continuum），端看怎樣的組織對績效成果有利，並不是說機械式的組織模式就一定不好，而有機的組織模式就一定好。

三、矩陣式組織模式（the matrix model）

　　矩陣式想擷取機械式和有機式組織的優點，但又能摒除它們的缺點。矩陣式組織是只在一定期限內，權威的路徑（lines of authority）是多重的，工人被依不同的或交叉的功能，被安置在不同的位置上，形成多數的工作團隊。基本上，是可以以重疊的方式去架構跨部門的組織。最先被用在發展航空事業的產業上，但後來公私部門都有沿用。

　　舉例來說，一個部門可能必須向兩位督導者報告，如生產部門，它需要向負責行銷部門的副總裁報告，但也要向生產部門的經理報告。以瑞典爲基地的 Electrolux 總公司所屬的 Frigidaire 公司從 1986 年就改造成這種組織，使得 Frigidaire 的產品具有競爭力，反應市場的需要。[69]

　　矩陣式組織主要以分權爲原則，同時注重產品品質管控。在這多變複雜的環境中特別管用。一般矩陣式組織，設有一位非常有效率的專業幕僚，對於變遷中的環境，隨時提供意見，能和技術專家有著良好互動，扮演著高層管理和技術階層工作人員間的溝通橋樑，讓管理者不斷提出一些新的規劃，鼓勵了每個人的成

---

[69] Electrolux股份有限公司是世界知名的電器設備製造公司，是世界最大的廚房設備、清潔洗滌設備及戶外電器製造商，同時也是世界最大的商用電器生產商。https://zh.wikipedia.org/wiki/%E4%BC%8A%E8%8E%B1%E5%85%8B%E6%96%AF，檢索時間：2016年2月5日。

表 4-2 不確定的矩陣表

位置（location）		層級（level）			本質（nature）	
		統計不確定	景像不確定	認知上無知	知識不確定	變化不確定
系絡 context	自然的技術、經濟、社會與政治代表性					
模型 model	模型結構					
	技術的模型					
輸入 inputs	驅動力量					
	系統資訊					
參數						
系統產出						

資料來源：W. E. Walker, P. Harremoes, J. Rotmans, J. P. Dersluijs, M. B. A. Asselt, P. Janssen, and M. P. Krayer Von Krauss, "Defining Uncertainty: A Conceptual Basis for Uncertainty Management in Model Based Decision Support, Integrated Assessment, 2003, 4 (1).

長和發展。

其實矩陣式組織最重視的是「小組團隊工作」，當然由於小組成員不但需要彼此溝通，也要和管理者溝通，更要和高層決策者溝通，一方面耗時，一方面增加員工成本。同時，當他們獲得的指示是矛盾的時候，也會使他們產生困惑。

矩陣式組織，更常運用在各種不確定的因素上，而必須有所抉擇，其情形如表 4-2。

伍、全球化下組織結構的改變

全球化帶來全球人民生活的劇烈改變，尤其，不論是公私部門的治理，也受到相當大的影響，治理的模式也有極大的改變。正因如此，組織結構也相對應的有很多創新的設計。

第一種是「多部門組織」（the multidivisional organizations）。所謂多部門組織，英文簡稱 M-Form Organization，在過去五十年來，西歐及美國紛紛出

現。M-Form 組織的各個部門，彼此有高度的依賴（interdependent），但是每個部門都是高度績效取向的（high performance oriented）；而且，每個部門的產品都是不相同的。但是，各部門都充分分享技術、技能和資源。Hewlett-Packard 是一個典型的多部門公司，整個公司分成五十個半自動（semiautonomous）部門。基本上，其中第一大部門是製造醫院使用的器具，第二大部門是製作電腦，第三大部門製作手上使用的計算機。每個部門的消費者不同，使用稍有不同的製造技術；但是，此大三部門都肇基於電機工程的基礎上，故製造技術相類似，同時依賴一個中央實驗室提供研究及試驗的結果。[70]

M-Form 的組織模式是希望在部門的自主性和組織控制之間取得一個均衡點。當然，本質上這是個矛盾的曖昧，又要接受管制，但又要部門的自主性，這意謂著組織內的部門，一方面具有獨立自主性；另一方面，部門又必須接受整個組織的控制。換句話說，組織裡的部門，一方面是自主的，另一方面，又是依賴的。

IBM 就發覺它的組織太龐大，要整體組織對於外在高度競爭性市場的變化，IBM 龐大的中央集權組織，根本無法做出立即而有效的決定，以便始終掌控自己在市場的競爭力。M-Form 的組織，可以要求他們以獲取高額利潤，如果須要及時對付快速變遷的市場，它們可以有充分的自主權，決定怎麼做。當然 M-Form 要成功，有一個先決要件，就是各部門在面對相同狀況時，彼此能分享訊息、相互合作，做出相同決定；同時，也不能扼殺每一個部門的創造性（creativity）。

全球化時代來臨第二種較新的組織模式是「網絡組織」（network organization）。網絡組織是動態的（flexible），有時是暫時的，把製造商、消費者、供應商、買東西的人，彼此之間的關係，短暫地連結，形成最具競爭力的組織結構。主要的利基建立在這一個網絡組織中，每一個成員都能追求創造最佳

---

[70] Hewlett-Packard Company（HP，簡稱惠普），是一間總部設在美國加州帕羅奧圖的跨國科技公司。惠普公司主要研發，生產和銷售筆記型電腦、一體機、桌上型電腦、平板電腦、智慧型手機、移動互聯、掃描器、列印與耗材、投影機、數位產品、電腦周邊、智慧電視和服務產品。https://zh.wikipedia.org/wiki/%E6%83%A0%E6%99%AE，檢索時間：2016年2月10日。

績效的行動，而且還能專注在這些行動上面。它其實是一種虛擬的夥伴關係，例如製造汽車各部分零件，機械部分的廠商，暫時放下手上工作，共同來設計一款新的汽車，彼此的關係是夥伴式的合作，而不是高低的層級節制關係，各自發揮所長，提供彼此技術的資訊，創造一個能迅速產出結果的機會。所以，其實這個虛擬的組合，沒有中央辦公室，嚴格說起來，它並不是一個組織結構。

Nike 就使用這種方式，讓中國大陸、南韓、台灣、泰國，成為他們產品各自一部分的分包商，Nike 則專責提供研究發展的結果，把新研發出來的技術及產品分享給不同的承包商，使得他們分包商所產出的部分產品都具有高度的競爭性，Nike 因此對它的競爭者一直保有領先性，以致能維持競爭力。[71]

其實，這種網絡組織有點像蜘蛛網一樣，它甚至可以愈擴愈大，只要有意願，願為整個產品的某部分提供最新的技術和知識者，都歡迎加入，這是全球化下所形成的一種全球化組織結構模式。

最後一種全球化下產生的組織模式，是完整的組織（the complete organization），常常被不同的名詞來做比喻，例如現代組織再造（reengineering）、典範移轉（paradigm shifting），或者重構（reframing），這些未來的組織的描述，通常是說它們非常具彈性、反應力、瘦身的（lean），具有高度競爭力，Phillip Crosby 稱這種組織的特性是完整的（completeness），具有以下特性：

一、組織決策雖由領導決定，但卻是基於成員的共識；

二、對大家的要求（requirements），建立在大家都瞭解這些要求的基礎上；

三、由於資訊的可使用性，以及選擇的自由，使組織內人人都能持續學習；

四、績效的衡量標準，來自於關心的文化（a culture of consideration）；

五、組織的目的是在幫助每一個人在追求它的生涯的成功。[72]

未來世界的組織究竟可以如何去想像呢？基本上，從管理的角度來看，管理者負責管理和組織有關的各個部門，不管是研發、生產、設計、行銷等等，其最

---

71 耐吉（Nike）是一家美國體育用品生產商，主要生產運動鞋、運動服裝、體育用品等。耐吉的總部於俄勒岡州波特蘭市近郊的比弗頓（Beaverton），耐吉的名稱源自希臘神話中的勝利女神尼姬。https://zh.wikipedia.org/wiki/%E8%80%90%E5%85%8B，檢索時間：2016年2月10日。

72 Philip Crosby, Completeness: Quality for the 21st Century, New York: Dutton, 1992: 73.

終目標都在生產出能讓消費者滿意的產品。然而，要使消費者對於產品保持高度滿意，產品的品質和售後服務必須不斷改善，領導及願景的提供就成爲不可或缺的一部分。爲此，管理者又必須不斷改變或創新他們的管理方式，要分權，又要能賦能，使各部門具有高度績效，又能有創造力。組織結構當然會因此不斷地改變及調適。

延 伸 閱 讀

創造一個創新的組織：給第一線工作人員的十個提示[73]

　　一個具開創性的組織，其工作同仁都願意擔負起，組織新的發展，以及嘗試用新的方式去執行工作的責任。當然，這裡所謂組織內的同仁，是指包括主管及所有的工作人員，特別是第一線的員工。

　　主管要比較具有創新性，應該不是太困難。主管一路被提拔，而成爲大主管，如果沒有創造性的思維或管理技巧，不太可能被拔擢到各個需要負擔較複雜責任的主管位置。當然，我們對主管，不論是商業部門或政府公部門的主管，都有這種期待。但實務上，失望的時候居多。

　　相較之下，要求中階幹部要具有創造性的思維或做法，比起高階主管要困難；但要第一線工作人員也具有創新的思考和做法，也比中階同仁部分，更要困難。於是，核心問題就出現了：能讓一個組織成爲創新的／創造性的部門嗎？有沒有可能說服組織部門中的每一個人，都認同或重視要達到組織部門的目標，需要他們人人都願意去發展執行工作的新方法？而且，認爲這是每一個人必然的責任？對多數人而言，如果他們的答案說「是」，我個人十分存疑。其實，若觀察過很多組織部門，你會有同感。

　　一般說來，愈是偏鄉地方、小規模的部門，愈能發現這種具創新創造力的組織部門，比方說像美國加州的 Visalia（Osborne and Gaebler 1992），像明尼蘇達州的 Dakota 郡（Light 1994）。它們的居民同質性較高（homogeneous populations），基本的特徵是，容易營造出對彼此的信賴感，這是一項必要的條件（Behn

73 本文譯自 State and Local Government Review 期刊，1995年秋季號，第27卷，第3期，篇名：Creating an Innovation Organization: Ten Hints for Involving Frontline Workers。

1991a）。顯然，一個創新的組織部門所要求的條件頗多：

◇ 佛羅里達州的 Homestead 空軍基地，人員相當複雜，調進調出十分頻繁（Behn 1992）。

◇ 麻薩諸塞州的公共福利部（the Department of Public Welfare），轄下有五十個獨立的在外地作業的辦公室；分散在全州（Behn 1991b）。

◇ 紐約市政府的衛生局（Hu Department of Sanitation），員工之間長期以來政治立場紛歧，爭議不休（Behn 1993,1996）。

假定在上述這些先天不良，或類似的組織部門，能發展出具創造創新力的組織，那應該可以提供我們一些可供參考的情境因素。

假定一個具創新創造力的組織存在，同時我們假定，對該組織必然有許多「利多」，那麼必然會有許多的疑問接踵而來：

◇ 公部門的領導者是如何使該組織成為很有創造力？

◇ 公部的領導是如何使該部門的員工，人人都認為為了完成組織的使命，他們每個人需要追求創新的作為？

◇ 公部門的領導，如何使得中階僚屬、第一線工作的監督者，以及第一線工作同仁都認同，要成為創新者？或有創造性作為的員工？

其實，第三個問題應該是最重要的。因為大多數的組織部門是金字塔型的，高階領導最少，中階官員次多，低階第一線工作同仁最多。同樣的邏輯，組織部門中大部分的工作，是由低階第一線工作人員來完成。第一線低階工作同仁每天會和組織部門的服務對象（client）接觸，或者和組織部門有關的「利害關係人」接觸。所以，他們是組織部門中最先要面對內外在環境因素，做出回應（responses）的一群人。所以，如果一個組織部門的領導，能鼓舞第一線工作人員，個個具有創新思維，創造性做法，他們當然也能同樣使組織部門中，第一線以外的工作人員也變得有創新性與創造性。本文會提出十個提示（hints），能讓組織部門中的第一線工作同仁及其他人員轉變成創造性思維及創新性做法的員工（當然，這十個提示，在實際採行時可以微調）。

一、幫助第一線員工轉變成具有創新性及創造性
（Helping Frontline Workers Become Innovative）

創新性及創造性的組織部門不會憑空產生。尤其是有些條件必須先被創造出來，才能使每一個人據以轉變成創新、創造者。

　　組織部門的領導必須做些什麼？他們要如何做，才能鼓舞第一線工作人員願意嘗試創新及創造？筆者認為領導者必須做兩件事，首先，領導必須讓第一線工作人員相信，他們是受到領導的主管們所支持的；其次，領導者必須讓第一線工作人員看到組織部門未來發展的「大藍圖」（the big picture）。

　　在每一個具有效能（effective）組織部門中，領導與被領導的幹部，彼此之間存在著一個默契（implicit contract）。第一線工作人員（或者所有線上工作人員）相信，他們所做的是領導／主管所要的：準此，領導／主管也必須儘可能把這種默契，轉變成比較是明確的訊息（explicit messay）：同仁們為整體做出努力和貢獻；但部門全體也願意為每一個同仁付出！（You produce for us , and we'll produce for you.）

　　以上的默契是使組織變得很具創新、創造力的關鍵！

　　第一線或所有線上工作同仁，願意更努力做出較好成績，幫助組織部門的領導，更好地去完成組織目標；反過來，前提要件是，線上工作同仁相信部門的領導／主管也願意回饋他們——那就是幫助他們。這是一個簡單的「報答」（quid pro quo）原理。假定領導／主管需要全體同仁幫他／她們，領導／主管最好要能夠、也願意幫助同仁。更進一步地說，領導／主管應該先跨出幫助同仁的第一步。部門的最高主管必須跨步而出，宣示部門的管理重心，很確定的是站在努力工作同仁這一邊。

　　以下是為了達成上述目標，先提出來的兩個提示：

情況 1：所有工作線上同仁都知道領導／主管和他們站在一起（Frontline workers know that leadership is on their side.）

　　工作線上的同仁應該做些什麼事，展現出創新與創造有益於組織部門，也有利於同仁自己，使他們願意去實行？部門裡員工同仁要去進行創新與創造的方向（direction）在哪？有什麼限制（constraints）？部門的目的，想透過創新創造而完成的是什麼？要採取什麼特別創新創造方法，去完成這個目的？部門工作線上的同仁，要是有效用創新創造者，他們必須瞭解自己的組織部門企圖完成什麼工作目標，但為何自己的組織部門要完成此項目標？Rosabeth Moss Kanter 說：「更寬廣的視野，有助於促進創新創造！」（Broader perspectives help stimulate innovation.）Kanter 又說，當一個職務工作是被廣義的定義，而不是狹隘的定義，

創新才較有可能：當人們對組織部門，有一個整體的看法，又給予他們發揮執行技能的技術空間，這樣被交付的組織部門任務才得以被達到，而不會陷在所要遵循的規則（rules）或程序（procedures）中（1988, p. 179）。

情況 2：所有工作線上的同仁，都瞭解全貌（Frontline workers understand the big picture.）

　　總之，以上兩個狀況的要點就是：第一，領導／主管要支持部門內的員工：第二，所有員工對於組織部門的整體觀（big picture）要能明瞭。

提示 1：迅速回應員工要求改善工作環境的需求（例如購置一部新的複印機）

　　當主管要求全體工作線上的同仁，包括低層或中高層的僚屬，要加強部門的效能時，一般立即的反應是（無可避免的），要求改善工作條件或環境（working conditions）。員工會抱怨飲料販賣機壞了、馬桶不通、影印機複印效果不佳等。舉例來說，紐約市政府衛生部的「電機設備局」（the Bureau of Motor Equipment），機械工程上的需求就是，冬天要有熱水，夏天要有冷水，以及要有置放所有工具的櫃子。看起來是一些瑣瑣碎碎，毫不起眼的小抱怨，但如果置之不理，必會直接或間接的影響組織部門目標的完成。其實這些小抱怨，就是員工的「工作環境」。工欲善其事，必先利其器，許多與個人有關的設備如販售機或廁所，設備愈周全，愈能節省時間，而花在工作的時間會較多，看起來是很多有關個人便利的措施或設備，但事實上會影響組織部門的效用。

　　要謹記：員工的一些「小抱怨」，其實是對主管／領導的「測試」（tests），這些測試是要看主管／領導有沒有決心、毅力去改善工作環境。這種連帶的影響，就是對主管／領導的「信用」（credit）的「測試」。如果主管／領導優先做的是重新裝潢自己辦公室，而把辦公室同仁大家在使用功能不佳的飲水機、影印機，列為次要改善的事項：如此一來，如何讓同仁相信主管／領導確實有心要改善部門的績效？最不好的結果是同仁會認為要提高部門績效的那些話語，也只是主管／領導擺在嘴上說說而已，不是認真的，那同仁當然也不會認真想去創新創造、加強部門的績效。簡單可以改善的小事，主管／領導都不肯去做，複雜的、繁重的部門績效，主管／領導怎麼會當真去做？

　　主管／領導要求部門僚屬提出加強績效時，就應該要知道員工們會問什麼問題，事先知道應提供什麼答案。面對要求，主管／領導應該知道，什麼答案是員工們想聽到的。對部門績效有關的要求，要明確地答覆。例如有關一些設施、設備的改善，要答應在一定期限內完成：究竟是三天、七天，或一個月，甚至於即使花一年時間才能完成的改善措施，也應該明確說明。總之，管理階層必須提供明確答案及完成的期限。主管／領導要展現的，就是很「認真的」（serious），處理所有的改善工作環境的要求。不過，一旦答應，最好不要拖延，否則有失威信，主管／領導的信用就會被打折扣。

　　當然，主管／領導可以直接到工作線上去找同仁，瞭解他們需要什麼，以改善組織的績效。但是，最好去找「工會」（Union），或者「協會」。因為，站在員工工會或協會的立場，主管／領導直接找上工作線上的員工，會被誤會是對員工的一種「威脅」。在紐約市衛生部的「電機設備局」，該部門的管理階層就是詢問該局的員工工會或協會的領導幹部，尤其是代表員工及管理委員會的幹部，瞭解員工的需求。這裡筆者刻意為提示多做一個提示 1.5。提示 1.5 指的就是，千萬不要忽視員工工會或協會（試著去它周遭轉轉，走一走）。

提示 2：支持犯錯

　　具創新創造力的組織部門會犯錯，而且會犯不少錯誤（Behn, 1991a）。組織或部門如何處置這些錯誤和犯錯的員工，這些作為是組織或部門會傳遞出去的信息。假如創新者犯錯被處罰，或者他們感覺到被處罰，那麼，所有工作線上的同仁，馬上會得到一個教訓，即官僚生涯中，不值得為實驗新工作方法去做事。

　　很不幸的是創新者常常活在創新所犯錯誤被抓到的人生中。那些把抓錯當作尋歡遊戲的人，包括新聞記者、立法機構委員或代表，以及檢察長等人；而且，他們認為如此才能彰顯他們的專業。在這種氛圍中，產生了「政府的十誡」（Ten commandments of Government）：你不可犯錯，你不可犯錯，你不可犯錯……（Thou shalt not make a mistake）。事實上，抓錯者（mistake catchers）不會為了抓錯，而是為了揪出犯錯者。

　　工作線上的同仁，如果知覺到的是「永不可犯錯」，即使是「無心之錯」，他們當然不願意去創新。結果是主張要創新的部門主管／領導，必須忙著去防護那些因創新而犯錯者被抓去懲罰。

　　私部門比較不擔心因創新犯錯，而被揭露出來，他們通常不會這麼做。美國的檢察官或記者最樂意揭露不法事件，而財務分析師（記者也是），最樂於揭發在一些昂貴的花費下卻犯了錯誤。但是，在私人商業部門中，允許犯錯所花費的金錢，不會因此引起「十字軍」的追殺。犯錯揭露者發覺他們較難存活在私人企業中。

　　相反的，公部門的一個小錯誤，常常是報紙的頭條新聞，記者、立法議員、檢察官們互相競逐，以揭錯為滿足，所以為納稅人省下荷包裡的錢，也因此而企圖得到更高的評價。人們能夠想像：公部門可以複製 H. J. Heinz 的 Ore-Ida 補助款事件嗎？每次如果提起此例，就被認為是「完美的失敗」（a perfect failure），需要用「大砲」來「炸射」以表慶祝。Peters 和 Waterman 就說：「完美的失敗，此一些概念源自於單純地認可，所有研究和發展在本質上，都是冒險的。要成功必須經過不斷地嘗試，管理的最原始的目標，就在引導出一連串的嘗試；所以，一個好的試驗，如果帶來足以令人學到些什麼的失敗，那是值得慶祝。」（1982, 69）

　　用大砲去炸射犯錯者，當然表面上看是以很積極的方式去防止錯誤再發生。但也阻礙了人們願意花更多的時間、精力以及資源，去嘗試證明，自始至終那個工作或作為，根本就是正確的。

　　公部門中什麼東西等同於 Ore-Ida 事件中的大砲？公部門主管／領導如何向部屬證明或說服他們相信，為了改善部門績效的新作為，在犯錯時不會被懲罰？是可以被接受的？如果在政府中，因創新而犯錯，就會挨大砲的炸射，多數員工會認為，那尊大砲事實上就是在瞄準他們！

　　很不幸地在公部門的主管／領導常常擋著大砲，而更不必說記者、立法者、檢察官他們這幾門大砲了。更要命的是他們的大砲是確實裝上砲彈，很輕易地就射向工作線上的同仁，或者整個部門。

　　就長遠來看，讓工作線上的同仁確信，因改善績效而犯錯可以被接受，或者讓一般大眾可以接受這樣的觀念，恐非易事，也可能永遠不可能。但至少部門主管／領導，可以宣示他們和員工站在一起，如果員工因為誠實工作、為了改善績效而犯錯，部門領導／主管支持他們這麼做。

　　當第一線的員工為改善績效，做出創新行為，但結果失敗了，因而被召喚到立法部門的委員會去作證或被質詢，會發生什麼後果呢？對這個犯錯者簡直會是個夢魘，他會被批判得體無完膚，而且被認為是最愚蠢、最沒有競爭力的人；同時，也沒有任何人會為他的失敗或罪過提供強而有力的辯護。為了組織部門整體好，只得吞下這些批判，認錯悔過。

短期而言，部門組織仍可苟存，同仁們也免於被羅織入罪，而最終部門組織的預算會被刪減；長期來說，部門組織同仁，很明確的被告知，犯錯像犯罪，是不可能被容忍的！

假定在立法部門的聽證會上，部門組織的主管／領導，願意和為改善績效而犯錯的部屬坐在一起，記者拍到的照片，不會只有工作線上的員工，而是員工與部門主管／領導坐在一起。那故事的主角就不會只有那個被控訴的員工。部門主管／領導仍會被非議或非難，整個部門組織也許會受到懲罰。但部門主管／領導可以進行較理性，而且較完整的辯護。這些圖像就不會只是單純的辯護，而會像商場上所說的，為了追求進步，必須容許犯錯。結果隔天的新聞大標題可能是：主管為員工所犯錯誤，挺身辯護！

為了內部因素，以上的新聞大標題，應該是部門領導／主管應該追求的。不僅是為了上新聞頭條，而是藉此給工作線上的同仁知道，為了績效而犯錯是可以被接受的。為此，部門員工會從此確信，為了做對事情，而犯了錯誤，是一種「誠實的錯誤」（honest mistake），不僅可以被容忍，還可以獲得積極的辯護。組織部門保護員工及此等行為，即使要部門主管／領導為此而付出個人的代價，也在所不惜。

相對於員工內在的瞭解，一種向外擴散的外部作用也會因此產生，那就是當員工為了改善績效犯錯，獲得容忍和辯護，因而不會受到懲罰，所以會讓員工相信，他們可以去創新。部門領導／主管不會懲罰因創新而犯錯，反之會懲罰那些不會創新，而無所作為的員工。不僅對第一線工作人員如此，對中階管理階層，部門領導／主管也應秉持這種態度。所以，當所有工作線上同仁願意因此而全力施為時，主管／領導必須承認，他們已經成功了一半！

基於以上論述，員工要堅信主管／領導會全力支持他們去創新，也堅信為創新而創造績效所犯的「誠實錯誤」，不會受罰，因而願意為改善部門績效，積極地去創新工作方法及施作的種種創造性的嘗試。

提示 3：給予員工一個需要創新的、真正的理由，或者是確定一個明確的任務，該任務和績效措施有關

我們要員工能夠創新、創造，但其目的為何？因此，組織部門的任務必須很明確，同時要設定績效目標（performance measures）。否則，員工只是口頭上宣

示他們在追求組織目標，事實上各行其是，甚至於追求的是他們自己訂下的組織目標，然後藉著創新創造，合理化他們的行為。假定要每一個人認同，並願意奉獻（engage）於組織目標，為此而進行創新或創造性的思維與執行，對於組織目標必須給予明確的說明：具創新力或創造力的組織部門，也許並不會使用一些很具創造性的名詞，但對於組織目標卻需明確地加以敘述或說明。

　　一般而言，要組織都能去從事創新及創造力的施為，其任務目標常常是十分吸引人，且具有令人鼓舞的任務目標。此目標的未來願景，讓人覺得興奮：不過，願景卻又常常是模糊的。相反的，可運作或可操作的年目標、季目標或月目標，則敘述得很明確。後者，組織部門常常提供了如何明確達標的做法，雖然有時並不是用一個通盤的、整理考量的施作計畫。

　　組織部門的目標及任務，提供了創新及創造的正當性（rational for the innovation）。以一個空軍基地為例，如果它要訓練飛行員，就會因此而要求飛機駕駛一年要飛 17000 架次（Behn 1992）。假定一個州要縮減福利措施，計畫社福照顧對象，從半獨立性到獨立性，於是州政府就提出一個五年要安置 5 萬人就業的任務和目標，來達成目的（Behn 1991b）。或者說，組織目標是要一個城市上路的都是環保車，就要要求所有的汽車維修店能夠把改裝的成本降到原先的 95% 以下（Behn 1996）。無論如何，明確的組織目標，提供了衡量績效的標準：總體的目標，也可以防止組織部門為使部分目標完成，反而犧牲了組織部門的真正總體的任務。

　　Homestead 空軍基地，要求飛行員一年要飛行 17000 架次，給予全體工作人員一個明確目標，而就此去思考及執行創新的點子或方法（Behn 1992）。工作線上的機械師們為此瞭解到，他們必須用創新手法，減少飛機維修的時間，或者設法使飛機需要維修的部分減少，他們充分地被教導，他們的工作會強烈影響到該空軍基地達成任務與否。當每個人都知道，他那部分的工作，會真正影響到組織部門任務的完成，這時候就是每一個工作同仁，開會著手創新及創造的開始。

　　同樣地，麻塞諸塞州公共福利部（Department of Public Welfare）計畫使 50000 人充分就業，生活上不再依賴社會福利救助，於是就給了麻州就業及訓練（Employment and Training, ET）的工作同仁，訂定一個五年計畫的正當性（rational），去開展創新及創造性的做法（Behn 1991b）。要創造就業，當然就要創新的做法。於是，以個案為管理基礎的系統就建立起來（a case-management），公共福利部使得每一個地方的分支部門充分理解，他們要如何使得該新系統真正能

運作起來（Behn 1991b, pp. 119, 112）。

　　紐約市政府衛生部的機械設備局（the Bureau of Motor Equipment, BME）的任務目標是十分明確的，他們要確定該市能有足夠的環保卡車來蒐集所有的垃圾（Behn 1996）。1978 年 BME 只能提供所需總數的三分之二，因此，他們需要創新的作為來達標。組織要創新，以達到任務目標，首要之務在於組織裡的每一個人，知道他要採取創新創造，以真正有助於組織創新目標的達成。創新、創造不是為了創新創造，而是為了完成組織目標的任務和目標。

提示 4：把工作的分門別類變得更寬廣（不要讓每一個員工只做狹窄的工作）
　　　　（Broaden job categories）

　　傳統上，層級結構的官僚組織或部門的設計，總是要使所有工作線上的同仁，能夠狹窄地界定他們的工作範圍及職掌。更進一步地說，組織部門會更希望每一個工作線上的同仁的職掌，能更明確地被敘明，明確地定義，以使他們能夠發揮既定的、每一個小部分的功能。正如 Frederick Winslow Taylor 所說的：「一群定型的人，事先計畫，以便執行不同型態的功能。」為此，這樣的組織所思考的管理責任是：「管理，就是假定把所有傳統的知識，包括所有過去的工作同仁所累積分類、分工的總體整理及分門別類的列表，然後考量減少一些規定、規範及規則，以便能更大量地協助員工去處理每日的事務。」

　　但是，一個具創新創造力的組織，其責任在思考如何以最好的方式，去完成組織部門的目標或任務。如果一個人只侷限在他／她工作上的那一小部分，要去創造性地思考組織目標的大圖像，那是非常困難的。如果一個人只是被告知，他／她只需要把螺絲釘往左轉三次，或者只要把綠色表格填好、藍色卡片也填好，而不去告訴他們，為什麼要這麼做，那麼人就不可能想到可以用快速凝固的塑料去取代螺絲釘，或者用一張紅色表格就可以取代藍色和綠色的二張表格的填寫。

　　如果要讓工作線上的同仁都能理解組織部門的大藍圖，他們就需要有寬廣發揮空間的工作；狹隘的工作範圍只會扼殺他們的創造性，Taylor 和其他學者更強調，益趨狹窄的工作範圍阻礙了創新思考、創造性地作為，因此適度拓展每一個人的工作職責是必須的，為了創新的責任交付（innovative responsibility）。從私部門組織的做法，Kanter 說：「組織部門為了創新，使組織結構變得複雜多樣，工作同仁因之使用多種方法去進行工作，同仁被鼓勵去『做他們需要的事』（do what needs to be done』。他們所受的限制只有『組織任務與目標』下的戰略性框框。在此框架下他們為所欲為，不受限於職掌上文字敘述的框框。」

提示 5：讓員工到各部門學習（Move people around），不要讓員工認為，他一生就只是在做一件重複不斷的事

　　輪調部門單位的員工，做不同的工作，可以讓他們瞭解組織部門任務目標的全貌。有時甚至連職務寬廣的人也只接觸到公司的一部分，也因此只能看見組織目標的一小角。所以應該透過職務的轉換或輪調，能不斷去瞭解每一小部分，才能瞭解整體要做什麼。因此，輪調及轉換工作，才是組織創新創造能夠建立起來的根本。

　　員工在受訓時，都是被清楚教導自己的職責所在。因此，把一個在運輸部門機械人員，轉調去衛生部門開卡車，似乎是不可能的事。反之亦然，卡車司機如何去學做傳輸部門的機械工作？這就好像是在浪費他們的時間去做學徒，而且還要另外花費人力、物力去訓練他們。工作線上的同仁，因為專門技能的問題，似乎不宜互調工作。但這並非就一定立下結論，機械人員的知識、技巧，無助於衛生部門卡車司機在執行工作上功能的創新。也許，恰恰相反地，這種輪調反而有助於創新與創造。

　　應該這樣想：在工作輪調上，所需的訓練成本，比起訓練一個新人在職前的訓練成本，哪一種相對比較有利於組織部門？當然，有時候工作轉換的訓練，投入相當大的成本，如果有助於組織的創新及創造，以及可能的獲利，這種轉換就值得。而且，使組織部門中每一個人都可以瞭解組織部門的全貌，這種結果的好處，其實是值得花費成本去做的事。否則，組織部門的創新創造怎麼有可能發生？私部門就常常進行這種做法，尤其當一個人能夠被提升到更高的職位前，他／她需要在許多不同部門去學習，而能瞭解組織部門的全貌，才能夠提升到更高的職位，為組織部門的創新創造做出成績。瞭解組織部門的全貌，才知道負責一個組織部門應負的職責是什麼，也才能使每一個部分的工作人員，更具有工作上的效能（effectiveness）！

提示 6：獎勵團隊，而非獎勵個人（Reward teams, not individuals）。打破形式上
　　　　的績效評估及陞遷系統

　　成功的創新很少是僅靠一個人的努力就能達成。要把一個創新的思維，變成一個可以發生功能的創造，有賴於一群人勇於去實踐，而且願意用創新的方式，配合運作上的實際，以及組織環境。事實上，公部門要能成功的創新，都是循著這種途徑（Golden 1990）。Katzenbach 和 Smith 就說：「工作團隊才是絕大多數組織部門執行工作的基本單位。」（1993, p. 27）只有靠一組團隊才有可能去維修空軍基地的飛機，或者衛生部門的卡車。社工人員的團隊，而不是個別的社工，才能使組織產生成果。

　　如果工作是由一組人、一個部門去思考，然後執行，但是獎勵制度卻是頒給個人，這種獎勵制度就沒什麼意義。具創造性思維的組織或部門，不是所有具創造性和創造力的個人所形成的一個總體組合，而是這個組織部門本身就是一個具有創造力及創新的團隊。

　　很不幸的，公部門組織的獎勵制度，不是為了強化績效而設計的，而是為了防堵貪腐。因此，公部門的獎勵制度傾向是給予個人的獎助。公部門常常忽略、忽視團體，對多數人而言，獎勵制度意義不大。公部門獎勵制度聚焦在薪水的調高及陞遷。根據 Maslow 的需求層級結構，人們所要的常是超越食物以上的安全、愛和自尊。公部門在獎勵的回報上，有時還比不上非正式組織如同儕團體的肯定。

　　公部門的獎勵制度著重在陞遷和薪水，默認此為人性自尊的基礎，事實絕非如此。有效的領導，會創造更寬廣的獎勵，更有助於強調對於人的尊嚴的肯定。有些獎勵活動不是人事系統所設計的，比方贈與匾額、為某位同事開一個宴會，或者給予公開的表揚。這些超越陞遷和加薪的方式，有時更有助於一個認真於創新、創造的同仁，他 / 她的公共信用（public credit）的提升，尊嚴的提升與鼓舞。以上這些肯認同仁的方法不限於用在個人身上，也可運用在對團隊的肯定及嘉許。對於一個具有高績效的創新團隊，以上的方法也可以用在強化具創造力的個人和團隊之間的關聯，使團隊的整體成就，可以深深烙印在每一個人心中。

　　再以紐約市的 BME 單位為例，工會與個別工作員工的契約，包含了一連串的個人工作的嚴格標準的規定，例如修理一部車大燈所花費的時間要多少，由於勞動管理委員會（Labor-management committee）把勞動環境排除在生產力的因素之外；因此，員工對於工會這些對勞動力時間的規範，十分憎恨。後來，在和員工充分討

論後，終於把這些勞動項目時間規定的資料拿掉了。BME 決定應該計算的是每一個維修站的整體工作表現，比較的標準是和私部門維修站來比，例如修理一個散熱器，公、私部門所需時間的比較。所以，整個團隊的表現，才是績效評估的對象。

具創新創造力的組織，需要更多具創造思維的個人，但也需要具創新創造力的團隊。很不幸的是，大部分的公部門，不僅忽略了個人願意為團隊貢獻創造性思維的意願，也不太在意個人對於公部門整個組織部門團隊創造力的貢獻。所以，如果主管／領導能夠在著重個人創新創造力的獎勵同時，更重視團隊或部門的創新創造力，對組織的績效會比較有幫助。

提示 7：儘量不要太強調層級結構的制約

有效力的團隊，應該是扁平的組織。不然，不會產生真正的團隊。每個小單位受命於此單位的主管，如果不是扁平的組織，會有太多的小單位，大家會習慣於「受命」，而不是真正為組織目標去「思考」。只要每個人不以「受命」心態去接受工作委派或執行工作，真正團隊才會出現。大家才會真正在乎組織單位的產出或成果，而不是消極地去執行命令。

公部門的層級結構，切斷了每個人和組織目標之間的聯繫。Homestead 空軍基地的 William A. Gotron 上校，強調和他基地工作線上的同仁相處在一起，他說，「當你和他們坐在一起，聊聊八卦，喝喝啤酒之後，你會知道更多的信息。」等到 Gorton 和每個人都混熟了，「每個人好像從木頭人變成真正的員工……他們開始信任我。」（Behn 1992）

組織的創新、創造力來自其成員，上自大主管，下至小員工，每一個對於創新或創造，所提供的觀念。這種結果不是靠層級結構能產生的，而是每一個人對一個或一些具創新性或創造性概念的「判斷」，一旦他們接受了，就會擺在心中，做為行動的依據。沒有人喜歡自己所提的意見被忽略，或者因此而被罵是蠢蛋。若是如此，只會使他們更加閉緊嘴巴，員工的嘴巴被封住，員工的思維也會被凝固起來，也就不會動腦筋了。

組織部門有正式組織和非正式組織，重點在組織的這些層級如何影響成員的行為，特別是愈基層的員工。是否上層管理幹部威脅恫嚇下層員工，不要表示意見？員工永遠不會覺得自己該被課責（accountability），如果他們在組織部門中所最在意的是官階的高低，或地位的高低（Katzenbach and Smith 1993, 32）。要創

新，只有從成員都願負責做起，所以組織要做的，不只是地位的分工，也包括責任（responsibility）的分工。只有把這兩種分工做好，才會創造力的組織（Lawler 1988）。

提示 8：打破功能單位的界線（Break down functional units）。例如，不要讓會計人員對每個人都說「不可以」

　　整個政府或公部門組織，其監督或督導單位都習慣性地對各單位說「不可以」。尤其是預算部門、採購部門，或財務部門。人事單位更是習慣去「定義每個人的角色扮演」；「人們喜歡或習慣棒打出頭鳥，都說這是為了保護機關或部門的整體一致性及廉潔性」。在保護機關或單位的廉潔上，特別會是如此，為了避免被批評為揩公家的油、貪汙舞弊或者浪費、濫權；於是當一個部門提出要改善績效而採取一些舉措時，常常被說不可以這麼做。這些監督機構常常是不理性的，他們從未被賦予改善績效或創新做法的任務指派，他們常被要求的是加強行政管制，如果有人違反這些管制規定，答案是：嚴懲不貸！有趣的是，如果部門的績效改善或退步，其人事或財務部門都會受到影響，而有一些變化。

　　在提示 3 我們曾提到，把組織的任務和目標弄得很明確：績效指標也要很清楚，有助於跨出建立具創新及創造力組織的第一步。但僅僅如此，尚不足夠。在組織部門的主管／領導高層，固然常常強調組織目標與任務的重要，但還有更重要的是，他們真正地去執行組織所立下的規範或種種規則。他們關心的是，遵從這些規定與規則，以便能每天如常地去處理經常性的行政事務。如此一來，機關或部門的人，也學會等因奉此，照章行事。組織的目標／任務，經常被公布在布告欄上，或者在每個月的通訊傳報上；但是，實質上，和每天的例行公事沒有掛鉤。

　　組織部門中的預算、人事、財務及採購部門，為了整合組織，而產出結果，結果是，以採購部門為例，會不斷地要求各部門，依採購程序去進行採購。可笑的是，他們一方面敦促大家執行採購預算，看起來好像是團隊中產生工作效率的一群人；但是，他們又常常對一些採購規則很堅持，因此又不得不說「不行」。看起來，他們又不像團隊中真正的團隊成員。這種「雙重性」，使得他們常常說：「可以，但應該要限制……」、「不行，但如果……也許可以。」

　　Homestead 空軍基地，把該基地分成四個功能性部門（Behn 1992）。空軍部隊（squadrons）本身，負責訓練飛行員的飛行訓練，以及達到基地所要求的飛行

架次。其他三個部門分別負責維修、補給與支援系統。此三個部門，不負責飛機飛行事務及飛行員訓練，但此三部門的工作，明顯地對基地的組織目標與任務有密切的影響。一旦維修疏失了，補給及支援系統的違失會更多。

Homestead 空軍基地的指揮官，打破了四個單位之間的界線。他把維修、補給和支援系統，依每一個飛行中隊分組，負責每個飛行中隊的飛行和架次。於是，團隊責任就出現了，團隊的考核落實到每個飛行中隊和飛行架次的成功達標上。

機關單位的部門職責分工，不會當然地自動配合去完成組織的任務和目標。每個部門都專注在自己部門的職掌上，反而忽略了組織單位或整個機關的整體目標，或想如何發展的全貌上。各部門受到專業技能的所限，他們不會自然而然地去和其他部門合作，以達成整個機關組織的目標，也不會主動去想用更具創意，或創造力的方式去完成組織目標。

細緻而精巧的創造創新者，常遊走在分工部門的界限之間，他們有點像「臭鼬般」，嘗試耶穌基督的管理（作者請大家原諒，用此不雅之比喻），即思考去打破系統的藩籬。

不過，真正的創新者，當然不會是像一隻臭鼬，或一個離經叛道者，就能自我形塑而成。組織成員必須偶爾忘卻，他自己僅僅被交代的任務，願意脫離其個別的軌道，去思考整體。就其個人職掌考量整體，再從整體組織去考量個人職責。這就是何以組織的主管／領導，必須打破每個人固守在自己的功能職掌中，鼓勵他們做好份內的事，也能思考份外，但卻是有關組織整體成果的事務。

提示 9：讓每個人擁有執行職責所需的所有資料，尤其是部門中的較高層級的人，
　　　　常常會攔截一些重要且關鍵性的資料

資訊就是權力。（Information is power.）結果使得較高層級的工作人員，常常習慣於對較低層的人隱瞞一些重要的資訊。資訊的蒐集、整理、分析及發放，也是組織部門權力的擁有、運用的特徵。

但是，具創造力的組織需要充分的資訊。員工們需要組織績效有關的資訊，以評估自己所做所為對組織績效的影響，尤其是一些創新性及創造性的做法。他們想瞭解採取哪些創新做法，對組織部門的創新有影響，影響有多大。有些資訊是妥善地被公開，容易取得。但對於員工來說，有些資訊對執行創新及管理創新是必需的，以便用來從事謀略性和技巧性的安排，以達成上一個管理階層正式的要求。但

這些資訊較上層級的人，常常會傾向「不給」，因為這些資訊就是被上一層級的人，用來對下一層級執行人員說，「你們不可以如此如此」的依據，試問擁有這些資訊的人，怎會願意和執行層級的員工分享？

創新性組織，建構了一個嶄新的、不同的執行工作的「概念架構」（conceptual framework），他們不斷地去設計、執行、調整整個架構中，比較細節的部分；為此，在此工作架構中的員工，對於每一部分的資訊，應該讓他們能夠取得。

提示 10：讓每個人知道，已從事創新或創造，的確有所效用。也就是說，讓工作線上的同仁，向大家報告創新成功的成果

工作線上的同仁，如何知道創新和創造性措施，仍繼續在推動中？他們如何從成功的創新性成果中，去學習把自己的工作做得更好？員工如何知道，創新的工作方式已經是可能的？他們如何知道自己創新的結果，真正受到尊重？一個最直接有效的方法，就是讓真正的創新工作者，告訴他們的同仁相關的情形。

麻塞諸塞州的公共福利部，如何用嶄新手法，幫助社會福利的依賴者找到工作，得到就業安置，公共福利部鼓勵地方部門的工作同仁現身說法，同時鼓勵大家可以相互模仿、學習。公共福利部為此辦了相當多場次的研討會、個案發表會，甚至於辦理月會或年會，讓工作團隊做團隊報告，也讓團隊每個成員能站出來，說出個人的經驗及感受，對特別個案做出充分解釋。同時，也讓被安置就業的社福接受者，出來講述自己的觀點和感受（Behn 1991b, pp. 106-107）。

不同的發表會、研討會各有其功能。明顯的功用在於彼此的技巧可以相互交流。讓基層工作線上的員工及中層管理者知道，怎麼把自己的工作，做得更好。這些會議可以激勵人心，造就更多具創造力的組織部門。讓創新做法的成功員工現身說法，比起大師講座或部門主管／領導來訓示，員工受益更多，前者所能發生被學習的功用也更大。而且，最重要的是，他們傳達出一個觀念：創新創造是可能成功的。除此之外，創新的成功者自己除了相信創新的創造是可能的之外，也瞭解到組織機構的創新性做法，應該是一種典範（a norm）。

基層員工看到這些成功範例的發表會，能瞭解到鼓勵創新，不是一種口頭上的宣示，而是真正在具體實行。哪些人在創新？創造了什麼新作為？成功的情形如何？在在都在傳遞一個訊息：組織部門創新思維、創造作為的可行。

二、充分必要的提示

以上十個提示是充分必要的條件嗎？沒有它們中的哪一個，創新性或創造性的組織就不可能出現？例如：改善工作環境，一定是充分必要的條件嗎？筆者認為這些都不是必然有答案的，以上十個提示，只是在強調如果要去建構公部門組織的創新性及創造性，可以注意到的十個面向；並不必然等於在說，做到以上十個提示，就能使一個組織部門成功地具有創新性及創造性。但是，我確信的一點是，如果組織的任務與目標不明確，績效指標也不明確，那麼創新或創造的工作，將無法完成。

願意採取創新的公共政策，本身就是一個創造性及創新性的思維及做法。每一個組織部門所需的創新性及創造性都不同，可以參考，但不一定可以複製。因為每個組織部門處在不同系絡中，也有不同政治環境，和不同的法規限制。

還有一個更重要的課題是：是否能讓一個垂死的組織部門轉型成功，成為一個具創新及創造力的組織機構？也許這需要另一套提示。領導統御不像物理學，物理學中的重力加速度，在相同條件下，永遠可以算出相同的答案；但在創新性及創造性組織，並沒有任何可以完全複製的秘方。

對照之下，生物學可以對同一個問題，提出許多不同答案。同一種的鳥，可以有不同的羽毛形狀和顏色，大小也不相同，飛翔方式也不同，生物學者可以就此做出各種不同的解釋，何以有各種不同的生態。事實上，一隻成功的鳥，可能不必一定要會飛。

領導統御比較像生物學，不同的領導人物有不同的風格、不同的策略，達成各種不同目標。此意謂者，一組不同的領導，擁有一組不同的策略，也可以有不同的執行方式。但這並不必然就代表，他們的成功都來自於成功地創建出創造性的組織。

第三節　領導、團隊與管理

前面兩節談到領導和組織、管理和組織；一般而言，組織的規模比較大。組織一定有結構，或者分列在各個不同的外部機構和內部單位。就公部門組織而言，組織結構會影響領導的形成、決策的制定，以及目標的完成和績效的成敗。

就私部門而言，組織是以公司的型態出現，規模較大的公司所呈現的企業結構，也受到法律的規範。全國性的企業，在各地有其分公司；公司之內也有各種不同的部門。如果是生產性的企業，會有營業部門、管理部門、研發部門、業務部門和生產部門等等的分工與合作。當然，非營利性組織，在歸屬上，公私部門都有，其組織的領導、結構與管理，是另一個課題。

一般而言，較狹隘的組織的定義，常常是指在部門或機構內部，所形成的較小規模團體（groups）；這些團體常會自然形成一位領袖帶領他們，扮演意見領袖的角色。但常又會因為工作任務的不同需要形成團隊（teams）。究竟他們是怎麼形成的，如何運作。小團體、小團隊和組織、領導之間的關係又是如何？值得分析。

壹、領導、團體和團隊

許多人聚在一起時，共同使用一張餐桌，共同吃一頓飯，他們也許彼此都認識，但並不是一般我們在組織、管理或領導時所稱的「團體」。所謂的團體的形成，M. Hackman 和 C. Johnson 認為必須具有五個要素：[74]

第一是必須有共同的目標或目的（a common purpose or goal）。因而團體中的成員，他們共同擁有一些能在一起的要素，那就是他們想共同去完成一些東西。比方說，也許他們集體想克服對藥物的依賴，或者共同思考，找到一個新的地點，去建立一個新廠；或者是集體在一起，共同溫習功課，一起想通過一項考試。

第二個要素是「互賴」（interdependence）。要成功地共同完成一項工作、任務或目標，必須團體中的每一個人都做好他或她份內的事。例如，一個班級，老師交代他們共同去研究一個題目，提出一個報告。如果不是每一個班上的同學，都做好他們被分配到的部分，那報告結果勢必無法做到最好。此時此刻，即使是平常成績最好的同學，也會受到拖累，拿不到好成績。

---

74 Michael Z. Hackman, Craig E. Johnson, Leadership: A Communication Perspective, Waveland Press, Inc. April 2013.

　　所謂的「互賴」牽涉到團體中，每一個成員如何認知其所扮演的角色。例如，有一個人專門負責開會時所需要的資料，另一個人則負責記錄整理開會時大家討論的內容，也會有一個人專門負責去盯看每個人的工作情形。

　　第三個因素是「相互影響」（mutual influence）。團體成員彼此互相依賴，互相交換觀念（ideas），挑戰彼此的想法，傾聽他人的意見等等。

　　第四個因素則是「持續的溝通」（ongoing communication）。團體為了能生存下去，成員之間必須做例行的溝通（regular communication）。在生產線上每一部分的工作人員，如果沒有做定期的溝通，那他們就沒有形成一個團體；所以即使他們的目標相同——生產著同一個產品，但並不是一個團體。團體成員的溝通，側重在面對面（face-to-face）的溝通。在 E 化時代，生產線上的同仁，可以透過通訊軟體（例如：LINE）、線上會議、視訊會議、e-mail、傳真訊息等進行溝通，這樣才會形成團體。

　　第五個要素是，團體有一定的規模（specific size）。團體的成員人數，最好是三個人到二十個人左右；兩個人的關係，比較簡單，三個人的關係就開始複雜。傳統上說，一個人挑水喝，兩個人抬水喝，三個人沒水喝，道理盡在其中。三個人到二十個人的團體，迫使團體中每個成員必須去「管理」或「經營」（manage）人際關係，而且是許多的人際關係。團體中常常要設定一些必須的規劃去規範「結盟」（coalitions）者的集體行為（collective behavior）。集會時應如何議事，比方說，多少人連署才可以提案，或使動議成立，就是需要規則設定的團體行為（group behavior）。

　　團體很重要的是能夠面對面的溝通，所以「二人幫」實在不能稱做是「幫」，因為一個人走掉了，此「幫」就不存在。反之，像「四人幫」就是一個團體。尤其二十個人的團體，走掉或缺席一到二位，影響不大。[75]

　　團體的形成事實上需要一連串的轉換過程，非一蹴可成。通常團體的形成經由以下四個階段：

75　同前註，頁199-202。

一、定向階段（orientation phase）

參加團體的人起初對於團體的屬性定位並沒有概念，成員會嘗試什麼樣的工作（tasks）？該團體可以承擔哪些工作？同時也會嘗試什麼樣的行爲模式可以被接受。有一些很普通的問題，例如：在這樣的團體中，什麼樣子的玩笑可以開？如果我的意見和大家都不一樣時，會發生什麼情形？在這個階段，大家想的盡是不要去冒犯別人，有關團體目標及其他相關工作的說明，也保持一定模糊空間，透過時間來沉澱。

二、衝突階段（conflict phase）

當團體形成過程經過一段摸索時間後，就必須拋棄模糊的及嘗試的方法或態度；此時要進入明確陳述目標、鮮明標誌立場、提出確切的決策建議，強力捍衛成員自己的立場的階段。當然，團體成員的衝突在所難免。理念相同的人會結合在一起，頻繁的互動可以顯示某個團體在形成過程中，彼此歧異或紛歧的程度。通常有正面支持的意見，就會有負面的反對意見，應該把衝突視爲團體形成過程中的常態。

三、生成階段（emergence phase）

到了這個階段，是團體要生成或眞正形成而出現的階段。成員意見會較集中起來，側重在解決問題或能夠形成決策。否則，團體會像孵不出的雞蛋一樣，不會生成。

四、固基階段（reinforcement phase）

團體形成到了最後階段，基本上成員的互動大都是正面的，在第三階段所形成的共識，大體得到絕大多數成員的正面支持，問題的解決也呈現出具體的方案。成員間的緊張慢慢消失掉，大家願意公開承諾（commit）去執行共同的決定，這時團體才算眞正形成。[76]

---

76 同註74，頁202-203。

當然學者們在討論團體形成過程中，也論證集體形成不必然是上述四個階段。但無論如何集團的產生、發展、崩解，常常有一些「轉折點」（break points），也許是一個議題，也許是一個決策，也許是一個領袖的出現或消失，導致團體的變遷。

貳、領導的出現

團體領導究竟是在什麼狀況之下會出現？E. Bormann 認為團體領導的產生，是採用「餘數法」（method of residual）。[77] 一般狀況之下，團體領導的產生，若不是立即選出來的，以比較自然的方式來發展，都是用刪減法，把不可能成為領導的人選一一淘汰掉，剩下的最後一個就是「領導」。團體領導的產生所用的「餘數法」和民選行政首長很像，特別是像黨內初選，尤其是美國總統的選舉，如果沒有很突出的人選，剛開始黨內初選時，有意角逐的人選非常多。但隨著各州初選的舉行，實力較弱的、財力較差的、民意支持度不夠的，紛紛自動退出或被迫退出。等到美國兩黨開啟全國黨代表大會時，事實上所剩下的最後一個人，自然就是該黨競選的候選人，而成為該黨的領袖。

從原理上來看，Bormann 認為，不合適的領導人的汰除，大抵經過兩個階段：在第一個階段，不合適的人選先遭到淘汰。也許是過於安靜，或者不是頭腦太僵或保守就是過度具侵略性；當然有些想成為領導的人，事實上不是非常具有智慧或知能的人，也對各方面資訊的掌握不足。這些人，其實在團體中很容易被辨識出來。一旦這些人被淘汰後，就進入第二個階段，大約團體成員有一半的人（如果以二十個人為基數，就是大約十人），仍看起來像準領導人，這時候競爭就開始比較激烈，彼此的社交關係會變得很緊張。此時此刻「溝通」變得很重要，和大家溝通不良，以及和團體外部溝通不良，或話太多的人，容易被淘汰。

Bormann 等人的研究發現，大抵在出現最後一位領導人時，還會有幾個階段：第一，有兩個到三個群組或聯盟會出現，但關鍵是哪一聯盟或群組，能找

---

77 Ernest G. Bormann, Discussion and Group Methods, New York: Harper & Row, 1975, 2nd ed.

到一個能幹的「軍師」（lieutenant）。在一般狀況下如果只有一個群組具有這種情形，那領頭的人就成為領袖了。但如果在「軍師」協助下，仍沒有強勢的領導人出現，就會進入第三階段，看哪個組合能成功地療癒那些競爭失敗者的「創傷」，獲得更多人的支持；或者恰好有一個危機或重大事件的出現，某一組的領導人成功地將它解決掉，最後的領導人物就出現了。當然，如果經歷了那麼長時間的競賽，團體還沒辦法產生領導，Bormann 認為這是對該團體所有成員的一種「懲罰」。就筆者來看，這個團體的存續就會出現問題。

參、如何避免成為領導人的策略

並非人人都能當領導，也並非人人都想當領導。如果領導的產生適用上述的「剩餘法」，B. Aubrey 和 Donald Ellis 就認為，以下法則可以使團體其他成員，不會想選擇你擔任他們的領導。[78]

法則一：儘可能缺席團體的聚會，也不用解釋為何不能出席。

法則二：在團體成員的互動上，表現很少著力其上。

法則三：在團體討論時要求擔任秘書工作或者紀錄。這些工作很重要，但一般而言，從事這兩項工作者，都不會立即坐上領導的位置。

法則四：聲明你願意做別人交代的事，但對於領導責任的負荷，表示興趣缺缺，順從不是適合擔任領導的任何一個條件。

法則五：在團體討論時，表現得很強勢，可是卻絕對不願意妥協。

法則六：扮演開玩笑的角色，所開的玩笑又常偏離討論的主題，永遠讓別人覺得你不夠正經。

法則七：處處證明你無所不知，隨時賣弄那些專業、讓人聽不懂的名詞，或是沒有具體內容的語詞，這就是所謂的「大話」、「空

---

[78] B. A. Fisher & D. G. Ellis, Small Group Decision, New York, McGraw-Hill, 1994: 251-253.

話」。

法則八：表現出很瞧不起領導統御這回事，也表明自己根本無意出任任
　　　　何領導或需要良好領導統御能力的職位。

以上是從負面去看一個人不想出任領導位置的手法，但反過來看，如果反其
道而行，不正好是容易被認可及接受成為領導職位的方式呢？

根據很多研究領導及溝通的學者專家的觀察，除了上述對成為領導不利的因
素，反其道而行之外，還有一些較積極的做法可以採取：

第一，小團體形成的過程中，「參與」是讓團體其他成員感覺到你想成
為領導的一個訊號。參與每一次的聚會或活動，表示你對該團體的一種信諾
（commitment），尤其是當團體剛開始形成的過程中，愈早參與到團體的聚會，
而且最好每次都出席，就會讓人家感受到，你想領導這個團體的企圖心。

第二，不僅專注在和團體成員相互溝通的數量，也重視彼此溝通的品質。
與他人溝通時，若帶給人家的是負面的形象，例如冷漠、僵化與蔑視別人，
就會減少自己成為領導的機會。特別有助於逐漸形成而出現的領袖（emergent
leadership）的溝通技巧，表現在目標設定，給予團體發展方向，能夠管理衝突
與緊張；同時，又有能力擅長做總結，包容所有的意見。

第三，能夠突出自己的知能（competence），要使團體成員認知到，某一個
人確實能團結大家，把集體的目標，掌握得很好；又使大家相信，你有帶領大家
完成這些目標的本領。當然，要成為領導的知能很多，比方說如何讓其他成員相
信你有正直的人格，卻又能靈活適應及調整各種不同的工作方式及態度。同時，
也有自己的理念或信念，用來激勵大家對團體的熱情，說服大家接受你的建議。
肢體語言（non-verbal behaviors）在很多時候是重要的成為領導的功能，例如眼
神的接觸、臉部的表情等等。

第四，能促成團體的凝聚力（cohesiveness）。將成為領袖（world-be
leader）的人，必須證明你可以跟任何人合作，提供成員任何可能的幫助，與他

人合作而提升別人的地位，不爭功諉過。[79]

　　成為團體的領袖和成為一個好的領導，當然有所不同。後者筆者在前面的章節中已有相當多的討論。例如領導的一個基本工作，就是要知道何時應召開會議做成決策，在何種情況下則不便輕易召開集會。而集會做成決策時，好的領導一定要懂得問題的癥結是什麼？如何分析問題？發展出分類問題的標準，產生可能的解決方案，評估所有方案然後進行選擇，最後在決定方案後能具體實行。

　　Irving Janis 提出好的領導要特別注意，在集體決策時所可能出現的盲點。[80]Janis 所謂的專家和常人一樣，有時會犯下決策的錯誤，當以下各種情形出現時，代表著決策有可能常常是有偏差的：

　　一、不會輕易接受看似讓團體受損或受傷害的幻覺（illusion of invulnerability）。團體成員都覺得執行該決定，結果會很樂觀；而且，為此，願意採取一些看起來相當冒險的措施，也就是說，風險很大，但仍覺得樂觀其成。

　　二、相信自己的團體內部，人人都已具有道德情操。因為如此，所有參與者便可以忽略決策或行動結果的可能在倫理或道德上的瑕疵。

　　以上兩點可以被視為團體的「過度自信」（overconfidence），而團體也可能出現思考封閉（closemindedness）情形。團體在整體進行思考時會出現：

　　一、集體的理性化（collective rationalization），所謂的集體理性化是一種自我建構起來的理性思考機制，團體成員為了防衛他們自己，對於決策後的回饋（feedback）所可能產生的對原決策的挑戰，自我理性化，先假定此類的反饋意見，不予接受。

　　二、對於外在團體的樣態存有固定的形象（stereotypes of outside groups），自己的團體成員先在心中把外在團體定位在邪惡的、孱弱的，以及愚笨不堪的，

---

79 以上可參考 J. E. Baird, "Some Nonverbal elements of Leadership Emergence," Southern Speech Communication Journal, 1997, 42: 352-361; B. Schultz, "Predicting Emergent Leaders: An Explanatory Study of the Salience of Communicative Functions," Small Group Behavior, 1979: 109-114; D. J. Stang, "Effect of Interaction Rate on Ratings of Leadership and Liking," Journal of Personality and Social Psychology, 1973, 27: 405-408.

80 I. Janis, "Groupthink: The Problems of Conformity," Psychology Today, November 1971: 271-279; I. Janis, Groupthink, Boston: Houghton Mifflin. 1982; I. Janis, Crucial Decisions: Leadership in Policymaking and Crisis Management, New York: The Free Press, 1989.

低估外在團體的能力，相信自己的團體所做的決定具有競爭力。

　　此外團體容易失敗的另一個跡象是，團體對自己形成的自在壓力（group pressure），此即團體的存在就已經有了的壓力，而這些壓力來自於：

　　一、對於持不同意見者的壓力（pressure on dissenters）。團體成員對於少數對團體決定持「異見」者容易排斥，把這些少數「異見」，自動排除在大家趨同的看法之外。

　　二、不允許自我檢查（self-censorship）。團體在形成決定後，排斥那些對於既定決策不斷加以懷疑的人。

　　三、對於意見一致的迷思。團體成員很容易誤以爲成員對於每一項決定都是集體一致的意見結果。認爲這是團體決策的基礎，「共識」就是團體內沒有少數的衝突意見。

　　四、自我標榜的思想檢查（self-appointed mindguards）。團體成員容易在團隊內部出現雜音時，反應出捍衛決策中心的「紅衛兵」心態，像自我任命的思想檢查員一樣，持不同意見者，就是「別有用心」，爲了鞏固「決策中心」，對持異見者，加以攻擊。

　　其實團體在形成過程會遇到很多困難，團體領袖的形成也一樣是艱難的過程。然而，團體形成，選出領袖後，要能有效地運作，關鍵在於領導是否能擁有他或她自己能夠工作的團隊（team），團隊也可稱做工作小組（task force）。

　　提到團隊或工作小組，不論在討論領導統御或管理，最常聽到的一句話，就是「每一個團隊就是一個團體；但不是每一個團體都是團隊」。即使是一個工作團體（working）和團隊（team）還是有所區別。

　　Hackman 和 Johnson 兩人依據 Jon Katzenbach 和 Douglas Smith 的著作，區別工作團體和團隊如表 4-3：[81]

81　見註74，頁218。以及可參考J. R. Katzenbach & D. K. Smith, "The Discipline of Teams," Harvard Business Review, March-April 1993: 111-120. 同時可參看Katzenbach和Smith合著的The Wisdom of Teams, Boston: Harvard Business School. Press, 1993.

表 4-3　工作團體和團隊差異表

工作團體（working group）	團隊（team）
個別的生產產品	集體工作產生產品
個別的課責	對個人和團體都課責
團體的目的和包含該團體較大的組織任務是相同的	特定的任務
績效評估是間接地看，影響他人的程度如何，例如對商業的財務績效	直接針對集體工作的產品評估其效用
進行會議以及舉行積極解決問題的會議	鼓勵開放式地討論
討論、決定和授權	討論、決定，然後真正地一起工作
強而有力，且很明確的聚焦在領導統御	都負責扮演領導統御的角色

資料來源：Michael Z. Hackman and Craig E. Johnson, Leadership: A Communication Perspective, Waveland Press Inc., 2009, p. 218.

　　由表 4-3 可以看出來，所謂的工作團體，其實較偏向於日常的、例行的組織的總體工作與任務，可以說是分享所有和組織有關的資訊，正在進行的各項計畫，以及決定大的方針。但團隊則是相當針對性的，具體地來說，比方說節省 25% 的每一項特定產品的生產時間，或者針對某一項公司的產品，訂定及執行行銷策略，或者是進行一項產品的實驗等等。

　　也因此，所謂的團隊常常是具體建議採取什麼行動或決定，他們直接去操作他們所建議而且被批准的事項。所以要組成團隊（team）的原因如下：

　　一、團隊比起組織部門要來的靈活；

　　二、團隊比較有生產力，同時比起正式組織或其單位，要富有樂趣；

　　三、團隊協助組織調適於多變的環境中；

　　四、團隊鼓勵個別團隊隊員學習和培養新的行為；

　　五、團隊要求注意力集中在團隊的工作任務上，沒有個人個別的時間表。[82]

　　不過一般狀況下，公司廠企還是希望循著常規，由部門從事正規作戰，也就是透過組織結構來完成組織目標，公部門尤其如此。但是，如果遇到特殊狀況，

82　同註74，頁218。

或平常的組織結構過於因循常規，不能突破，產生創造性的結果，領導就很重要。組織的領導要來決定是否要用工作團體，還是要用任務導向的團隊（team）來進行。通常考慮的還是成本和績效的問題，如果投注較多但仍可接受的成本，可以達到原先無法完成的倍數成果，當然可以考慮以任務團隊的方式去完成。

　　J. Katzenbach 和 D. Smith 是用績效曲線來決定是否要採取任務團隊，用圖形加以顯示則很清楚，如圖 4-4。

　　從正常工作團隊到準團隊的階段，出現了績效下降的情形，不僅個人的績效，還包括正常工作團體的績效，都有這種情形。如果採取準團隊（pseudo-team），績效上升了，那麼可能的團隊（potential team）就會形成；績效如果在可能團隊形成後，繼續上揚，才會進入真正的團隊（real team），最後有可能形成高績效團隊（high-performing team）。

　　由於團隊（team）是績效導向，所以，團隊的形成要遵守一定的規則：

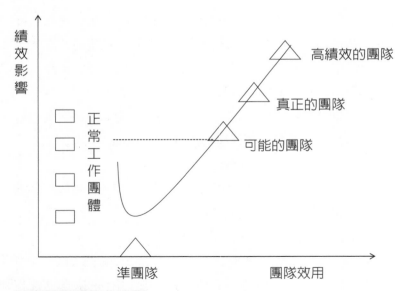

圖 4-4　任務團隊績效曲線圖

資料來源：本圖改寫自 J. R. Katzenbach & D. K. Smith, The Wisdom of Teams, 1993., Michael Z. Hackman and Craig E. Johnson, Leadership: A communication Perspective, Waveland Press Inc., 2009, p. 219, figure 7.1.

一、明確的績效目標；

二、以結果產生決定團隊內部的分工及結構；

三、追求一致性的承諾，並堅定的信守承諾；

四、營造團隊共同合作的氛圍；

五、訂出「卓越成果」的標準；

六、給予外部的支持與認可，承認其任務編組的正當性與合法性；

七、整個團隊的領導是轉換型領導（transformational leadership），所以，團隊的領導統御是分權的，彼此相互領導，但因承諾於已獲共識的願景，大家目標一致，又講求創新與個別團隊成員，其潛能能夠高度釋出。團員之間的摩擦在所難免，但又不會導致團隊瓦解。

不論公私部門，凡以追求績效成果的團隊，都是以結果成敗來決定存在與否的要件。因此，一種所謂的「自我導航的工作團隊」（Self-Directed Work Teams, SDWT），現在正在形成中。[83]SDWT 有以下幾個特色：

一、成員負責整個工作或任務的推動，因此，成員屬性必須是多技術性的（multi-skilled），曾受過跨各個不同技術領域的訓練（cross-trained）。

二、SDWT 的最核心責任，是從不間斷的品質保證和過程中獲得控制。

三、SDWT 的成員相互管理，分擔管理工作與責任，相互領導，包括行程或流程確定和確認、預算訂定、採買、發明管理，甚至於包括僱用或解聘人員，都共同來扛起責任。

四、由於領導統御是分享的，所以是相互監督的，不是由某一個人來全權負責監督；如果，有某人被賦予「領導」的位置，其實他／她扮演的是促進者（facilitator）或支持的角色，比較像是團隊的教練或輔導員（coach），而不是老闆或「頭兒」。

五、SDWT 成員經常聚會，以實際解決問題為主。

六、SDWT 必須從頭到尾注意消費者或使用者對其所提供之產品或服務最

---

83 參考K. Fisher, B. Harper & A. Harper, Succeeding As A Self-directed Work Team, Mohegan Lake, NY: MW Corporation, 1992. 以及R. S. Wellins, W. C. Byham & J. M. Wilson, Empowered Teams. San Francisco: Jossey-Bass, 1991.

新的資訊；公司廠企、機關部門的管理部門，必須在第一時間點，提供此資訊，不得有誤。SDWT 就據此立即反應，做出決定。

七、SDWT 可以專門負責自己的訓練計畫，以加強整個團隊的技巧能力（team skills）。

SDWT 雖自 1970 年代開始就被引進企業及公私部門，但其發展仍待補充。

 ## 個案討論一：學會放手：自我導航團隊中促進者的角色[84]

　　Martin Kelly在一家航空工業公司行銷部門服務，已經擔任四年的業務代表（sales representative）。他經常必須到世界各地出差，和客戶碰面，討論購買不同的飛機零組件。Martin對自己的工作很有興趣，但他覺得他需要學習更多的技巧和經驗，因此，他想到別的部門去歷練，藉此也可以增加自己陞遷的機會。他的行銷部門副總裁及其他同仁，也鼓勵他申請到其他部門去歷練。充實自己的知識、技巧和經驗，以便夠資格勝任經理（manager）的職務。最後在自己公司的財務部門找到一個缺，公司也同意，財務部門也接受他。

　　財務部門的副總裁叫Judy Morton，對於Martin的熱心及活力，十分欣賞。雖然Martin沒有其他工作資歷，Judy倒是願意讓他擔任經理，領導一個50人的工作部門。Judy正在財務部門進行組織結構的改造，採行的是SDWT的方式。Judy在一個午餐會上，正式把Martin介紹給大家，對於Martin的熱情，大家彷彿感受到一股新鮮空氣的注入，因為過去十年來，這個部門的組織結構沒有什麼變動，好像一灘死水。Judy隨即宣布有50個人將被分成八個SDWT的小組團隊，其中四個團隊由Martin擔任輔導員；另外四個團隊，則由財務部門中另一個經理Anna Garcia來負責帶領。

　　Judy、Martin和Anna一起向公司其他部門的經理請教，如何展開SDWT的訓練。一開始是5天的訓練，利用這5天，告訴團隊成員該怎麼做；另一方面，也訓練Anna和Martin怎麼做好促進者的角色。訓練完成後，每個成員都熱切預期，部門組織可以有較好的改變，也會改善工作環境。

　　但很快的，Anna和Martin的功力顯得高下立判。相較之下Anna是比較能勝

84　個案出自於Hackman & Johnson，同註74，頁228-229。

任「促進者」的角色。Anna鼓勵團隊成員自己做出決策，當小組團隊的成員找到並提供一個想法後，Anna常做的建議就是「可以去試試看」。Martin就比較傾向控制式（controlling）的管理，當團隊成員跟他提建議，認為某些管理是多餘的，應該移除，Martin卻責罵他們，心中想的就是「少做些事」，還指控說，提這種壞點子的人根本就是「不成熟的」以及「不負責任的」。

幾個月後，很明顯的，Anna的團隊大力改善了工作的過程，團隊成員可以自己訂下工作流程，設定目標，管理好自己每天的工作。而且，還可以執行自我的訓練課程。Martin的團隊，依舊在他嚴密地監控下，每天Martin會發出很多電郵，指示東、指示西，要求哪些工作是優先，且必須完成的。由於Martin剛進入這個部門，對於過去的做法，完全沒概念，他的指示常和這個部門的優先目標悖離，又不能配合客戶的要求，Martin的團隊成員對Martin高度不滿，士氣十分低落。

在財務部門引進SDWT的做法一年之後，Martin團隊中有3個工作人員申請調離，而且真的轉到其他部門。Anna的團隊改善了生產率，增加將近15%。Martin的團隊則反低於SDWT制度引進前的10%。Martin部門離開的3個人，在和Judy做調職晤談時，不斷地抱怨Martin不夠尊重他們，甚至於比起SDWT制度引進之前，成員的自主性更低。由於有3個人離開財務部門，Judy認為是時候該和Martin好好談一談。

個案問題討論

1. 什麼是有效果的 SDWT 促進者應有的特質？這些行為和傳統管理者的行為，有何不同？

2. 是否每一個人經由學習或訓練就可以成為一個適任的、有效性的 SDWT 的促進者？如果可以，為什麼？如果不可能，又因為什麼？是否在 Judy 任用 Martin 之前，有什麼因素是 Judy 應該考慮到，而她卻沒有做到？

3. 根據學者的研究 SDWT，一般會造成生產率提高，顧客滿意度增加，你／妳認同嗎？為什麼？Anna 的團隊為什麼比 Martin 的要成功呢？

4. 假定你／妳是 Judy，你／妳將要對 Martin 說些什麼？

5. 要怎麼做才能重振 Martin 團隊的士氣？你／妳會如何勸服 Martin 採取行動，建立起他在財務部門的聲望呢？

個案討論二：波音公司對自我管理團隊的獎勵[85]

　　1987年完全由波音公司資助的一個新廠，在德克薩斯州的Denton（位於北德州）成立了。

　　該廠的員工被分成五大小組：物料、生產、人力資源、品質管控以及工程製造組。但是，在薪資表上，二分之一的員工是屬於生產部門；而另外二分之一的員工，則是屬於資源部門的受薪者（support payroll）。

　　值得一提的是，這個工廠完全是屬於「自我管理的工作團隊」，這些自我管理的工作，甚至包括新聘員工，以及整個公司的品質評鑑，以及自律的要求。

　　波音公司的治理哲學很明確，公司把這個廠當作是可以高度賦能的，以及人人皆是高度參與及涉入公司或工廠的環境。根據波音公司公開的材料，波音公司相信，這裡所有員工都是最好的，他們感覺到他們是一個團隊的成員；同時，他們不僅被公司信任，彼此也相互信賴。他們共享領導權力，共同決策。彼此相互肯認，而且相互尊重。彼此在解決問題時，都能十分謹慎的顧應到對方的反應和理解，共享完成挑戰目標的機會，並且對於工作的持續改善做出貢獻。

　　Denton這個廠，並沒有第一級的監督者，團隊成員被授予權力，自行去操作日復一日、每天應盡的責任。但是，在每天的上班時間中，可以有20%的時間不去從事直接進行勞動生產的工作；換言之，是屬於和生產有關的間接的，非勞動的工作。

　　每一個團隊成員都可以利用這些時間，去學習和自己工作有關的技術或知識。而且，每一個員工都被假定，可以是具有領導團隊工作能力的領導，這種領導統御雖然是能力，卻也被認為是責任。團工可以向現在具有領導角色的同仁直接學習，也可以向支援生產的員工團隊成員學習，後者被稱為「訓練者」（trainer）。當然，員工也被允許同時向這兩種「業師」去學習。領導既然被視為責任，所以，領導的角色是輪流的。

　　即將被受聘的人，要通過適性測驗（aptitude test），同時要經過一個特別的評估程序。然後，要經過一個複雜的4到6週的訓練時期。訓練包括最基本和最核

---

[85] 本個案譯自Management: Diversity, Quality, Ethics, and the Global Environment一書，頁425，篇名：Rewards in a self-managed work team at Boeing。.

心的，以及獎勵技術的學習（pay-for-knowledge），去學習新的技能，在指定的時間內，員工能學到新的技術，就會得到獎勵。

經過完整的90天的訓練後，新進員工就會獲得加薪；但是，如果他不能成功的完成訓練，就會遭到解聘（terminated）。所以，受訓可以是技術的和領導的訓練。但新進員工通常在剛進來的半年，不會接受領導責任的訓練，他們被要求集中心智在技術的訓練，而且讓他們能適應波音公司的文化或環境。180天之後，如果他們完成了訓練，就獲得加薪。

第二階段為6個月的訓練，員工被賦予實際執行，帶領團隊成員、工作小組的領導責任，進行工作的完成。他必須和一個「職涯計畫師」（career planner）在一起，帶領團隊成員，為了完成其後6個月訓練中所要學習到的技術課程，進行一項整體的計畫。如此重複執行，從第一個6個月的訓練，到可以獲得獎勵，到第六個6個月訓練完成後，才算是提升可以稱為「團隊」的程度。

在第二個6個月的訓練期間，團隊成員就開始學習如何負責領導團隊的任務指派。其中一項工作是「不斷調整團隊成員，去適應新交代的新任務，然後完成任務」。因而，職位或職稱的評定不是重點；參與率很重要，1991年時，只有4.1%的缺席率，大概只有10%的人需要重新參加已受過的訓練，員工具有高度的團隊士氣。

當然，要做這樣的安排，需要時間、金錢，還有大家願意全力以赴；每個人要對自己的時間做最好的安排，又要在訓練中完成任務指派；員工有時是受訓者，有時是指導者，或是訓練師，這才是真正的挑戰。教室的安排，需要高度的協調。如何調適現職及馬上到來的訓練，乃是最大的壓力來源。

個案問題討論

1. 自我管理的團隊和一般的工作團隊有何不同？
2. 你／妳認為波音公司要執行這種有效的團隊訓練，最基本需要的因素是什麼？
3. 獎勵學習計畫最大的誘因是什麼？
4. 從以上個案中，「領導統御」是不是形成波音公司強化其強烈的參與文化的原因？究竟波音公司這種「領導統御」的意涵是什麼？

個案討論三：教官的起手式[86]

　　馬克是一間大醫院的油漆部門主管，有20位工會的雇員歸他管轄。在承接醫院的工作之前，他只是一個獨立的承包商。醫院的這個部門是新創的，因為醫院認為油漆有改變的必要，對於醫院提供的服務也會有所影響。

　　馬克在開始這個工作時，花了4個月的時間，分析油漆服務的直接和間接成本。他的分析研究證實了他所轄行政人員的看法，提供油漆服務，對醫院來講，是一項極無效率可言，而且又耗錢的工作。因此，馬克重新設計了一套執行流程，和重新釐訂績效評估的預期標準，並且用此完全說服他自己所轄部門同仁。

　　馬克說當他開始這項工作時，他把他視為是一項「全新」的，而且是「全套的工作」，就如同一個教官，從來沒有預期從他的僚屬中得到任何的意見回饋。馬克認為在醫院的工作環境中，沒有多少可以犯錯的空間，因此他必須得到最好的油漆工人，並嚴格要求他們，以便在醫院種種環境的限制下，做好他們的工作。

　　隨著時間的過去，馬克開始放鬆他的嚴格程度，同時也較少提出各種要求。他把某些執行權力交給兩個部屬頭頭，他們兩個人負責向他報告。儘管工作態度嚴謹，馬克卻能和每一個同仁皆保持非常密切的互動。馬克喜歡在每個週末帶他的同仁到運動酒吧吃漢堡，他也愛和部屬嘻笑怒罵，彼此都不以為意，不會動肝火，或在心中堆積不滿的垃圾情緒。

　　馬克對他的部門非常驕傲，他也常說他原本就想做一個教練（coach），現在的他在管理自己部門上，就有當教練的感覺。他非常喜歡和同仁們一起工作，特別是當他看到同仁做出好的工作成果，而且是獨立完成時，看到同仁眼中閃爍的光芒，他非常高興。

　　由於馬克的領導統御使整個油漆部門有了實質的改善，尤其其他部門的同仁都認為，馬克的部門是醫院要發展下去、不可缺少的部門。而且，馬克的部門也被認為是最有生產力的部門。

　　正因如此，馬克的部門在醫院做顧客滿意度調查上高達92%，位居醫院所有項目滿意度調查之冠。

86　個案取材自Peter G. Northouse, *Leadership: Theory and Practice*, Sage Publication Inc., 2010, p.81.

💡 **個案問題討論**

1. 從風格的角度來看，你會怎麼形容馬克的領導？
2. 隨著時間的演進，馬克的領導是如何改變？
3. 一般來說，你認為他的領導是任務取向還是關係取向？

5 領導、管理與高階文官

第一節　高階文官核心知能：領導及管理

　　高階文官（Senior Civil Servants, SCS 或 Senior Executive Servants, SES），在歐陸國家傳統政府結構中，一直是擁有相當權力的政治菁英。尤其在十八世紀歐陸階級社會中，較高地位的資產階級，當然較有資源讓其孩子受到教育，經由統治菁英的連結，將受過高等教育的子弟送進統治體系，而被拔擢成高階的統治官吏。在封建統治的時代，高階文官乃是行政的最高層級統治組織，因而素來有「國家權力的臂膀」之稱呼。

　　到了民主國家時代，統治權是掌握在民選的政治菁英手中。文官的專業化、永業化，甚至其政治中立（political neutrality）的形象逐漸形成，政治和行政有了較明確的分野。民選首長或民意代表因政策之是否獲得民意支持，而獲得執政權力。但官僚層級或爲輔佐民選政治官員或民意代表的專業官僚。二次大戰後，在極端的政治菁英統治型國家（states of the ruling elites）中，甚至於有人認爲，「文官在政治中沒有任何角色扮演」（Civil servants play no part in politics）。

　　但是，到了二十世紀末期，當「治理型」國家（governance-state）逐漸出現後，高階文官不再只是揮舞著「統治之劍」的政治人物之執行政策的工具而已。高階文官在政策形成的網絡關係中，不僅涉入政策的決定，也成爲民選政治人物和中低階文官，以及公民社會之間溝通的橋樑。[1]

---

[1] Edward C. Page and Vincent Wright, From the Active to Enabling State: The Charging Role of Top Officials in European Nations, Palgrave Macmillan, 2007, especially chapter one written by Page and Wright, pp. 1-13.

　　於是世界各國的主要國家，紛紛建立其高階文官隊伍。但是，有關高階文官的制度及實際的情形，仍然要看各國的國情，有些並沒有定論。但是歐盟（European Union, EU）國家實施高階文官制度的實務經驗，十分值得參考。

　　高階文官的定義是什麼？其實歐盟各國對高階文官的定義或稱呼多所不同。在英國就稱做「高階文官服務」（Senior Civil Service），但在荷蘭的稱做「高階公共服務」（Senior Public Service），在愛沙尼亞則被稱爲「頂尖公共服務」（Top Public Service）。

　　當然，這個名詞本身就會引起爭辯。因爲，所謂高階文官的「高階」，在英文是「資深」（senior）的意思。當然，所謂的「資深」必然是指在公共行政服務的實務界中，工作年限較長，經驗較爲老到。在法國和羅馬尼亞「高階文官」，指的一定是階級較高的文官。所以，「高階文官」四個字容易給人有「資深制」（seniority）的印象。事實上，並不必然如此。「頂尖公共服務」，這個「Top」也帶有一層一層的高低層級的意思在內。其實，在歐盟國家內使用 SCS 現在就代表了 Senior Civil Service 或 Senior Civil Servant，而且事實上和文官的「年紀」沒有必然的關聯。

　　根據 2008 年 OECD 給 SCS 下的定義是：

　　　　一個高階文官制度指的是政府裡面的一個有結構的、被承認的人事系統，他們不是指在政府組織中具有較高地位的政治職位。他們被認爲算是職業性的文官，在極具競爭性之下被任命，行使以下的功能：政策建言、服務傳輸或合作的運作。他們的服務是較集中式的管理，經由一定的制度和過程，以確保提供的服務的穩定性和一定的專業品質；但爲了應付變遷，在政府許可的正當程序中，保有必須的彈性。[2]

　　如果根據以上的這個報告，高階文官團必須是有其組織結構，但事實上有些

2　OECD, (GOV/PGC/PEM) (2008) 2, The Senior Civil Service in National Government of OECD Countries, Paris, 31 January, pp. 17-18.

OECD 的國家有實質上的高階文官團，但並未設有正式組織結構；其次，它也並非必然是正式人事機構和人事制度的一環；此外，它是較高職位的非政治性官職，所以除了強化「管理功能」而需要他們之外，較不應該是「非管理功能需要的」，以及是「諮詢顧問」般的職位。在 EU 的國家中他們是被集中管理的，當然有極少數 EU 會員國，不是用集中管理的方式。不過，一般提到 EU 國家的高階文官都是指「集中管理的」。

　　根據以上的討論，在 2008 年由法國籍的 EU 總理所領導的一個研究委員會所做的報告，對高階文官團所下的定義是：

> 　　高階文官團是指國家文官服務系統中，其正式或非正式的一個組
> 織團體，也許有其正式組織名稱，也許沒有。但他們是具較高職位，
> 有管理職能的一群文官和永業文官系統的關聯，在相當具有競爭性的
> 環境中被任命，執行政策建議，能具體操做組織運作，以及完成組織
> 部門或文官彼此之間的合作任務。

壹、高階文官與領導和管理的關係

　　高階文官對一國的政策形成及執行相當重要，但高階文官需要什麼知能（competency）呢？美國人事管理辦公室（United States Office of Personal Management）在 2010 年 9 月出版的《高階文官服務資格導引》（Guide to Senior Executive Service Qualification）乙書，開宗明義就提出，美國的高階文官（美國稱之為 The Senior Executive Service, SES）的能力資格，必須由「美國人事管理辦公室」（OPM）訂出規範，這個規劃就其文義，實可稱之為「高階文官核心資格」（the Executive Core Qualifications, ECQS）。SES 要成功，就必須擁有 ECQS，究其大要，ECQS 有兩大端：其一，就是「領導統御的技能」（the Leadership Skills）；其二，則是「高階文官合作文化」（SES Corporate Culture）。

　　領導統御的技能是高階文官，能提供戰略領導（strategic leadership），針對

其所屬部門的公共政策及行政，以其卓越的個人專業，對其所屬特定部門任務的完成，能夠達成並且達到超凡的程度。

至於合作的文化觀，在美國是比較特殊的要求，那就是對美國憲法及民主的認同，並且願意持續地促進聯邦政府，在憲法及民主中，治理的改善。

OPM 所訂下的 ECQS 共有五項，分別是：

一、領導變遷（leading change）；

二、領導眾人（leading people）；

三、成果導向（results driven）；

四、敏銳的業務觸覺（business acumen）；

五、合縱連橫（building coalitions）。

以下分別說明之。

一、領導變遷

領導變遷包括：

（一）創造力和革新（creativity and innovation）：要用新的眼光去看周遭環境的變化，會質疑傳統所用的老方法，鼓勵新的觀念和創造力，設計和執行一些新的計畫和過程，至少也要觸及嶄新設計的邊緣。

（二）對於外在環境的變化要有知覺（external awareness）：瞭解並且能知道最新的地方，全國及國際社會的政策趨勢，藉此影響組織，以及所有的利害關係人的觀點。同時，也瞭解所屬組織對於外在環境的影響和衝擊。

（三）彈性：對於變遷以及新資訊抱持開放的態度，能迅速地適應新資訊，轉變環境或改變一些不曾預期到的障礙。

（四）韌性（resilience）：能相當有效地處理壓力，即使在逆境中也能維持樂觀及毅力，可以從挫折中快速地復原。

（五）戰略思維（strategic thinking）：除了形成目標外，還要確定工作目標的優先順序，在全球化中要能執行每個計畫，而使執行計畫的結果和組織的長期目標吻合。能為組織找到獲利的機遇，又能很好地管理風險。

（六）願景：能夠看到長遠的目標，而又可以讓同仁都知曉這個目標，對於

組織變革，自己可以扮演催化劑。確實能影響他人，採取行動去實踐願景。

二、領導眾人

（一）衝突管理（conflict management）：對於不同的意見，以及具有創造力的主張所引起的衝突，基本持歡迎的態度。可以採取預防的行動，避免那些會阻礙達到成效的衝突意見。要用有建設性的方式，有效管理及解決衝突和歧見。

（二）成為槓桿有效平衡差異性（leveraging diversity）：把工作場域刻意塑造成概括性很大的地方，可以包含不同的意見和價值，有效地成為槓桿，去平衡大家，而後達成組織的願景及目標。

（三）幫助別人發展（developing others）：幫助同仁發展能力，以致對組織的工作能執行，且能做出貢獻。不管是用正式的或非正式的管道，能提供雙向溝通的管理，提供聽取同仁意見的回饋管道。

（四）建立團隊：能鼓舞員工士氣，並且培養他們願意對組織的承諾，讓同仁有精神、有尊榮感、有信賴感。能促進同仁之間的合作，並且激勵同仁能完成團隊的目標。

三、成果導向

（一）課責或兌責性（accountability）：在可允許的時間範圍內，自己率領同仁，負起責任，完成高品質的、符合成本—效益的成果。決定目標，設定優先順序，交代及分配工作。願意為錯誤負責，服膺已經建立起來的管制系統和管制規則。

（二）服務消費者：不論是外部或內部消費者，要能預見他們的需要。提供消費者高品質的產品及服務，向消費者承諾組織及功能會持續不斷的改善。

（三）要有決斷力（decisiveness）：決策要即時，同時在資訊完整下，做成有效的決策，即使面對資訊短缺，解決問題有可能使有些人不愉快，決策也要果斷。要真正認知到所做出來的決策之意涵以及衝擊。

（四）企業家精神（entrepreneurship）：尋找新機遇，為組織未來的成功定位，以配合新機遇；把組織打造成可以發展和改善產品及服務的部門，為完成組

織目的，精算可能要冒的風險。

（五）建立有信譽的技術（technical credibility）：對於一些專業技能，要有所瞭解，並且適當地設置一些原則、過程、要求規範以及政策。

（六）解決問題（problem solving）：具體看出問題，分析問題。衡量有關問題的相關資訊正確程度；不僅要想出解決方法，還要能加以評估其成果的好壞，以及可能要付出的代價，最後才提出解決之道。

四、敏銳的業務觸覺

（一）財務管理（financial management）：要瞭解組織的財務過程，對執行預算要有準備，有正當性，而且做好行政管理；監督採購，同時仔細查看契約簽訂的內容，是否符合預期的成果；隨時檢查預算在執行上的先後順序，做好成本效益的分析。

（二）人力資本的管理（human capital management）：人員的配置與管理是為了達成組織目標，預算的評估，以及員工部屬的需求。確保員工的選用經過正當程序，選用過程也要不斷地評估，以及注意報酬的合理性。採取行動來詳細說明績效問題，管理好跨部門的聯合工作團隊，以及一連串多樣化的工作處境。

（三）技術管理（technology management）：能跟得上時代變遷下的技能和技術的成長，有效運用各種技能來達成目標，確定機關單位的僚屬員工都能接觸技能系統的運用以及技能系統的安全。

五、合縱連橫

（一）夥伴關係的建立（partnering）：要懂得建立聯盟的關係網絡之連結，運用相互合作，建立跨部門的戰略夥伴關係，以求達成共同目標。

（二）政治悟性（political savvy）：組織（機關或單位）內部及外部的政治關係及業務的政治性衝擊，一定要能領悟。能認知到組織的運作和政治現實，據之而採取行動。

（三）影響或談判（influencing or negotiation）：能展現說服員工的能力，在取捨之間能促成共識的形成，和別人合作以得到更充分資訊，同時又能完成工

作目標。

除了以上美國 OPM 所列舉的 SES 的 ECQS 之外，OPM 還強調高階文官的核心能力如下：

一、人際互動的技巧（interpersonal skills）：對待同仁、部屬最好都要有禮貌、尊重他人，同時具有人際互動的敏感度。適當的考慮別人的需要，尤其要注意不同的時空環境下，對不同的需求和情緒做出適當的反應。

二、口語溝通能力（oral communication）：能夠很清晰地用口語來表達高階文官的指示，同時又要具有說服力。有效地傾聽，是指能給予瞭解與傾聽後適當的回應。同時，在傾聽時，也能趁機把資訊或一些消息釐清。

三、正直和誠懇（integrity/honesty）：要用誠實、公正無私及講究倫理的方式待人接物，不論在說話和行為上都應前後一致，用高道德標準來要求自己。

四、具有文字溝通的能力（written communication）：用文字寫東西給同仁部屬，要明確清楚，以及扼要有重點、有組織，對於可能看到你的文字交代的人，所使用的文字，要讓人能夠信服。

五、持續不斷的學習（continual learning）：能評估且能承認自己的優缺點，追求自我發展（self-development）。

六、公共服務的動機（public service motivation）：展現出願意獻身於公共服務的承諾。確定自己所做所為符合公共需求，要把組織目標和公共利益連結在一起。

以上是從高階文官「必須」應具備的條件，來看高階文官所具備的核心職能和知能（competence or competency）。總結來看，美國 OPM 所要的高階文官，不僅具有領導統御能力，也要具備最優的決策能力和管理能力。乍看之下，高階文官不僅是一個領導人，他也應該是最佳的管理人。

貳、從領導發展與訓練看高階文官的核心能力

為了使高階文官成為最佳領導人和最佳的管理人，當然世界各國都注意，並且花費大量的時間及人力、物力去訓練高階文官。而且，還為此已經或刻意打造

「高階文官制度」。許多國際組織如歐盟及聯合國也很用心去建構他們的高階文官。因此，從領導發展及高階文官核心能力的訓練，也可以看出高階文官與領導及管理的關係。

英國的高階文官制度，稱做「英國高階文官服務」（the British Senior Service, SCS）。不過，英國爲了高階文官的領導訓練發展，更爲文官改革建立了全國文官管理的訓練基準，把全部文官分成七個等級，訓練他們的核心能力。這些訓練基準就叫做 National Vocational Qualifications（NVQ），或可譯成「國家職業標準」，同時也成立了新的「文官學院」（Civil Service College, CSC）。2005 年更建立了「國家政府學院」（National School of Government, NSG）。不過，從 NVQ 到 CSC，以及 NSG，其訓練領導發展的核心能力包括了下列五項：

一、做得到發揮個人影響力（making a personal impact）；
二、戰略性地思考（thinking strategically）；
三、從眾人中找最佳的人選（getting the best from people）；
四、能夠不斷學習及改善（learning and improving）；
五、能集中心志於遞送服務（focusing on delivery）。[3]

在 SGS 對於 SCS 的訓練分成三個層次：

第一個層次：5 天的訓練課程，給一年以上經驗的高階文官。課程集中在剖析個人、瞭解自己；探索領導的各種模式，以及有關領導的實務，可運用之工具、技術及戰略思維，並探討當時社會各個層面的困境與挑戰。這個層次的訓練就叫「合作的領導」（Corporate Leadership）。

第二個層次，已經是高級領導課程（Advanced Leadership Programme, ALP）。ALP 實施的對象是至少已有兩年高階文官工作經驗的官僚，課程特別強化集體領導（collective leadership），強化個人在面對環境挑戰時，個人的影

3　Dr. Sylvia Horton, "Leading the Future of the Public Sector: The Third Transatlantic Dialogue,"Evaluation of Leadership Development and Training in the British Senior Civil Service: The Search for the Holy Grail, A Paper Presented at the conference, University of Delaware, Newark, Delaware, USA, May 31-June 2, 2007, in Workshop 3: Training and Developing Leaders, pp. 1-3.

響力，以及解決挑戰問題有效性（effectiveness）。課程還特別要求他們去模仿一般民眾，從群眾心理出發，會要求政府做出什麼舉動，這叫做「領導的自我知覺」（programme-self-awareness）訓練。施訓時間大約是 12 到 15 個月。

第三個層次的訓練，叫做「高階管理課程」（the Top Management Programme, TMP），其實這個課程從 1980 年代就開始實施，主要是對高階文官已經占有主管位置的公務人員。一般是 10 天左右的課程，強化高階主管的文官本身領導有效性的知覺能力，拓展戰略思維到面對變遷、風險曝露以及對環境的眞正瞭解，以做出面對未來，可解決問題的計畫。主要集中在高度壓力下，高階文官的主管他們的韌性、彈性，處理危機的能力，以及進行戰略溝通的技巧。[4]

當然，這些訓練是否能有效地培養出高階文官第一流的領導及管理能力，仍有待建立評估的標準。英國的評估標準，最早由 D. Kirkpatrick 所建立。[5]Kirkpatrick 之後由 A.Hamblin 在 1974 年，以及 P. Critten 在 1993 年改良 Kirkpatrick 的標準，建立了新的六項評估標準，都和領導及管理的內涵有關：[6]

一、契約用人（contracting）：政府和高階文官間，雙方可用契約方式，要求高階文官認同組織目標、願景，該職位所需要的資源、技能和知能。每一個管理人都依相同程序，管理他或她的團隊。

二、具有描述能力：每一個個別的幕僚，都能清楚認同他所需要學習的事物，要能描述或寫出他的「發展日誌」（development log）。

三、集中力：每一個人能專心於他所需要學習的東西。

四、對照能力（conformation）：每一個人能依所學，採取行動（acting out）。

五、鞏固能力（consolidation）：這就是評估每一個人在學習過後的效果，所謂的效果評估是指對於組織增加多少的價值。

4　同前註，頁4。

5　D. Kirkpatrick, "Evaluation of Training," in R. Craiy (Eds), Training and Development Handbook, McGraw Hill, 1967.

6　A. Hamblin, The Evaluation and Control of Training, London: McGraw Hill, 1974; P. Critten, Investing in People: Towards Corporate Capability, Oxford: Butter Worth Heinemann, 1993.

六、散播能力（dissemination）：為了完成組織目標，要看完成過程中，有多少人需要涉入；對所有涉入的人，都需要去溝通。為了達成此目標，有什麼資源可以用，要付出什麼代價？甚至於應該可以指出一些沒預期的目標，也可以藉機附帶來完成。如此，才能成為下一次再學習的基礎，開展新的學習階段。[7]

其實，英國關於高階文官的訓練，以及透過訓練所得到的知能，基本上，集中在三個訓練班上，一個是「高階管理班」。該班的訓練，行之有年，所需要的只是追蹤調查，加以考評，然後調適課程，讓高階文官真正學到以下的技能或知能：

一、發展較高級的管理統御技巧。

二、加強管理組織和其人員的技術。

三、加強高階文官對其他環境的瞭解。

四、創建網絡關係（create networks）。

五、願意去試驗，以及從中獲得樂趣（experiment and have fun）。

除了 TMP 之外，對於「副主管」（deputy directors）這個層級的高階文官的訓練，在 2006 年已經加以重新設計其訓練課程。期間從 15 天到 15 個星期的班都有，那就是「高級領導班」（the Advanced Leadership Programme, ALP）。

ALP 的訓練，要求這些副主管具有以下的能力：

一、上完課之後，能學會自我認識，這種自我認識能力的強化，會反應在他們具有較佳的洞察力，去判斷人事物的優先緩急順序，而能循序處理，以此來接近所屬員工及同仁。

二、上完課之後，能夠獲得一些工具、技能以及從事一些行為，藉此增加他們的影響力和作用力，而真正成為一個領導者。

三、可以把同仁連結成一個網絡，透過此網絡能持續得到同仁的支持，不論在計畫執行中，或者已經完成計畫之後。

四、能使所帶領的團隊成員，都能產生高績效，而且願意支持去創新和革新。這些訓練過之後的高階文官，將能有效的帶領同仁，進行跨專業的與跨部門

7　同註3，頁6。

的工作任務，有效地承擔工作；同時，這些人能夠影響、衝擊戰略及人事上的挑戰。

五、經過訓練之後，能夠從人民的角度，去思考如何把服務提供到他們手上；又能延伸這些服務提供的設計和規劃，使組織成員知道變革或變遷的過程，也知道領導統御和文化對於改變的影響力，以及如何發展出一套策略去連結遞送服務給人民的管道或方法。

六、訓練過後，高階文官能夠使組織成員不僅能反應現況，也能看到未來。[8]

以上TMP應是側重在「管理能力提高的訓練」，而ALP可能是較側重在「領導統御的發展」。但是英國對於初任高階文官的訓練，前面提到有一個叫做「合作領導初階班」（Corporate Leadership First Programme, CLFP）。

CLFP希望受訓者能獲得以下的課程訓練，並獲得更多的高階文官知能：

一、強化個人在發展過程中，成為領導的意願，而使自己願意奉獻到對組織集體領導所需要的能力當中。

二、在彼此合作的過程中，認知到自己應扮演的角色，和應盡的責任。能夠把自己所屬組織部門的目標，和自己的目標連結起來。

三、能檢討自己是否具有領導統御的所有因子（ingredients）。

四、能評估自己及強化自己，朝向領導統御邁進的途徑，開始自己發展成為領導的過程。

五、建立自己的基礎，能使自己個人及事業更進一步的開展。[9]

當然，要達到上述高階文官的技能程度，發展訓練必不可缺；而透過發展訓練的課程學習，改善高階文官的核心及精進的職能或知能。但是，到底要開設哪些課程呢？其實各國，以及國際組織，特別是「歐盟」，都不會完全相同。

為了高階文官的訓練，美國「功績制保護委員會」（U.S. Merit Systems Protection Board）於2015年12月，向總統及國會提出「高階文官訓練與發展：一個必須的投資」報告（Training and Development for the Senior Executive

---

8　同註3，頁10。
9　同註3，頁11。

Service: A Necessary Investment）[10]，該報告指出高階文官的知能，有些是訓練得來的，有些即使在訓練後，效果不佳。從這些項目中，可以看出各國的訓練課程，也因此會有不少相異之處。

第一類是高度可依訓練而得到的知能（high trainable）：知識性的知能，例如：職場知識、專業科目的知識、法律、政策和法令規章。

第二類是中度可因訓練而得到的知能（moderately trainable）：這類包括語言訓練、社會情況、推理邏輯。以上這些課程，還可以分成口語溝通（oral communication）、文字溝通、人際互動技巧、團隊合作、衝突處理技巧、多樣及變化性的技能、服務消費者技巧、影響力的學習、談判能力的訓練、夥伴關係的建立、對政治的領悟力、問題的分析和解決、財務計算、電腦技術、工作計畫和標準的確定。

第三類則是訓練效果比較弱的課程（less trainable）：激勵和腦力思維的風格（motivation and mental style），其中包括韌性、工作動機、正直、願景、彈性、創新或革新、學習能力、決斷力，以及企業家精神。[11]

當然，二十一世紀以來，高階文官參與政策制定及領導國家的發展，其角色及功能日漸吃重，如何安排好課程地圖及學習地圖，以達到訓練效果，或爲一個很重要的課題。

參、OECD的SIGMA

高階文官涉入政策決定，在不少國家淵源甚早。但是，這種淵源對政治任命者或稱政務官（political appointees）和永業文官（civil servants）沒有嚴格區分的國家，相對而言，爭議較少。但在政務官和事務官「涇渭分明」的國家中，讓事務官涉入決策的爭議較大。學界對此也屢有爭議。理論上，政務官是通才（generalist），有其特定政治立場、政策觀點；但事務官則是專才

10　"Training and Development for the Senior Executive Service: A Necessary Investment," A Report to the President and the Congress of the United States, by the U.S. Merit Systems Protection Board, December 2015.

11　同前註，頁20, figure 3.

（specialist），會從專業或專門技術層面去考量，能成功地完成一項計畫。再者，政務官為執政黨所政治任命者，在政策決定上，必須考量其政黨支持者的偏好（political stakeholder's preferences），比較少考量在專業或成功地執行政策的專門技術或知識（superior knowledge）；所以，政務官在專業上的修養，通常是比較不優的，甚至於在政策執行技巧上的知識是不足的（inferior）。[12]

　　不過，在事實上，永業文官，或者說高階文官，被稱為是專業的或專業的執行人員（careerists or career executives），也並非完全不懂政策政治，或者說對於部分選民的政策偏好（policy preferences），也不是全然不瞭解，而無法向其政策立場專注在政治上的利害關係人提供政策意見；同樣地，受到統治權的輪替而上台下台的政治任命者，也不盡然沒有專才，通常他們更是某一領域的專家，而不必然傾向會是在政策執行上的一個較差的推動者。關鍵則在於專業文官（careerists）和政務官（appointees）之間，於高層管理技術（top management skills）上，如何成立了一個最佳的執行團隊（performance team），而達成最佳績效。雙方如何在創新及執行上進行功能互補，以及彼此能狀態平衡地，相互矯正彼此的偏見（bias）。[13]

　　OECD 的國家在二十世紀末就開始打破政務和事務二元分立的想法，並開始積極建立高階文官制度。1992 年 OECD 開始在中歐及東歐國家推動「政府管理和治理」的改善計畫：Support for Improvement in Governance and Management in Central and Easton European Countries，簡稱就是 SIGMA。SIGMA 其實是 OECD 和歐盟國家共同合作，尋求經濟轉型的歐盟燈塔計畫（The European

---

12　Robert Maranto, "Thinking the Unthinkable in Public Administration: A Case for Spoils in the Federal Bureaucracy," Administration and Society, 29 (6): 623-42, 1998; Robert Maranto, Beyond a Government of Strangers, Lanham, MD: Lexington Books, 2005; Terry M. Moe, "The Politicized Presidency," in The New Direction in American Politics, edited by J. E. Chubb and P. E. Peterson, Washington, DC: Brookings, 1985; Terry M. Moe, "The Politics of Bureaucratic Stricture," in Case the Governments Govern? edited by J. E. Chubb and P. E. Peterson, Washington, DC: Brooking, 1989.

13　Derek Bok, "Government Personal Policy in Comparative Perspective," in John G. Donahue and Joseph S. Nye Jr., (Eds.) For the People: Can We Fix Public Service?" Washington, DC: Brookings, 2003; George A. Krause, David E. Lewis and James W. Douglas, "Political Appointments, Civil Service Systems, and Bureaucratic Competence: Organizational Balancing and Executive Branch Revenue Forecasts in the American States," American Journal of Political Science, 2006, 50 (3): 770-87.

Union's Phare Programme），由歐盟該計畫提供經費援助，幫助 13 個國家在公共行政上轉型的努力改革。

OECD（The Organization for Economic Co-operation and Development）是國際經濟合作及發展的一個組織，其成員是 29 個具有比較進步的市場經濟的國家。原本 OECD 國家對於中、東歐較貧窮的國家與前蘇聯（Soviet Union）就有一些提供經援的計畫，這些提供經援的計畫，統稱爲 EU 的「燈塔計畫」。當然，歐盟提供此計畫，也希望他們在經濟改革上，能夠遵守歐盟對會員國的一些規範。

Phare 和 SIGMA 所協助的國家包括：阿爾巴尼亞、波士尼亞與赫塞哥維納、保加利亞、捷克、愛沙尼亞、馬其頓、匈牙利、拉脫維亞、立陶宛、波蘭、羅馬尼亞、斯洛伐克和斯洛維尼亞。

SIGMA 其實在 1992 年已經成立，基本上是 OECD「公共管理服務」（Pepublic Management Service）的系絡中去進行改革。因此，SIGMA 所追求的包括：行政改革和國家戰略（Administrative Reform and National Strategies）決策管理（Management of Policy-making）、支出管理（Expenditure Management）、公共服務管理（Management of the Public Service）、行政疏失（Administrative Oversight），以及各種機關資訊提供或服務的部門的建立，透過網路系統，提供給各個國家。

總的來說，SIGMA-OECD 的合作是放在對公共部門，所有官僚的訓練，不專門是特別要建立高階文官制度，但和高階文官的訓練卻又有關。以阿爾巴尼亞爲例，它把文官分成高、中、低三群，訓練的目標分別如表 5-1：[14]

---

14 OECD, "Countries Profiles of Civil Service Training Systems," Sigma Papers, 1997, No. 12, p. 34. OECD Publishing. www.oecd.org/officialdocuments/publishisplaydocument pdf/? cote: OECD/GD (97)122&-doc Language=En.

表 5-1 阿爾巴尼亞文官訓練目標表

訓練主題 (subject of training)	文官團體 (Civil Service Group)		
	高階文官 (Top Civil Service)	中階管理 (Middle Management)	低階管理 (Lower Management)
公共行政效率的改善	✕	✕	
公共管理		✕	✕
目標管理 (Management for Objectives)	✕	✕	✕
工作研究 (work study)		✕	✕
會計和控制 (Accounting and Controlling)		✕	✕
計畫管理 (Project Management)		✕	✕
行銷管理 (Marketing Management)			✕
混亂的管理 (Chaos Management)			✕
視窗新技術 (Windows New Technology)			✕
金融市場 (Financial Markets)			✕

資料來源：本表取自 OECD, Sigma Papers, 1997, No. 12, p. 34。

　　所以從 SIGMA 的訓練課程中，嚴格說起來，看不出來 OECD 要這些中、東歐的高階文官要具有什麼樣子的知能。

肆、EU的高階文官

　　高階文官仍然有不同層次的區別，我國考試院高階文官的訓練，原則上從 11 職等到 14 職等。但事實上，各國高階文官的分級各有不同，究竟對哪些職等的高階文官，應該施以哪些訓練，甚至於，哪些高階職等的文官，應具有哪些核心職能，各國各自有不同的看法。

　　最高階文官除了涉入政策決策過程外，一般都肩負公共行政改革，組織變

遷中的有效管理，以及公共行政在執行上的效率及效能。因此，高階文官普遍被認為至少需具有戰略的遠見，強而有力的領導統御能力，以及對於所屬員工的優質管理技巧；而且，最好是對周遭政治環境能有有意識的知覺（conscious awareness）。

中階文官（mid-level）一般需要處理行政部門內部，日復一日的例行公事，所以必須具備一般良好的管理技巧，原則上是指：財務行政與部門之間以及與僚屬、同仁之間的溝通，團隊或任務編組的組成及成員之間良好工作關係的建立；當然，較低層的高階文官則必須負責所屬同僚，目標完成，績效管理，預算控管以及基本的團隊和諧。

對於歐盟而言，高階文官還必須特別注意不同國家的文化差異，如何促成政策在推動過程中，不同文化和國家行政體制上的差異性。所以，歐盟對於其機構內高階文官的領導知能的內容、訓練，以及在甄選高階文官上，特別重視。

高階文官的領導統御知能

高階文官由於其所被要求的功能，以及要達成這些功能，在在需要領導，但他們所需要的領導究竟和政治學、公共行政、管理學、人力資源管理所說的「領導」或「領導統御」有何異同呢？

由歐盟所支助設立的 EIPA（European Institute of Public Administration）協助出版的報告「歐洲的高階管理者」（Top Public Managers in Europe）給「領導」所下的定義是：

> 領導是一種能力，從個人的角度來看，或從機構的角度來看，領導能認定，或者定義組織的目標，以及描繪出可欲的成果（desired outcomes）。領導需要精力，對所領導的僚屬做出承諾、堅毅、正直和智慧；同時，它也是一種能力，領導能運用這種能力鼓舞組織內所有成員。[15]

---

15 Herma Kuperas and Anita Rode, Top Public Managers in Europe:Management and Working Conditions

　　但定義歸定義，如何落實領導的內涵，還是必須透過不斷的詮釋、解釋或者經由舉例和列舉的方式。丹麥政府，包括中央及地方的政府領導，從 2006 年以來，就希望建立高階文官行政卓越（executive excellence）的「典則」（code），成為所有公部門進行公共治理（public governance）的最高依據。最後丹麥政府訂出了九個典則：

　　（一）與政治領導人物（political leaders）確認高階文官應負責的、管理的範圍（space of management）。

　　（二）確定負起責任，經由組織，確保（ensuring）政治目標的完成。

　　（三）創建一個組織，該組織能回應，也能影響周遭世界所需求的政治目標。

　　（四）所創建的組織能夠融入原有的、整合的公部門組織中，並且能在其中運作。

　　（五）能要求組織集中精神於結果和效果上。

　　（六）具有願景，而且能戰略地推動工作，以有助於自己的組織完成被交付的任務。

　　（七）能夠運用自己的權利以及職責領導自己的組織。

　　（八）能展現出個人在人己關係上及專業上的情操及氣度（integrity）。

　　（九）能維護公部門的正當性，以及民主價值。[16]

　　EIPA 綜合整理出高階文官所應具有的主要核心知能（main competences）是：

　　（一）在擁護及形成組織的願景及目標上，能有所貢獻。

　　（二）在形成結論前，敢於苛刻地評估所有的可能性。

　　（三）能把廣泛的戰略上的想法轉換成實際語詞（practical terms），而讓一般人瞭解。

---

of the Senior Civil Servantsin European Union Member States, Study commissioned by the French Eu-Presidency, Copyright EIPA, European Institute of Public Administration, December 2008, p. 29, http://www.eipa.eu，檢索時間：2016年6月1日。

16 同前註。

（四）對於要完成或達成什麼事物，能夠讓大家都理解、瞭解。

（五）在快速移動的環境中，要能發展和監督變遷的執行。

　　EIPA 的報告相當獨特地區別 competence(s) 和 competency(ies) 的異同。competence(s) 是指能力、技術、行為和知識；至於 competency(ies) 是指能妥當處理責任，負責兌現承諾（accountability，或譯為「課責」），以及權威。個人傾向把 competence(s) 稱為核心知能，而把 competency(ies) 稱為核心優能。核心知能是指有沒有能力（are able to）去做事；核心優能則較有政治性，是能不能知覺到，是否能被允許（are allowed to）去做那些事。[17]

　　人力資源較講究的是以核心知能為基礎的管理（Competence-Based Management, CBM），CBM 主要是要對變遷環境下，強化執行公共行政，集中化管理的傳統。但核心優能則是指人力資源想要達到的特定功能，而且是指對特殊群體（entities/bodies），希望他們能具有這些功能。這是核心優能為基礎的途徑（Competency-Based Approach, CBA），而這些特殊族群就是高階文官。

　　歐盟大部分國家都是先做核心知能的探討，而且是由中央政府做統一的彙整和規範。如此行事的國家有 13 個（BE, BG, CY, EE, HU, IE, IT, LV, NL, PT, SI, UK, EC），羅馬尼亞只針對部分 SCS 的職位，做核心知能規範，瑞典則是針對每一個職務，個別做核心知能的規範；但有 9 個國家沒有規範高階文官的核心知能，而 EU 中有三個國家沒有提供資料。[18]

　　表 5-2 是歐盟國家（2008 年）對 SCS 的核心知能有全國性規範，或沒有全國性規範，再加上是否同時實施「管理」課程的訓練的統計。

---

17 同前註，頁30。
18 同前註，頁31-32。BE（Belgium，比利時），BG（Bulgaria，保加利亞），CZ（The Czech Republic，捷克共和國），（Denmark，丹麥），DE（Germany，德國），EE（Estonia，愛沙尼亞），IE（Ireland，愛爾蘭），EL（Greece，希臘），ES（Spain，西班牙），FR（France，法國），IT（Italy，義大利），CY（Cyprus，塞浦路斯），LV（Latvia，拉脫維亞），LT（Lithuania，立陶宛），LU（Luxembourg，盧森堡），HU（Hungary，匈牙利），MT（Malta，馬耳他），NL（The Netherlands，荷蘭），AT（Austria，奧地利），PL（Poland，波蘭），PT（Portugal，葡萄牙），RO（Romania，羅馬尼亞），SI（Slovenia，斯洛文尼亞），SK（Slovakia，斯洛伐克），FI（Finland，芬蘭），SE（Sweden，瑞典），UK（The United Kingdom，英國），EC（The European Commission，歐盟執委會）。

表 5-2　歐盟國家 SCS 核心知能規範情形及管理課程之訓練表

	職業型 SCS	混合型	職位型 SCS
全國有統一性的核心知能規範	BE, PT	BG, IT, LV	—
附加「管理」課程訓練	CY, IE, RO, EC	HU, SI	EE, NL, UK, SE
沒有全國性的核心知能規範	EL, LU	SK	CZ
但有「管理」課程的訓練	AT, FR, DE, LT, ES	MT, PL	DK, FI

附註：職業型的 SCS，有對外開放 SCS 進用管道，不限於文官體系。
　　　職位型的 SCS，則依文官體制，只從高階文官中，進用到 SCS 制度中。
　　　混合型則是由文官體系中進用，也對外招募 SCS 所需人才。
資料來源：本表取自 OECD, Sigma Papers, 1997, No. 12, p. 32, table 8。

　　到底有哪些「管理」課程呢？芬蘭沒有由中央規範 SCS 的核心知能，但要求他們須具有良好的管理技巧。這些管理技巧，包括指導和管理的運作能力、領導統御及良好人際關係技巧、團隊合作、瞭解中央政府跨部門的事務，以及管理國內外社會經濟環境，必須管理跨部門僚屬同仁的能力。

　　和芬蘭不一樣的是保加利亞，保加利亞在 2006 年就確定，秘書長（Chief Secretary）、直轄市秘書長（Secretary of Municipality）、部門首長，包括 Director-General、Director of directorate，都需要經過中央部長會議（Council of Ministers）甄審通過，才能上任。2007 年確定了「管理與訓練發展計畫」（Management and Development Training Program），要求 2007 年的 2600 位 SCS，必須經過 3 天的訓練課程，其中包括：個人的效能（personal effectiveness），屬於「軟技能」；行政管理（administrative management），屬於「硬技能」，以及為了能面對未來的戰略管理技能（strategic management）。

　　到 2008 年，保加利亞所給予 SCS 的訓練，集中在戰略規劃（Strategic Planning）、公私協力關係（Public Private Partnership）、歐洲基金的管理及其影響的評估（the European Union Funds and Impact Assessment）。[19]

　　Herma Kuperus 和 Anita Rode，統計大多數歐盟國家的 SCS 核心知能，可得

19　同前註。

知，多數國家有的 SCS 核心知能是：領導、戰略願景、達成效果、溝通、管理
關係、人及人力資源管理、一般管理。其在各國情形如表 5-3。表 5-4 的核心知
能則以國家區分。

表 5-3　歐盟各國 SCS 核心知能（一）

核心知能	EE, BG, IE, UK, EC	RO, FI, BL, ES	BE, CY, IT, PT, SI
領導	有	有（RO 沒有）	沒有（BE,SI 有）
戰略願景	有	沒有	沒有
達成結果	有	有（NL 沒有）	沒有
溝通	有	沒有（RO 有）	沒有（SI 有）
管理關係、人及人力資源	有	有	沒有（BE 有）
一般管理	有	有	有
知識	沒有	沒有	有

資料來源：本表取自 OECD, Sigma Papers, 1997, No. 12。

表 5-4　歐盟各國 SCS 核心知能（二）

知覺或敏感度 awareness/sensitivity	BG, IE	NL	BE
氣節情操或倫理 integrity/ethics	EE, IE, UK	NL	—
判斷或決策的 Judgment/decisional	EE, IE, EC	RO, NL	—
創新 Innovation	EE	FI	—
自我反省或學習 Self-reflection/learning	UK	NL	—
歐盟取向 EU-orientation	CY	—	SI
多樣化或多文化的 Divisity/multicultural	—	—	—

資料來源：本表取自 OECD, Sigma Papers, 1997, No. 12, p. 34, table 9.

　　其實總體而言，大多數歐盟國家，還是把訓練的重心放在領導統御的構成元素，以及各種不同類型的管理技巧。當然，有些國家會提供比較特別的課程訓練，例如：

　　（一）倫理和防止貪腐（Ethics and Corruption Prevention, BG）。

　　（二）公共行政的透明（Transparency in Public Administration, PL）。

　　（三）與政治人物的合作（Cooperation with Politicians, LT）。

　　（四）政策創新規劃（Policy Innovation Programme, EE）。

　　（五）品質、創新和現代化（Quality, Innovation and Modernization, PT）

　　（六）媒體訓練和媒體溝通（Media training or communication with the mass media, DE, LT）。

　　（七）機會平等、工作場所的多樣化與福利（Equal opportunities, diversity and well-being in the workplace, EC）

　　（八）歐洲各國語言（European languages, EL, PL, BE）

　　（九）歐洲的規定與規範（EU rules and regulations, PL）

　　（十）歐洲商業管理和歐盟整合的意涵（RO）

　　（十一）為歐盟主席所做的各種準備工作（SI）

　　（十二）領導：歐洲的 SCS（Pilot: The European SCS, IT）

　　（十三）歐洲的競爭力及國際合作（DE）

　　（十四）國際化（Internationalization, PT）

　　由以上對歐盟各國有關其國家的高階文官，核心知能及訓練的課程，可以看出其側重在領導與管理，但各國為其特殊之國家性質，仍保留一些特殊核心知能及訓練的課程。

個案討論一：許多人質疑美國的童鞋店Stride Rite的社會責任記錄[20]

Arthur Hiatt，前Stride Rite的董事長曾宣稱：「假如一個人眞的傾向支持商業，你必然會關心3800萬美國人生活在貧窮線下，以及城内的就業機會。」

由於Hiatt的公司執行部門充滿著這種關懷之情，人們就不意外何以Stride Rite可以連續14次獲得企業「社會責任運動獎」。Stride Rite將公司稅前盈餘的4%到5%，捐給慈善事業基金會（Charitable Foundation），贈送10萬雙運動鞋給莫三比克國家的兒童，支持哈佛畢業生前往柬埔寨難民營去工作，捐贈城市内青年獎學金，首先推動每日托育中心，以及老人照護中心的設施。但是，關於提供城市内的就業，因爲恐怕會危及該公司營運及生存的底線，卻不了了之。

Stride Rite公司已經加入了約54個各界組成的「企業社會責任」計畫（Business for Social Responsibility），但是該公司在海外成立數百個生產據點，而在美國本土卻大量裁員，目的就是在利用海外便宜的勞動力進行生產。職是之故，該公司營運一直維持著高獲利，而獲得其股東的大力讚許。

1960年代末期，美國的所有製鞋業紛紛關廠，Stride Rite也不例外。單單就在過去的這十年，Stride Rite在美國的東北部各州，尤其是經濟已經衰退的地區，關掉了15間的工廠。該公司的鞋子大部分在亞洲生產。Stride Rite公司並不直接在海外設廠，相反地，它是和其他國家當地的公司配合，由當地公司來生產他們的鞋子，這些外國公司，不斷地改變，主要就是隨著便宜的當地工資，而移動他的生產合作對象；從南韓到印尼，再到中國大陸。

Price Waterhouse的首席經濟學者Carl Steidtmann觀察到，勞工工資的變化才是最眞確的因素，鞋業公司不可能在美國生產，因爲美國工人工資太貴了，Stride Rite在美國工廠，付給每個工人每月1200到1400美金。但是，在中國純熟工人，每個禮拜工作50到65個小時，每個月只需要支付每人100到150美金的工資，而半技術工人則更少，只有前者工資的一半。

---

20 本文改編譯自以下兩篇文章：Accounting Auditing & Accountability期刊，篇名：The selling of Ethics: The Ethics of Business Meets the Business of Ethics, 1995，第八期，第三卷，頁81-96；以及 The Wall Street Journal，1993年5月，頁A1，篇名：Split Personality: Social Responsibility and Need for Low Cost Clash at Stride Rite。

　　Stride Rite不斷在亞洲毗鄰的48個國家，尋找可以提供低工資的製鞋工廠。不久之前Stride Rite還在麻塞諸塞州（Massachusetts）的Roxbury關掉它的工廠，而該地的失業率是30%。此地曾一度是Stride Rite公司的總部所在地，其聘僱的工人高達2500人。

　　新的公司總部設在麻州的劍橋（Cambridge），最後，該公司連設在New Bedford一帶（14%失業率）的分貨中心（僱用了175個工人），也還到Kentucky，因為Kentucky的工資也比較便宜，同時提供2400萬的免稅額度，相較之下，麻州只提供300萬的免稅額。

　　Stride Rite的這種矛盾舉動，震撼了不少人。「華爾街評論」的作家Joseph Pereira就不禁質問：「什麼才是一個企業的社會責任？難道大家都同意Stride Rite的做法嗎？是否最基本的企業責任是企業應該優先考慮，在較蕭條的地區提供就業，而犧牲掉一部分它所能賺的利益？」

　　但是Stride Rite力辯降低產品成本和從事社會慈善工作，彼此之間沒有衝突和矛盾。Stride Rite的最基本的責任，應該是（他們的）股東。現任Stride Rite董事長Ervin Shames同意他們公司的做法和傳統，他說：「如果把就業機會放在沒有經濟效益的地區，那是對本公司和社區財富的稀釋。」

　　事實上，Stride Rite是可以慶祝它的善行義舉的，因為它成功的勞動力價格政策，造就了它可以慷慨地行善。但是，Stride Rite還有另一個原因可以慶祝，那就是它的成本經濟化措施，事實上並不在官方規範的企業倫理範圍內。如此，一方面它並沒有遭受到任何的懲罰；另一方面，它的海外工廠也是給當地提供就業機會的良好模式。當然，只有在美國本地，它的行為和經營模式，才引起了企業倫理的爭議話題。

　　但是，無論如何，Stride Rite達到了對它的股東的承諾，在法律的規範內，完成股東所信賴的託付。對Stride Rite而言，它們自己也知道這種做法會給自己帶來本地就業市場對它的壓力；當然，企業倫理的問題亦然。

　　Stride Rite所挑戰的是企業倫理的社會責任和股東獲利之間的平衡。也就是股東和社會之間的關係，究竟其平衡點在哪裡？假定公司沒有了競爭力，行政上沒有挑戰力，公司企業將無法成長，結果是企業所能提供的就業機會會更少，它所賺的利潤也無法支應它對社區的善行義舉，甚至於自己的生存也會出現問題。

💡 **個案問題討論**

1. 你認為 Stride Rite 應該覺得很榮耀嗎？它把就業機會提供給海外的人，難道就不是社會責任嗎？
2. 利用外國勞力低廉來減低成本，還是縮小公司企業的規模，哪一種比較符合企業倫理？怎樣做才是不合倫理的要求？
3. 你認為公司企業應該對股東善盡其倫理上的道義責任，還是應該善盡對社區的倫理道義？
4. 你認為高階文官是否有其社會責任？如果沒有，為什麼？如果有，應該是什麼社會責任？該怎麼做？應該採取什麼步驟，以達成這些社會責任？

🌀第二節　我國高階文官與決策、領導與管理

　　考試院公務人員保障及培訓委員會（以下簡稱「保訓會」）於 2009 年 6 月 18 日，第十一屆考試委員第 39 次的院務會議，通過了「文官制度興革規劃方案」第四案「健全培訓體制，強化高階文官」，第四案的第二項工作是「建構完整之高階文官、主管歷練體系」。據此，「保訓會」擬訂了「高階文官培訓飛躍方案」（草案），規劃辦理「管理發展訓練」、「領導發展訓練」及「決策發展訓練」等三種不同的班別，並於 2010 年開始試辦。

壹、決策、領導、管理課程內容

　　「保訓會」為此，如同上節所述，首先要瞭解高階文官所需之知能內涵（competences or competencies）。接著在 2009 年 7 月到 9 月間邀集專家學者組成專案小組，定期開會研商相關規劃內容；事實上，專家學者組成的專案小組一直集合研商到 2010 年的 4 月。

　　「保訓會」規劃的結果，決定透過以下的課程模型，訓練高階文官的核心知能：

　　一、有關管理能力的發展訓練課程，包括：

（一）策略思考與問題解決

（二）決斷力

（三）領導變革

（四）溝通與行銷

（五）建立協力關係

（六）人力資源管理

（七）團隊建立

（八）衝突與變革管理

（九）績效課則

二、有關領導發展訓練的課程，包括：

（一）策略思考與問題解決

（二）決斷力

（三）領導變革

（四）溝通與行銷

（五）創新能力

（六）人力資源管理

三、有關決策發展訓練有關的課程，包括：

（一）策略思考與問題解決

（二）全球視野

（三）判斷與危機管理

（四）領導變革

（五）溝通與行銷

（六）人力資源管理 [21]

　　從上述核心能力課程來看，管理部分高階文官要的核心知能有九項，似乎比領導及決策等核心知能要多。我們如果仔細比較會發現「領導變革」、「策略思考與問題解決」、「人力資源管理」、「溝通與行銷」等四個主題是三個課程模

---

[21] 考試院編印，國家考試暨文官制度報告書，考試院編纂室，2011年7月，頁329-330。

組所共同必上的課程；而「決斷力」則只有在管理及領導課程模組中才有，反而在決策發展中沒有。

　　此外，管理發展課程模組中，領導與發展模組所沒有的是：「團隊建立」、「衝突與變革管理」及「績效課責」；而領導發展的模組中，唯一其他兩組所沒有的課程只有一門，那就是「創新能力」；而決策發展中的課程其他兩組沒有的是「全球視野」與「談判與危機管理」。[22]

　　以上這些課程的設計最初就是根據「管理能力」、「領導能力」及「決策能力」來設計。但究竟何以選擇管理、領導及決策為主要的三大高階文官核心能力的構面，則過程顯得有些混亂。

　　根據考試院原通過之「考試院文官制度興革規劃方案第四章」在其現況說明的（二）之第二部分提到：「保訓會及人事行政局分別辦理高階文官，主管相關訓練班別，惟多係應國家施政需要，從事之短期訓練，如從高階文官儲備培訓及其管理、領導發展等之培養角度審視，尚非屬正規、系統的訓練機制」。[23] 所以，考試院對高階文官之訓練，從制定其文官制度興革規劃方案開始，就將其定位在「管理」及「領導」發展之訓練。

　　尤其在上述興革規劃方案之「二、具體興革建議」，其（二）的第3，「充實自初任人員至高階主管、非主管至主管之整體性訓練」此項目中，規劃：「依公務人員職等、官等，逐級充實訓練內涵及完備訓練體系，包括持續精進考試錄取人員訓練及升任官等訓練等；此外另行規劃整體性訓練，包括初任簡任官等職務，須經參加管理發展訓練合格，始得升任簡任第十二職等職務；任簡任第十二職等職務，須經參加領導發展訓練合格，始得升任簡任第十三、第十四職等職務；任簡任第十三、第十四職等職務者，須參加政策發展訓練。」

　　以下把職等和訓練類型整理如下：

簡任官＋管理課程訓練→晉升簡任 12 職等

---

22 同前註，頁330之表5-1。
23 考試院第十一屆考試委員院務會議通過之「考試院文官制度興革規劃方案」。

簡任 12 職等＋領導課程訓練→晉升簡任 13 及簡任 14 職等

簡任 13 職等及簡任 14 職等→參加政策發展課程訓練

　　保訓會為訓練高階文官，擬訂高階文官培訓飛躍方案（以下簡稱飛躍方案）自 2010 年及 2011 年進行試辦，於 2012 年 1 月 20 日發布實施，每年均開辦管理發展訓練、領導發展訓練及決策發展訓練。保訓會依據「職能基礎」、「培訓對象」、「課程規劃」、「遴選作業」、「國外研習」、「職務見習」及「成效追蹤」等項各項議題進行檢討，於同時邀集會內委員及學者專家討論。因 2013 年 12 月 11 日公務人員訓練進修法修正公布，增列保訓會職掌「高階公務人員中長期發展性訓練」，配合修正飛躍方案及據以擬具 2014 年訓練計畫草案，召開 2013 年第二次高階文官中長期培訓協調會報。

一、飛躍方案修正草案

　　（一）配合公務人員訓練進修法增訂「高階公務人員中長期發展性訓練」等文字，修正方案依據、訓練定位、配套措施等項目內容。

　　（二）更新高階文官人力結構、每年陞遷人數等事實資料，及增列現行辦理檢討意見。

　　（三）培訓內容：

　1.　培訓對象及人數：增列「領導發展訓練」及「決策發展訓練」等班之參訓資格條件，除依職等規範外，另依職責程度及職務性質列舉相當之職務。

　2.　選訓程序：調整部分班別之評測方式，於「領導發展訓練」增列「政策論述模擬演練」；「決策發展訓練」之原「個案／問題分析」修改為「個案決策演練」，另增列「答詢演練」等評測方式。

　3.　成效追蹤：除原列量化問卷調查外，增列質化實地訪談等方式，以掌握影響訓練成效之因素。

　4.　增列「訂定年度訓練計畫」等規定：各年度之培訓人數、課程配當、教學方式等事項，得衡酌年度預算、容訓量等因素，於該年度訓練計畫明訂之。

二、2014 年訓練計畫草案

（一）依據：配合飛躍方案修正。

（二）培訓對象及名額：各班之參訓資格條件，除管理發展訓練維持簡任第十至十一職等合格實授人員參加外，其他班別開放以下人員報名：

1. 領導發展訓練除原簡任第十二職等合格實授人員外，增列「擔任地方政府合格實授簡任第十一職等機關首長」職務人員得報名參訓。

2. 決策發展訓練除原簡任第十三至十四職等合格實授人員外，增列「擔任中央三級機關首長」職務人員得報名參訓。另考量預算限制，本班人數酌減至15 人。

（三）遴選評測方式及期程：評測工具及職能項目配合飛躍方案修正，並訂2014 年 3 月辦理評測。

（四）課程設計：調整國外研習課程配當，增加國外政府組織、企業體驗觀摩時數比例，計畫附件亦配合修正。

（五）其餘規定皆配合實際作業及期程，酌修相關文字。

上述草案經考試院核定後，發布實施及辦理。[24]

「高階文官培訓飛躍方案 2014 年訓練計畫」考試院於 2014 年 1 月 20 日訂定發布，並函請各機關、產學界及民間團體辦理推薦事宜。報名人數，在管理發展訓練計有 65 人、領導發展訓練計有 15 人、決策發展訓練計有 7 人。其擇定最後參訓的遴選過程如下：

一、採取標準化及法制化之嚴謹選訓：保訓會依據「高階文官發展性訓練運用評鑑中心法遴選參訓人員實施計畫」，規範運用評鑑中心法及明定評測項目，辦理遴選作業。

二、遴選結果：2014 年度參加遴選作業人數分別為：管理發展訓練 61 人、領導發展訓練 14 人、決策發展訓練 5 人。遴選是依參加者「通過 3 分之職能個數」高低排序，再依各班所需名額依序錄取。錄取人員情形說明如下：

---

24 考試院第十一屆第267次會議，公務人員保障暨培訓委員會重要業務報告，2014年1月2日。

（一）管理發展訓練：錄取 35 人，錄取率為 53.38%。公務人員部分計有30 人，包含中央機關 23 人、地方機關 7 人；非公務人員部分計有 5 人，均為國營事業機構人員。

（二）領導發展訓練：錄取 13 人，錄取率為 86.67%。公務人員部分計有10 人，均為中央機關人員；非公務人員部分計有 3 人，包含國營事業機構 1 人、民間團體 2 人。

（三）決策發展訓練：錄取 5 人，錄取率為 71.43%。公務人員部分計有 3人，均為中央機關人員；非公務人員部分計有 2 人，均為大學教授。

由此可知，我國高階文官之選訓，係採「混合型」，參訓人員有來自文官體系，也有來自非公務人員體系，其中包括民間團體人員在內。[25]

保訓會為協助參訓學員瞭解訓練全貌，以利參訓者預作學習準備，特辦理「學習共識營」研習活動。

三、飛躍方案培訓活動採三階段方式進行

（一）學習準備：主要係讓參訓人員對即將展開之集中訓練預作準備，其主要內容包括：小組專題報告討論、網路學習社群互動、客製化課程、數位課程修習及職務見習等。

（二）集中訓練：於 2014 年 6 月 20 日至 10 月 3 日，每週四、週五及週六辦理，包括國內及國外 200 小時之研習課程，並規劃於 2014 年 11 月 7 日辦理國外研習分享會及結訓典禮。

（三）回流學習：於訓後辦理，目的為擴展訓練之效益，保訓會所屬國家文官學院（以下簡稱文官學院），不定期與各項訓練集中舉辦大型之回流學習活動，以充分利用各項學習資源。

四、學習共識營辦理重點

（一）訓練內涵多元，協助預作學習準備：為使參訓人員充分瞭解訓練全

---

25 考試院第十一屆第281次會議，公務人員保障暨培訓委員會重要業務報告，2014年4月7日。

貌、作法及應配合辦理事項，預作學習準備，以銜接後續之研習活動，文官學院利用 2 天之共識營活動，安排「訓練重點介紹」、「學習體驗工作坊」、「360度職能評鑑回饋作法」、「職務見習說明」及「班務經營交流」等活動，啟動學習準備事宜，使參訓人員能於集中訓練前透過自主學習、小組討論機制，準備迎接第二、三階段之研習。

（二）著重體驗與反思，激發團隊共識：上述「學習體驗工作坊」，文官學院特別邀請哈佛管理顧問公司引進國際性體驗課程，包含「體驗式活動」及「省思學習」兩部分，前者藉由情境式活動的體驗以學員分組競賽方式辦理，除凝聚各小組共識外，並形塑整體團隊共同願景，以達到團隊協力之目的；後者則藉由省思學習來串連已知的理論與實務工作間的關係，從當頭棒喝的觀念啟發，瞭解團隊合作的真正意義，進而成為學員內心的價值信念，得以深化並實際運用於未來公務中。

（三）複製成功經驗，擴展職務見習效益：邀請高級講座，將職務見習個人學習之成功經驗與參訓學員分享，教導學員如何在見習業師之個案分析與決策演練、會議管理、公務體驗及業務研討的過程中，擷取處理技巧與專業知能，以期將職務見習的效益極大化。見習完成後將請業師評核學員相關職能表現，作為成績評量之參考。[26]

保訓會為瞭解高階文官培訓飛躍方案訓練成效，以職能為基礎設計問卷題項，針對當年度參訓人員於訓練開始前，實施 360 度職能評鑑調查，請參訓人員自身及其長官、同儕與部屬進行填答，並依填答結果製作職能分析報告，於訓練期間邀請學者專家併同訓前遴選作業結果之職能報告，進行個別回饋，俾使參訓人員瞭解自身職能強弱項目，以作為後續自我學習之參考。另於訓練結束後 3 至 6 個月，再度辦理 360 度職能評鑑調查，以瞭解參訓人員職能變化之程度。

五、飛躍方案培訓課程調查結果

現以 2013 年保訓會實施以職能為基礎（competence-based）的評鑑結果為

---

26 考試院第十一屆第283次會議，公務人員保障暨培訓委員會重要業務報告，2014年5月1日。

例，加以說明。

　　該調查期間自 2014 年 3 月 8 日至 3 月 26 日止，以高階文官培訓飛躍方案 2013 年訓練參訓人員爲對象，扣除中途離訓及未領證書者，計有管理發展訓練 28 人、領導發展訓練 9 人及決策發展訓練 6 人，共 43 人爲對象，應參與問卷塡答人數共 420 人（含參訓人員及其長官、同儕與部屬），實際完成人數爲 356 人，調查問卷回收率約爲 84.76%。

　　2013 年參訓人員訓前及訓後 360 度職能評鑑調查，均係針對高階文官之「共通核心職能」項目進行施測，分別爲「策略分析」、「全球視野」、「問題解決」、「決斷力」、「政策行銷」、「溝通協調」及「創新能力」等 7 項職能，分別進行自評（參訓人員自身）及他評（參訓人之長官、同儕及部屬），調查結果摘陳如下：

　　（一）職能變化情形：43 位參訓人員中，計 15 位（34.9%）7 項職能提升、3 位（7.0%）6 項職能提升、4 位（9.3%）5 項職能提升、16 位學員計有 1 至 4 項職能提升，均達顯著差異（見表 5-5）。

　　（二）2013 年訓前及 2014 年訓後表現比較：經比較 2013 年訓前調查與 2014 年訓後調查各項職能自評及他評之平均分數，發現各項職能之自評分數皆呈現上升趨勢，且以「全球視野」及「政策行銷」兩項職能提升最多，並達顯著差異，顯示參訓人員在訓練結束後，對於自我應展現之職能行爲更加瞭解，因此自評部分訓後均較訓前進步；他評部分，除「策略分析」職能平均分數相同外，其餘各職能平均分數均有提高，惟未達顯著差異（見表 5-6）。

表 5-5　學員職能提升狀況一覽表

職能提升數	7 項	6 項	5 項	4 項	3 項	2 項	1 項	0 項	合計
人數	15	3	4	5	7	0	4	5	43
百分比	34.9%	7.0%	9.3%	11.6%	16.3%	0.0%	9.3%	11.6%	100.0%

資料來源：考試院第十一屆第 283 次會議，公務人員保障暨培訓委員會重要業務報告，2014 年 5 月 1 日。

表 5-6　2013 年（訓前調查）及 2014 年（訓後調查）各項職能分數比較一覽表

職能／年度	自評		T 值	他評		T 值
	2013 年	2014 年		2013 年	2014 年	
策略分析	4.17	4.55	3.687*	4.51	4.51	1.630
全球視野	3.55	4.35	5.562*	4.16	4.27	1.738
問題解決	4.16	4.63	4.393*	4.55	4.60	1.329
決斷力	4.15	4.57	3.838*	4.42	4.50	1.725
政策行銷	3.87	4.51	4.677*	4.35	4.44	1.692
溝通協調	4.13	4.66	5.099*	4.44	4.52	1.649
創新能力	4.11	4.42	2.419*	4.36	4.45	1.729

註：＊p＜.05
資料來源：考試院第十一屆第 283 次會議，公務人員保障暨培訓委員會重要業務報告，2014 年 5 月 1 日。

　　（三）開放題項結果：綜合自評及他評結果發現，「溝通協調」及「策略分析」是參訓人員在工作上表現最好之職能項目（如表 5-7），另「溝通協調」、「全球視野」則是參訓人員可再加強提升之職能項目（如表 5-8）。從表 5-7 及表 5-8 亦可觀察出無論是表現最好之職能項目及待加強之職能項目，「溝通協調」均是最多人填答之職能，顯示「溝通協調」是參訓人員在工作表現上最受重視之職能。[27]

　　保訓會為瞭解高階文官訓前與訓後的核心職能（competency），採用「職能」一詞，特別以策略分析等七項知能做為調整的項目。但問題是這七項中，哪些是屬於管理領導或決策的範疇，並沒有再加以綜合管理。就領導與管理整體能力的增減變動，亦沒有加以衡量。

---

[27] 考試院第十一屆第286次會議，公務人員保障暨培訓委員會重要業務報告，2014年5月22日。

表 5-7　受評者在工作上表現最好之職能項目表

（單位：人）

職能	自評	他評	小計
策略分析	6	23	29
全球視野	0	2	2
問題解決	0	8	8
決斷力	1	7	8
政策行銷	0	0	0
溝通協調	14	35	49
創新能力	2	19	21

資料來源：考試院第十一屆第 286 次會議，公務人員保障暨培訓委員會重要業務報告，2014年 5 月 22 日。

表 5-8　受評者可再進一步加強之職能項目表

（單位：人）

職能	自評	他評	小計
策略分析	2	12	14
全球視野	8	11	19
問題解決	1	0	1
決斷力	1	2	3
政策行銷	2	0	2
溝通協調	5	27	32
創新能力	2	5	7

資料來源：考試院第十一屆第 286 次會議，公務人員保障暨培訓委員會重要業務報告，2014年 5 月 22 日。

　　為更進一步建立管理發展訓練、領導發展訓練及決策發展訓練所應具備之核心職能，保訓會選定評鑑中心法遴選評測職能項目，上開三項訓練評測之職能項目表列如表 5-9。

　　接著，保訓會再依據評審員前於遴選作業觀察所得及所撰寫之結果內容，產

製「評鑑中心法遴選作業職能評量結果報告」，其內容包括各項職能評測評分、表現說明，以及在職能表現上之整體建議（包含優點、可改善之處及整體發展建議）。

依據保訓會委託研究結果顯示，高階文官應具備「嚴謹性」、「情緒穩定性」、「友善性」、「領導性」、「使命感」及「創新學習」等六大構面之人格特質。高階文官人格測驗量表即依上開構面設計，保訓會再據以進行施測及產製人格測驗評量結果報告，內容包括高階文官人格測驗量表簡介、高階文官應具備六大構面之人格特質內涵之說明、簡任第十二職等以上人員六大人格構面常模平均，以及個人評量結果。

保訓會委託專業廠商於 2014 年 5 月 30 日至 6 月 13 日，針對參訓人員實施 360 度職能評鑑回饋調查，亦即請參訓人員自身及其長官（至少 1 位）、同儕（4 位至 6 位）、部屬（5 位至 7 位），就其職能狀況，採線上填答方式予以評價。

表 5-9　訓練評測職能項目表

班別	評測方式	評測職能
管理發展訓練	1. 小組（團體）討論	策略分析、問題解決、溝通協調、團隊建立
	2. 英語簡報	外語能力、政策行銷、創新能力
	3. 公事籃演練	策略分析、問題解決、溝通協調、發展人才、團隊建立
	4. 模擬面談	溝通協調、發展人才、團隊建立
領導發展訓練	1. 小組（團體）討論	策略分析、問題解決、溝通協調、領導變革
	2. 英語簡報	外語能力、政策行銷、創新能力
	3. 事實發現	策略分析、問題解決、領導變革
	4. 政策論述模擬演練	策略分析、溝通協調、領導變革
決策發展訓練	1. 小組（團體）討論	策略分析、問題解決、溝通協調、型塑願景
	2. 英語簡報	外語能力、政策行銷、創新能力
	3. 個案決策演練	策略分析、問題解決、型塑願景
	4. 答詢演練	策略分析、溝通協調、型塑願景

資料來源：考試院第十一屆第 286 次會議，公務人員保障暨培訓委員會重要業務報告，2014 年 5 月 22 日。

本次評鑑除延續以往之共通核心職能項目外，另新增管理核心職能項目，共通核心職能爲「策略分析」、「全球視野」、「問題解決」、「決斷力」、「政策行銷」、「溝通協調」及「創新能力」等七項，管理核心職能項目依不同訓練班別，分別管理發展訓練爲「發展人才」、「團隊建立」及「績效管理」，領導發展訓練爲「建立協立關係」、「領導變革」及「跨域治理」，決策發展訓練爲「型塑願景」、「危機管理」及「談判能力」。報告內容包含摘要總覽、回饋總覽、百分位序分析、差異分析、開放建議及職能發展建議。[28]

貳、決策、領導、管理課程的教學特色

　　保訓會對我國高階文官之訓練教學，採取多元化方式，其中之一乃是「職務見習」及「業師制度」。以 2014 年訓練計畫爲例，安排資深高階主管擔任見習學員（mentee）之業師（mentor），經由互動討論、近身觀察及請益諮詢等方式，學習願景策訂、決策思維、策略管理知能，並感受體驗業師工作態度、領導藝術及溝通技巧等，以促進個人職涯發展，期達有效推動機關業務，並提升政府施政效能之目標。其詳細情形如下：

一、課程特色

（一）業師背景多元化，均具豐富學養

　　職務見習係安排 1 位業師帶領 2 至 4 位見習學員，以小組方式共同進行各項見習活動。每組職務見習時數爲 14 小時，實施期間自 2014 年 6 月 9 日至 10 月 11 日。2014 年度業師共計 17 人，分別包含管理發展訓練 10 人、領導發展訓練 5 人、決策發展訓練 2 人，整理成表 5-10。

　　業師來源以中央一、二級機關首長或副首長爲多數，計有 7 位（41%）；其次，來自中央一、二級機關單位主管計 5 位（29%），此外，國營事業機構及民間機構高階主管分別有 2 位（12%），另有 1 位業師爲地方政府秘書長。

---

28 考試院第十一屆第290次會議，公務人員保障暨培訓委員會重要業務報告，2014年6月26日。

表 5-10　職務見習業師背景表

業師背景	中央一、二級機關首長或副首長	中央一、二級機關單位主管	地方政府秘書長	國營事業機構高階主管	民間機構高階主管	合計
人數	7	5	1	2	2	17
百分比	41%	29%	6%	12%	12%	100%

資料來源：考試院第十一屆第 290 次會議，公務人員保障暨培訓委員會重要業務報告，2014
　　　　　年 6 月 26 日。

（二）精進見習模式，增列個案決策演練

有關職務見習之實施方式，往年採取「會議管理」、「業務研討」、「公務體驗」、「深度對談」及「職涯發展諮詢」等方式辦理。

2014 年見習方式除延續上開五種方式外，另增列「個案分析與決策演練」，且列為必選方式，由業師選擇曾經歷或刻正面臨之公務個案，交見習學員進行分析、探究原因、提出建議及解決方式，並與業師交互討論後，作出初步決策，業師可藉此觀察見習學員對於個案之策略分析、問題解決及溝通協調等能力。

（三）編製業師手冊，強化師生互動

2014 年業師與學員之配對，係參酌學員遴選評測結果、職務歷練、專長背景、見習意願及跨域學習需求等因素，進行分組配對。同時，本年並編製「業師手冊」，內容包含「發展性訓練」背景說明、見習制度規劃、業師應扮演之角色及任務等，提供見習業師參酌。

（四）改良評核方式，融入「過程評鑑」

2014 年依據高階文官核心職能，包含七項「價值倫理與人格特質」、七項「共通核心職能」及三項「管理核心職能」，參酌各職能之關鍵行為指標，重行設計「職務見習評核表」，由業師評核見習學員各項職能，觀察並記錄學員於見習時所展現的關鍵行為表現。

倘若學員另有特殊表現，並請業師給予簡要評價或註明具體優劣行為俾利輔導員於訓後整體考評時參考。此項「職務見習考評」，屆時將併同「國內生活考評」與「國外研習表現考評」，融入「結構化生活考評」成績中。

二、預期效益

學員及業師可藉由職務見習制度，達成雙贏及互利局面，謹說明如下：

（一）學員方面

1. 強化領導管理知能，學習典範提升器識：業師制帶動內隱知識的移轉與傳遞，學員親炙業師廉正、忠誠、積極、熱忱的服務精神及處事態度，學習領導決策風範，經由反思過程達到提升自我之效果。

2. 公務個案引領學習，增進實務運作技巧：業師在公務處理過程中，將個案所面臨之困境及建議解決方案，開放學員諮詢請益及多元思維，使見習學員從中學習決策形成、資源整合、解決問題等實務運作技巧。

3. 跨域交流擴大視野，傳承經驗與創新：業師與學員之配對，或有來自中央與地方機關，或有來自政府與民間機構，不同領域間之互動過程，有助於降低本位主義，充分瞭解不同角度之見解、經驗及智慧，藉由討論分享，提升創新思維能力。

（二）業師方面

1. 反向學習與回饋，教學相長互蒙利：由於見習學員均為各機關之高階文官或主管，業師與學員並無隸屬關係，雙方較無顧慮，可以無所不談，在討論過程中，學員常以不同之角色或專業，提供業師在業務推動之改進建議或實質協助。

2. 瞭解部屬想法，增強工作教導技巧：業師可從見習學員提出的問題中，瞭解自身部屬可能的想法，對於業師在部屬培育、人才管理、工作教導方面，均有所助益。

3. 激發提攜後進動機，獲得工作成就感：職務見習過程中，業師將自身重要工作經驗與學員分享，學員充分感受業師的無私，給予立即及正面的回饋，業師得以感受提攜後進的喜悅，獲致經驗傳承的成就感。[29]

從以上的各項文件及做法，可以看出保訓會在培訓我國高階文官制度上，採

---

[29] 考試院第十一屆第293次會議，公務人員保障暨培訓委員會重要業務報告，2014年7月17日。

取邊做邊修正的做法。雖具有彈性及擇優辦理之優點；但很明顯地，期訓練的目標在管理、領導及決策的核心知能（職能）上，並未能先確定具體目標及其應具有之內容。

參、決策、領導、管理課程的海外研習

　　為更進一步瞭解我國高階文官培訓情形，此再以高階文官海外研習情形，做一說明：

　　為擴展高階公務人員國際視野，並學習國際最新領導管理新知，高階文官培訓飛躍方案 2014 年，決策發展訓練、領導發展訓練及管理發展訓練於 8 月 16 日至 31 日（決策發展、領導發展）及 9 月 6 日至 21 日（管理發展）分別前往美國聯邦行政主管研究院（Federal Executive Institute, FEI）、奧地利聯邦行政學院（The Academy of Public Administration, Federal Chancellery of Austria）及比利時聯邦行政訓練學院（Training Institute of the Federal Administration, TIFA），進行兩週國外研習活動。

一、各班研習情形

（一）決策發展訓練 —— 美國聯邦行政主管研究院

　　於 8 月 18 日由 FEI 院長 Dr. Suzanne G. Logan 於歡迎晚宴中致詞開訓，並由保訓會李嵩賢副主任委員代表致詞。8 月 29 日結訓典禮由美國人事管理局（OPM）主任秘書 Ms. Habershaw 親頒證書。

　　1. 重要課程內容及教學方法摘要說明如下：

　　(1) 談判與協商技巧：透過播放電影片段情節，講述談判理論與技巧，並讓學員模擬演練談判議題。

　　(2) 危機領導之溝通：以模擬大地震發生，並將學員召開記者會現場錄影下來，隨即進行講評與建議。

　　(3) 危機領導實地演練：以台灣核能電廠危機為例設計活動，讓學員體驗團隊合作之重要性。

2. 重要參訪機關：參訪人口統計局（Census Bureau）、國家科學基金會（National Science Foundation）、教育部（Department of Education）、國家衛生研究院（National Institute of Health）等機關（構），以瞭解政府實際運作及巨量資料在美國運用的情形。

（二）領導發展訓練——奧地利聯邦行政學院

1. 重要課程內容及教學方法摘要說明如下：

(1) 變革領導與組織創新：以奧地利警察機關整併之經驗，說明變革之理念、推動之阻力及因應作法。

(2) 跨域治理：前往歐洲議會奧地利資訊辦公室（Office of Information of the European Parliament in Austria），就歐盟理事會（European Commission）及歐洲議會（European Parliament）之運作情形等議題進行意見交換。

(3) 傳統與創新：參訪維也納瓷器企業（Viennese Porcelain Manufactory Augarten），瞭解該組織如何在傳統與創新過程中，屹力不搖數百年之歷程。

2. 重要參訪機關：參訪聯合國維也納國際中心（United Nations Vienna International Center）、維也納市政府（City of Vienna）、薩爾茲堡州政府（City of Salzburg）、奧地利國會（Austrian Parliament）、薩爾茲堡州議會（Salzburg State Parliament）、維也納住宅基金（Housing Funds of Vienna）、薩爾茲堡商學院（SMBS）等機關（構）進行參訪，並就相關議題進行廣泛之意見交換。

（三）管理發展訓練——比利時聯邦行政訓練學院

於 9 月 8 日由比利時聯邦行政訓練學院院長 Ms Sandra Schillemans 於開訓典禮中致詞開訓，由保訓會許秀春處長代表致詞。9 月 19 日結訓典禮由比利時聯邦行政訓練學院院長頒發結業證書。該團赴比利時研習訊息同步登載於駐歐盟兼比利時代表處網站。

1. 重要課程內容及教學方法摘要說明如下：

(1) 才能管理：從瞭解自己才能開始，要求學員擬定各自單位內的才能管理方針並相互激盪。

(2) 團隊建立與激勵：設計「與馬對話」領導課程，透過活動體驗不同之領

導方式。

(3)「教練」（Coaching）及「世界咖啡館」（World Café）：前者讓學員實際體會面對當事人問題之重要性；後者讓學員有機會與比利時高階公務人員在各種議題上相互激盪。

2. 重要參訪機關：參訪比利時財政部（Ministry of Finance）、聯邦公共服務暨社會安全部（Federal Public Service Social Security）、國家勞工局（National Employment Agency）、人事遴選招募局（Selection & Recruitment Agency）等機關，瞭解各機關實際運作情形及創新作法。

保訓會要求，參與學員在國外研習期間汲取各國寶貴之政策規劃及公共管理實務經驗，回國後必須撰擬國外研習心得報告，並辦理國外研習成果發表會，邀請相關領域之專家學者從理論與實務面進行評論及意見交流，並開放高階文官報名參與。[30]

保訓會同所屬國家文官學院於 2014 年 11 月 7 日辦理「高階文官培訓飛躍方案 2014 年訓練——國外研習成果分享會暨結訓典禮」。該次活動內容如下：

一、專題演講：邀請國立政治大學商學院李瑞華教授進行專題演講，主題為「高階文官的修煉」。

二、研習發表：共分三場次，各場次之議題如下：

（一）第一場次：

1. 善用巨量資料再造智慧政府

2. 奧地利再生能源的應用及發展

3. 維也納之社會住宅

（二）第二場次：

1. 創新管理——比利時聯邦政府與歐洲聯盟之創新管理作為

2. 領導管理

3. 衝突管理

---

30 考試院第十二屆第5次會議，公務人員保障暨培訓委員會重要業務報告，2014年10月2日。

（三）第三場次：

1. 團隊建立與激勵
2. 目標與績效管理
3. 才能管理 [31]

　　保訓會這種邊做邊改的情形，即使在遴選評測方式上亦是如此，2015 年在選擇參訓人員上，其評測方式，亦有小幅度的更動，其情形如表 5-11。

表 5-11　各班評測職能、方式及期程表

班別	期程	評測方式	評測職能			
			策略分析	問題解決	溝通協調	外語能力（英語）
管理發展訓練	2015 年 3 月 19 日至 3 月 26 日及 30 日（每梯次 1 日）	公事籃演練	※	※	※	※
		模擬面談		※	※	
		小組（團體）討論	※	※	※	
		英語簡報				※
領導發展訓練	2015 年 3 月 16 日及 3 月 17 日（每梯次 1 日）	事實發現	※	※		※
		政策論述模擬演練	※		※	
		小組（團體）討論	※	※	※	
		英語簡報				※
決策發展訓練	2015 年 3 月 27 日（每梯次 1 日）	個案決策演練	※	※		※
		答詢演練	※		※	
		小組（團體）討論	※	※	※	
		英語簡報				※

資料來源：考試院第十二屆第 32 次會議，公務人員保障暨培訓委員會重要業務報告，民國2014 年 4 月 23 日。

---

[31] 考試院第十二屆第10次會議，公務人員保障暨培訓委員會重要業務報告，2014年11月6日。

現再以 2015 年海外研習為例，說明如下：

二、海外「管理發展訓練」研習

管理發展訓練規劃於 2015 年 9 月 5 日至 9 月 19 日赴比利時聯邦行政訓練學院（Training Institute of the Federal Administration, TIFA）研習，TIFA 位於歐盟執委會及數個知名國際組織所在地，其整體特色與參訪重點如下：

（一）課程整體特色

1. 部分課程運用「行動咖啡館」（Pro Action Café）及「世界咖啡館」（World Café）等活動方式，採開放性討論，以匯談之問題解決方式，演練決策制定過程之真實情境，針對各種議題進行探討與相互激盪，最後匯集眾人智慧，獲致共識。

2. 設計「與馬對話」領導課程，經由與馬互動的過程，學習領導者應扮演先驅者、激勵者和協助者等不同角色，並應具環境敏感度，針對不同領導情境適時給予不同領導方式。

3. 變革管理的課程，安排一連串的體驗活動與情境模擬，讓學員感受在面對經營環境或任務變遷時，組織各階段的變化，如何團結合作找出最佳策略。

（二）參訪重點

參訪歐盟執委會競爭力暨創新執行署（Executive Agency for competitiveness and Innovation, EACI）及歐洲議會（European Parliament）等，瞭解國際組織之職掌及運作模式；參訪聯邦人事遴選招募局（Selection & Recruitment Agency），以瞭解公務人員遴選理念、人事制度及遴選方式等，提供學員嶄新而多元的政策思維。

三、海外「領導發展訓練」研習

領導發展訓練於 2015 年 8 月 15 日至 8 月 29 日赴芬蘭公共管理學院（HAUS Finnish Institute of Public Management Ltd, HAUS）研習，課程整體特色與參訪重點如下：

（一）課程整體特色

課程設計著重實務性，以實際的案例爲教學主軸，搭配實際參訪機關（構）學校，深化國外研習成效。

透過團體討論與對談，引導學員思考，經由兼顧理論與實務的課程，促使學員就本身領導管理模式進行反思，進而帶動組織變革，提升政府施政效能。

（二）參訪重點

規劃參訪芬蘭教育部及地方教育局，並前往圖爾庫大學及區域小學，以瞭解其教育政策及挑戰；參訪職業訓練部（Ministry of Employment and Training）與國際知名 Iittala 設計公司，以瞭解其產業政策及創新制度；參訪圖爾庫市政府，以瞭解圖爾庫全體市民如何共同參與規劃 2029 年市政發展藍圖。本課程期經由中央與地方、公部門與私部門，以全面而深入瞭解芬蘭教育及創新政策與作法，俾作爲我國規劃相關政策之參考。

四、海外「決策發展訓練」研習

決策發展訓練規劃於 2015 年 8 月 29 日至 9 月 12 日赴奧地利聯邦行政學院（The Academy of Public Administration, Federal Chancellery of Austria）研習，整體特色與參訪重點如下：

（一）課程整體特色

邀請各級機關首長或部門主管就該國政策、行政措施及具體案例進行分析，強調問題導向之學習，並針對各項政策背後之施政理念加以闡述。

課程規劃兼具理論與實務，輔以實際個案進行深入解說，著重課堂討論及互動交流，俾利學員能就相關政策比較兩國制度之異同。

（二）參訪重點

規劃參訪內政部等中央部會、維也納市政府（City of Vienna）及薩爾茲堡州政府（City of Salzburg），以瞭解中央政策及地方政府市政管理、改革及未來挑戰；參訪奧地利國會（Austrian Parliament）及薩爾茲堡州議會（Salzburg State

Parliament），以瞭解其文化、歷史發展及議事運作。[32]

2015年高階文官海外研習之訓後成果分享會內容如下：

五、海外研習成果分享會

該研習分享會邀請到國立台灣師範大學張國恩校長進行專題演講，主題為「教育創新與國家競爭力」。此外，學員之研習發表內容如下：

（一）第一場次由「管理發展訓練班」三組成員依序發表。各組發表之主題及內容摘述如下：

1.「比利時人才培育之啟示」：探討歐盟執委會展望 2020 計畫致力發展產業創新人才現況，體認其與世界各國人才、技術接軌的企圖與決心，分析比利時聯邦社會安全部以人為本的管理理念、比利時聯邦人事遴選局採用分階段考試遴選適任人員等制度。

2.「組織變革與創新領導」：瞭解歐盟公部門所發展設計之品質管理工具，引進卓越文化和全面品質管理原則，該管理工具可在各公部門一體適用，能促進公務組織自我評鑑並與外部接軌，以獲得明確的診斷和改善行動作為。

3.「衝突管理與團隊參與－歐洲議會妥協交響曲 28 樂章 751 小節」：以歐洲議會為例，分享團隊從形成期、風暴期、規範期到運行期等 4 階段，及各階段所包含之管理技巧。歐洲議會運作順暢關鍵為整合團隊能力，與發揮成員個別特質及能力互補，其創造遠超過個別總和之整體效益。

（二）第二場次由「管理發展訓練班」二組成員及領導發展訓練一組成員依序發表：

1.「比利時聯邦政府績效管理之我思我見」：對比利時聯邦政府組織文化、績效管理及人才培訓提出評述與比較，並提出透過績效管理制度的改革，引導各機關重視團隊的溝通協調；成立並強化跨部會協調平台；掌握趨勢，善用巨量資料等建議。

2.「歐盟組織運作暨比利時行政創新之啟發」：探討歐盟組織及內部運作模

---

32 考試院第十二屆第48次會議，公務人員保障暨培訓委員會重要業務報告，民國103年8月13日。

式、各會員國間議題及意見處理，提出多項創新分享，包括比利時歐盟中小企業執行署執行中小企業創新及競爭力計畫，通過具高度技術專業計畫管理工作；以及比利時外交部利用創新制度設計多元協調達致共識，進而在歐盟議題形成具代表性之統一意見等。

3.「芬蘭產業創新體系之研析」：分析芬蘭產業創新制度及具體作為，並提出五項政策建議，包括政府應充分瞭解各行業的發展及領域中表現最佳者，將資源投入具最有成功機會之研發單位或企業，由領導型廠商帶動產業鏈升級；以及可仿效建構科技創新策略中心，作為跨部門間的協調平台等。

（三）第三場次由「領導發展訓練班」二組及決策發展訓練一組成員依序發表，各組發表主題及內容摘述如下：

1.「芬蘭政府治理之現況與探討」：分析探討芬蘭之「政府體制」、「預算制度」、「變革領導」及「E化政府」等四個主題，並提出六項具體政策建議，包括研議採行支出預算上限制度、建置部會橫向的計畫工作群網絡機制、強化政府電子化及大數據之跨部門合作機制、強化公務人員職涯發展及推動高階人才培育計畫等。

2.「芬蘭教育現況與啟示」：分析芬蘭運用知識創新、產業技術等軟實力立足於國際社會之過程，並深入探討其開放、多元之教育體制。提出推動多元彈性的補救教學制度；強化教師的專業能力與倫理；建立具國際競爭力的技職教育體系等建議。

3.「奧地利政府之治理與創新」：說明奧地利的政府治理、法律制定程序與電子化專案、歐盟運輸政策、維也納智慧城市等內涵，並提出仿效奧地利「共識民主」與「社會統合主義」的體制精神，積極培育和諧的政治社會文化；建構行政流程透明且兼具效率的電子化政府；強化綠色運輸系統，提升公共運輸運量；從舊文化尋找觀光創意等建議。[33]

33　考試院第十二屆第60次會議，公務人員保障暨培訓委員會重要業務報告，2014年11月5日。

結　論

🌀第一節　領導和管理究竟有何不同

　　1992 年哈佛大學商學院的 Abraham Zaleznik 在「哈佛商業評論」上發表了一篇文章，名為「經理人和領導人：他們不一樣嗎？」（Managers and Leaders: Are They Different?）[1] 因而掀起了之後學界對此課題的激烈辯論。

　　Zaleznik 認為每個社會可能都會給領導和管理不同的定義。但是，基本上，他認為這和兩者所擁有及使用的權力、其目的、分布以及運用有關。[2]

　　先從商業行為來看，管理比較上追求的是集體的領導（collective leadership），以確保公司廠企的競爭力、管控和其所屬各部門之間的權力平衡（balance of power）。不過，很不幸的是，管理並不確保公司廠企能確定擁有想像力、創造力，以及倫理行為（ethical behavior）。[3]

　　Zaleznik 認為領導要用權力或影響被領導的人，後者的思想和行動。雖然領導人有權力，但也有風險。首先，權力必須搭配能力，否則難以服眾；其次；別人也可能用盡方法去取得權力；最後，領導者無法克服自己不斷追求權力的慾望。[4]

　　Zaleznik 認為從以下幾方面，可以看出領導人和經理人的不同：

---

[1] Abraham Zaleznik, "Managers and Leaders: Are They Different?" Harvard Business Review, March-April 1992, pp. 2-11.
[2] 同前註，頁2。
[3] 同註1。
[4] 同註1。

一、不同的性格

領導人比較上是一種具有「表演心性」（psychodrama）的人，他們喜歡戴著神秘的面紗，強調他們在運用權力上的戲劇性效果。他們也愛控制被領導人，以及掌控那些可以控制人的條件或前提要件。總之，領導人喜歡的是「偉大」。因此，領導人常表現出他們不是「凡夫俗子」；而且，領導人的發展過程，常常就是一個「傳奇」。

但經理人相較之下，也不是說他們就是「凡夫俗子」。他們比較實際，強調工作目標的完成，如何有效率，他們在人格上也必須有堅定的毅力，勤奮地工作，具有充分知識，以及擁有分析能力；也許，更重要的是他們必須能容忍他人，並且表達善意。

領導人似乎比較不需要去「管理」，但經理人就必須腳踏實地。所以，乍看之下，領導人和經理人的性格，有些相互排斥。為了尋找領導成「偉大的領導人」，就可能會犧牲掉實際高明的經理人。因為，兩者在思維及行動上，很不相同。[5]

二、工作態度

經理人會用比較理性的方法去實現工作目標。管理目標來自於需要，而不是「慾望」；目標的產生，則源自於組織的結構與文化。尤其是企業經理人，隨著市場的變化，不斷地在調整目標，找到或者做對產品，品質也必須是正確反映市場的需求，即使是數量，更是要依市場來調整。基本上，經理人反映著消費者的需要。

和經理人不一樣。領導人較會用人際關係，及積極的態度，去影響目標的形成。領導人會善用他們的領導力或影響力，去改變被領導人的氛圍，他們常主動去改變人們的期望（expectation），帶領人們去產生某些奢望（desire），讓人們有所期待和幻想。他們讓被引領的人接受改變，使後者相信，他們的期望是可

5　同註1，頁3。

以做到的。

三、工作的概念

　　經理人的工作概念是結合可用的人力，進行戰略思考，以做成決策；在反對意見中，或意見分歧中，調和各方意見，減少緊張，爲了做好以上這些事，他們必須在執行工作上，保持最大的彈性。談判、溝通、懲罰或強制，爲了達成目標，都是經理人可以運用的方法。邏輯上，經理人就是問題的解決者。經理人常面臨的是，解決問題的方法很有限，但必須在有限的方法上，有效解決問題。

　　領導人則恰好和經理人有很大的不同。經理人運用所有可供他們選擇的方法，但這些方法是有限的；領導人則爲了長遠或徹底地解決問題，他們常常提出嶄新的解決方法，也就是新的選擇。他們常常用這些新的選擇去激勵人心，讓他願意跟著他們所指出的方向，做出抉擇。領導人常常迫使被領導人，立即對領導人所提出的建議、選擇或願景，做出反應。當然，如果領導人的新構想、新期望，得到被領導人的支持，有時會成功地帶來預期的良好結果；有時候，卻也是一場災難。集體的挫敗會使後果難以收拾，所以，領導人所做的工作，是具高度風險的行爲。

四、和其他人的關係

　　經理人要和大家一起工作，所以他必須和同仁、部屬，都儘量維持良好的互動關係；爲了強化工作效率，經理人也要讓員工有願意工作的動機。同時，爲了讓大家願意合群地工作，經理人必須發展出團隊工作的氛圍。此外，經理人必須讓大家儘量在相處時，不要動情緒而傷了和氣。所以，對於歧異或分歧，經理人必須去調處，尋找妥協點，維持某種彼此關係上的動態平衡。因此，經理人常教導同仁、僚屬，儘可能設身處地，也爲他人著想；不要對他人有太深的成見，儘可能遵守自己的承諾。

　　領導人則相反，他們必須強調一些理念（ideas）；所以，有時候他們要擅於運用一些直覺或煽情方式，去激發人心。經理人在意的是「如何把事情做成」；但領導人則在乎的是「有什麼事或決策能讓參與者覺得有意義」。

　　經理人儘量避免把工作或問題變成「非贏即輸」（Win-Lose）的局面，最好都能「雙贏」（Win-Win）。經理人習慣的是給被管理者「訊號」（signal），大家看到訊號，知道要去做什麼；而不是一個訊息（messages），訊息會使每個人有不同的解讀，也會容易摻入情緒去反應，反而會使人們焦慮。[6]

　　領導人則不同，他們反而要用豐富的形容詞，引領人們對某些事物有強烈的情感反應，對愛恨要清楚地辨明；因此人際關係呈現出來的是一種以領導人為中心的結構。也因此，混亂、緊張，甚至於情緒的緊繃與潰散，常常是可能出現的結果。

五、對「自我」的感覺

　　Zaleznik 根據 William James 所描述的兩種人格特質，區別領導人和經理人的不同。有一種人的特質是很會適應自己所生存的環境，同時維持自己和外在環境之間的和諧。這類人的人格態度比較保守，會在現有的條件中，去維持秩序，完成工作，達成目標，獲得報酬。他們自我價值的實現，就在己身所處的環境中，獲得身心的滿足，這種人格比較上就是經理人的人格特質。依照 William James 的用語，他稱呼這類人為「一生無怨型」（once-born）。

　　但領導人的人格特質是不同的，這些人老覺得自己和周遭環境格格不入，他們在一些組織中工作，但覺得自己並不屬於這些組織。他們感覺自己不認同這些組織，不是組織中的工作角色。他們老是尋求機會，去改變周遭的環境。這些改變有可能是屬於意識型態的、政治的或技術方面的改變。目標是相當確定的，在改變社會中人與人之間的政治關係、經濟關係或人際關係。[7]

六、領導統御的發展

　　一個人早期的生活經驗，尤其是家庭生活經驗，對其是否能發展出領導氣質或者是個經理人，影響很大。如果小孩子的早期生活經驗，特別是和父母分離

6　同註1，頁7。
7　同註1，頁8。

的感受是痛苦的，或者並非如此，就會影響他或她的內心世界，而不斷地和外界交互影響。但是，一個人的天賦再好，也不必然代表他／她會發展成一個自立自強、有所成就的人。

不過，一般來說經理人的性格，在其幼年成長的時代，他們與周遭人際相處的離合，比較是溫和的；而且，他們和較多的人，比較會有關聯。反之，領導人人格的發展，比較會出現在他們小時候，和周邊的人，所建立起來的常常是一對一的關係；同時，若在人際關係上發生破裂，也常常是一對一的。

有些人從小看似平庸無奇，但卻像一隻千里馬有待伯樂去發展牠。愛因斯坦就是如此。這類人常常會黏著一個老師，後者瞭解他／她的潛能，能和他／她溝通，這些孩子又常具有自我學習的天賦。

但是當伯樂與千里馬相遇時，千里馬也不是瞬間就變成千里神駒。美國總統艾森豪在西點軍校及軍中時表現平平。一次大戰期間，他要申請調到所崇拜的資深將軍 Fox Connor，願意去巴拿馬追隨他，但被拒絕了。之後，他又失去了他的兒子，一度他十分沮喪、灰心與恐懼。但當他被允許派至 Connor 將軍麾下，追隨 Connor，以及向他學習帶兵打仗，艾森豪把 Connor 當作父親般地崇敬、追隨及學習。之後艾森豪將軍才展現出他做為一個領導人的才華。

能遇到一個偉大的師傅是一件幸運的事，對但師傅而言，卻也是高度具有風險的事情，師傅領進門，修行還是在個人。

七、組織能培養領導人物嗎？

組織中同儕的壓力，會使人們彼此相互激勵與相互學習。但是，工作團隊所從事的任務不同，有的是做行銷，有的做研究，有的搞財務。假定，故意把權威制約拿掉，彼此能真正交換意見，相互學習的成長就會比較快。但是如果兩個團體的成員，彼此不是基於對等地位，如技術部門和銷售部門，被放在一塊相互學習，技術部門的人，比較易於主宰銷售部門，彼此的學習效果就會打折扣。其實，組織能否培養出領導人材，還是看組織的安排和一對一，師徒關係的設計。如果組織部門有意藉此培養人材，師徒制有時還是有其特別的效果。老師和徒弟

彼此的性格，當然會影響兩人之間的情感或情緒，進而影響徒弟學習的結果。[8]

Sally Hull 和 MiffyOzeroff 共同撰寫《從經理人到領導人的轉換》（Transitioning from Manager to Leader）。[9] 以一個經理人，要申請成為領導人的職位，他們指出經理人和領導人的不同：

> 經理人知道找誰要得到資料，但他們不會花費時間去為不同部門之間，不可見的隔閡，建立重要的關係。領導人知道事情要成功，必須公司所有部門的人，能夠充分合作。領導人需要瞭解公司或組織部門的所有人，和所有人有關的目標（objectives）、資源（resource）、關切之事物（concerns）、優先順序（priorities），以及所有的限制（constraints）。為了瞭解所有部門的人，領導人必須走出辦公室去和他們接觸，利用各種休閒時間以及有意義的時刻去接觸他們。假定一個人只關注自己部門的目標，就有可能會忘掉整體的目標和其優先順序。假定一個人只關注在自己的部門或單位，就不太可能成為領導人。和公司的所有人接觸，關切他們所思、所想、所做，就比較有可能成為公司的領導人。[10]

要成為領導人，比較常用的字眼如下：

> 分析（analyze）、建立（build）、挑戰（challenge），章程（charter），教練（coach）、合作（collaborate）、權限（commission）、勇敢面對（confront）、管控（control）、創造（create）、決定（decide）、發展（develop）、指導（direct）、驅動力（drive）、賦能（empower）、投入（engage）、增進（enhance）、

8　同註1，頁9-11。

9　Sally Hall and Miffy Ozeroff, "Transitioning from Manager to Leader," 2004-2008, www.linkageinc.com, pp. 1-7.

10　同前註，頁4。

表 1　領導與管理比較表

類別	領導	管理
思考過程 （thinking process）	集中在「人」（people）上面 展望外界（looks outward）	集中在事物（things）上面 內向檢視（looks in ward）
設定目標 （goal-setting）	彙整形塑願景 創造未來（creates the future） 綜觀整體（見林）（sees the forest）	執行計畫 改善現況 注意部分（見樹）（sees the trees）
僱傭關係 （employee relations）	賦能（empowers） 對同仁的信賴與促進發展	管控（controls） 對部屬的指導與協調
運作 （operation）	做對事情（does the right things） 創造改變（creates change） 服務僚屬（serves subordinates）	把事情做對（does things right） 管理變遷（manages change） 服務上司（serves super-ordinates）
治理 （governance）	運用影響力 善用衝突（conflicts） 決定性的行動（acts decisively）	運用權威（authority） 避免衝突 行動在負起責任（acts responsibly）

資料來源：Fred C. Lunenburg, "Leadership Versus Management: A Key Distinction—At Least in Theory," International Journal of Management, Business and Administration, 2011, 14 (1): 2, Table 1.

謀取（enlist）、預見（envision）、創建（establish）、評估（evaluate）、試驗（experiment）、樹立（form）、產生（generate）、影響（influence）、鼓舞（inspire）、涉入（involve）、引領（lead）、範例（model）、激發（motivate）、談判（negotiate）、首創（originate）、先期試驗（pilot）、計畫（plan）、呈送（present）、引介（recommend）、塑造（shape）、領先投入（spear head）、促進（stimulate）、制訂戰略（strategize）、加強（strengthen）。[11]

Fred C. Lunenburg 認為領導所要做的事情是：第一，發展組織的願景；第二，透過溝通，用願景把組織內人員團結起來；第三，激勵所屬，透過賦能，以及提供基本所需條件的滿足，採取行動。雖然，Luneburg 也提到領導常常為組

---

11 同註9，頁5-6。

織帶來變遷及不確定性。[12]

　　Lunenburg 認爲管理工作要做的，則是：第一，提出計畫與預算；第二，管理幕僚及組織；第三，控制及問題解決。可見於表 1。

第二節　領導和管理的關係

　　從本書的章節所討論的主題來看，不論是領導與管理，或者說領導人與管理人（也許大家比較習慣稱「經理人」）；不論在決策、計畫和組織上，都有其應該要注意和去推動或執行的事物。

　　在公部門，大家比較習慣對於主管，稱其爲領導人，也習慣用領導人的標準，來要求他們。尤其公部門涉及的是對於社會資源的權威性分配，他們處理事情的原則或方向，會影響決策；決策則會以大量的法律、條例及行政命令規範出來，影響所有人的生活：食、衣、住、行、育、樂，生老病死等都會受到影響。因此，領導的好或壞、人民滿意或不滿，對其支持或不支持，支持與不支持的程度如何，都是國家社會或公衆所注意的焦點。

　　以政府部門爲例，在標準的總統制的三權分立的國家，例如美國總統，大家一定會以「領袖」或「領導人物」的定義及標準，去評論或評估他／她究竟是不是一個「好」總統。相較之下，國會的參議院及衆議院的議長，應該也是領袖，但在合議制之下，以「多數決」一人一票方式來做決定，這樣的領袖，就較少會被用「最高標準的領袖定義及標準」去評價他／她。

　　就內閣制的國家來看，內閣總理（首相）是由國會（Parliament）的多數黨黨魁來擔任，他／她自然是國家的領袖，所以筆者才會在緒論中提到典型的領導人物時，介紹德國總理梅克爾。

　　內閣制的國家首相是引領國家邁向「發展方向」的總舵手，他／她的見解、主張、看法，成爲國家未來發展的「願景」，形同一種思想、信念或者「主義」（ism），英國前首相柴契爾（1975-1990）的主張，因此被稱爲「柴契爾主義」

12　Fred C. Lunenburg, "Leadership Versus Management: A Key Distinction—At Least in Theory," International Journal of Management, Business and Administration, 2011, 14 (1): 1-4.

（Thatcherism），她堅信自己的主張是自由意志主義加上強勢中央政府，減少工會力量和地方政府的權力。一般都認爲柴契爾主義到今天仍影響英國政治及社會。

從官僚體系來看，政治任命者如中央政府各部會的部長（ministers），跟隨其所屬政黨之執政與否而上任或離職，或者因政策失敗，而需負起政治責任（political responsibility）而去職，他們也被視爲領導人，而不是經理人。但從1990年代以來，高階文官的政策決定和執行的角色及功能有了變化，這是本書第五章討論高階文官的領導與決策的核心知能（competence），以及核心優能（competency）之故。

但是，高階文官的角色及功能的改變，卻立即引起了一個問題，也就是在政治上、行政上，甚或公共事務的處理上，政策領導者可能也是政策執行者？換句話說，領導人也可能是執行人，經理人或管理者吧?! 前面說過，領導者大致上只管提出願景，但落實願景的各種計畫的執行，則由經理人／管理人／行政官僚來負責。

換句話說，領導人必須懂管理：領導人要能扮演好經理人的角色！經理人也必須懂領導：經理人要能扮演好領導人的角色！

被稱爲「現代管理學之父」的彼得杜拉克在其所著《管理聖經》（The Practice of Management）一書中[13]，其中有一章特別談到執行長與董事會的關係。其實，從本書緒論中對世界排名中所挑出來的 CEO 來看，他們都是具領導能力的執行人。杜拉克在其所著書的第十四章起始語，特別說：

> 執行長的職位所要求的不只是「有開拓心的人」、「思考者」和「行動者」，除此之外，不必須是一流的分析家和整合者。當然沒有人能在一生中同時扮演好這四種角色，遑論在同一個工作天中四者兼顧了。[14]

---

13 齊若蘭譯，詹文明審定，Peter F. Drucker原著，《管理聖經》，台北：遠流，2005，初刷七版。
14 同前註，頁226。

　　既然找不到這種人，杜拉克認爲企業當下以及未來的工作，就是建立領導和執行的工作團隊，不再相信「一人領導」之謎思。這種工作團隊，在本書前面有關「組織」的章節中，已經談到。其實，這樣的團隊已經肩負了領導和管理的綜合角色及功能。[15]

　　但企業廠商眞正的領導者一董事會，難道就失去領導的功能嗎？一般對董事長和執行長的關係，總認爲是「領導一執行」的典型。

　　其實，杜拉克認爲董事會，可以稱之爲「影子國王」，他強調：「董事會千萬不可變成法律上的統治機構；而必須是企業審核、評估、申訴的機制。唯有在企業面臨危機時，董事會才能變成行動的機構——撤換失敗的現有主管或塡補離職、退休或過世主管的空缺。一旦新人上任，董事會就再度回復到原本審核的角色」。[16]

　　其實董事長和 CEO（執行長或總經理），基本上董事長還是扮演領導人的角色，他才眞正知道工廠企業的目標是什麼？工廠企業眞正要做什麼？資本要投資到什麼產品上？但董事長也不能不懂管理，如果他對目標的設定，沒有考慮到執行團隊的困難，或者執行團隊（尤其是由各部門主管所組成的團隊）的技術水準或優劣勢；那麼，目標的設定，只是淪爲口號罷了。而 CEO 事實上也不能不懂領導，CEO 必須對各部門的能力、效力及效能做準確的評估、瞭解工作團隊的實力，公司產品在市場上的競爭力，甚至於消費者的喜好，而在正確時間對董事長的決定做出正向或負向的回饋，公司的發展政策才會正確，目標才會完成。

　　政治上的領導者，尤其要懂管理。如果領導人和管理人都要嫻熟決策過程、本質、問題分析解決，導致正確決策的制定；計畫的完成，以及完善的計畫和確實執行；組織結構對決策、計畫的影響、組織文化，以及工作團隊的能力、技術、知識及效率和效能。那麼，領導人就是經理人，經理人就是領導人。所以，領導要懂得管理，管理要懂得領導。

　　筆者假定領導與管理是兩種重要的能力，用單純化的 2×2 關係來推想可

15　同註13，頁246。
16　同註13，頁247。

領導能力

		強	弱
管理能力	強	II 強領導、強管理	I 弱領導、強管理
	弱	III 強領導、弱管理	IV 弱領導、弱管理

圖 1　領導與管理的 2×2 關係圖

資料來源：筆者自製。

能發生的情形，在領導及管理都只用「強」和「弱」的簡單二分法來區別，其 2×2 的關係如圖 1。

I. 弱領導、強管理

　　以第一象限的情形來看，以國家而言，在弱領導或領導團隊之下，即便有很強的行政團隊的管理能力，因為沒有願景的領導，目標不會確定，戰略計畫不會有效，即使工作團隊或行政團隊很強，在沒有領導力的領導班子中，強勢的工作團隊，要不就被迫解甲歸田，不然就是群雄並起。傳統中國東周後半時期，約在西元前五世紀到西元 221 年，周天子勢弱，無力控制各地諸侯，以致形成戰國時代，諸國之間相互爭戰。

　　美國總統哈定（Warren Gamaliel Harding, 1865/11/2-1923/8/2），被認為是美國史上很弱的領導，1920 年當選總統，1923 年則因心臟病突發，而病逝於任內。哈定立場保守，個性溫和，他就任時值第一次世界大戰結束，因此一切以「回歸常態」（Return to Normalcy）為原則，雖以極大差距打敗對手，但任內很多不當人事命令，執政期間醜聞迭出，致政府名聲掃地，而被美國歷史學家評為表現是倒數位置的總統。哈定內閣中人才濟濟，如當時的國務卿查爾斯休斯（Charles Evans Hughes）、財政部長安德魯梅隆（Andrew Mellon）、商務部長赫伯特胡佛（Herbert Hoover），都是很優秀的人。甚至他在競選時，愛迪生、亨利福特也都支持他。但事實上，他是一個弱領導，行政團隊中的優秀人才也因此起不了什麼作用。

II. 強領導、強管理

美國總統約翰甘迺迪，可以說是強領導，以及擁有強行政團隊的代表人物。他是美國首位、也是唯一一位信奉天主教的總統。雖自 1961 年 1 月 20 日上任，到 1963 年 11 月 22 日遇刺身亡，但他在任內試圖廢除聯邦儲備委員會、入侵古巴豬灣、解決古巴飛彈危機、建立柏林圍牆、進行太空競賽、介入越戰，以及促進美國民權運動；尤其是除了冷靜應付古巴危機之外，又領導美國太空總署 NASA，完成阿波羅登月計畫的壯舉。甘迺迪更習慣以激勵的文字，鼓舞民眾，例如：「不要問你的國家能為你做什麼，而要問一下你能為你的國家做些什麼。」（Ask not what your country can do for you, ask what you can do for your country.）至今不僅是美國社會的名言，也是世界各國元首最愛引用的名言。

甘迺迪的團隊也具有非常強的執行能力：

第一，內閣成員年輕化。其重要的內閣成員，平均年齡不到 50 歲。

第二，內閣成員中幾乎每一個重要的人物，都接受過高等教育，工作能力較強。

第三，甘迺迪用人沒有濃厚的黨派色彩。其內閣兩個重要部長，財政部長道格拉斯狄龍（Douglas Dillon）和國防部長羅伯特麥克馬拉（Robert McNamara）都是共和黨員。甘迺迪是民主黨員。

「強領導和強管理」，在中國歷史中，首推唐太宗李世民。李世民自己的人格特質，就具有領袖人格，在具體操作中，既不失儒家精神，又不失權謀法術，也是一種「王霸」並用，我們所看到的太宗的克己、寬容、寬容、仁愛、誠信、任賢及銳意改革文化等等，都是貫徹儒術的結果和反映。同時，我們還看到，唐太宗的實行是切合儒術真精神的。他不牢背文句，也不恪守教條；既處處體現儒家性格，又每每從權處理，為其所用。為了起義成功，他可以「稱臣」突厥；為了奪得皇冠，他不惜殺兄逼父；為了傳位順利，他還能有聲有色地動情「演戲」。[17]

---

17 陳飛，《唐太宗》，台北：知書房出版社，2002，二版一刷，頁527-528。

就強團隊的執行能力而言，唐太宗李世民的政策爲：第一，直接下放決策權，如「議事」、「平章」，讓臣下參與最高決策；第二，是授給下級「制約權」，如中書、門下，彼此相互制約，下級機構可以制約上級機構，乃至於對於皇帝制約，以致權力不被濫用；第三，保障臣下的監督權，主要通過「諫議」來實現，除了設專職「諫議大夫」外，任何臣子，原則上都可以進諫，除了監督，也加強了行政官吏的效率。**18**

III. 強領導、弱管理

一般常說「強將手下無弱兵」，又說「獅率群羊，羊變獅」，都是在突顯強領導的重要性。在強領導統御的領袖人物率領下，弱的工作團隊，也會表現出高品質的產出，或生產能力。

不過，強領導如果始終沒有強能力的工作團隊，最後很難產出良好的結果。明朝崇禎皇帝（1627/10/2-1644/4/25），一生操勞，旰食宵衣，每天夜以繼日的批閱奏章，不近女色，節儉自律；即位之初，大力剷除閹黨，勤政節儉，還曾六度下詔罪己。就其個人而言，17歲即位，崇禎15年（1642年）7月初9，身體稍有不適，臨時傳令免去早朝，竟遭到輔佐他的大臣批評，崇禎立即自我檢討。以崇禎剷除魏忠賢時，先除去其主要黨羽崔呈秀，魏忠賢知大勢已去，自縊而亡。與此同時，平反冤獄，重新啓用被罷黜的袁崇煥爲兵部尙書，賜予尙方寶劍，託付他收復金遼的責任。

崇禎承繼大位時，明朝已經是個爛攤子，災荒連連，百姓要不餓死，不然就加入李自成「闖王」的軍隊。崇禎16年，北京人口死亡近四成，十室九空。而爲了剿流寇，崇禎用了楊鶴、洪承疇、曹文詔、陳奇瑜、盧象昇、楊嗣昌，熊文燦；除熊文燦，其他都表現出出色的才幹。崇禎生性多疑，但從其剷除閹黨，起用傑出將領來看，其人之領導並不昏庸。但剷除閹宦，又重用宦官，可以說是犯了領導及管理上的大錯。

從歷朝皇帝來看，比崇禎爛的還有一大堆，崇禎濫殺總督、巡撫，比其他皇

18　同前註，頁535。

帝誅殺功臣，也並沒超過很多。但對於滿清入侵，群臣分成和議兩派，致使崇禎在和議之間游移不定。從此點而言，他的工作團隊也不具有優秀的管理能力。臣工能力弱，造成皇帝領導能力的遺失，最終清兵殺入宮內時，崇禎召喚群臣，沒有一人回應而來，可見其行政班底羸弱狀況。

　　不論領導的強弱與否，使工作團隊感到無力的可能因素，有時是制度使然。日本的政府體制，使國會同黨的獨立議員，可以干涉內閣的提案，但政府（內閣）對於國會議事幾乎完全無法干涉。日本自民黨更為特別，自民黨執政時，政府的提案尚須得到同黨國會議員的同意，才能提案。日本內閣制的這個特點，使政府工作團隊，幾乎都是弱勢的。日本歷來的首相，都稱國會的這種現象為「扭曲國會」。[19]

IV. 弱領導、弱管理

　　二次世界大戰後的美國總統被認為領導能力最弱的，莫過於卡特總統（Jimmy Carter），他自 1977 年 1 月 20 日上任，到 1981 年 1 月 20 日離職，尋求連任但沒有成功，為共和黨的雷根總統所打敗。卡特任內雖然達成一些外交成就，例如積極調停以色列和埃及之間的戰爭，與共產主義國家改善關係，和中共建交；也發展人權外交，對許多當時漠視人權保障的國家，強化了壓力，改善他們國內的人權，如南韓。

　　但是，卡特面對美國國內高通膨、高失業率，經濟成長遲滯卻束手無策；尤其，1979 年，伊朗孔梅尼（Khomeini）政府放縱學生，綁架美國駐德黑蘭大使館人員成為人質，卡特派出特遣部隊前往救援失敗，人質從綁架到被釋，經過 444 天才被釋放。卡特的諸多政策，都在國會受到阻攔，國會中的民主黨保守派和共和黨聯合予以阻擋，造成美國政府多次「短暫的停擺」。但卡特在卸任之後，活躍於外交折衝場合，多次解決一些國際衝突，也獲得諾貝爾和平獎。美國人一直戲稱他為「模範卸任總統」，說：「卡特總統不當總統時，比當總統時

---

19 竹中治堅，日本議院內閣制與安倍內閣治的前景：阻礙西敏（Westminster）化轉型的「屏障」，2013年11月12日，網路檢索：www. Nippon.com日本議員內閣制，檢索時間：2016年10月22日。

更稱職」。卡特總統的領導特質，也使得在他任內，美國政府整團隊的處理問題或危機的能力，備受懷疑，例如為了應付通膨，美國政府兩次調整銀行利率達20%，受到多數美國人民的反對及質疑。

中國歷朝歷代無能的皇帝很多，但近代清朝的統治，自咸豐以來，普遍被認為領導能力都有所不足；之後，又受制於慈禧太后的垂簾聽政，致使帝國主義對中國鯨吞蠶食，而使當時中國淪為次殖民地的地位。由於皇帝的領導無能，在內政改革上，也止於失敗，光緒的戊戌變法、百日維新，是為明顯之例證。而即使朝廷推動新政，最後軍權落在「新軍」手中，掌握新軍最精銳者，首推袁世凱。國民革命武昌起義，袁氏按兵不舉，實為清朝被推翻，清帝遜位的主因。領袖的領導力不足，代表國家機器的軍隊也不聽使喚，終於導致領導權力的完全喪失。

🌀 第三節　結語

筆者撰寫本書的動機之一，原只是有感於我國自1980年代民主化、自由化以來，政治領導與公共事務的管理之間，似長期以來，處於一種失序的混亂。因而在思考究竟是領導出了問題，還是管理出了問題？因為，原本以為領導只是帶領國人往正確方向發展，管理則是正確地邁出步伐，往領導所揭示的方向前進。但是，後來發現國內所以出現民主的混亂、經濟的停滯、社會的是非混淆、教育的失敗、國防的廢弛等等現象，關鍵似乎是在「領導不瞭解管理，管理不知道領導」。所以，才想把領導、管理的定義、研究及其內容，分別加以介紹。希望能引起對公共事務關心的人們，以及實際從事公共事務者，能獲得領導的技術，同時瞭解管理的重要。

有領導而沒有管理，有如駕駛車輛，知道前往目的地的路線，但對於汽車的基本常識卻一竅不通。例如，在荒郊野外，輪胎被刺破了，也不曉得如何換備胎，只能束手無策。

知道管理的人，有如瞭解汽車的性能，也知道發生故障時，如何修理。但汽車究竟要開去哪裡，卻竟然不知，毫無頭緒。

彼得杜拉克認為，每一個經理人，也都應該是領導人；同理，在公共事務的

領域裡，每一個領導人，也應該是管理人，知道領導的責任，也知道如何進行有效的管理。

BIBLIOGRAPHY

參考書目

一、中文

考試院第十一屆考試委員院務會議「考試院文官制度興革規劃方案」，2011。

考試院第十一屆第267次會議「公務人員保障暨培訓委員會重要業務報告」，2014.1.2。

考試院第十一屆第281次會議「公務人員保障暨培訓委員會重要業務報告」，2014.4.7。

考試院第十一屆第283次會議「公務人員保障暨培訓委員會重要業務報告」，2014.5.1。

考試院第十一屆第286次會議「公務人員保障暨培訓委員會重要業務報告」，2014.5.22。

考試院第十一屆第290次會議「公務人員保障暨培訓委員會重要業務報告」，2014.6.26。

考試院第十一屆第293次會議「公務人員保障暨培訓委員會重要業務報告」，2014.7.17。

考試院第十二屆第10次會議「公務人員保障暨培訓委員會重要業務報告」，2014.11.6。

考試院第十二屆第48次會議「公務人員保障暨培訓委員會重要業務報告」，2014.8.13。

考試院第十二屆第5次會議「公務人員保障暨培訓委員會重要業務報告」，2014.10.2。

考試院第十二屆第60次會議「公務人員保障暨培訓委員會重要業務報告」，2014.11.5。

考試院編印，國家考試暨文官制度報告書，台北：考試院編纂室，2011.7。

克勞德‧帕利斯卡，西方音樂史，北京：人民音樂出版社，1996。

胡瑋珊譯，Thomas J. Peters and Robert H. Waterman著，追求卓越：探索成功企業的特質（In Search of Excellence：Lessons from America's Best-Run Companies），台北：天下文化，2005。

國防部史政編譯室譯，Joseph S. Nye Jr.著，領導力，台北：國防部史政編譯室，2010。

陳飛，唐太宗，台北：知書房出版社，2002。

齊若蘭譯，詹文明審定，Peter F. Drucker原著，管理聖經，台北：遠流，2005。

二、英文

Adhikan, Vijay Kumar, Yang Guo, Fang Hao, Matteo Varvello, Volker Hiet, Moritz Steiner and Zhi Li Zhang, Unreeling Netflix: Understanding and Improving Multi-CDN Movie Delivery, Conference power published by IEEE, Orlando, FL, 25-30 March, 2012.

Altshular, Alan "Rationality and Influence in Public Service," Public Administration Review, 1965, 25 (3): 226-233.

Anderson, Paul A. Decision Making by Objection and the Cuban Missile Crisis, Administrative Science Quarterly, June 1983, 28 (2): 201-222.

Andrews, Gavin J., Robin A. Kearns, Paul Kingsbury & Edward R. Carr, "Cool Aid? Health, Wellbeing and Place in the Work of Bono and U2," Health and Place, 2011, No. 17.

Andrews, Rhys and George A. Boyne, "Capacity, Leadership, and Organizational Performance: Testing the Black box Model of Public Management," Public Administration Review, 2010, 70 (3): 443-454.

Angyris, Chris, Personality and Organization: the Conflict BetweenSysten and the Individual, Oxford, England, Harpers, 1957.

Avolio, Bruce J., David A. Waldman and Francis J. Yammarino, "The Four I's of Transformational Leadership," Journal of European Industrial Training, 1991, 15 (4): 9-16.

Bain, Peter, Aileen Watson, Gareth Mulrey, Phil Tylor and George Gall, "Taylorism, Targets and the Quantity-Quality Dichotomy in Call Centers," Paper Presented at the 19th International Labour Process Conference, Royal Holloway College, University of London, March, 2001.

Baird, J. E., "Some Nonverbal elements of Leadership Emergence," Southern Speech Communication Journal, 1997, 42 (4): 352-361.

Barnard, Chester I., The Functions of the Executive, Cambridge, Mass: Harvard University Press, 1938.

Barry, B.W., Strategic Planning Workbook for Nonprofit Organizations, St. Paul, MN: Amherst H. Wilder Foundation, 1998.

Bass, B. M., "Theory of Transformation al Leadership Redux," Leadership Quarterly, 1995, 6 (4): 463-478.

Bass, Bernard M. and Bruce J. Avolio, "Transformational Leadership and Organizational

Culture," Public Administration Quarterly, spring 1993: 112-121.

Bass, Bernard M., Leadership and Performance beyond Expectation, New York: Free Press, 1985.

Behn, Robert D. "Creating an innovative organization: ten hints for involving frontline workers. " State & Local Government Review, 1995: 221-234.

Bellone, Carl J. and George F. Goerl, "Reconciling Public Entrepreneurship and Democracy," Public Administration Review, 1992, 52 (12): 130-134.

Berman, F. E. & J. B. Miner, "Motivation to Manage at the Top Executive Level: A Test of the Hierarchic Role-Motivation Theory," Personnel Psychology, 1985, 38 (2): 377-391.

Bok, Derek, "Government Personal Policy in Comparative Perspective," in John G. Donahue and Joseph S. Nye Jr., Eds. For the People: Can We Fix Public Service? Washington, D. C.: Brookings, 2003.

Bonins, Stanford, "Loose Cannos and Rule Breakers?...Some Evidence about Innovative Public Managers," Public Administration Review, 2000, 60 (6): 498-507.

Bormann, Ernest G., Discussion and Group Methods, New York: Harper & Row, 1975.

Boyatzis, R. E. The Competent Manager, New York: Wiley, 1982.

Broome, G. H. & R. L. Hughes, "Leadership Development: Past, Present, and Future," Human Resource Planning, 27: 24-32.

Brunner, Ronald D., "Teaching the Policy Sciences: Reflections on a Graduate Seminar," Policy Sciences, 1997, 30 (4): 217-231.

Bryson, John M. and Barbara C. Crosby, Leadership for the Common Good: Tackling Public Problems in a Shared-Power World, Wiley, 1992.

Bryson, John M., Strategic Planning for Public and Nonprofit Organizations, San Francisco and Oxford: Jossey-Bass, 1988.

Cartwright, D. E., & Zander, A. E., Group Dynamics: Research and Theory, New York: Harper and Row, 2004.

Caruthers, J. Kent andDaniel T. Layzell, "Campus Master Planning and Capital Budgeting," New Directions for Higher Education, Autumn (Fall) 1999: 73-81.

Chrislip, David D. and Carl E. Larson, Collaborative Leadership: How Citizens and Civic Leaders Can Make a Difference, San Francisco, CA: Jossey-Bass, 1984.

Cleveland, Harlan, The Knowledge Executive: Leadership in an Information Society, New York:

E. P. Dutton, 1985.

Collins, James Charles, and Jerry I. Porras. "Built to last: Successful habits of visionary companies. "Random House, 2005.

Considine, Mark and Jerry M. Lewis, "Governance at Ground Level: The Frontline Bureaucrat in the Age of Markets and Network," Public Administration Review, 1999, 59 (6): 467-480.

Corson, John J. and Paul R. Shall, Men Near the Top: Filling Key Posts in the Federal Service, Baltimore, MD: Johns Hopkins University Press, 1966.

Critten, P., Investing in People: Towards Corporate Capability, Oxford: Butter Worth Heinemann, 1993.

Crosby, P.B., Quality Is Still Free: the Art of Making Quality Certain, McGraw-Hill, Inc., 1996.

Crosby, Philip, Completeness: Quality for the 21st Century, New York: Dutton, 1992.

Dahl, Robert Alan, Who Governs? : Democracy and Power in an American City, New Haven: Yale University, 1961.

Dalkey, Norman Crolee, Delphi, South Monica, CA: Rand Cooperation, 1967.

Day, David V., John W. Fleenor, Leanne E. Atwater, Rachel E. Sturm and Rob A. Mckee, "Advances in Leader and Leadership Development: A Review of 25 Years of Research and Theory," The Leadership Quarterly, 2014, 25: 63-82.

Delp, P., A. Thesen, J. Motiwalla and N. Seshardi, Systems Tools for Project Planning, Bloomington, Indiana: International Development Institute, 1977, pp.14-18.

Deming, W. Edwards, Out of the Crisis, MIT-CAES, 1982.

Devanna, Mary Anne, Charles Fombrun and Noel Tichy, "Human Resources Management: A Strategic Perspective, Organizational Dynamics, Winter 1981.

Dilulio, John J. Jr., "Recovering the Public Management Variable: Lessons from Schools, Prisons, and Armies," Public Administration Review, 1989, 49 (2): 127-133.

Dima, I.C. "Risk Elements in Communicating the Managerial Decisions," European Journal of Business and Social Sciences, October 2012, 1 (6): 27-33.

Dimock, Marshall E., "Creativity," Public Administration Review, Jan/Feb 1986, 46 (1).

Dimock, Marshall E., "Executive Development after Ten Years," Public Administration Review, Spring 1958, 18 (2): 91-97.

Donnell, James H. Jr., James L. Gibson, and John M. Ivancevich, Fundamentals of Management,

9th ed., Burr Ridge, IL: Richard D. Irwin, 1995.

Douglas Lavin, 'Robert Eaton thinks ''Vision'' is overrated and he is not Alone', The Wall Street Journal, October 4, 1993, pp. A1, A6.

Downs, Anthony, Inside Bureaucracy, Boston, MA: Little, Brown, 1967.

Drucker, Peter F., "The Coming of The New Organization," Harvard Business Review, January-February 1988.

Drucker, Peter, The Age of Discontinuity, Heinemann, 1967.

Drucker, Peter, The Concept of the Corporation, John Day & Co, 1946.

Drucker, Peter, The End of Economic Man, Heinemann, 1939.

Drucker, Peter, The Practice of Management, Harper, New York, 1954.

Drucker, Peter, The Practice of Management, Heinemann, London, 1955.

Eagles, Paul F. J., Stephen F. McCool and Christopher D. Haynes, Sustainable Tourism in Protected Areas: Guidelines for Planning and Management, WCPA, IUCN-the World Conservation Union, 2002.

Eagles, Paul F. J., Stephen F. McCool, and Christopher D. Haynes, Sustainable Tourism in Protected Areas: Guidelines for Planning and Management, WCPA, IUCN-the World Conservation Union, 2002.

Faerman, Sue R., Robert E. Quinn, and Michael P. Thompson, "Bridging Management Practice and Theory: New York State's Public Service Training Program," Public Administration Review, 1987, 47 (4): 310-319.

Fairholm, Gilbert, Values Leadership: Toward a New Philosophy of Leadership, New York: Praeger, 1991.

Favis, James H. F., David Schoorman and Lex Donaldson, "Toward a Steward-Ship Theory of Management," Academy of Management Review, 1997, 22 (1): 20-47.

Feigenbaum, Arman V. and Donald S. Feigenbaum, "What Quality Means Today," Opinion & Analysis, Winter 2005.

Fesher, James W., "National Water Resources Administration," Law and Contemporary Problems, 1957, 22 (3): 444-471.

Finer, H., "Administrative Responsibility in Democratic Government," Public Administration Review, 1940, 1 (4): 335-350.

Finkle, Todd A. and Michael L. Mallin, "Steve Jobs and Apple Inc.," Journal of International

Academy for Case Studies, 2010, 16 (7): 31-40.

Fisher, B. A. & D. G. Ellis, Small Group Decision, 4th ed., New York, McGraw-Hill, 1994.

Fisher, John, "Do Federal Managers Manage?" Public Administrator Review, 1962, 22 (2).

Fisher, K., B. Harper & A. Harper, Succeeding as a Self-directed Work Team, Mohegan Lake, NY: MW Corporation, 1992.

Flanders, Lorretta R. and Dennis Vtterbcak, "The Management Excellency Inventory: A Tool for Management Development," Public Administration Review, 1985, 45 (3): 403-410.

Fleishman, E. A. "The Description of Supervisory Behavior," Personnel Psychology, 1953, 37 (1): 1-6.

Follett, Mary Parker, "The Essentials of Leadership," in L. Urwick (Eds.) Freedom in Co-ordination: Lectures in Business Organization, New York: Garland Publishing, 1949/1987.

Follett, Mary Parker, The New State, The Pennsylvania State University Press, 1988.

Footer, Cecil "Tough Guys Don't Cuss," Canadian Business, February 1995: 22-28.

French, J. & B. H. Raven, "The Bases of Social Power," in D. Cartwright (Eds.), Studies of Social Power, Ann Arbor, MI: Institute for Social Research, 1959.

Friedman, Steward D. ed., The Essential Guide To Leadership, Harvard Business School Publishing, 2009.

Friedman, Steward D., "Be a Better Leader, Have a Richer Life," The Essential Guide To Leadership, Harvard Business School Publishing, 2009: 5-12.

Gardner, H., Frames of Mind: The Theory of Multiple Intelligence, New York: Basis Books Inc., 1983.

Gardner, H., The Unschooled Mind: How Children Think and How Schools Should Teach, New York: Basic Books Inc., 1991.

Gardner, John W., On Leadership, New York: Free Press, 1989.

GaztzMckay, Emily "Strategic Planning: A Ten-step Guide," paper is based on materials originally prepared for use with SHATIL, the technical assistance project of the New Israel Fund, modified for the National Council of La Raza, and further modified for Mosaica, May 1994 and July 2001.

Giesen, Edward, Saul J. Berman, Ragna Bell and Amy Blite, "Three Ways to Successfully Innovate Your Business Model," Strategy and Leadership, 2007, 35 (6): 27-33.

Gilbert, G. Ronald and Albert Hyde, "Followership and the Federal Worker," Public

Administration Review, 1988, 48 (6): 962-968.

Godfrey, A. Blanton, Ron S. Konett and Joseph M. Juran, "A Perspective on Past Contributions and Future Impact," Quality and Reliability Engineering International, October 2007, 23 (6): 653-663.

Goldberg, Lewis R., "An Alternative "Description of Personality": The Big-Five Factor Structure," Journal of Personality and Social Psychology, 1990, 59 (6): 1216-1229.

Golembiewski, Robert T., "The Small Group and Public Administration," Public Administration Review, Summer 1959, 19 (3): 149-156.

Gorry, G. A. & M. S. S. Morton, A Framework for Management Information Systems. Sloan Management Review, 1971, 12 (3): 55-70.

Gunn, Eileen P. "Empowerment That Pays Off,"Fortune Magazine, March 20, 1995.

Guyot, James F., "Government Bureaucrats Are Different, Public Administration Review," December 1962, 22 (4): 195-202.

Hackman, Michael Z. and Craig E. Johnson, Leadership: A Communication Perspective, Waveland Press Inc., Illinois, 2009.

Hall, Sally and MiffyOzeroff, "Transitioning from Manager to Leader," 2004-2008, www. linkageinc.com, pp. 1-7.

Halpin, A.W. & B.J. Winner, "A Factorial Study of the Leader Behavior Descriptions," in R.M. Stogdill& A.E. Coons (Eds.), Leader Behavior: It's Description and Measurement, Columbus Bureau of Business Research, Ohio State University, 1957.

Hamblin, A., The Evaluation and Control of Training, London: McGraw Hill, 1974.

Hay, G. J. and G. Gastilla, Objected-Based Image Analysis: Strengths, Weakness, Opportunities and Threats (SWOT), OBIA, The International Archives of the Photogrammetry, Remote Sensing and Spatial Information Sciences, 2006.

Heifetz, Ronald A., Leadership without Easy Answers, Cambridge, MA; Belknap Press, 1994.

Helms, Ludger, Angela Merkel and the Unfulfilled Promise of Chancellor Democracy, Current History, March 2011.

Helper, Susan and Rebecca Henderson, Management Practices, Relational Contracts and the Decline of General Motors, Harvard Business School Working Paper, January 2014, No. 14.

Hennessey, J. Thomas "Reinventing Government: Does Leadership Make the Difference?"

Public Administration Review, 1998, 58 (6): 522-532.

Henton, Douglas, John Melville and Kimberly Walesh, Grassroots Leaderships for a New Economy: How Civic Entrepreneurs Are Building Prosperous Communities, San Francisco, CA; Jossey-Bass, 1997.

Heracllous, Loizos, "Strategic Thinking or Strategic Planning?" Long Range Planning, 1998, 31 (3): 481-487.

Herrera, F., E. Herrera-Viedma and J.L. Verdegay, "A Sequential Selection Process in Group Decision Making with a Linguistic Assessment Approach," International Journal of Information Science, 1995, 80: 1.

Hess, James D. and Arnold C. Bacigalupo, "Applying Emotional Organization," Administrative Science, November 2013: 202-220.

Horton, Sylvia, "Evaluation of Leadership Development and Training in the British Senior Civil Service: The Search for the Holy Grail," A paper presented at the conference, Leading the Future of the Public Sector: The Third Transatlantic Dialogue, University of Delaware, Newark, Delaware, USA, in Workshop 3: Training and Developing Leaders, 31 May-2 June, 2007.

Ingraham, W. Patricia, Phillip G. Joyce, and Amy Kneedler Donahue, Government Performance: Why Management Matters, Baltimore: Johns Hopkins University Press, 2003.

Ivancevich, John M., Michael J Mattson, Organizational Behavior and Management (3rd Ed.), Richard D Irwin, Illinois: Missouri, 1993.

Ivancevich, John M., Peter Lorenzi, Steven J. Skinner & Philip B. Crosby, Management Quality and Competitiveness, Burr Ridge, Illinois, Irwin Amsterdam, 1994.

Janis, I., "Groupthink: The Problems of Conformity," Psychology Today, November 1971: 271-279.

Janis, I., Crucial Decisions: Leadership in Policymaking and Crisis Management, New York: The Free Press, 1989.

Janis, I., Groupthink: Psychologyical Studies of Policy Decisions and Fiascoes (2nd eds), Boston: Houghton Mifflin, 1982.

Jessop, Bob, "The Regulation Approach and Post-Fordism: Alternative Perspectives on Economic and Political Change?" Economy and Society, 1995, Vol. 24, Issue 3.

Johnson, John R. "Productivity Enhances Profitability", Industrial Distribution, February 1995, pp. 18-20.

Judge, T.A. J., E. Bono, R. Ilies& M.W. Gerhardt, "Personality and Leadership: A Qualitative and Quantitative Review," Journal of Applied Physiology, Aug 2002, 87 (4): 765-780.

Kalberg, Stephen, The Modern World as a Monolithic Iron Cage? Utilizing Max Weber to Define the Internal Dynamics of the American Political Culture Today," Max Weber Studies, 2001, 1 (2): 178-195.

Katzenbach Jon R. and Douglas K. Smith, The Discipline of Teams, Harvard Business Press, Boston, Massachusetts, 1993.

Kaufman, Hebert, The Administrative Behavior of Federal Bureau Chiefs, Washington, DC: Brooking Institution, 1981.

Kirkpatrick, D., "Evaluation of Training," in R. Craiy (Eds). Training and Development Handbook, McGraw Hill, 1967.

Koontz, Harold, "The Management Theory Jungle Revisited," Academy of Management Review, 1980, 5 (2): 175-187.

Krakauer, Jon. "Into Thin Air: A Personal Account of the Mount Everest Disaster (1997 Eds.). "Doubleday, 1997.

Krause, George A., David E. Lewis and James W. Douglas, "Political Appointments, Civil Service Systems, and Bureaucratic Competence: Organizational Balancing and Executive Branch Revenue Forecasts, in the American States," American Journal of Political Science, 2006, 50 (3): 770-787.

Kuhnert, K. W. "Transforming Leadership: Developing People through Delegation," In B.M. Bass and B. J. Avolio (Eds.), Improving Organizational Effectiveness through Transformational Leadership, CA: Sage Publication, 1995.

Kuperas, Herma and Anita Rode, Top Public Managers in Europe: Management and Working Conditions of the Senior Civil Servantsin European Union Member States, study commissioned by the French Eu-Presidency, Copyright EIPA, European Institute of Public Administration, December 2008.

Kutz, Myer (Ed.), Mechanical Engineers' Handbook: Manufacturing and Management, Third Edition, John Wiley & Sons, Inc., 2006, Vol.3, Chapter 19.

Landes, Les. " The Journey to Trust and Belief:1979-1994. " Quality Progress 1995, 28 (7): 46-47.

Lawton, Frederick J., "The Role of the Administrator in the Federal Government," Public Administration Review, Spring 1954, 14 (2): 112-118.

Lewis, Eugene, "Public Entrepreneurship: Toward a Theory of Bureaucratic Political Power," The Business History Review, Spring 1981, 55 (1).

Leys, Wayne A. R., "Ethics and Administrative Discretion," Public Administration Review, Winter 1943, 3 (1): 10-23.

Likert, Rensis, "System 4: A Resource for Improving Public Administration," Public Administration Review, 1981, 41(6): 674-678.

Likert.Rensis, New Patterns of Management, New York: McGraw-Hill, 1961.

Lin, Nan, Social Capital: A Theory of Social Structure and Action, Cambridge University Press, 2001.

Luke, Jeffrey S., Catalytic Leadership: Strategies for an Interconnected World, San Francisco, CA: Jossey-Bass, 1998.

Lundstedt, Sven, "Administrative Leadership and Use of Social Power," Public Administration Review, 1965, 25 (2): 156-160.

Lunenburg, Fred C., "Leadership Versus Management: A Key Distinction—At Least in Theory," International Journal of Management, Business and Administration, 2011, 14 (1): 1-4.

Lunenburg, Fred C., "Decision Making in Organizations, International Journal of Management, Business And Administration," 2011, 15 (1): 1-9.

Lyles, Marjorie A., Ingas. Baird, J. BuzdeaneOrris and Donald F. Kuratko, "Formalized Planning in Small Business: Increasing Strategic Choices," Journal of Small Business Management, April 1993, pp. 38-50.

Mabert, Vicent A., Ashok K. and M. A. Venkataramanan, "Enterprise Resource Planning: Managing the Implementation Process," European Journal of Operational Research, 2003 (146): 302-314.

Macmahon, W. and John D. Millett: Federal Administrators. Columbia University Press, New York, 1939.

Maranto, Robert, "Thinking the Unthinkable in Public Administration: A Case for Spoils in the Federal Bureaucracy," Administration and Society, 1998, 29 (6): 623-642.

Maranto, Robert, Beyond a Government of Strangers, Lanham, MD: Lexington Books, 2005.

March, James G. & Herbert A. Simon, Organizations, New. York: John Wiley and Sons, Inc.,

1958.

March, Salvatore T. and Gerald F. Smith, "Design and Natural Science Review on Information Technology," Decision Support System, 1995, No. 15.

Marchese, Ted, "TQM Reaches the Academy," AAHE Bulletin, November 1991.

Marks, Mitchell Lee, Philip H. Hirvis, Edward J. Hackett and James F. Grady, Jr., "Employee Participation in a Quality Circle Program: Impact on Quality of Work Life, Productivity, and Absenteeism," Journal of Applied Psychology, 1986, 71 (1).

Maslow, A. H., "A Theory of Human Motivation," Psychlogical Review, 1943, 50: 370-396.

McCrae, R. R. & P. T. Costa, Validation of the Five-factor Model of Personality Across Instruments and Observers, Journal of Personality and Social Psychology, 1987, 52: 81-90.

McGrandle, Piers, Trevor Huddleston: Turbulent Priest, Piers McGrandle, N.Y., 2004.

McGregor, D. M., The Human Side of Enterprise, New York, McGraw-Hill, 1960.

Meier, Kenneth J. and Laurence J. Ottole, Jr., "Public Management and Organizational Performance: The Impact of Managerial Quality," Journal of Policy Analysis and Management, Fall 2002, No. 21.

Milakovich, Michael E. "Rewarding Quality and Innovation: Awards, Charters, and International Standards as Catalysts for Change," M. A. Wimmer (Eds.), KMGov, LNAI 3035, International Federation for Information Processing, 2004.

Miles, Raymond E. and Charles C. Snow, "Designing Strategic Human Resources Systems," Organizational Dynamics, January 1985.

Mintzberg, Henry, "The Fall and Rise of Strategic Planning," Harvard Business Review, January-February, 1994, 72 (1): 107-114.

Mitzman, Arthur, The Iron Cage: An Historical Interpretation of Max Weber, Transaction Books, New Brunswick (U.S.A) and Oxford (U.K), 2002.

Moe, Terry M., "The Politicized Presidency," in The New Direction in American Politics, edited by J. E. Chubb and P. E. Peterson, Washington, DC: Brookings, 1985.

Mommsen, Wolfgang J.,The Political and Social Theory of Max Weber: Collected Essays, University of Chicago Press, 1992.

Monin, Nanette and Ralph Bathurst, "Mary Follett On the Leadership of 'Everyman'," Ephemera: Theory & Politics in Organization, Nov. 2008, 8 (4): 447-461.

Moon, Myung Jae., "The Pursuit of Managerial Entrepreneurship: Does Organization Matter?"

Public Administration Review, 1999, 59 (1): 31-43.

Muchinsky, P., Psychology Applied to Work: An Introduction to Industrial and Organizational Psychology, Pacific Grove, CA: Brookes/Cole Publishers, 1997.

Muller, Rob, "Training for Change," Canadian Business Review, Spring 1995.

Myers, David G., "Polarizing Effects of Social Interaction," in H. Brand Statter, James H. Davis and Gisela Stocker-Kreichgauer, Group Decision Making, Academic Press, 1982.

Neimark, Marilyn K. "The selling of Ethics: The Ethics of Business Meets the Business of Ethics," Accounting Auditing & Accountability Journal, 1995, 8 (3): pp.81-96

Northouse, Peter G., Leadership: Theory and Practice, SAGE , 2010.

Nye, Joseph S. Jr., The Power to Lead, Oxford University Press, 2008.

O'Brien, J., Management Information Systems - Managing Information Technology in the Internetworked Enterprise, Boston: Irwin McGraw-Hill, 1999.

OECD (GOV/ PGC/PEM), The Senior Civil Service in National Government of OECD Countries, Paris, January 2008.

OECD, "Countries Profiles of Civil Service Training Systems," Sigma Papers, OECD Publishing, 1997, No. 12.

Ouch, William G., The M-Form Society: How American Teamwork Can Recapture the Competitive Edge, Addison-Wesley, 1984.

Ouch, William G., Theory Z: How American Business Can Meet the Japanese Challenge, Addison-Wesley, 1981.

Page, Edward C. and Vincent Wright, From the Active to Enabling State: The Charging Role of Top Officials in European Nations, Palgrave Macmillan, 2007.

Palus, C. J. & D. M. Horth, "Exploration for Development," The Center for Creative Development, San Francisco: Jossey-Bass, 2004: 438-464.

Palus, C. J. & Horth, D. M. (2004). Exploration for Development. In C. D. MaCauley & E. Van Velsor (Eds.). The Center for Creative Leadership Handbook of Leadership Development (2nd eds., pp. 438-464). San Francisco: Jossey-Bass.

Pereira, Joseph, "Split Personality: Social Responsibility and Need for Low Cost Clash at Stride Rite," The Wall Street Journal, May 28, 1993, p. A1.

Peters, Tom J. and Robert H. Waterman, Jr., "In Search of Excellence: Lessons from America's Best-Run Companies," Feb. 2006.

Petty, Art, "Why It's Time to Change Our Views on Management and the Job of Manager," Business Management and Leadership, July 2016.

Pfeiffer, J. William, Leonard D. Goodsteinand and Timothy M. Nolan, Understanding Applied Strategic Planning: A Manager's Guide, Pfeiffer & Co, April 1948.

Pinchot, Gifford, "Breaking New Ground," New York: Harcourt, Brace, 1947.

Porter, Michael E. The Competitive Advantage of Nations, the Free Press, 1990.

Prague, R.H. & E.D. Carlson, Building Effective Decision Support Systems, Englewood Cliffs, NJ: Prentice Hall, 1982.

Rainey, Hel G. and Barry Bozeman, "Comparing Public and Private Organizations: Empirical Research and the Power of the A Prior," Journal of Public Administration Research and Theory, April 2000, 10 (2): 447-469.

Renfro, W. L. & J. L. Morrison, "The Scanning Process- Getting Started," in J. L. Morrison, W. L. Renfro & W. I. Boucher (Eds.), Applying Methods and Techniques Of futures Research, San Francisco: Jossey-Bass, 1984.

Riccucci, Norma M., Unsure Heroes: Federal Execrates Making a Difference, Washington, DC; Georgetown University Press, 1995.

Rittel, Horst W. J., Melvin M. Webber, "Dilemmas in a General Theory of Planning," Policy Science 1973, 4 (2): 155-169.

Robinson, Richard B. Jr. and John A. Pearce II, "Planned Patterns of Strategic Behavior and Their Relationship To Business-unit Performance," Strategic Management Journal, Jan/Feb 1988, 9 (1).

Rooke, David and William R. Torbert, "Essential Guide to Leadership," The Essential Guide To Leadership, Harvard Business School Publishing, 2009.

Rost, Joseph C., Leadership for the Twenty-First Century, Westport, CT: Praeger, 1990.

Rothman, Howard. "The Power of Empowerment", Nation's Business, June 1993, pp. 49-52.

Rowley, D. J., H. D. Lujan & M.G. Dolence, Strategic Change in Colleges and Universities, San Francisco, CA: Jossey-Bass Publishers, 1997.

Rubenfeld, Stephen A., John W. Newstorm and Thomas D. Duff, "Caveat Emptor: Avoiding Pitfalls in Data-based Decision Making," Review of Business, Winter 1994, pp. 20-23.

Rusaw, Carol A., Leading Public Organizations: An Integrative Approach, Orlando, FL: Harcourt, 2001.

Saaty, Thomas L. "Decision Making With the Analytic Hierarchy Process," International Journal of Service Science, 2008, 1 (1): 83-98.

Schein, Edgar H., Organizational Culture and Leadership, Jossey-Bass, A Wiley Imprint S.F, CA., 2010.

Schultz, B. "Predicting Emergent Leaders: An Explanatory Study of the Salience of Communicative Functions," Small Group Behavior, 1979: 109-114.

Selznick, P., Leadership in Administration. New York: Harper & Row, 1957.

Selznick, Philip, Leadership in Administration, Evanston, IL: Row, Peterson, 1952.

Senge, Peter M. The Fifth Discipline: The Art and Practice of the Learning Organization, Doubleday/Currency, 1990.

Sengupta, D. P., "Thomas Alva Edison: His Contributions to Lighting and Generation," Resonance, January 2000, Vol. 5, Issue1.

Shipper, Frank &Manz, Charles C. "Employee self-management without family designated teams: An Alternative Road to Empowerment, "Organization Dynamics, Winter 1992, pp. 48-61.

Simon, Herbert A. "Making Management Decisions: The Role of Intuition and Emotion," Academy of Management Executive, February 1987, pp. 57-63.

Snowden, David J. and Mary E. Boone, "A Leader's Framework for Decision Making," Harvard Business Review, November 2007: 1-8.

Srivastava, Paul and Stuart Hart, "Greening Organizations-2000," International Journal of Public Administration, March 1994: 607-635.

Stang, D. J., "Effect of Interaction Rate on Ratings of Leadership and Liking," Journal of Personality and Social Psychology, 1973, No. 27.

Stogdill, R., Handbook of Leadership, New York: The Free Press, 1974.

Stone, Brad, The Everything Store: Jeff Bezos and the Age of Amazon, published by Little, Brown and Company, August 2014.

Stone, Donald C., "Innovative Organizations Require Innovative Managers," Public Administration Review, 1981, 41 (5): 507-513.

Stone, Donald, "Notes on the Governmental Executive: His Role and His Methods," Public Administration Review, Summer 1945, 5 (3): 210-225.

Stylianides, Chris, "Animating An Integrated Job Shop/Flexible Manufacturing System,"

International Journal of Operations and Production Management, 1995, 15 (8): 63-72.

Svara, James H. ed., Facilitative Leadership in Local Government: Lessons from Successful Mayors and Chair Persons, San Francisco, CA: Jossey-Bass.

Tapinos, E., R. G. Dyson and M. Meadows, "The Impact of Performance Measurement in Strategic Planning," Internal Journal of Productivity and Performance Management, 2005, 54 (5/6): 370-384.

Taylor III, Alex. "Will Success Spoil Chrysler? " Fortune Magazine, 1994.

Terry, Larry D. "Administrative Leadership, Neo-Managerialism, and the Public Management Movement," Public Administration Review, May - Jun., 1998, 58 (3): 194-200.

Terry, Larry D., Leadership of Public Bureaucracies: The Administrator as Conservator, Thousand Oaks, CA: Sage Publication, 1995.

Terry, Robert, Authentic Leadership: Courage in Action, San Francisco, CA: Jossey-Bass, 1993.

Thibodeaux, Mary S. In "Modern management: Diversity, quality, ethics, and the global environment",Samuel C. Certo, Allyn and Bacon, 1994, the 6th Ed., p. 425.

Toffler, Alvin, The Third Wave, New York: Morrow, 1980.

Tutu, Archbishop Desmond Mplio, "We Can be Hamman only Together," Seattle Journal for Social Justice, November 2002, Vol. 1, Issue 2.

U.S. Merit Systems Protection Board, "Training and Development for the Senior Executive Service: A Necessary Investment," A Report to the President and the Congress of the United States, Washington, D. C., December 2015.

Van der Bly, Martha C. E., "Globalization: A Triumph of Ambiguity," Current Sociology, Sage, November 2005, 53 (6): 875-893.

Van der Heijden, Beatrice I. J. M. and Andre H. J. Nijhof, "The Value of Subjectivity: Problems and Prospects for 360-degree Appraisal Systems," The International Journal of Human Resource Management, 2004, 15 (3).

Van Wart, Montgomery "Public-Sector Leadership Theory: An Assessment, Public Administration Review, March/April, 2003, 63 (2).

Vinzant, Janet C. and Lane Crothers, Street-Level Leadership: Discretion and Legitimacy in Front-Line Public Service, Washington, DC: Georgetown University Press, 1998.

Vroom, Victor H., "Educating Managers for Decision Making and Leadership," Management Decision, 2003, 41 (10): 968-978.

Walker, W. E., P. Harremoes, J. Rotmans, J. P. Dersluijs, M.B.A. Asselt, P. Janssen and M. P. Krayer Von Krauss, "Defining Uncertainty: A Conceptual Basis for Uncertain ty Management in Model Based Decision Support, Integrated Assessment, 2003, 4 (1).

Wart, Montgomery Van, "Public-Sector Leadership Theory: An Assessment, Public Administration Review, March/April, 2003, 63 (2).

Wellins, R. S., W. C. Byham& J. M. Wilson, Empowered Teams. San Francisco: Jossey-Bass, 1991.

Wu, Guohua, "Perceived Interactivity and Attitude Toward Web Sits," Proceedings of Conference-American Academy of Advertising, American Academy of Advertising, 1999.

Yankelovich, Daniel, Coming to Public (Judgment: Marketing Democracy Work in a Complex World.), Syracuse, NY: Syracuse University Press, 1991.

Young, Frank and John Norris, "Leadership Challenge and Action Planning: A Case Study," Public Administration Review, 1988, 48 (1).

Yukl, Gary "Managerial Leadership: A Review of Theory and Research," Journal of Management, 1989, 15 (2): 251-289.

Zaccaro, Stephen J., Cary Kemp and Paige Bader, "Leader Traits and Attitudes," in John Antonakis, Anna T. Cianaiol and Robert J. Sternberg (Eds.), The Nature of Leadership, Thousand Oaks, CA, US: Sage Publication, Inc., 2004.

Zaleznik, Abraham "Managers and Leaders: Are They Different?" Harvard Business Review, March-April 1992, pp. 2-11.

國家圖書館出版品預行編目資料

領導與管理 / 高永光著. -- 初版. -- 臺北
市 : 五南, 2017.01
　面 ; 公分
ISBN 978-957-11-9005-1(平裝)
1.領導統御 2.管理科學
541.776　　　　　　　　　105025112

1PTH

領導與管理

作　　　者 ― 高永光（189.4）

發 行 人 ― 楊榮川

總 編 輯 ― 王翠華

主　　　編 ― 劉靜芬

責任編輯 ― 吳肇恩

封面設計 ― P.Design視覺企劃

出 版 者 ― 五南圖書出版股份有限公司

地　　　址：106台北市大安區和平東路二段339號4樓

電　　　話：(02)2705-5066　傳　　真：(02)2706-6100

網　　　址：http://www.wunan.com.tw

電子郵件：wunan@wunan.com.tw

劃撥帳號：01068953

戶　　　名：五南圖書出版股份有限公司

法律顧問　林勝安律師事務所　林勝安律師

出版日期　2017年1月初版一刷

定　　　價　新臺幣420元